清水寺 成就院日記

第一巻

音羽山 清水寺

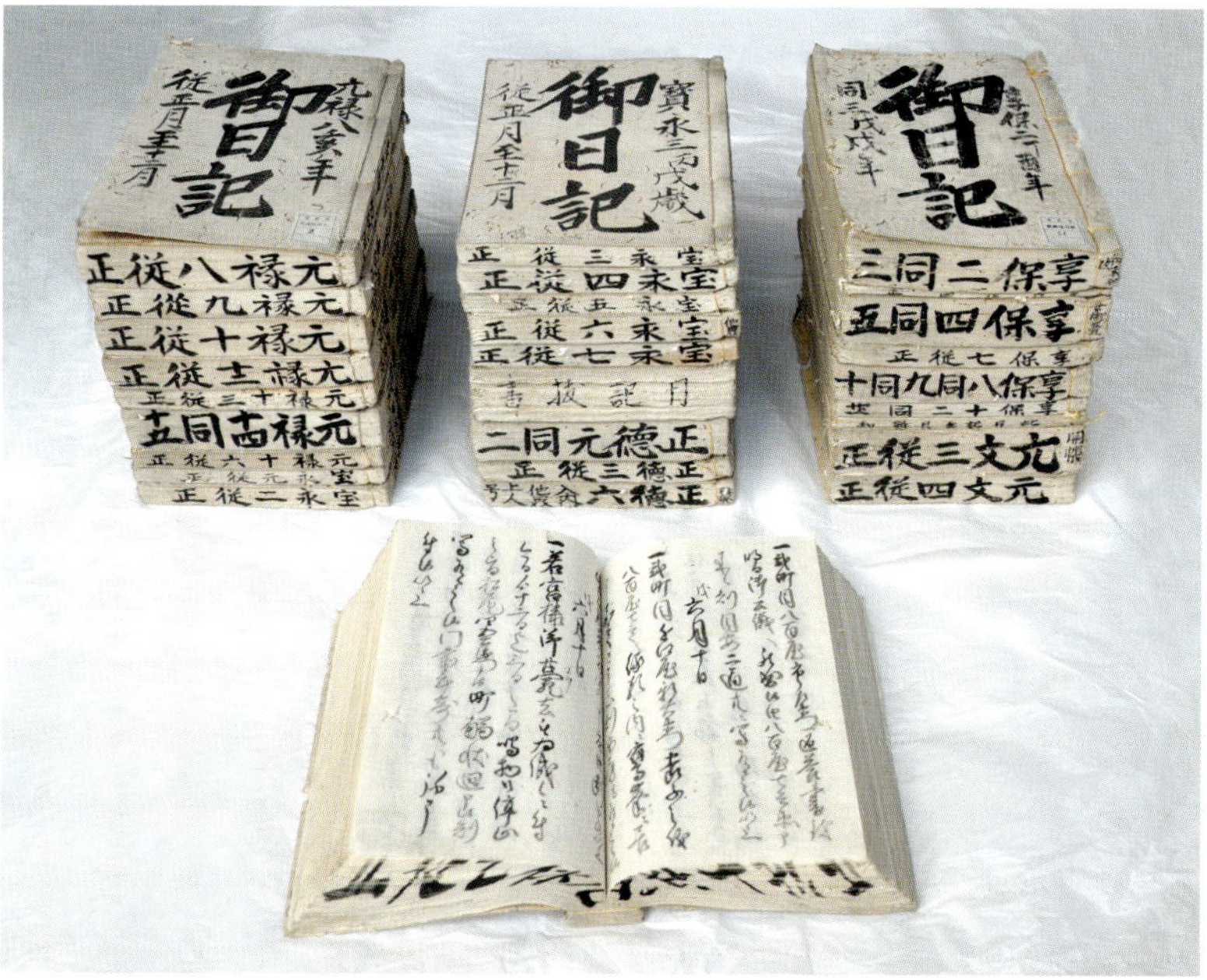

成就院日記

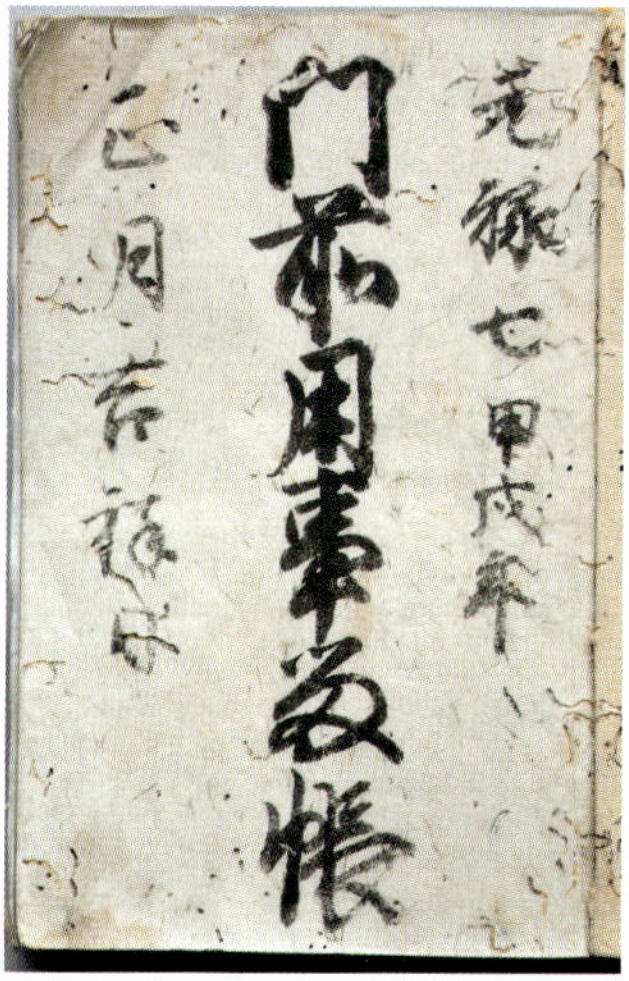

成就院日記　元禄七年　原表紙

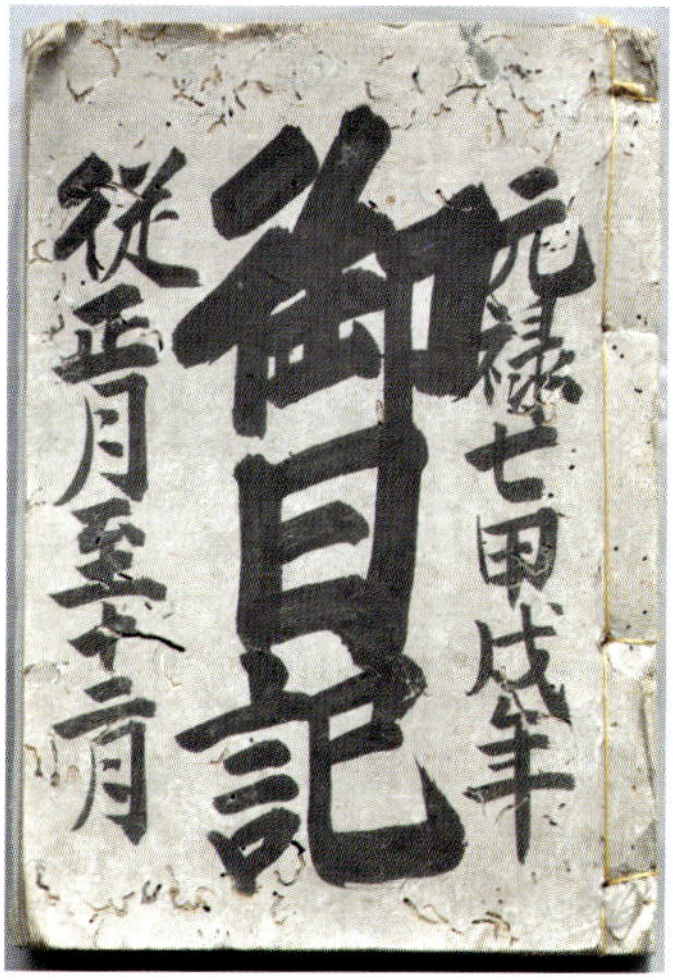

成就院日記　元禄七年　後補表紙

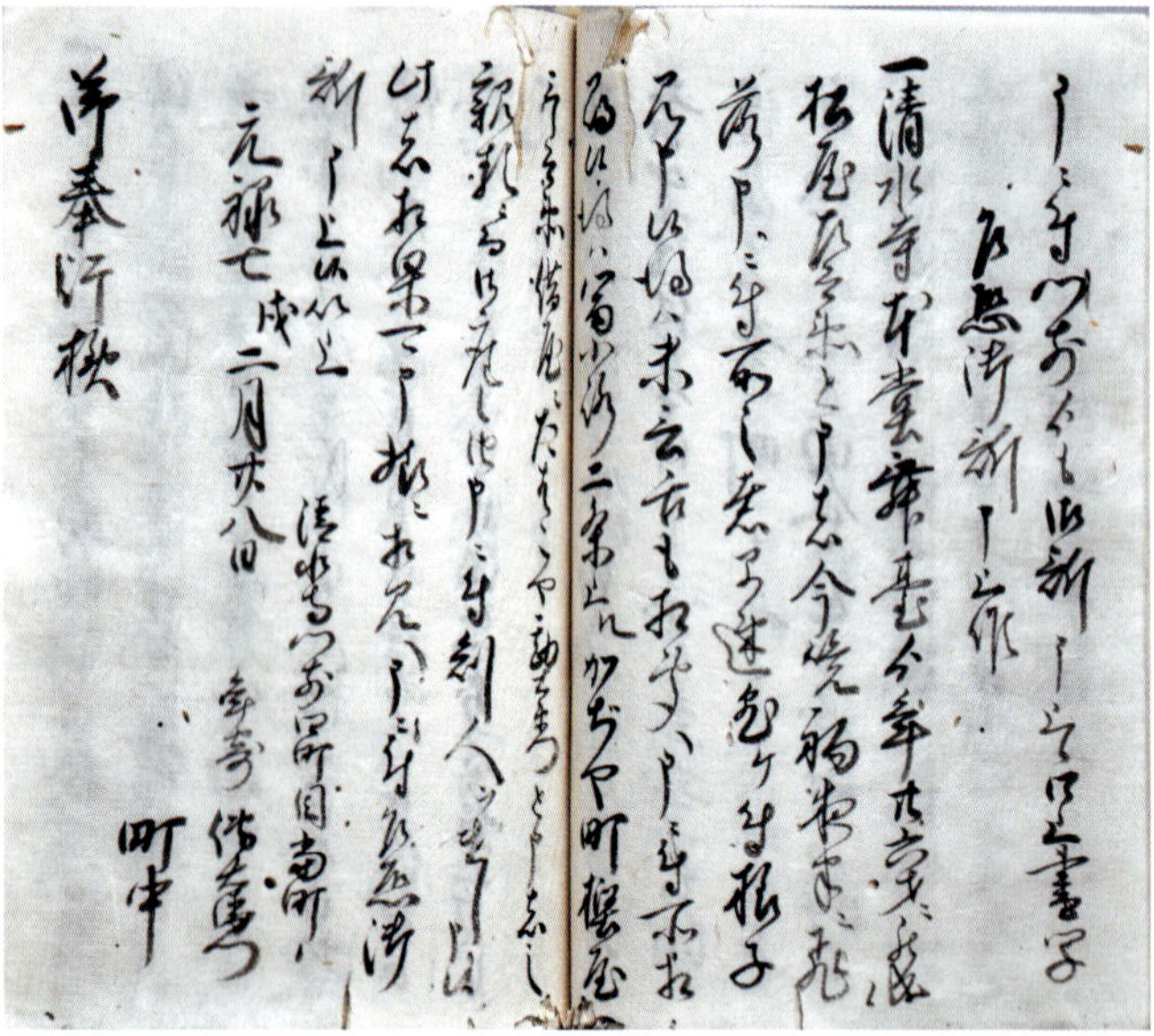

成就院日記　元禄七年二月二十九日条

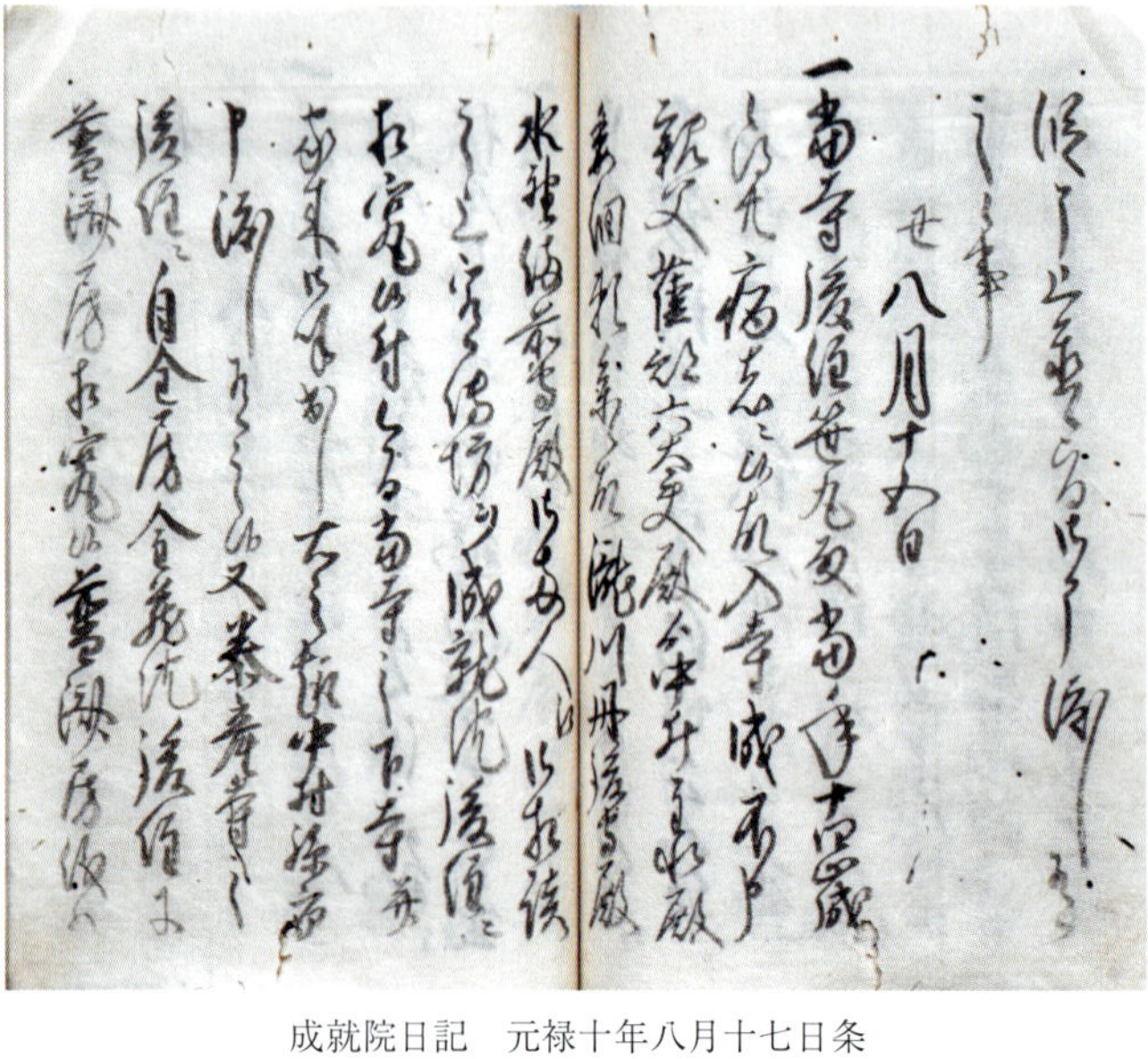

成就院日記　元禄十年八月十七日条

刊行にあたって

永年の願いでありました当山清水寺の貴重な記録であります『成就院日記』の翻刻が、下坂守先生、川嶋将生先生、源城政好先生をはじめとする清水寺史編纂委員の解読により完成し、ここに第一巻の上梓となりました。

清水寺は、奈良時代の終わりごろの宝亀九年（七七八）に延鎮上人がこの東山の地に到り、宿老行叡居士から観音霊地を授けられたことに始まり、千二百年を超える歴史がありますが、成就院は室町時代の応仁の乱で全焼した当山が復興していくなかで創建されたものであります。したがって五百年余の歴史であります。当時、著名な勧進僧でありました願阿上人が当山に入り、兵火により全山が焼失し、戦乱の世にあって本堂さえなかなか再建できなかったときに、勧進活動を進める本願職となって本堂再興に力を尽くしたのであります。その住房がのちに成就院となるのであります。

以来、成就院住持は上人号の勅許を受けて本願職に就き、江戸時代には江戸幕府の絶大な後ろ盾のもと、清水寺の財政、寺領の管理、門前町の治政を執り行う重要な役割を担うことになります。清水寺の住職といいますと、宝性院住持が就きます執行職がそれにあたり、その補佐役でありますが慈心院住持の目代職とともに寺を代表いたしますが、本願職は寺内の実力において上回るものがあったようであります。そして、幕末においては勤王僧として知られます月照上人、信海上人が成就院住持に就任し、宝性院住持も兼ねて、まさに一山を代表して活躍されるのであります。

このような重要な役職を担ってまいりました成就院において、寺役人が代々記録してきたのが『成就院日記』でありますかつて『清水寺史』の刊行にあたって、この『成就院日記』を踏まえて寺の歴史が解き明かされ、その一部が原文のまま引用されておりますが、全貌が公表されますのは今回の翻刻が初めてであります。当山の近世史を学ぶ上で、さらに日本の近世史を研究する史料として、裨益するところ大であろうと思います。

『成就院日記』の翻刻が完結するまでには、これから相当な年月がかかりますが、清水寺史編纂委員の先生方のさらなる研究と解読の労に委ねて全巻刊行を期したいと存じます。今年は成就院を住房とされておられました当山中興開山良慶和上の三十三回忌、また和上が始められました盂蘭盆法話百周年の年に当たり、そのような年に刊行が開始されますことは、誠に有意義な記念事業となり喜びに堪えません。

最後になりましたが、清水寺史編纂委員の先生方、ならびに出版を快くお引き受けいただきました法藏館の皆様に心よりお礼申し上げ発刊の言葉といたします。

合掌

平成二十七年正月観音縁日

音羽山清水寺

貫主　森　清範

目次

【凡　例】

一、史料の配列は、原則、編年とした。
一、翻刻にあたっては、適宜、読点・並列点を施した。
一、漢字は原則として常用字体を用いた。ただ、一部の異体字・俗字・合体字については原本の姿を残した。
一、平出・台頭・欠字は、統一されていないため、省略した。
一、虫損・汚損によって判読不可能な部分は、字数のあきらかな場合は字数分を□で、また不明な場合は［　］で示した。
一、誤字・脱字および文意不明の箇所は、その字の右側に（　）をもって示し、人名等の注記についても（　）をもって示した。
一、記載内容によっては日付をさかのぼらせて記している箇所もあるが、その場合は当該の日付に（ママ）の注記を施した。
一、花押・印章は、それぞれ（花押）（印）と表記した。また、本巻に収録した『成就院日記』の筆写である藤林孫九郎兼定の奥書の署判は、各冊の最末尾にその写真を掲載した。

清水寺 成就院日記

第一巻

元禄七年

（後補表紙）
「元禄七甲戌年
　御日記
　従正月至十二月」

（原表紙）
「元禄七甲戌年
　門前用事留帳
　正月吉祥日」

正月
一捨子一巻之事
二月
一清水寺諸堂間数幷仏餉人之事
二月
一御寺務之書付之事
二月
一市橋下総守（政信）殿屋敷宗門改之事
二月
一四町目年寄代り之事
三月
一御朱印寺幷当山ゟ二条土橋迄道法事
八月ゟ霜月迄
一泰産寺・仲光院宗門手形之事
十月
一子安之観音、成就院江御預ケ之事
十月
一御公儀ゟ執行呼ニ参候事
3
十月ゟ霜月迄
一遊行下花屋九兵衛手形取置候事
十一月
一正印跡目相究之事
十一月極月迄
一仲光院・桜屋喜左衛門際目出入之事
　　戌ノ年ニ有之候事

（中表紙）
「元禄七甲戌年
　門前用事覚帳
　正月吉日」

一弐町目近江屋権兵衛旧冬壱町目ニ家ヲ求候ニ付、御礼ニ罷出申度由、年寄勘左衛門ゟ当月五日ニ申来候故、金蔵院・宥伝坊江申聞、相談之上ニ而埒明申ニ付、明七日ニ罷出可申由申付候、幷前々正印方へ相勤申礼之儀、（藤林兼定）孫九郎方勤可申由、勘左衛門江申渡し候、以上
　　戌正月六日
一近江屋権兵衛御礼ニ年寄勘左衛門召連、今日罷出相済申候、以上

戌正月七日

一当十一日之朝、六波羅野南無地蔵之南方ニ慈心院持之畑之内ニ、百性（姓）ハ四町目山形屋治兵衛作り申畑道ニ、弐才計之女子捨置申候、遊行之下花屋九兵衛見付、則百性（姓）治兵衛、年寄伝右衛門方知らせ申候故、伝右衛門此方へも相届申候ニ付、慈心院持地之事ニ候間、百性（姓）治兵衛ニ慈心院江先断候様ニと門前ゟも御公儀様ニも御訴之儀相談致候様ニ年寄伝右衛門へ申付遣し候、以上

戌正月十一日

一慈心院ゟ年寄伝右衛門方江使ニ、境内ニ捨子有之由申来候間、町ゟ御公儀江御訴申上候様ニと申付候、伝右衛門返事ニハ、其方様御持地之事ニ候間、其元ゟも御断可被成候と御返事仕候、其後使ニ伝右衛門呼ニ参候ニ付、伝右衛門参候へハ清水寺領之内ニ候間、門前ゟ構不申候事も成申間敷候間、町ゟも御断申上候様ニと被申候、尤御朱印地之儀ニ候間、門前ゟ御取持申間敷と申事ニ而ハ無御座候、御持地ニ而候間、兎角ニ其方ゟも御断可被成候、門前ゟ三町目当町ニ而候間、三町目ゟ御訴可申上候と申置罷帰候、以上

一門前年寄共何も寄合、捨子之様子見届、口上書認申内、慈心院ゟ年寄平兵衛方へ使ニ此方ゟも御断申上候間、何も口上書ニ而も差上ケ候ハヽ、下書見申度候と申来候、平兵衛返事ニ、御使之趣得其意申候、只今口上書相認申候、出来次第ニ掛御目ニ可申と申遣し候、其後此方ゟ下書見せニ遣し候、一段ニ存候、此方ゟも此通ニ書上可申と被申越候、則相認、年寄平兵衛、町人召連御訴申上候、慈心院も一所ニ被参候、以上

乍恐口上書差上ケ申候

一清水寺領之内六波羅野南無地蔵南ニ慈心院持之地、百性（姓）治兵衛と申者之作り候畑道ニ弐才計之女子捨置候を、今朝五ツ時分ニ百性（姓）治兵衛見付、則地主慈心院へも断ヲ申、門前へも知らせ申候ニ付、町中見届ケ申候、乍恐言上仕候、以上

元禄七年

戌正月十一日

清水寺門前三丁目

年寄　平兵衛

町中

御奉行様

右口上書差上ケ申写如此ニ候

一御公儀ゟ被為仰出候ハヽ、捨子之儀、慈心院ハ寺之儀ニ候間、子ハ町江引取慈心院と相対致養育仕候様ニ被為仰付候故、罷帰候而、年寄平兵衛慈心院へ参候而、今朝御屋敷ニ而被仰渡候通、其方様と相対仕、養育致候様ニ被仰付候間、此度入用ハ半分御聞被成候様ニと申断候、慈心院被申候ハ、其段合点ニ而候間、早ク何方へ成共有付可申旨被申渡候、以上

一年寄共相談ニ、乳ヲ持申者をと尋候へハ、則門前四町目之用人吉兵衛と申者之女房ニ乳有之候ニ付、町中ゟ吉兵衛頼、念入預ケ置申候、右之捨子古キ木綿切、古綿なとニ包捨置申候故、袖付之者(物)を調候而早速きせ申候、以上

一右之捨子十二日之明六ツ時分ゟ乳をあまし候ニ付、小児ニ用申候丸薬五香薬なと用候へ共、程なく相果申候、其段慈心院へも早々申遣し、御公儀江御訴之相談致候へハ、口上書差上ケ申下書見申度候間、此方へ見せ申様ニと被申越候故、下書見せニ遣し候、一段ニ存知候、此方ニも此心持ニ書上可申と有之、門前と一所ニ御訴申上候、以上

口上書写

乍恐口上書差上ケ申候

一清水寺領六波羅野地主慈心院畑道ニ捨子之儀、昨十一日ニ御訴申上候処ニ、地主慈心院幷所之者とも養育仕候様ニ被為仰付、御上意之趣奉畏、町内取入色々養育仕候処ニ、今朝五ツ時分ニ相果申候ニ付、乍恐御訴申上候、以上

元禄七年

戌正月十二日　清水寺門前三町目

年寄　平兵衛

町中

御奉行様

右之通口上書差上ケ申候処ニ、悪敷候間書直候様ニと被仰付、又ハ御検使被遣儀も可有之候と御役人中御申

被成候故、其趣門前へ忠（注）進致、町中ニも用意仕待居申
候得共、御検使も御出不被成、口上書も納り不申候故、
御断申上候而口上書認置、明朝差上ケ可申候と相方罷
帰候、以上
一十二日初夜之前ニ何も罷帰候而口上書認直可申と相談
ニ、宝徳寺江年寄共寄合申候、慈心院ゟ使ニ明日之口
上書出来候ハ、見申度候と申来候、下書持せ遣し候、一
段能候間、此方ニも此心持ニ書可申候と被申候、以上

乍恐口上書差上ケ申候

一清水寺領之内六波羅野南無地蔵南ニ慈心院持之畑道ニ
女子捨子之儀、去ル十一日ニ御訴申上候処ニ、慈心院
并所之者共養育仕候様被仰付御上意之趣奉畏、同門前
四町目用人吉兵衛と申者之女房ニ乳御座候ニ付、此者
方へ取入養育仕候、然処ニ昨十二日之朝六ツ時分ゟ乳
ヲあまし申ニ付吉兵衛夫婦驚、近所へ知らせ申ニ付、町
内之者寄合、鳥部（辺）山覚心之小粒薬ヲ用、其上ニ而建仁
寺南門前河原町五香屋小左衛門調合之五香用候へ共、
前日之雪中ニ捨御座候ニ付ひ（冷）へ申候哉、無程五ツ時分
相果申候故、乍恐御訴申上候、以上

元禄七年
戌正月十三日　　清水寺門前当町
年寄　平兵衛
町中

御奉行様

一十三日ニも暮候迄相詰、又十四日ニも詰候得共、先罷
帰可申旨被仰付候故、何も帰申候、以上
一十四日七ツ時分ニ淡路守様（小出守里）ゟ捨子相果候ニ付、所々之
者共江御隠蜜（密）ニ而御検使ニ遠藤多四郎殿・加々山権兵
衛殿被為仰付候、雑色衆ハ不参候、御宿ハ四町目年寄
伝右衛門方江御入被成候、孫九郎（藤林兼定）も罷出、私儀ハ成就
院家来ニ藤林孫九郎と申者ニ而、当分正印跡役ヲ相勤
申候間、御用も候ハ、、可被仰付候と申入候、念入満足
申候、用事候ハ、、可申入候と被申候、其後ニ宥伝坊罷
出被申候而、雨天之節御苦労ニ存候、門前之者共無調
法故、御難儀掛申候と被申候、御念入是迄御出忝存候、
先門前之者共吟味之様子御聞候様ニ被申候、以上

一慈心院ゟ使僧参候へハ、慈心院持地之内ニ有之捨子之吟味ニ参候ニ、使僧者合点不参候、但シケ様節ハ出合不被申筈ニ候哉と、殊之外御しか（叱）り被成候故、慈心院罷出被申候、遠藤多四郎殿御申候ハ、門前中吟味之上ニ不調法之仕合奉誤候旨願之一札取申候間、其方ゟも別紙ニ一札差上ケ可被申候哉、此儀如何ニ被存知候ハ、其趣可申聞候、罷帰候而淡路守（小出守里）殿へ其様子可申聞候と被申候故、慈心院御請取申候、則案紙可被遣由ニ候、以上

一年寄四人幷五人組其外被召出被仰候ハ、捨子相煩候ニ早速医者も掛不申、売薬之類計用相果候段、其方共ハ如何存候哉と尋被申候、何も申上候ハ、不調法之仕合奉誤候、此上ニ如何様ニ被仰付候とても不及是非候と申上候、遠藤多四郎殿御申候ハ、然ハ其方共無調法千万奉誤候旨、連判之一札差上ケ申様ニ被仰渡候付、何も御請申上候、以上

一御検使之衆宥伝坊へ御申候ハ、門前之者共之一札之下書御覧候ハヽ、最早御帰候様ニと被申候故、宥伝坊罷帰被申、孫九郎（藤林兼定）ニも用事も無之候間帰可申旨被申候ニ付、宥伝坊と一所ニ帰申候、以上

慈心院ゟ差上ケ被申候一札之写

差上申一札之事

一拙僧持地六波羅之内南無地蔵之南畑ニ、弐才計之女子、去ル十日之夜捨候と相見へ、十一日之朝五ツ時分、門前四町目之百性（姓）治兵衛見付相知申ニ付、門前之者幷拙僧家来差遣見届ケ、御公儀様御訴申上候処ニ、則拙僧幷門前之者共へ御預ケ養育可仕旨被為仰付候処ニ、翌十二日之朝五ツ時分相果申ニ付、今日為御検使遠藤多四郎殿・加々山権兵衛殿御出、死骸御改被成候処ニ、左之足之ひつかゝミ（膕）に五分計之たゝれ疵壱ケ所御座候、此疵ハ最前ゟ相見へ申候、右捨子よハ（弱）り候儀をも拙僧方へハ断不申、相果候以後申来候故、様子吟味仕候へハ、急病ニ付門前四町目百性（姓）治兵衛所持之五香者、建仁寺南門前河原町五香屋小左衛門薬ニ而御座候ヲ所望仕用、幷鳥部（辺）山本光院住持覚心小粒薬を相調用候由申候、早速医者なと呼、養生不仕候段、不調法之仕合ニ

奉存候、右捨子何方ゟ何時捨候哉、見知たる者も無御座候、尤於当所ニ何之不審成儀も無御座候、若子細御座之儀ヲ乍存知隠置、重而露顕仕候ハ、拙僧越度ニ可被仰付候、然上ハ死骸之儀、門前之者共ニ願之通、御慈悲を以取置候様ニ被仰付被下候ハ、難有可奉存候、為後日之一札仍而如件

元禄七年　　　　清水寺

戌正月十四日　　　　慈心院

御奉行様

差上申一札之事

一清水寺境内六波羅之内南無地蔵之南畑慈心院持地ニ、弐歳計之女子、去ル十日之夜捨候と相見江、翌十二（一）日之朝五ツ時分、門前花屋九兵衛見付、右畑預り主百性（姓）治兵衛知らせ申ニ付、門前中承、則慈心院江も知らせ何も立会見届ケ、御公儀様へ御訴申上候処ニ、慈心院幷門前之者共ニ養育仕候様ニ被為仰出候故、四町目用人吉兵衛女房むく乳持罷有候故、此者へ養育致させ候処ニ、同十二日之朝五ツ時分相果申付、其節御断申上候へ者、今日為御検使遠藤多四郎殿・加々山権兵衛殿御出、死骸御改被成候処ニ、左之足之ひつかゝミ（膕）ニ五分計之たゝれ疵壱ケ所御座候、此疵最前ゟ及見申候、捨子十一日之比ハ乳も能給申候処ニ、十日之夜之雪ニひ（冷）へ申候哉、急ニよハ（弱）り乳をあまし給不申候ゆへ驚、四町目治兵衛方ニ五香御座候、此薬ハ建仁寺南門前河原町五香屋小左衛門薬ニ而御座候を、治兵衛ニ所望仕用申候、此外鳥部（辺）山本光院覚心小粒薬、小児ニ相応仕候故、是又相調用申候へ共、次第ニ草臥果申候、早速医者呼寄養生可仕候処ニ、不調法奉誤候、御慈悲ニ死骸之儀取置申度奉願候、右捨子当所ニ見知たる者も無御座候、何時何かたより捨候も曾而不奉存候、若様子御座候儀ヲ隠置重而相知候ハヽ、此判形之者共如何様之曲事ニも可被為仰付候、為後日之一札仍如件

元禄七年

戌正月十四日　　　壱町目

年寄　勘左衛門

万屋　吉兵衛

松本屋　権右衛門
丹波屋　三郎兵衛
大黒屋　五左衛門
弐町目
年寄　惣兵衛
井筒屋　重右衛門
升屋　九右衛門
木屋　長五郎
越後屋　四郎兵衛
三町目
年寄　平兵衛
あふミや　伝兵衛
大津屋　喜右衛門
笹屋　権兵衛
木瓜屋　弥兵衛
四町目
年寄　伝右衛門
桔梗屋　三十郎
丁子屋　嘉右衛門
かと屋　庄次郎
花屋　九兵衛

御奉行様

右之通判形仕差上ケ候写

一右之通之判形御取被成、相方被召連御屋敷へ御帰之時分、最早子之刻ニ罷成候、御屋敷へ参候へ共、夜更申ニ付、今晩ハ御聞不被遊候間、明朝相詰可申旨被仰付候故、何も罷帰候、以上

一十五日ニ年寄四人并判形之者共不残早天ゟ相詰申候得共、御客之御用之と有之、御取次無之、慈心院へハ、被仰渡儀候ハヽ、門前之者共へ可申付候間、其方ハ被帰候へと被仰候由ニ而、四ツ時分ニ帰被申候、門前之者共ハ及暮ニ候迄罷有候へ共、何之御沙汰も無之候故、御役人中へ御断申罷帰候、以上

一十六日ニも不残相詰候へハ、今朝ハおそく詰申候、夜前ハ早ク帰候とて御しかり（叱）被成候由、右之通ニ候故、十六日ニハ何も夜中御屋敷之前ニ罷有、十七日之朝迄

相詰居申候、以上
一十七日之朝、慈心院罷出被申、門前之者共迷惑仕候間、願之通死骸取置吊も仕度由御断被申候ニ付、門前之者共被召出被為仰付候ハ、慈心院者祈願所之儀ニ候間、死骸門前中ゟ取置、慈心院ゟも香奠被出、門前ゟも香奠仕、其上ニ野饋（送）・吊（弔）之様子書付、慈心院持参被致候様ニ被為仰付候、以上
一門前之者二条ゟ帰候而、慈心院ゟ年寄共呼ニ参候故、何も参候ヘハ、今朝被為仰付候通、捨子之儀此方祈願所ニ付、門前中ゟ取置可申旨被為仰渡候、則香奠も可致由被為仰付候間、鳥目壱貫文遣し候由被申候故、年寄共請取罷帰候、以上
一捨子取置様之事、新敷箱を指、経帷子もきせ、常之通箱ニも書付致取置、野饋（送）も年寄四人幷組中其外罷出可申様ニ年寄共申付候
一宝徳寺私方へ参、捨子之儀町中ゟ拙僧ニ取置可申由頼被申候、此儀慈心院ニも立会之事ニ候間、先慈心院へも此通相尋、無別条候ハヽ、取置可申候間、左様ニ相意得候様ニと為念我等方迄断被申候、則金蔵院・宥伝坊へも申聞候
一宝徳寺被申候ハ、慈心院も門前同事ニ頼被申候間、拙僧寺へ取寄念入取置可申由相届申候故、此方ゟも取置様之事年寄共へ申付候間、弥其通念入可申由申渡し候、以上
一十七日之八ッ時分引地へ野饋（送）り相済申候ニ付、吊（弔）・野饋（送）り香奠之様子書付、慈心院へ遣し候覚

覚

一清水寺領之内南無地蔵道端ニ捨有之女子相果死骸取置候様子書
一香奠鳥目壱貫文　慈心院ゟ
一同断　清水寺門前
四町中ゟ
右之通遣之、門前惣堂宝徳寺ニ而念ヲ入取置申候、野饋（送）之節、慈心院ゟ使僧壱人被指出、門前年寄四人幷五人組ニ至迄罷出申候、清水寺山内之墓所ニ念入埋置申候、於宝徳寺ニ為右死人吊（弔）一夜別時之念仏相勤可申由

宝徳寺申候、右為御断如此ニ御座候、以上

元禄七年

戌正月十八日

清水寺門前壱丁目
年寄　勘左衛門

弐丁目
年寄　惣兵衛

三丁目
年寄　平兵衛

四丁目
年寄　伝右衛門

御奉行様

一右之通ニ下書慈心院へ見せ申候へハ此趣ニ而能候、乍去名当（宛）慈心院と致候様ニ被申候故、年寄共申候ハ、其儀ハ私共承不申候間、左様之名当（宛）意得かたく候、申入候へハ、慈心院被申候ハ、其段ハ御屋敷ニ而此方へ被為仰付候間、其通ニ可仕由被申候故、年寄共御上意と有之上者、相背申儀難成候と名当（宛）望之通ニ致遣し候、以上

一十八日朝、慈心院幷当町之年寄平兵衛同道ニ而御屋敷へ罷出候処ニ御公儀ニ而被為仰渡候ハ、此度之儀ハ御宥免被遊候、重而ハ急度曲事ニ可被為仰付候、慈心院幷町之者共左様ニ相意得候様ニ被為仰付候、又覚書慈心院と有之候、書替可申旨被仰付候故、御奉行様と書置申候、則伊豆守（松前嘉広）様へ右同前ニ相認差上ケ申候、以上

一十八日ニ年寄平兵衛二条ゟ罷帰候而、慈心院ゟ使ニ今朝御公儀へ差上ケ申覚書之通ニ、此方へも一通差越候様ニと申来候ニ付、右之写ヲ致候而年寄平兵衛持参致候処ニ、慈心院被申候ハ、名当（宛）御奉行様と有之処ヲ、慈心院様と致候而、四人之年寄之判形仕持参候へと被申付候故、平兵衛返事ニハ、其段私一人御請合申儀も成不申候、相残ル年寄共又ハ町中へも相談致、重而御返事可申入由申断、罷帰候由此方へも相届候、以上

一廿一日ニ年寄平兵衛此方へ断申候ハ、慈心院へ之返事、年寄中ゟ今日可申入と存候、年寄共返事ニ者、右御公儀様へ差上ケ候覚書之通ニ名当（宛）慈心院と致、年寄中之判形仕候様ニと被仰聞候へ共、其儀ハ御公儀様へ差上ケ事相済申上ニ、其方様へ判形仕進候へとの儀、何も合点不参候間、其段ハ致進候事成申間敷候、御公儀様

へ差上ケ候通ニ名当（宛）御奉行様と致、判形無ニ写計仕進
可申候と何も相談仕候間、此通今日慈心院へ返事可仕
と平兵衛断申来候故、其儀ハ先々延引致不苦様ニ存候
間、相待候へと留置申候、則宥伝坊へも申聞候、以上
戌正月廿一日

一門前弐町目少之小路ニ梅田屋六郎兵衛親宗心持之庵有
之候、右之庵寿正と申尼ニ借シ入置申度由、年寄惣兵
衛断申来候、右之寿正尼只今迄大仏かねい（鐘鋳）町米屋宇兵
衛と申者之方ニ借屋仕居申候由、先能吟味仕、其上ニ
委細申来候様ニ申付遣し候、以上
戌正月廿二日

一慈心院へ之返事之儀、年寄共之存知入之通ニ返事仕候
様ニと、年寄平兵衛ヲ呼申付遣し候、右之趣宥伝坊ゟ
私被申付候故如此ニ候、以上
戌正月廿三日

一壱町目年寄勘左衛門病者ニ罷成候間、役儀差上ケ申度
由断申来候ニ付、当分申付候者も無之候間、先成次第
ニ相勤申候様ニと申付候、兎角ニ御断可申上候間、宜
頼入候由申候、以上
戌二月二日

一弐町目少之小路栄讃持之庵寿正と申尼ニ借シ申ニ付、
此者之儀、年寄・組頭ゟ委細吟味致、慥成者ニ而候故、
相極入置申由相届候ニ付、年寄・組頭・家主之一札取
置申候、以上

一札之事

一御門前弐町目少之小路栄讃持之庵ヲ、此度寿正と申尼
ニ借シ入置申候、此寿正尼之儀委細吟味仕候処ニ慥成
者ニ而、御公儀様御法度相背申者ニ而も、又ハ御尋之者
ニ而も無御座候、第一御法度之宗門ニ而も無之候、宗旨
ハ浄土宗ニ而御座候、則寺請状幷預手形念ヲ入、町中
江取置申候、右之寿正尼之儀ニ付、若如何様之六ケ敷
事出来仕候共、私共罷出埒明ケ、御地頭様幷御役人江

御難儀ニ掛申間敷候、仍而為後日之一札如件

元禄七年戌二月二日

門前弐丁目
年寄　惣兵衛
組頭　七兵衛
同　利兵衛
寿正家主　栄讃
栄讃弟　六郎兵衛

清水寺
御役人

右ハ一札之写、如此ニ候、以上

戌二月二日

一壱町目年寄勘左衛門役儀差上ケ可申と町中江断申ニ付、町中此方へ参、指当迷惑仕候間、其儘役儀ヲ持申様ニ被仰付可被下候と断申候故、此方ゟも可申付候得共、先町中寄合随分断申、頼候様ニと申付遣し候、以上

戌二月四日

一壱町目年寄勘左衛門役儀、病気ニ付色々断申候得共、町中ゟ代り見立申迄其儘勤申様ニ被仰付候様ニと頼申ニ付、其趣申遣し候へハ、成次第ニ相勤可申由請合申候、以上

戌二月七日

一四町目花屋九兵衛と申者之本宅と物置と之間ニ、表口弐間裏江壱間之明(空)地有之候、此所ニ日蓋致、本宅と物置之かべを取、両方ニ腰かけを付申度由願申由、年寄伝右衛門申来候、以上

戌二月七日

一伽羅ん(伽藍)之内ニ而ほくち(火口)売申事無用ニ可仕候、経堂・田村堂之前ニ而売申様ニと年寄勘左衛門江申付候、以上

戌二月八日

一壱町目柊屋清右衛門養子聟を仕度由、年寄勘左衛門申来候ニ付、先様能吟味仕候而、其上ニ申来候様ニ申遣候、

以上

戌二月八日

一四町目年寄伝右衛門役儀之断申付、升屋忠右衛門・油屋仁兵衛・鎰屋彦兵衛、右三人申候ハ、先当年中も相勤候へと被仰付被下候様ニと頼来候故、当月ハ其方当町ニ而も候間、来月ニ成可致相談候、其内ニも年寄代りニも成可申者、内談致置候様ニと申付遣し候、以上

戌二月十一日

一松尾四五右衛門ゟ市橋下総守(政信)殿屋敷之宗旨改之儀申来候口上書写

口上

一例年人数宗旨御改之儀ニ付、六波羅野ニ市橋下総守殿御屋敷之内人数、二町目年寄方ゟ改、御公儀江指(差)上被申候哉、又ハ年寄方ゟハ一切構不申候哉、諸事様子委細ニ書付可被越候、以上

戌二月十一日　　松尾四五右衛門

清水弐町目年寄　惣兵衛

尤早々様子書付、今明日中ニ持参可有候、以上

口上之覚

一当町ニ御座候市橋下総守様御屋敷之内人数之儀、例年宗旨御改之節、町内ゟハ一切書付ケ指(差)上ケ不申候、此御屋敷之儀ハ油小路通五条上ル町平野屋藤兵衛と申者、右屋敷之町名代ニ而御座候ニ付、宗旨御改ニハ名代藤兵衛并家守又助此両人計御公儀様江ハ書付ケ差上ケ申候、右之通少も相違無御座候、以上

元禄七年戌二月十二日

清水寺門前弐町目
年寄　惣兵衛

松尾四五右衛門様

一四町目花屋九兵衛普請之儀、方内江相談致、其上ニ様子知申候ハ、此方へ相届候様ニと年寄伝右衛門へ申付候、以上

戌二月十七日

一例年之通ニ御法度書ニ門前中之判形取置申候、以上
戌二月十七日

一壱町目柏屋善兵衛破損之普請仕度由、年寄勘左衛門申来候、相談致、重而可申付と申遣し候、以上
戌二月十九日

一二月廿三日ニ松尾四五(右)衛門ゟ伽藍之間数書付越候様ニと口上書参候写、則本紙此方ニ有、宥伝坊へ遣し置也

口上

一清水寺本堂・奥院幷諸堂之間数、右被入御念微細ニ御書付、近々御越可被成候、以上
戌二月　松尾四五右衛門

右之通両所へ御申達し可被成候
藤林孫九郎(兼定)殿

一如此申来候故、執行・目代へ当町之年寄伝右衛門・組頭升屋忠右衛門両使ニ而、右之趣申遣し候、以上
戌二月廿三日

一升屋忠右衛門・油屋仁兵衛・鎰屋彦兵衛三人参申候ハ、伝右衛門役儀之断是非ニと申候付、年寄代りニ成可申者町ニ而吟味致、書付差越候様ニと申付遣し候、以上
戌二月廿三日

一松尾四五右衛門ゟ口上書之写、則本紙有、宥伝坊へ遣し置也

口上

一清水本堂・奥院又ハ子安、右三ケ所ゟ仏餉出申候哉、出申候者壱ケ所ゟ何人ツヽ出申候との書付、先達之間尺之書付と一所ニ御越可被成候、以上
二月廿四日　松尾四五右衛門
藤林孫九郎殿

一右之趣執行・子安江も年寄伝右衛門使ニ而申遣し候、以上
戌二月廿四日

清水寺本堂諸堂幷社頭間数覚

一本堂南向　　桁行拾七間壱尺
　梁行拾三間五尺五寸
　同舞台　東西拾壱間 南北四間半　高サ七間余
　同車寄　東西三間半 南北四間半
一法華三昧堂（朝倉堂之事）　南向　桁行六間四尺三寸
　梁行三間半七寸五分
一田村堂（開山堂之事）　南向　四間四方
一経堂　南向　桁行八間三寸
　梁行四間四尺、又下屋四尺
一三層塔　東向　弐間四尺三寸四方
一鐘楼　弐間弐尺五寸四方
一春日社　鎮主（守）　南向　桁行四尺八寸、御拝四尺六寸
　梁行四尺五寸
　同鳥居　高サ九尺 柱之間七尺　やらい（矢来）垣有り
一瀧社　西向　桁六尺 梁七尺
　同鳥居　高サ八尺 柱之間六尺五寸　やらい（矢来）垣有り
一同拝殿　桁行三間半

同
一地主社　南向　梁行壱間半　桁行四間、御拝九尺弐寸 梁行弐間弐尺
　同玉垣ニ門有七尺
　同外囲やらい（矢来）垣ニ門有九尺五寸
　同鳥居西向　高サ弐間半 柱之間壱丈五寸
一同拝殿　三間八寸四方
一馬止（駐）　南向　（桁行五間半 梁行弐間弐尺）
一楼門　西向　（桁行四間五尺五寸 梁行弐間三尺）
一西門　西向　（桁行四間壱尺五寸 梁行弐間）
一轟門　西向　（桁行四間壱尺五寸 梁行弐間）
一廊下　（桁行七間弐尺五寸 梁行弐間）
一轟橋　（竪壱丈 横弐間）
一雪隠　（桁行弐間 梁行四尺五寸）
右之分成就院支配ニ而御座候
一清水寺本堂仏餉取　拾三人御座候、以上
　戌二月廿五日
右之書付松尾四五右衛門方へ孫九郎（藤林兼定）持参致相渡ス也、

以上
戌二月廿五日

一本堂仏餉之始り順道と申者也、寛永十八年辛巳暦ゟ当
年迄五拾四年ニ成ル
右仏餉取之儀、宗覚下吟味致、名付幷京・大津・伏見
割付之書付宗覚ゟ取置、則宥伝坊へ相渡ス、以上
戌二月廿五日

一四町目花屋九兵衛普請之儀、昨日松尾四五右衛門参候
而見分致、其上ニ而後々迄指(差)置、商致候覚悟ニ候ハヽ、御
役人衆迄御尋申、其上之事ニ可致候、当分之商見世ニ
而候ハヽ、普請致候様ニと申付帰候由、年寄伝右衛門相
届候、以上
戌二月廿五日

一例年之通法度書ニ小間物商人ゟ之判形取置申候、以上
戌二月廿五日

一壱町目柏屋善兵衛普請之儀、方内へも相尋、其上ニ様
子知レ候ハヽ、此方相届候様ニと年寄勘左衛門へ申付
候、以上
戌二月廿六日

一壱町目柊屋清右衛門養子聟源右衛門と申者、出生ハ水
口ニ而、両親共ニ無之候、親方ハ大工ニ而、三条大橋東
詰町近江屋重左衛門と申者ニ而、則此者親分ニ而御座候
由、年寄勘左衛門申来候故、勝手次第ニ相談致候様ニ
と申付遣し候、以上
戌二月廿六日

一茶碗屋与平次四町目之家借屋ニ仕度由、年寄伝右衛門
申来候、勝手ニ致候様ニと申遣し候、以上
戌二月廿六日

一松尾四五右衛門方ゟ口上書之写、本紙有
口上

一御寺務有之寺社之儀、御吟味被成候書付、拙者宅へ御
越可被成候、以上
二月廿六日　松尾四五右衛門判
藤林孫九郎（兼定）殿　参
右之通申来候故、此方ゟ書付遣し候留覚
覚
清水寺御寺務南都一乗院御門跡様ニ而御座候、以上
二月廿七日
右之通ニ書付、年寄伝右衛門申付ニ而松尾四五右衛門
方へ遣し申候、以上
戌二月廿七日
一弐町目年寄惣兵衛ゟ八百屋七兵衛使ニ而申越候ハ、少
小路ニ居申候庄三郎後家方へ此比不審成者折々出入仕
候ニ付、吟味仕候へハ、何方之者ニ而候も出生不存候へ
共、是非ニと頼申ニ付宿仕、其上ニ右之者ニ被頼候而質
物なと取次致候由申候故、重而参候ハ、此方へ知らせ
可申候、其者ニ逢候而様子尋可申と申候へハ、来ル朔
日ニハ又参筈ニ御座候間、参候ハ、御案内可申と申候
由、年寄惣兵衛ゟ断申候ニ付、重而参候ハ、其者親兄
弟ニ而も有之候哉、何方ニ居申者ニ而候哉、委細ニ相尋
候様ニと申付遣し候、以上
戌二月廿七日
一此比盗人沙汰ニ付世間さわかしく候間、馬止（駐）門之番弥
念入、其上此節ハ門前ゟ四五人初夜過ニ人上ケ伽藍廻
吟味致、門出入之人ニも気ヲ付候様ニと年寄伝右衛門
へ申付遣し候、以上
戌二月廿八日
一廿八日初夜半ニ本堂舞台之東ゟ飛落申者有之由、瀧下
善右衛門申来候ニ付、早々欠（駆）付様子相尋候得者、富小
路二条上ル町樫木屋三郎兵衛借屋ニ居申候たはこ（煙草）屋勘
右衛門内ニ左兵衛と申者ニ而有之由申ニ付、早々先江人
遣シ候へハ、年寄町人幷伯母聟勘右衛門参様子見申、

勘右衛門儀ハ早速召連罷帰養生も仕度由申候へ共、年
寄長泊（伯）申候ハ、此者常ニ町ニも居申者ニ候ハ、召連罷帰
可申候へ共、田舎通ヲ致、町へハ時々罷帰候、此節ハ
御公儀様ゟ諸事御吟味被遊、世間さわかしく折悪敷時
分ニ候間、御訴不申上候而ハ如何ニ存候と申ニ付、門前
ゟも御訴申上候口上書写

乍恐御訴申上候

一清水寺本堂舞台ゟ年廿六才ニ罷成候松屋左兵衛と申者、
今暁初夜半ニ飛落申ニ付、所之者早速懸（駆）ケ付様子見申
候得ハ、未言舌も相聞へ申ニ付、所相尋候得ハ、富小
路二条上ルかぢや（鍛冶屋）町樫屋三郎兵衛借屋たはこや（煙草屋）勘右衛
門と申者之親類ニ而御座候由申ニ付、則人ヲ遣し申候、
此者相果可申様ニ相見へ申ニ付、乍恐御訴申上候、以
上

元禄七戌二月廿八日

清水寺門前四町目当町
年寄　伝右衛門
町中

御奉行様

一右之通申上候へハ、其夜明方ニ御検使ニ草川源左衛門
殿・加々山権兵衛殿御出ニ而、舞台之下へ藤林（兼定）孫九郎
も出合申候、宿ハ宝徳寺ニ而候、諸事御吟味被成候、
宥伝坊ニも御出、御検使之衆へ御逢、御用候ハ、孫九
郎ニ被仰付候様ニと有之、早々御帰候、門前ゟ差上ケ
申候一札之写

差上申一札之事

一清水寺本堂舞台ゟ年来廿五六才之男、昨夜飛落罷有候
を、五ツ半時分瀧下番人善右衛門と申者見付、所之者
共へ相知らせ申ニ付、早速欠（駆）付様子見届、御公儀様へ
御訴申上候処ニ、為御検使草川源左衛門殿・加々山権
兵衛殿御出、雑色与右衛門立会、私共御呼出シ、死骸
御改、様子御尋被成候、右死人儀、其節ハ言舌聞へ申
候故所相尋候へハ、富小路通二条上ル町樫木屋三郎兵
衛借屋たはこ（煙草）屋勘右衛門親類之由申ニ付、早々勘右衛
門方へも申遣候所ニ、町中親類清水寺へ参見届ケ申候、
いまた果不申候ニ付、当門前三町目岡村玄凉と申医師
幷（ママ）死人左兵衛、町之年寄長伯ニみせ候而気付抔用申候

得共、不相叶果申候、如何様之儀ニ而飛申候哉、曾而
不奉存候、若様子御座候儀を乍存隠置候歟、又ハ所之
者殺シ候なと、重而路(露)顕仕候ハヽ、此判形之者共如何
様之曲事も可被為仰付候、為後日之仍而一札如件

元禄七戌二月廿九日

清水寺門前四町目
年寄　伝右衛門
五人組　三十郎
同　治兵衛
同　与兵衛
同　源右衛門
同　彦兵衛
瀧下番人
見付人　善右衛門
町中
成就院役人
藤林孫(兼定)九郎

御奉行様

右之通書上申候而、又御屋敷ゟ如此之下書、年寄伝右
衛門罷帰候時分ニ被為仰付候故、早々認候而孫九郎持
参仕候、則草川源左衛門殿宿へ参候而埒明罷帰候、御
下書之写

差上ケ申一札之事

一清水寺門前馬留(駐)木戸之儀、常ハ夜五ツ切(閉)ニしめ申候得
共、参詣有之候時分ハ、五ツ半四ツ前迄も参詣致させ
申候、毎月十七日十八日縁日ニハ参詣人夜通し御座候
ニ付、右両日ハ翌日迄明通シニ仕候、昨夜六ツ過ニも参
居申候を不奉存、不念仕迷惑至極ニ奉存候、此已後弥
念之入(ママ)可申候間、此度之儀御赦免被遊被下候ハヽ、難有
可奉存候、為後日之一札如件

元禄七年戌二月廿九日

清水寺門前四町目
年寄　伝右衛門
五人組　三十郎
同　治兵衛
同　与兵衛
同　源右衛門
同　彦兵衛

成就院役人
藤林孫九郎（兼定）
御奉行様
右之外ニ富小路之者、又ハ親類之方ゟ差上ケ候一札之写有、以上
戌二月廿九日

一紅屋八郎兵衛方ゟ弐町目年寄惣兵衛江断申候ハ、庄三郎後家質物持参申候へ共、何共合点不参候故、廿七日ニ返し申候由断申候、右之趣、惣兵衛申来候ニ付、前ニも申候ハ、来ル朔日ニ質物之置主参筈之由申候間、其者ニ逢申吟味仕候而、其上ニ御公儀様へ御訴申上候様と申付候、以上
戌二月廿九日

一三月朔日ニも質物置主不参候故、翌二日ニ御公儀様江御訴申上候口上書写
乍恐御訴申上候
一清水寺門前弐町目少之小路ニ庄三郎後家忰六兵衛一所ニ住宅仕罷有候、然処ニ大仏若宮八幡之町紅屋八郎兵衛方ニ五度ニ物数九色質物ニ取、銀子借シ申候得共、様子無心許存候故、置主庄三郎後家方へ当二月廿七日ニ右取置申候質物戻シ候由、同廿九日ニ年寄方へ其断申候ニ付、奉驚町中立会、後家幷忰六兵衛両人之者共吟味仕候得ハ、甚兵衛と申者歯之療治仕候故、我々療治ニ頼申候、其近付ニ付折々出入仕、其上商売之もとでニ仕候間、爰元ニ而売くれ申候様ニ頼候得共、当所ニ而ハ買手も無御座候と申候得ハ、左様ニ候者質物ニ置、銀子調くれ申様ニ頼候ニ付、紅屋八郎兵衛方ニ而銀子借り遣し申候、其上置主甚兵衛三月朔日ニ堅々参候間、甚兵衛と引合、様子聞せ可申と慥ニ申候ニ付、町中之者其心懸ケ仕相待居申候得共、右甚兵衛参不申候ニ付、又町中立会、後家幷忰六兵衛ニ弥相尋申候得ハ、甚兵衛在所親元深草之者と申候間、町中ゟ尋給候様ニ申候故、昨日今日尋ニ参候得共知れ不申候ニ付、乍恐質物之品々別紙ニ目録仕、右之質物共ニ差上申候、以上
清水寺門前弐町目

元禄七年戌三月二日

年寄 惣兵衛
利兵衛
七兵衛
平左衛門
源十郎

町中

御奉行様

目録

正月廿八日 一弐百五拾文　布子壱ツ
二月九日 一拾弐文　かづき弐ツ
同日 一弐貫文　籠ふとん弐ツ
十一日 一拾匁　ちや（茶）ちりめんぬい紋所 小立ふり袖羽織壱ツ
廿一日 一三百文　絹嶋羽織壱ツ
廿四日 一六百文　ちや（茶）木綿袷壱ツ 絹嶋頭巾壱ツ

合物数九色

清水寺門前弐丁目

元禄七年戌三月二日

年寄 惣兵衛
利兵衛
七兵衛
平左衛門
源十郎

町中

御奉行様

預り申一札之事

一清水寺門前弐町目少之小路庄三郎悴六兵衛と申者質物出入ニ付、母すて并六兵衛右両人今日ゟ町中江被為成御預ケ、慥ニ奉預り候、何時成共御召之刻、急度召連罷出可申候、若御預ケ之内欠落為致候歟、又ハ悪事出来仕候者、此判形之者共如何様共曲事ニ可被為仰付候、為其預り手形仍而如件

元禄七年戌三月二日

清水寺門前弐丁目

年寄 惣兵衛
利兵衛
七兵衛

平左衛門
源十郎
町中
御奉行様

右之趣三月二日ニ御訴申上候、御吟味之上ニ而、四日ニ召連罷出候様ニ被仰付候故、又四日ニ罷出候得ハ、盗人も則籠ニ居申召被出、庄三郎後家忰六兵衛ニ被引合、相方御聞被遊候処ニ、前々申上候通ニ口違不申候故、町中も無別条、親子共ニ町中へ御預被遊候、以上

戌三月四日

一三月四日ニ松尾四五右衛門ゟ徒者共所々徘徊之御触書廻申候、以上

戌三月四日

一秤御改之触状、霊山ゟ廻ル、同町触ニ壱通、右之内寺触ニハ清水寺と有之ル下ニ、成就院役人藤林孫九郎（兼定）と書付、印判致候而、是ゟ清閑寺へ廻、則手形取置申候、右之御触書、執行・六坊へも弐町目当町ニ而候故、八百屋七兵へ・海老屋喜平次、右両人使ニ申付遣し候、以上

戌三月七日

一弐町目八百屋市郎左衛門儀、只今迄宮川町ニ居申候得共、此方へ引越、母と一所ニ居申度由年寄惣兵衛へ断申ニ付、勝手次第ニ致候様ニと申付遣し候、以上

戌三月八日

一十一日ニ弐町目年寄惣兵衛方へ松尾四五右衛門ゟ使ニ而、明四ツ時分ニ私宅江参候様ニと申来候ニ付、翌十二日ニ惣兵衛参候へハ、町内ニ疵有之者候ハヽ、心掛候而隠蜜（密）ニ申来候様ニ、尤外之年寄へも其通ニ申聞せ、沙汰無ニ吟味致候様ニと申渡候由、惣兵衛罷帰候而断申来候故、弥申合ニ而吟味仕候様ニと申付遣し候、以上

戌三月十二日

一秤御改之一札弐通ツヽ、相認候而、松尾四五（右）衛門方へ孫

九郎持参致直ニ相渡し申候、其上ニ而寺号・院号有之寺之分、別紙ニ弐通ツヽと被仰出候間、来迎院・法成寺ゟも差上ケ被申候様ニ申付候へと被申候故、罷帰相認させ、当町弐丁目へ申付、翌日十五日ニ遣し申候、以上

戌三月十四日

一御公儀江差上ケ候一札之留

覚

一町中ニ悪敷秤有之由相聞へ不届ニ候段、善四郎方ゟ仕出し候秤ニ而も後ニ拵直し悪敷秤遣申者有之ハ、穿鑿之上急度可申付候間、此旨相意得悪敷秤堅遣申間敷候、以上

戌三月

右御触之趣慥ニ承届申候、寺中者不及申門前境内等迄申聞せ、此旨急度相守可申候、若相背悪敷秤遣申候歟、又者善四郎方ゟ仕出し候秤ニ而も後ニ拵直し遣申者於有之者、何様之曲事ニも可被仰付候、為後日之連判之手形指上申候、仍如件

元禄七年戌三月

清水寺成就院名代
金蔵院印判

同　宥伝坊同断

役人
同　藤林孫九郎(兼定)同断

御奉行様

右之外ニ来迎院・法成寺ゟ差上ケ申候留、別紙ニ有之候、以上

一来迎院・法成寺・雲月是三人ハ此方へも別紙ニ右御触之趣、前書ニ致奥書如此ニ

一右従御公儀様被為仰出候趣承届申候、此旨急度相守可申候、并家頼(来)等迄申付候、若相背悪敷秤遣申候歟、亦者善四郎方ゟ仕出し候秤ニ而も後ニ拵直し悪敷秤遣申候ハヽ、御公儀様御訴可被成候、其時一言之御恨申間敷候、為後日一札如件

元禄七年戌三月

来迎院印

清水寺

御役人

右之通ニ法成寺幷宗舜跡雲月ゟも同前ニ判形致させ、壱枚ツ、取置申候、以上

一正印(平瀬)方ゟも家来与平次代判ニ而右同前ニ取置申候、以上

一門前中ゟも右之文言ニ少違へ、壱町切ニ連判致させ取置申候、以上

戌三月十五日

一子安泰産寺・中光(仲)院・宝徳寺、右三人秤御改ニ付、此方へも判形取置可申と、則年寄勘左衛門・組頭清左衛門両人使ニ申付遣し候、以上

一子安返事之趣ハ、此方ゟも此比別紙ニ差上ケ申候間、外ニ判形ニ及申間敷候間、其通申候様ニと申候、中光(仲)院留主ニ而候得共此方同事ニ候由申候、以上

戌三月十五日

一宝徳寺へ遣し候へハ、一二三日先ニ此方ゟ差上ケ申候、御念入忝由申越候、以上

戌三月十五日

一中光(仲)院留主ニ而候故、同日ニ又使ニ右同人申ニ付遣し候返事ニハ、別紙ニ差上ケ申候得ハ、此判形二まいニ不入事存候と申越候、以上

戌三月十五日

一十六日ニ子安へ之使ニ右同人申付遣し候へハ、町並之儀、御触書之趣申渡し候、為念何も判形御取、尤ニ存候、乍去此奥書之通ニ而ハ成不申候、是非ニ致間敷と申事ニ而も無之候、町之年寄名当(宛)ならハ致可遣由申越候、以上

戌三月十六日

一宝徳寺江申遣し候へハ、子安・中光(仲)院へ先可被仰遣候、右両人判形被致候ハ、、我等も可仕候由申越候、以上

戌三月十六日

一松尾四五右衛門ゟ之触書ニ、御朱印有之寺、則御朱印
高幷二条土橋迄之道法書付差越候様ニと之触書、霊山
ゟ廻申候、十八日夜寅之上刻ニ来ル、則清閑寺へ当町
ゟ持せ遣し、手形取置申候、以上
戌三月十八日

一夜前廻候触書、取戻シ候様ニと霊山ゟ申来候、其儀ハ
双林寺触落申候由ニ而如此ニ候、則此方ゟも清閑寺へ
当町ゟ使ニ申付候而遣し申候、以上
戌三月十九日

一御朱印高幷二条土橋迄道法之書付、松尾四五衛門(右)へ今
日当町之組頭八百屋七兵衛申付遣し候、年寄惣兵衛病
気故如此ニ御座候、則写

覚

一山城国愛宕郡音羽山清水寺
御朱印寺領高百三拾三石余
内弐拾石者慈心院拝領

一当山二(仁)王門ゟ二条堀川之土橋迄之道法三拾四町半
余御座候、以上
戌三月廿日
清水寺
役人 藤林孫九郎(兼定)印

一廿一日ニ松尾四五右衛門ゟ口上書参候写

口上

一昨日御越候御朱印寺領高幷ニ道法書付、成程此通ニて
能御座候、就夫判形入申候間、是ニ貴様之判形被成御
越可有之候、為其如斯ニ申進候、以上
三月廿一日
松尾四五右衛門
書判
藤林孫九郎殿

右之通申来候故、則判形致遣し申候、以上本紙有
戌三月廿一日

一壱町目袋屋七兵衛屋祢(根)葺替事
一同町丹波屋三郎兵衛家柱之根次幷ニ取葺をこけら(柿)ニ致

度由願申由、年寄勘左衛門相届候、以上
戌三月廿一日

一弐町目伊藤松庵屋敷表之借屋幷ニ裏之腰かけ破損仕候ニ付普請之願申由、組頭七兵衛申来候、則指図有之、以上
戌三月廿二日

一浪人筑紫園右衛門虚説申故斬罪ニ被為仰付候ニ付、松尾四五右衛門ゟ御触書、霊山ゟ廻ル、当町弐町目へ申付、清閑寺へ持せ遣ス、請取有、則執行・目代・六坊共、右之御触書写、当町組頭行事ニ申付遣ス、年寄惣兵衛病気故如此ニ候、同日ニ町触ニ壱通廻ル、写有之、以上
戌三月廿四日

一四町目八文字屋忠兵衛屋祢(根)葺替之儀、年寄伝右衛門断申来ル、方内へ相尋候而、勝手次第ニ仕候様ニ申付候、以上
戌三月廿五日

一四町目河内屋与平次家、三町目ニ居申候池田屋藤右衛門ニ借シ申由、則借屋手形町ニ取置候、請人祇園上八軒ゑ(ひ)すや藤兵衛・同弐町目池田屋彦十郎ニ而候由、伝右衛門ゟ相届申候、以上
戌三月廿五日

一四町目年寄伝右衛門役儀上ケ申ニ付、町中ゟ年寄代り見立書付越候様ニと申候得共、見立書付成不申候と申ニ付、町中ゟ手形致させ、其上ニ而誰ニ而も目利次第ニ可申付と存知、今日連判取置申候、以上
戌三月廿六日

一四町目年寄代りニ花屋源兵衛申付候、則伝右衛門・組頭忠右衛門・彦兵衛・仁兵衛呼寄申渡し候、以上
戌三月廿七日

一年寄四人呼、神事ニ芸有之ねり（練）物無用ニ致シ、通計之事致し候様ニと申渡し候、以上

戌三月廿七日

一八文字屋忠兵衛屋祢（根）葺替之儀、方内へ断申候処ニ、葺替致候様ニと申由伝右衛門相届候、以上

戌三月廿七日

一伊藤松庵普請之儀、方内へ相尋、様子知れ候ハヽ、申来候様ニと八百屋七兵衛ニ申付遣し候、以上

戌三月廿七日

一壱町目丹波屋三郎兵衛普請、幷ニ袋屋七郎兵衛屋祢（根）葺替之事、方内へ相尋候へと年寄勘左衛門申付候

一同町二文字屋六兵衛・柊屋清右衛門屋祢（根）葺替之事、右同前ニ申付候、以上

戌四月朔日

一弐町目丹後屋庄兵衛家、遊行下ニ居申茶碗屋又左衛門と申者ニ借シ申度由、組頭七兵衛使ニ而惣兵衛ゟ申越候、先様能吟味致候様ニと申付候、以上

戌四月二日

一弐町目少之小路庄三郎後家幷悴六兵衛御預ニ付、来ル四日ニ御訴訟申上度由相届候、則方内へも尋候へハ、勝手次第ニ致候へと申由、年寄惣兵衛申越候、以上

戌四月二日

一馬駐之門之番人、壱町目ニ泉屋又左衛門借屋ニ居申候六兵衛と申者望申由、年寄勘左衛門申来ル、外之町へも相談致、吟味仕候様ニと申付候、以上

戌四月二日

一弐町目御預ケ之者御訴訟申上候処ニ、御聞届被遊候間、重而罷出候様ニと被為仰付候由、七兵衛申来候、以上

戌四月四日

一馬駐番人之儀、只今迄勤申五兵衛と申者、弐町目八百屋七兵衛方へ呼、異見(意)致候処ニ、当分相勤申筈由、年寄勘左衛門尋申越候故、五兵衛と申者後々迄置申者ニ而ハ無之候、其内ニ能者聞立替申様ニ申付候、以上

戌
四月四日

一九日之神事ニ御公儀ゟ町廻ニ与力三人、同心目付ニ遠藤多四郎殿・加々山権兵衛殿、同心頭弐人、平同心四人、右御出、朝倉堂へ御入候而神事済候て御帰候、以上

戌
四月九日

一寿性上人様十三年忌之御斎料ニ白米壱石六斗七舛門前中へ被下候、内四舛ハかん(欠)米也、壱町目家数三拾軒、弐町目四拾四軒、内八軒ハ少之小路分、三町目三拾七軒、四町目五拾弐軒、僧正屋敷共惣合百六拾三軒、右之分年寄四人共呼、孫九郎(藤林兼定)方ニ而配分致遣し申候、以上

戌
四月十一日

一弐町目少之小路庄三郎後家幷悴六兵衛儀、今日八ツ過ニ俄ニ御呼出被遊、町中へ御預ケ御免被遊候旨、小玄関ニ而松井善右衛門殿被仰渡相済候由、組頭七兵衛申来候、以上

戌
四月十一日

一来ル十五日十八日、右両日葵御神事付、町中火用心之儀、松尾四五右衛門ゟ之口上触、門前へ参候、則写置候、以上

戌
四月十三日

一壱町目袋屋七郎兵衛・丹波屋三郎兵衛・二文字屋六兵衛・柊屋清右衛門、屋祢(根)葺替之儀、方内江断申相済申由、年寄勘左衛門相届候、則表口・裏行之書付判形之者有之候、柏屋善兵衛普請之儀ハ四五右衛門見分致、其上ニ而了簡可致由申候、以上

戌四月十四日

一弐町目丹後屋庄兵衛家借シ申ニ付、年寄・組中之請合之一札取置申候、以上

一札之事

一御門前弐町目丹後屋庄兵衛後家いと家ニ、此度大仏仏師中ノ町八文字屋徳入家ニ居申候笹屋又左衛門と申者ニ借シ入置申候、此又左衛門と申者之儀、委細吟味仕候処ニ慥成者ニ而御公儀様御法度相背申者ニ而も、又ハ御尋之者ニ而も無御座候、第一御法度之宗門ニ而も無之候、宗旨ハ東本願寺宗ニ而御座候、則寺請状幷ニ饋(送)手形等念入町中へ取置申候、右之又左衛門儀ニ付、若如何様之六ケ敷事出来仕候共、此判形者共罷出埒明ケ、御地頭様幷御役人江御難儀ニ掛申間敷候、仍為後日之一札如件

元禄七年戌四月十二日

年寄 惣兵衛
組頭 理兵衛
同 七兵衛
家主庄兵衛 後家いと
五人組 多兵衛
同 源右衛門
同 新右衛門

清水寺
御役人

一弐町目年寄惣兵衛屋祢(根)葺替幷西壁柱三本取替修覆仕度由申越候、則絵図有之候、以上

戌四月十七日

一同町丹後屋庄兵衛取葺屋祢(根)ふきかへ(葺替)之儀、右同断書付有、以上

戌四月十七日

一弐町目年寄惣兵衛、丹後屋庄兵衛屋祢(根)葺替幷修覆之儀、方内へ相尋埒明申候由相届候、以上

戌四月十九日

一弐町目正庵裏之腰掛之普請之儀、惣兵衛申候ハ、町之

裏通見越候ニ付、町内ニきらい（嫌）申候故、方内江尋申事も色々と申、延引仕候得共、正庵方ゟはやく相尋くれ候へと切々申越候、如何可仕候哉と申候ニ付、前ゟ有之候腰掛之普請、只今無用と申儀も成申間敷候間、町中ゟ望可申ニハ、見越候方ニ屋限致候様ニ申候ハ、可然と申遣候、以上

戌卯月廿三日

一壱町目柏屋善兵衛普請之儀、松尾四五右衛門当十七日ニ見分ニ参候而、其後ニ御役人衆へ御断申直候間、御公儀様へ御願申上候へと申越候ニ付、明日御公儀様へ罷出申由、年寄勘左衛門相届候、以上

卯月廿四日

一柏屋善兵衛普請之願ニ今朝御公儀様へ罷出、小玄関ニ而御役人衆被為仰付候ハ、此絵図之通御免被遊候間、勝手次第ニ仕候様ニと被仰渡相済申由、年寄勘左衛門申来候、以上

卯月廿五日

一弐町目正庵普請之儀、右之絵図ヲ替、新家ニ裏借屋ニ長七間半ニ弐間之長屋弐軒建申度由、八百屋七兵衛申来候故、相談可致由申遣し候、以上

卯月廿五日

一弐町目年寄惣兵衛申越候ハ、正庵普請之儀ニ付、裏通見越候方ニ屋限之望申遣し候得者、普請相済、其上之了簡と申越候得共、作事後ニハ埒明ケ申間敷と存知候、重而相違無之様ニ一札ヲ取置可申と存候由申越候故、其段ハ町中共相談致、其方了簡次第と申遣候、以上

戌卯月廿六日

一弐町目正庵普請之願ニハ、初ハ腰掛と絵図ニ致候、此度ハ又小屋と致候ニ付、此儀者何共合点不参候、雑物又ハ柴なと入置候小屋にて候哉、御公儀ゟ御見分ニ御出被成候節相違有之候而ハ如何ニ存候、其段相尋候へ

と年寄へ申付候、正庵申候ハ、御不審之段御尤存知候、常入不申候時分者、木竹之類ヲ入置申儀も御座候へハ小屋と申候而も不苦候、其上前ニ建置候普請、風ニ而吹つふし申候を其儘指置申候間、御公儀ゟ御見分ニ御出之節、右之段御不審被成候ハヽ、随分申分仕、御地頭幷町内之難儀ニ掛申間敷由申越候故、勝手ニ致候へと申遣候、以上

卯月廿八日

一四町目柏屋久右衛門修覆幷平野屋仁兵衛屋祢（根）葺替之願、年寄文右衛門申来候、則両人願之書付有之候、以上

戌卯月廿八日

一弐町目松庵普請之儀ニ付、屋限重而可致由年寄惣兵衛方へ一札取置申候由、年寄方ゟ申越候、以上

戌卯月廿九日

一四町目柏屋伊左衛門方ニ置候茶立女之儀、佐和山ニ居申実之親西左衛門尋参候而吟味仕候ニ付、親請長左衛門・肝煎長兵衛ニ引合、年寄・町中立会穿鑿之上、埒明申候故、西左衛門幷長左衛門・長兵衛方ゟ一札之手形町中へ取置申由、年寄文右衛門相届候、則写有之候、以上

戌五月二日

一弐町目松庵普請之儀、今日御公儀江罷出、小玄関ニ而御役人衆被仰渡候、絵図之通御免被遊候、乍去二階作なと成不申候間、左様ニ相意得候様ニと被仰付相済申候由、八百屋七兵衛申来候、以上

戌五月六日

一弐町目宗舜跡雲月幷吉野屋宇左衛門町入候之儀、年寄ゟ申越候、以上

戌五月七日

一雲月・吉野屋宇左衛門、右両人年寄惣兵衛召連罷出、

今日御礼相済申候、以上

戌五月八日

一弐町目松庵普請之絵図幷文言、御公儀江差上ケ候通之写ニ奥書致、連判取置申候、以上

戌五月九日

一四町目柏屋久右衛門修覆之儀、方内へ相尋候へハ、見分ニ可参と申候由、平野屋仁兵衛屋祢(根)葺替ハ勝手次第ニ可致と申候由、年寄文右衛門申来候、以上

戌五月十日

一伏見様(貞致親王)崩御被為成候ニ付、今十八日ゟ廿日迄三日之間、鳴物御停止之旨、松尾四五(右)衛門ゟ町触廻申候、則町中へ急度相触候へと申付候、口上触写有之候、以上

戌五月十八日

一四町目柏屋久右衛門修覆之儀、今日松尾四五右衛門検分ニ参候而無別条候間、勝手次第ニ致候へと相済申候由、年寄文右衛門相届候、以上

戌五月十八日

一三町目木爪(瓜)屋平右衛門屋祢(根)葺替致候ニ付、方内へ書付遣し候由、文左衛門持参致見せ申候、以上

戌五月廿三日

一壱町目毘沙門屋勘左衛門内造作仕度由申来候、則願之書付有之候、以上

戌五月廿四日

一三町目木爪(瓜)屋平右衛門屋祢(根)葺替之儀、方内江尋相済申候由、文左衛門相届候、則書付有之候、以上

戌五月廿五日

一壱町目年寄勘左衛門修覆之儀、方内へ尋候へハ、検分ニも及不申候間、勝手ニ致候へと松尾四五右衛門申候

而相済申由、勘左衛門相届候、以上
戌五月廿六日

一弐町目堺屋吉兵衛参候而申候ハ、内々御訴訟申上候儀、年寄物兵衛方江度々参願入候得共、此間ハ取合不申候、家も次第ニ破損仕、風雨之時分ハ家内ニ居申事も成不申候而迷惑仕候、私御門前ニ罷有候へハ、日比慮外等も不仕候様ニ心掛、折節旬ニハ随分相勤申候、如何様之科ニ而三年此かた之御訴訟相叶不申候、御慈非(悲)ニ埒明申様ニ被仰上可被下候、又ハ如何様之儀有之候ニ付成不申候と被仰聞可被下候と申来候故、金蔵院・宥伝坊も病気ニ而居被申候間、次而も候ハヽ、可申入由申候而戻し申候、以上
戌五月廿七日

一弐町目井筒屋十(重)右衛門頼申ニ付、年寄・組頭、右三人申来候ハ、只今之迄無調法之儀有之候者、御赦免被成被下候様御侘言申上、吉兵衛家之儀、首尾能相済候様ニと色々頼申候、何とそ御了簡被下候へと右三人侘言申来候、以上
戌五月晦日

一井筒屋十右衛門儀、宥伝坊へ申聞候へハ、其儀ハ前ゟ様子有之事ニ候、重而相談可有之由ニ候、以上
閏五月朔日

一麸屋町通八まん(幡)町上ル丁(町)水引屋平兵衛と申者、弐町目八百屋市郎左衛門ニ五年已前午極月ニ銀七百目余預ケ置申ニ付、度々断申入候得共、取合不申候間、急度被仰付可被下候と申来候故、年寄方へハ相届申候哉と尋候へハ、其儀ハ無案内ニ候故届不申候由、左候ハヽ、年寄方へ先頼入候へ与申遣し候、以上
戌閏五月三日

一弐町目近江屋新右衛門養子忠(右)衛門と申者、三町目梅鉢屋庄兵衛肝煎ニ而土産銀五百目持参之約束ニ而、去年

七月ニ相極入置申候処ニ、同霜月細工ニ参候由ニ申罷出候而已後、何之沙汰も不仕候故、肝煎庄兵衛方へ度々頼入、様子尋候へハ、此間仏光寺辺ニ女房を持、借宅致居申由承候故、左様ニ候ハヽ、忠(右)衛門儀何共見届不申候間、此方手前埒明申度、相応之者養子可仕候間、物兵衛ニ此者之儀、埒明候様頼入候由申候へ共、何角と延々ニ候而迷惑仕候故御断申上候、被仰留可被下候と新右衛門申来候、土産銀ハ少も請取不申候と申候、以上

閏五月五日

一弐町目新右衛門養子之儀、年寄呼候而吟味仕、町中相談致、埒明候様ニ致候へと申付遣し候、以上

閏五月六日

一麩屋町通八まん(幡)町上ル丁(町)水引屋平兵衛参候而申候ハ、此間町之年寄へ断申候へハ、不勝手之者ニ急度相済候へと此方ゟ申付候事成不申候と申候、又市郎左衛門此間申候ハ、銀子渡し之通ニ絹売掛之残り銀手形ニ致候趣前書ニ致候へと申候ニ付、其段合点不参候故、左様ニハ不成間敷と申候へハ、左候ハヽ、銀子渡し候事成不申候と申ニ付、又々御断申上候と申来候故、兎角市郎左衛門と相対致候へと申付遣し候、以上

閏五月八日

一今日初夜前ニ本堂舞台ゟ飛申者有之候ニ付様子相尋候へハ、建仁寺町五条上ル丁(町)山崎町升屋多兵衛借屋ニ居申候永来三郎兵衛方ニ我等母親居申由申候故、早々申遣し候へハ、右之者共参、様子見届、達者ニ罷有候間、召連罷帰候而養生も致度由色々断申ニ付、家主多兵衛并母親之主仁(人)三郎兵衛ニ一札致させ相渡し申候、以上

閏五月十一日

一札之事

一大仏山崎町五条上ル丁(町)升屋多兵衛借屋永来三郎兵衛内妙寿悴仁兵衛と申者廿七才ニ罷成候者、今日暮時分ニ

清水寺本堂舞台ゟ飛落申ニ付、所ゟ御立会被成候而様子御尋被成、私共方へ早々御知せ被下候故、驚早速参、様躰見申候得者、成程達者ニ居申候故、如何様成儀ニ而飛候哉と相尋申候得ハ、立願之儀ニ而飛候由申候、然上ハ別儀無御座候ニ付召連帰り申度由、所之衆中へ御断申候得ハ、御聞届ケ被成候故、則請取罷帰り申候、若重而御公儀様ゟ御尋か、又ハ親類と申、何方ゟ如何様成儀申来候共、我々何方迄も罷出、急度申分ケ仕可申候、其上ニ仁兵衛引取罷帰り申上ハ、後日ニ相果申候共、所々役人并町中江少も御難儀懸ケ申間敷候、後日之為一札、仍如件

元禄七年戌壬(閏)五月十一日

飛人仁兵衛母
妙寿

妙寿主人
三郎兵衛

三郎兵へ家主
多兵衛

清水寺
御役人
并年寄中
参

一弐町目近江屋新右衛門申来候ハ、先比申上候儀、町へも被仰付被下候故、町ゟも情(精)ニ入候而大形済寄申候、乍去養子忠右衛門申候ハ、町入之銀子五拾四匁、年寄物兵衛方へ遣し置申候、此銀請取不申候ハヽ、右之証文戻し、埒明申事成不申候由申候故、年寄へ尋候へハ、三拾匁ハ町へ之入用ニ遣申候、残弐拾四匁ハ我等遣申候間、此分ハ借り候而も済可申候間、町ゟ此銀才覚頼入候由年寄申候而埒明不申候間、急度被仰付可被下候と申来候故、兎角組頭へも頼、町中と相談致候へと申付遣し候、以上

壬(閏)五月十五日

一誹諧之点者并清書本仕候者有之候ハヽ、書付越候様ニと、松尾四五右衛門ゟ今晩子之刻時分ニ町触ニ口上書廻申

候、則当地ニハ左様之者無之段、所書之下ニ書付遣し
候由、年寄勘左衛門ゟ申越候、則写有之候、以上
壬(閏)五月十五日

一四町目丹後屋久兵衛・桔梗屋三十郎・桑名屋茂兵衛、
右之者共屋祢(根)葺替幷ニ修覆仕度由、年寄文右衛門申来
候、則書付有之候、以上
壬(閏)五月十六日

一四町目丹後屋久兵衛・桔梗屋三十郎・桑名屋茂兵衛屋
祢(根)葺替幷ニ修覆之事、方内江相尋候へハ無別条相済候
由、年寄文右衛門相届候、以上
壬(閏)五月十八日

一麩屋町通押小路下ル丁(町)水引屋平兵衛参断申候ハ、内々
申上候八百屋市郎左衛門儀、下ニ而埒明不申候ニ付御
公儀様江御訴訟申上候へハ、則御裏判出申候故、今日
年寄惣兵衛方へ相渡し申候ニ付御断申入候と申来候、
以上
壬(閏)五月十八日

一弐町目正庵裏借屋へ之道、右之絵図ニハ長屋之壱軒西
ニ付申筈ニ候へ共、勝手悪敷候故、弐軒西ニ明申由、
則方内も断申無別条候、七兵衛申来候、以上
閏五月十八日

一四町目嶋屋市兵衛娘せん家売申ニ付、同町八文字屋忠
兵衛買申度と申ニ付御断申上候と、年寄文右衛門申来
候、則願状有之候、以上
閏五月廿日

一弐町目少之小路ニ七左衛門持之庵江大仏ほね(骨)屋町ニ居
申候多兵衛と申者ニ借入置申由、則請合之一札有之候、
以上
閏五月廿日

一四町目嶋屋市兵衛娘せん家之儀、無別条候間売申様ニ
申付候、以上

閏五月廿五日

一生類売買之御触状幷捨子之口上書、右二通、松尾四五
右衛門ゟ町触ニ廻申候、捨子之儀ハ寺社方へも申渡し
候様ニと有之候故、則当町年寄文右衛門申付、執行・
目代・六坊へ右之趣申遣し候、以上

戊閏五月廿八日

一馬駐門番五兵衛隙遣し申ニ付替聞立、近日入可申由、
年寄文右衛門相届候、以上

閏五月晦日

一東福門院様(徳川和子)御法事ニ付、十一日ゟ十五日迄昼夜自身番
相勤可申之旨、松尾四五右衛門ゟ町触状廻申候、則写
有之候、以上

戊六月八日

一馬駐番人代ニ壱町目井筒屋又左衛門借屋ニ居申候六兵
衛相勤申筈ニ相極申由、年寄惣兵衛ゟ断申越候、則一
札有之候、以上

戊六月八日

一弐町目八百屋市郎左衛門返答書致、明日御公儀へ罷出
候由、八百屋七兵衛申来候、則目安二通共ニ写有之候、
以上

戊六月十日

一弐町目近江屋新右衛門養子之儀、八百屋七兵へ縁類之
内ニ鷹峯ニ居申嘉兵衛と申者、則女房も有之候、此者
肝煎相究申度由断申候、以上

戊六月十日

一若宮様(第一皇子)御薨《コウ》去被為成候ニ付、今日ゟ十二日迄三日之間
鳴物御停止之旨、松尾四五右衛門ゟ町触状廻申候、則
写有之候、門前年寄共へも弥申付候、以上

戌六月十日

一弐町目八百屋市郎左衛門、今日御公儀へ罷出候得共、若宮様（第一皇子）御薨去ニ付公事御聞不成候故罷帰候由、断申来候、以上

戌六月十一日

一弐町目近江屋新右衛門養子吟味致相究候而、年寄・組中之一札致候而越候様ニと、八百屋七兵へニ申付遣し候、以上

戌六月十二日

一弐町目八百屋七兵衛申来候ハ、此比六波羅野へ惣伽（嫁）出申候ニ付、人立多候而物言なと有之由申来候故、年寄四人呼候而、堂廻之次而ニ六波羅野惣加（嫁）はら（払）い申様ニと申付遣し候、以上

戌六月十二日

一生たるもの商売御停止幷捨子之御触、松尾四五右衛門ゟ町触ニ廻申候、則写有之候、以上

戌六月十三日

一弐町目堺《サカイ》屋吉兵衛家売買之儀ニ付無調法有之故、組頭藤屋利兵衛・八百屋七兵衛侘言申事ニ候、以上

戌六月十三日

一弐町目八百屋七兵衛申来候ハ、町之番所破損致候ニ付普請仕度由届申候故、無別条之間、方内へも相尋、勝手次第ニ仕候様ニと申付遣し候、以上

戌六月十七日

一弐町目堺《サカイ》屋吉兵衛家売買之侘言ニ、組頭二人幷町之五人組之内ゟ海老屋平左衛門・毘沙門屋源十郎・雁金屋甚右衛門参候而、町中共ニ御侘言申上候由申来候、以上

戌六月十八日

一弐町目八百屋市郎左衛門、今日御公儀へ罷出候得共、淡路守(小出守里)様御病気ニ付御聞不被遊候故、又廿七日ニ罷出申由申来候、以上

戌六月十八日

一弐町目堺屋吉兵衛家之儀ニ付、組頭幷町中度々侘言申ニ付、其段宥伝坊へ申入候へハ、赦候様ニと被申候故、組頭・町人呼、右之通申渡し、則年寄惣兵衛・井筒屋十(重)右衛門・堺屋吉兵衛、右三人連判之一札取置、相済申候、以上

戌六月廿三日

一壱町目清左衛門申来候ハ、今朝七ツ時分ニ馬駐之門へ何方之者共不知侍一人来候而、参詣之者ニ而候間、門を明候様ニと申ニ付、番人六兵衛申様ハ、未明申時分ニ成不申候、頓而明六ツニ成可申候間、今少待被申候様ニと申、明不申候而、夫ゟ堂廻吟味ニ上り候跡ニ、儀(義)乗院之家来愛宕へ参詣致、帰候而門をたゝ(叩)き候へ共、何之沙汰も無之候故、しきり(頻)ニたゝ(叩)き申ニ付、子安之家来藤兵衛と申者出合様子尋候へハ、儀(義)乗院之家来ニ而候故、其儘明通申候節、右之侍も通、参詣致候処ニ、六兵衛堂ゟ帰ニ道ニ而侍ニ逢候へハ、侍申候ハ、是程ニ明申門を何とて明不申候と、頓而頭ヲはり申候故、六兵衛堪忍成不申候と侍之下向ヲ待請、年寄勘左衛門方へ参断申候へハ、勘左衛門様子を聞、留守ヲ遣、出合不申候、其内ニ右之侍子安ニ居申候か、家来藤兵衛ニ様子ヲ聞、其儘はつ(発)し申候由申来候故、勘左衛門仕かた、何共合点不参候、侍ヲ留置、何とそ(て)吟味不致候哉と申候へハ、左様ニ致候ハヽ、事むつかしく成可申と存、兎角六兵衛ニ堪忍ニ(マヽ)を致させ候へハ能候と存、異見(意)を致、其分ニ而置候と申候故、左候ハヽ、役人ニ而も無之藤兵衛御門を明候事合点不参候、此段急度吟味致候へと申付候而、しかり(叱)戻し候故、藤兵衛呼、右之段を吟味致候へハ、無調法致候間、幾重ニも御侘言申上候間、宜御断頼入候と申由申来候、以上

戌六月廿四日

一三町目梅鉢屋庄兵衛家霿（修）覆仕度由、文左衛門申来候、則絵図・書付有之候、以上

戌六月廿五日

一弐町目八百屋市郎左衛門出入之儀、今日御公儀江罷出候へハ、銀七百弐拾弐匁之内三百目盆前ニ相渡し、残ル所は来年、去（再）来年ニ皆済致候様ニ被為仰付候、以上

戌六月廿五日

一町々之門戸、宵よりつし（辻）不自由ニ有之候ニ付、松尾四五右衛門ゟ町触状廻ル、則写有之候、以上

戌六月廿六日

一弐町目松庵家守ニ桜屋喜左衛門と中者相究入置申候而、請状町へ取置申候、則来ル五日ニ御礼ニ罷出申度由、年寄惣兵衛申来候、以上

戌七月三日

一弐町目松庵家守桜屋喜左衛門御礼之儀、宥伝坊へ相尋候へハ、四日ニ出し候様ニと被申候故、今日御礼相勤申候、則為祝儀と鳥目三拾疋被下候、以上

戌七月四日

一壱町目末広屋次郎兵衛家借シ申度由、年寄勘左衛門申来候、能吟味致候而、其上一左右可仕由申付遣し候、以上

戌七月四日

一三町目梅鉢屋庄兵衛内造作之儀、今日御公儀江罷出候へハ、願之通被為仰付候由相届候、以上

戌七月四日

一四町目八文字屋伝右衛門水茶屋之儀、去年方内へも断申相済候間、此度建申由伝右衛門申来候故、去年埒明申事ニ候へ共、今度方内へ相尋申様ニと申付遣し候、以上

戊七月四日

一三町目扇子屋角兵衛忰、建仁寺町ニ居申候、此所ニ而
御公儀ゟ御尋物庄右衛門と申者、夜前御とらへ（捕）被成候
由文左衛門申来候、角兵衛方へハ何之御構も無之由ニ
候、以上

戊七月五日

一弐町目松庵表長屋借シ申度由、年寄惣兵衛申来候、能
吟味致、其上ニ相究候へと申付遣し候、以上

戊七月五日

一御公儀町廻衆与力三人、同心目付加々山権兵衛・岩木
平内、同心頭弐人、其外六人被参候而、暮時分ニ御帰
候、与力・目付衆者不被参候、以上

戊七月九日

一夜ニ入五ツ時分ニ松尾四五右衛門・西村新右衛門廻申
候、早々帰申候、以上

戊七月九日

一水引屋平兵衛参申候ハ、八百屋市郎左衛門江預ケ銀之
儀、先比御公儀ニ而被為仰付候ハ、盆前ニ三百目請取
申様ニと被為仰付候処ニ、此比再三人遣し候へ共、取
合不申候、其上ニ八百屋七兵衛申候ハ、定而銀百目か
金弐両程ならてハ遣し申事成申間敷候と申候、三百目
之内少ニ而も不足致候而ハ請取申儀成不申候間、右之
通ニ候ハヽ、盆後又々御公儀江御訴訟可仕候間、先御届
申由申来候故、年寄呼様子聞、不埒ニ候ハヽ、可申付旨
申遣し候、以上

戊七月十四日

一四町目丁子屋喜（嘉）右衛門家、昨日之風ニ屋祢（根）三坪程吹や
ふり申ニ付今日葺申度由、年寄文右衛門断申来候、以
上

戊七月十八日

一四町目桔《橘》梗屋与市郎罷(修)覆之儀、年寄文右衛門申届候、方内へ相尋《ミミ》、其上ニ様子申来候様ニ申付遣し候、則書付有之候、以上

戌七月十八日

一三町目山口屋権七借屋ニ居申候伊兵衛と申者、忰宇兵衛今日四ツ時分ニ飛落仕候、弟ニ八郎兵衛と申者、三条大宮辺ニ居申由承候間、此者呼尋可申と存候由年寄平兵衛届来候、跡ニ居申伊兵衛ニ心ヲ付候様ニと申付遣し候、以上

戌七月廿日

一弐町目近江屋権兵衛壱町目ニ所持致候家、堺屋吉兵衛是非ニと望申ニ付遣し可申と存候由、年寄勘左衛門断申来候、以上

戌七月廿日

一三町目山口屋権七借屋ニ居申宇兵衛儀、弟方尋候へハ、伏見之舟之乗場ニ而とら(捕)へ罷帰候而、色々吟味致候へハ、発心之望ニ而罷出候、然上ハ少之諸道具ハ親伊兵衛方へ戻し申候、借屋之儀者我等借り分ニ而候へハ、親伊兵衛其儘居申事成申間敷候、相応之所聞立申迄ハ、二三日御置被下候様ニと頼申由、則右之趣宇兵衛ニ一札致させ、町へ取置申相済候由、年寄平兵衛断申来候、右一札之写有之候、以上

戌七月廿日

一三町目大黒屋六左衛門家二軒売手形致、銀四百目借り申候処ニ、其銀子不埒ニ付、借シ主玄貞ゟ此方へ断申候得共、町ゟ断申ニ付相済申候由、年寄平兵衛届候、以上

戌七月廿四日

一馬駐門番六兵衛病者ニ罷成候ニ付番上ケ申度と断申由、年寄勘左衛門相届候故、外之町へも申聞、相応之者聞立候様ニと申付遣し候、以上

戌七月廿五日

一四町目斧屋長左衛門・木屋源右衛門両人家修覆仕度由、年寄文右衛門相届候故、方内へ相尋、其上ニ様子申来候様ニと申付遣し候、以上

戌七月廿六日

一三町目大黒屋六左衛門家修覆仕候由、年寄平兵衛相届候、則絵図・書付有之候、以上

戌七月廿六日

一三町目坂本屋十左衛門射場何年以前ゟ仕来候而、矢拾本ニ付代物弐銭ツヽ之外勝負ケ間敷事致させ不申候旨書付致、松尾四五右衛門へ遣し候ニ付、此方へも書付・絵図之写為致取置申候、以上

戌七月廿六日

一弐町目近江屋権兵衛壱町目ニ所持致候家売買之儀、無別条候間、相談相究候様ニと年寄勘左衛門申付遣し候、則一札有之候、以上

戌七月廿九日

一壱町目末広屋次郎兵衛借屋之儀、借シ候様ニと年寄勘左衛門申付候、則一札取置申候、以上

戌七月廿九日

一弐町目松庵表長屋無別儀候間、借候様ニと年寄惣兵衛ニ申付候、則一札取置申候、以上

戌七月廿九日

一四町目小松屋仁兵衛家之東之方ニ壱尺四五寸之明（空）地有之候、此所へ北南へ長サ弐間、一小間居ニ横壱尺四五寸、下屋致候由、則松尾四五右衛門参候時分ニ断申候へハ、不及書付ニ相済申ニ付、近日ニ普請仕度由、年寄文右衛門断申来候故、方内埒明申事ニ候ハヽ、勝手ニ致候様ニと申付遣し候、以上

戌八月四日

一弐町目八百屋市郎左衛門借銀之儀、此度銀弐百目遣し、残ル四拾目者九月晦日切ニ急度相渡し可申と色々断申候へ共、合点不致候、御公儀ニ而被仰付候通、三ツ一分之内少ニ而も不足致候而ハ、請取不申候と取合不申迷惑仕候由、八百屋七兵衛断申来候、以上

戌八月五日

一蹴鞠之儀、犬皮ニ而くゝり候事、御停止之町触状、松尾四五右衛門ゟ廻ル、八坂ゟ参候而、此方ゟハ若宮八幡江遣ス、則写有之候、以上

戌八月七日

一松尾四五右衛門ゟ門前年寄四人共ニ呼ニ参候而被申渡候ハ、今度於大坂ニ茶屋者町遊女御吟味ニ而御払被遊候間、若左様之者共娘姪ニ而御座候と申候而抱置候儀、重而御聞被遊候ハ、急度可被仰付候間、右之族無之様ニ町中申付候様ニと被申渡由、年寄勘左衛門断申来候、以上

戌八月八日

一馬駐木戸番ニ角兵衛と申者相究、則請状取置申由、年寄平兵衛申来候、請状此方ニ有之候、以上

戌八月九日

一三町目菱屋長右衛門借屋ニ居申利右衛門と申者、下八坂之家賃ニ入銀子借り申時分、東洞院四条上ル丁(町)ニ高嶋屋庄右衛門借屋伊勢屋三郎兵衛と申者親類ニ而有之候付、右之様子聞、其銀之内百五拾匁借用申度と申ニ付借シ申候、此度返弁致候様ニ催促申候得共、何角と不埒申ニ付、御公儀様へ明日御訴訟申上ル由、年寄平兵衛相届申候、以上

戌八月十日

一八月十日之初夜時分ニ、大徳寺之門前ゟ火事出来、当

山ゟハ御所近辺ニ見へ申故、上筋為見舞ニ新介・九兵衛被遣候ニ付、門前之火事番之者罷出候、壱町目ゟ三人、弐町目ゟ三人、三町目ゟ四人、四町目ゟ五人、合十五人也、以上

戌八月十日

一四町目橘屋与市郎・斧屋長左衛門・木屋源右衛門修覆之儀ニ付、昨日松尾四五右衛門見分致相済申由、年寄文右衛門断申来候、則右三人之書付有之候、以上

戌八月十三日

一松尾四五右衛門ゟ先年之通、宗門相改帳面弐冊ニ認、当月廿四日迄ニ私宅へ持参致候様ニ町触廻ル、則写有之候、以上

戌八月十五日

一外ニ宗門改之儀、寺触ニ壱通廻ル、但シ執行ゟ参候、不及請取ニ使戻し候、此方ゟ清閑寺へ遣し手形取置申候、則口上・触之写有之候、以上

戌八月十五日

一門前年寄四人方江例年之通宗門改之儀、弥念入相改、下帳見せ申様ニと申付遣し候、以上

戌八月十五日

一三町目菱屋利右衛門預ケ銀之御訴訟申上候ニ付、明十七日ニ年寄平兵衛ニ召連罷出候様ニと松尾四五右衛門ゟ申来候故、明日罷出候由平兵衛断申来候、則〇口上〇御公儀へ差上ケ候書之写有之候、以上

戌八月十六日

一三町目菱屋利右衛門出入之儀、今日ハ御聞不被遊候、又明日罷出候様ニと被仰付候由、年寄平兵衛ゟ断申越候、以上

戌八月十七日

一松茸之時分ニ候間、例年之通、山へ出入無用之由、町中へ急度申渡し候様ニ年寄四人江申付遣し候、以上

戌八月十八日

一三町目菱屋利右衛門、今日御公儀江罷出候へハ、御裏判出申候ニ付、相手之町へ遣し申由、文左衛門申聞候、以上

戌八月十八日

一例年之通宗門改之儀、年寄勘左衛門申付、子安江申遣し候、返事ニハ宗門改之儀、得其意候、乍去名当(宛)去年之通ニ致可遣由申越候、以上

戌八月十九日

一年寄勘左衛門使ニ致、子安方へ申遣し候ハ、去年之通ニ致可遣由、此方合点不参候、左候ハヽ、三年已前之例も有之候間、其通ニ致候様ニと申遣し候へハ、三年已前ハ正印(平瀬)延(遠)慮之内ニ而候故、其例も如何ニ候、当年ハ正印も居不申、跡目も究不申候へハ、兎角去年之通ニ役者正印と可致候、幾度ニ而も其通ニ候、中(仲)光院も同前ニ候間、左様ニ意得申様ニと申越候、以上

戌八月十九日

一年寄勘左衛門使ニ申付中(仲)光院へ遣し候、昨日子安方へ宗門改之儀申入候処ニ、返事之趣此方ニも合点不参候、弥々其方ニも子安同事ニ候哉、宗門改之儀、帳面来ル廿四日切ニ申来候、右之通弥同心無之上ハ、帳面相究不被申候、左候へハ其段方内へも断申、埒明申迄ハ相延申事ニ候、弥昨日之通ニ候哉と申遣候、中(仲)光院申越候ハ、昨日子安申入候通ニ、去年之通ニ候ハヽ、認遣し可申候、三年以前之通ニハ成不申候と申越候、以上

戌八月廿日

一宝徳寺江も年寄勘左衛門使ニ致申遣し候へハ、返事ニハ成程得其意申候、拙僧も外之寺並ニ致遣し可申と申越候、以上

戌八月廿日

一弐町目海老屋喜平次・井筒屋長次郎、右両人取葺屋祢(根)
葺替仕度由、年寄惣兵衛相届候故、方内へ相尋、其上
ニ様子申来候様ニと申付遣し候、以上

戌八月廿二日

一弐町目少之小路ニ紅屋八郎兵衛所持致候庵、此度同町
ニ居申性空と申者ニ売申度由、惣兵衛相届候故、吟味
仕無別条候ハヽ、重而申来候様ニと申付候、以上

戌八月廿二日

一子安・中(仲)光院・宝徳寺、右三人宗門改之書付埒明不申
候ニ付、当町三町目之年寄平兵衛・壱町目年寄勘左衛
門両人ニ申付、松尾四五右衛門方へ明廿四日切ニ指(差)上
ケ申帳面、右三軒之寺方ゟ清水寺役者と致遣し候事成
申間敷と申ニ付、帳面相究不被申候故、明日之日切御
延引被下候様ニと断ニ参候得と申付遣し候へハ、松尾
四五右衛門年寄共以外ニしかり(叱)、兎角ニ明日帳面相究
候而持参致候様ニとさん〳〵しかり(叱)申由、罷帰候而申聞
候、以上

戌八月廿三日

一子安・中(仲)光院・宝徳寺宗門改之書付埒明不申候故、松
尾四五右衛門方へ明廿四日之日切ニ候へ共、右之様子
ニ候故、成就院方之帳も相究不被申候間、御延被下候
様ニと孫九郎(藤林兼定)参候而断申候へハ、例年之事ニ宗門之相
違無之事ニ候ハヽ、埒明可申様ニ存候、何共合点不参候、
急度吟味致埒明、帳面遣し候様ニと申候、成程得其意
申候、彼方ゟ宗門之書付さへ出し候ハヽ、帳面相究、明
日持参可申候、彼方へ申遣し埒明不申候ハヽ、兎角ニ御
延頼入候由申、罷帰候、以上

戌八月廿三日

一子安・中(仲)光院・宝徳寺、右三人方へ壱町目年寄勘左衛
門使ニ申付、宗門帳明日切ニ候間、書付指(差)越候様ニと

申遣し候へハ、此間も度々申候通ニ、去年之通ニ□致可遣候、役者と計ニ而ハ幾度ニ而も成不申候と申越候故、右之通方内へ当町三町目年寄平兵衛・壱町目之年寄勘左衛門右両人使ニ申付、右之様子ニ候故、弥明日帳面遣し候事成不申候由断申遣し候、以上

戌八月廿三日

一松尾四五右衛門方へ平兵衛・勘左衛門遣し候処ニ、留主故申置罷帰候由申来候、以上

戌八月廿三日

一中(仲)光院ゟ組頭亀甲屋清左衛門呼寄申越候ハ、宗門改之儀此方共申分故相延候段、何共迷惑ニ存候間、兎角和談致、役者正印(平瀬)と致遣し可申候間、其通申候様ニと申候由、年寄勘左衛門申来候故、重而返事可申候と申戻し申候、以上

戌八月廿五日

一子安方ゟ年寄勘左衛門呼寄申候者、昨日清左衛門ニ申遣し候返事ハ無之候哉、承度候、役者正印と致相済候様ニ致度候、是非と有之事ニ候ハヽ役者と計成共可致候、左候ハヽ、重而正印跡目究候ハヽ、正印と致させ可申と有之事ニ候ハヽ、役者と可致候由申越候、以上

戌八月廿六日

一弐町目海老屋喜平次・井筒屋長次郎屋祢(根)葺替之事、方内へ断申候而埒明申由、年寄惣兵衛相届候、則書付有之候、以上

戌八月廿六日

一弐町目少之小路善貞と申道心者紅屋八郎兵衛持之庵ニ居申候得共、此度性空ニ売申ニ付、明ケ渡し申候、則只今迄性空居申候舛屋九兵衛裏ニ行者講中之庵有之候、是へ善貞入置申度由、年寄惣兵衛申来候、則手形取置申候、以上

戌八月廿六日

一弐町目少之小路ニ大仏紅屋八郎兵衛親類涌念と申者所
持仕候庵、此度同町ニ居申候性空ニ売申ニ付、則口上
書有之候、以上
　戌八月廿六日
一三町目菱屋利右衛門預ケ銀之出入百五拾目之内百拾匁
ニ而嗳申ニ付、今日相済、則明廿七日ニ御公儀江済状差
上ケ申由、年寄平兵衛相届候、以上
　戌八月廿六日
一三町目菱屋利右衛門預ケ銀之出入、今日済状差上ケ候
而相済申由、平兵衛申来候、以上
　戌八月廿七日
一子安方ゟ今朝年寄勘左衛門呼ニ参候而申聞候ハ、此間
申遣し候趣之返事、孫九郎(藤林兼定)方ゟハ無之候哉、此方共ニ
付宗門帳相延候事難儀ニ存知候間、清水寺一山之役者
と致可遣候間、其通ニ而埒明ケ申様ニ孫九郎へ申候へと
申越候故、其段宥伝坊へも申聞候、此方ゟハ未何共も
返事不申遣候、以上
　戌八月廿八日
一三町目山口屋権七借屋江宮川町七丁目菊屋以信家ニ居
申候豆腐屋忠兵衛と申者ニ借シ申度由、年寄平兵衛申
来候、吟味致、其上ニ又々申来候様ニと申遣し候、以
上
　戌八月晦日
一松尾四五右衛門ゟ当町三町目之年寄平兵衛呼寄被申渡
候ハ、今度新町通一条下ル丁(町)松葉屋長左衛門手代取込
致候ニ付、御穿鑿之上、本人ハ曲事ニ被仰付、親・請
人ニ弐拾貫目余之銀相立候様ニと被仰付候間、已後左
様之族無之様ニ町中へ申聞候様ニと被申渡候、以上
　戌八月晦日
一四町目鎰屋彦兵衛断申候ハ、同町ニ万屋八右衛門弟ニ

四郎兵衛と申者、養子聟ニ仕度由、年寄文右衛門相届
候、以上
戌八月晦日

一弐町目八百屋市郎左衛門借銀之出入七百弐拾匁之内、
弐百四拾匁相渡し、手形取置申候由、八百屋七兵衛相
届候、以上
戌八月晦日

一松尾四五右衛門ゟ宝徳寺宗旨之儀尋来候、口上書之写
口上之覚
一清水門前壱町目惣堂宝徳寺
右、宝徳寺宗旨何宗ニ而有之候哉、委細書付、只今御
越可被成候、為其如此ニ御座候、以上
九月二日　松尾四五右衛門
成就院
御役者中

覚
一当寺門前壱町目ニ有之惣堂宝徳寺宗旨之儀、浄土宗ニ
而御座候、以上
九月二日　清水寺役人
藤林孫九郎（兼定）
松尾四五右衛門殿

右之通申来候故、如此申遣し候、則松尾ゟ之手紙戻し
申候、以上
戌九月二日

一弐町目丹後屋庄兵衛跡目七兵衛・壱町目堺屋吉兵衛、
右両人来ル八日迄ニ御礼ニ出シ申度由、年寄惣兵衛・
勘左衛門申来候、以上
戌九月三日

一松尾四五右衛門ゟ惣堂宝徳寺宗門之判形取ニ参候、此
外建仁寺町筋惣堂も有之候、則写有之候、以上
戌九月三日

一年寄勘左衛門方へ今朝宝徳寺参申候ハ、宗門帳延々ニ罷成候事、気之毒ニ存知候故、今日御公儀江御訴訟ニ参候由断申来候由、年寄勘左衛門申届候、以上

戌九月四日

一当町四町目之年寄文右衛門・壱町目之年寄勘左衛門、両人使ニ申付、子安丼中(仲)光院へ申遣し候ハ、此間返事早々可申入候得共、相談致方有之ニ付延引申候、清水寺一山之役者と致可遣由、此方ニ一切不得其意候、清水役者又ハ成就院役者とか、此二色之内ニ致差越候様ニと申遣候へ共、両人留主故申置罷帰候、以上

戌九月四日

一宝徳寺ゟ年寄勘左衛門呼ニ越候而申聞候ハ、今日御公儀江罷出候処ニ、子安・中(仲)光院も跡ゟ参候而一所ニ御前へ罷出候而、段々御断申上候へハ、殊之外ニ首尾悪敷、其上ニ清水寺役者と致候而遣し候様ニと被仰付候間、宗門手形右之通ニ可致候、孫九郎(藤林兼定)へも此趣申候様ニと有之由、勘左衛門申来候、則宥伝坊へ申聞候、以上

戌九月四日

一年寄勘左衛門方へ子安丼中(仲)光院ゟ使ニ而越候ハ、今日宗門手形之儀ニ付御公儀江御断申上候へハ、去々年之通ニ致遣候様ニ被仰付候間、其通ニ可致候、紙ヲ越候へと申越候由、勘左衛門申来候、以上

戌九月四日

一子安丼中(仲)光院・宝徳寺、御公儀へ罷出申上候ハ、今度宗門御改ニ付、宗門手形之名当(宛)清水寺惣役者と致可遣由申候得共、成就院同心不被申候間、惣役者と致、埒明候様ニ被仰付被下候様ニ奉願候処ニ、淡路守(小出守里)様被仰候ハ、前々之例も可有候と御尋被遊候処ニ、去々年正(平瀬)印延(遠)慮之一巻申上、其節者清水寺役者と致遣し候由申上候へ者、左様之例も有之ニ惣而下僧共我儘申事、不届ニ思召候、成就院若年故、江戸ニ居申候、金蔵院・宥伝寺ニ居可申候間、指図次第ニ下知ヲ聞候へと被仰

付候而、殊之外ニ御しかり（叱）被遊候由、去方ゟ申来候、
以上
戌九月四日

一四町目升屋忠右衛門同町ニ所持仕候家、権兵衛と申者ニ借シ置申候、此度権兵衛ニ売申度候間、御願申上候と年寄文右衛門申来候、以上
戌九月五日

一知恩院町ニ居申玄貞女房さんと申者、三町目茶碗屋清兵衛ニ銀子四百三拾目借シ申候処ニ、不埒故此方へ相届急度被仰付被下候様ニと断申来候、以上
戌九月五日

一玄貞女房さんと申者、借シ銀之儀今日断申来候故、先年寄平兵衛方へ参候而頼候様ニと申付遣し候、以上
戌九月六日

一子安并中（仲）光院・宝徳寺方へ四人之年寄共宥伝坊ゟ使ニ被申付候趣、今度宗門手形之儀ニ付御公儀江罷出候節、此方へハ何とて無断参候哉、其上清水寺惣役者と可致旨、此方ニ一切合点不参候、惣役者と有之思入、委細ニ様子承可申候と申遣し候処ニ、子安返事ニハ、今度宗門改之役人本多甚五右衛門殿ニ而有之由承候故、宗門帳延引仕候段、以書付ヲ断ニ参候得ハ、此儀ハ願之事有之候へ者、此方意得ニ相済不申候、玄関へ罷出候へと被申候ニ付罷出候へハ、御前へ召被出候故、様子申上候処ニ、去々年之通ニ致遣候様ニと被仰付候、清水寺惣役者と申事、何之存知入も無之候、清水寺役者と計致候ハヽ、末々ニ者役者正印（平瀬）と申家取失可申事をなけ（歎）かしく存候而之儀ニ候、右之通ニ候故、御公儀江参候儀断可申分も無之候、中（仲）光院も一所之儀ニ候へハ、此方と同事ニ候と申越候、以上
戌九月六日

一宝徳寺ハ、拙僧儀ハ左様之分も不存候、兎角外之寺並

と申儀ニ候、御公儀へ参候節、御断不申候段ハ私無調
法ニ而御座候と申候、以上
戌
九月六日
一宥伝坊ゟ四人之年寄使ニ而、子安・中(仲)光院・宝徳寺へ
被申遣候ハ、昨日之返事之趣ニ役者正(平瀬)印家取失可申事
な(歎)けかしく存知候と有之儀、其段猶以合点不参候、正
印跡目之儀迄も此方ゟ申付候へハ、何茂之講(構)有之儀ニ
ハ無之候、其段ハ追而之穿鑿ニ可致候間、先宗門手形
取可申候間、清水役者と名当(宛)致越候様ニと申遣候処ニ、
右三人之返事ニ者、望之通ニ手形致可遣候由申越候故、
取ニ遣し候ハ、夜ニ入五ツ時分ニ認、年寄勘左衛門ノ方
へ越候、今朝之返事と相違致、清水寺役者と致越候故、
四人之年寄共相談之上ニ而、今朝之約束とハ違申候、
此分ニ而上江之御取次成不申候間、約束之通清水役者
と認、差越候様ニと直ニ断申候へハ、兎角御公儀ニ而
去々年之通ニ被仰付候上ニ、清水役者と計致遣し候
ハ、、後日ニ御公儀之御尋も如何ニ候、是非と有之事ニ
候ハ、年寄共之請合ニ候ハ、可遣と申、我儘計申候、
以上
戌
九月七日
一弐町目丹後屋七兵衛・壱町目堺屋吉兵衛、右両人町入
之御礼、今日相済申候、以上
戌
九月七日
一三町目山口屋権七借屋へ豆腐屋忠兵衛と申者、弥相究
入置申由、年寄平兵衛申来候、則請合之手形有之候、
以上
戌
九月十日
一三町目薬屋仁左衛門、東之方下屋本屋祢(根)と一所ニ上ケ
申度由、年寄平兵衛申来候、則絵図有之候、以上
戌
九月十日
一子安幷中(仲)光院・宝徳寺宗門手形之儀ニ我儘申ニ付、今

日御公儀江御訴訟ニ宥伝坊・南蔵院・孫九郎（藤林兼定）罷出候、
則口上書差上ケ罷帰候、以上

戌九月十一日

一昨夜七ツ過ニ西門跡之奥方之人見之前屋敷火事之時分、
当町四町目ゟ行事弐人、早々寺へ参候、門跡へ之御見
舞不入候故戻し申候、以上

戌九月十二日

一三町目薬屋仁左衛門表屋東方下屋之修覆、方内へ断申
相済申ニ付断申来候、以上

戌九月十二日

一松尾四五右衛門ゟ御公儀ゟ之御召状持せ越候、則御召
状之文言之写、泰産寺・中光院（仲）・宝徳寺、右三人令僉（詮）
議子細有之候間、三人共ニ預ケ置候、其内下ニ而不相
済候者、来ル廿五日ニ召連可罷出者也

戌九月十三日　淡路（小出守重）御印判

清水

成就院

右之通御公儀ゟ被仰下候ニ付、孫九郎幷ニ四人年寄召
連、三軒之寺方江参候而御召状之趣申渡し候、則御召
状之写見せ申候、番人半日替ニ壱軒へ三人ツヽ付置申
候、以上

戌九月十三日

右人年寄共参候而断申候ハヽ、此度子安・中光院（仲）・宝徳
寺、右三人江番人多入申候間、堂廻之役儀御免被下候
様ニと門前中願申由申来候故、宥伝坊江も申聞候処ニ
断段尤ニ候間、免可申由被申候ニ付、其通申渡し免申
候、以上

戌九月十四日

一弐町目年寄惣兵衛申候ハヽ、此度子安・中光院（仲）・宝徳寺
へ番之儀、町中へ申渡し候処ニ、彦十郎・多兵衛・九
兵衛、右三人願申候者、堂役之儀ハ御免ニ而候間、此

度之番も御断被下候様ニと願申候由申来候ニ付、宥伝坊へ申聞候、彦十郎儀ハ当分此方ニ用事有之候間免可申候、多兵衛・九兵衛儀ハ其儘相勤申様ニと被申候ニ付、其通申付遣候、以上

戌九月十四日

一四町目鎰屋彦兵衛養子聟之願、同町之事ニ有之候間、勝手次第ニ相究候様ニと年寄文右衛門江申付遣候、以上

戌九月十四日

一松尾四五右衛門ゟ差類失物之御触書、夜前町触ニ廻申候、則写有之候、以上

戌九月十五日

一四町目年寄文右衛門申来候ハ、今朝方内ゟ呼ニ参候故参候へハ、鉄炮改之儀ニ而御座候、則認遣候故、写有之候、以上

戌九月十五日

一市橋下総守(政信)殿留主居吉田庄七ゟ之鉄炮改之手形、弐町目年寄惣兵衛方へ改取置候由申来候、以上

戌九月十六日

一泰産寺・中(仲)光院・宝徳寺江番人今暮ゟ五人ツヽニ致候様ニと四人年寄共へ申付候、以上

戌九月十六日

一四人年寄共申来候ハ、瀧下教海申候ハ、子安・中(仲)光院江異(意)見致御詫も仕候様ニ致度候間、両吟ニ相談も仕度由頼参候由申来候故、兎角ニ両吟ニ逢申事如何ニ候、番人之居申処ニ而逢候様ニと申付遣し候、以上

戌九月十八日

一子安・中(仲)光院ゟ年寄勘左衛門方へ申越ハ、孫九郎(藤林兼定)江逢申頼入度事有之候間、孫九郎被参候様ニ申入候へと頼

越候由、勘左衛門申来候、以上

戌九月十八日

一泰産寺・中(仲)光院ゟ孫九郎(藤林兼定)ニ逢申度と申来候ニ付、今日両寺江参様子承候へハ、子安申候ハ、此度之儀何方へ頼可申方も無之候ニ付其方へ逢申、詫言之指図承、下ニ而相済申様ニ仕度候故頼遣し候間、何とそ御了簡承度由申ニ付、孫九郎申入候ハ、左様之心入ニ候ハヽ、指(差)当私存知候ハ、成就院支配下ニ居被申其下知を背、御公儀江も被出候段、無調法之仕合謬申旨一筆ニ而も可被致覚悟ニ候ハヽ、下ニ而相済可申候哉、其段も如何可有も不存候得共、詫言と有之心入ニ候ハヽ、此通ニ而可有之と申入候、子安申候ハ、其段ハ兎角其方了簡次第ニ候、乍去住持ハ一代、寺ハ末代之儀ニ候間、案紙御認候ハヽ、其意得頼入候由申候故、左候ハヽ一札之案紙出候而一覧之上ニ而志(思)案可有候と申罷帰候而、其趣石嶋五郎右衛門殿有伝坊へ申聞候へハ、然ハ案文可被遣由ニ而、如此之案文持参致、三軒之寺へ見せ申候へハ、写置申候而泰産寺・中(仲)光院申候ハ、先此趣思案致、此坊ゟ御返事可申入と申候、宝徳寺儀ハ如何様成共御意次第ニ致可進由申候故、其趣有伝坊へ申聞候、以上

戌九月十九日

一札之事

一今度宗旨御改ニ付手形之宛所、一山之役者と成共、又ハ物役者と成共可仕候由申候段、御僉(詮)議被成不届ニ思召、御公儀江被仰上候処ニ、私共不届ニ被思召、成就院江御預ケ被成候、成就院御支配背、右之段申上候段、至極謬申候、向後毛頭御下知違背仕間敷候旨御詫申上候ニ付、御赦免忝奉存候、為其一筆如此ニ御座候、仍如件

年号月日　宝徳寺
　　　　　　誰印
　　　　　中(仲)光院
　　　　　　同断
　　　　　泰産寺
　　　　　　同断

成就院
　御役者中
如此之案文出申候、以上
一宝徳寺詫言之手形致越候故、則宥伝坊へ相渡し申候、
以上
　九月廿日

一延命院・義乗院ゟ両使僧ニ覚音・養円参候而申候ハ、
今度泰産寺・中(仲)光院御預ケニ付詫申故、一札ニ而御済可
被成由ニ而手形之案文被遣候、子安・中(仲)光院頼申候ハ、
手形之案文如此ニ候ハ、致可進候と申候間、此通之案
文ニ而御済被遣候ハ、私共満足可存由被申越候故、此
方ゟ之返事ニハ、中(仲)光院儀ハ子安とハ訳もちかい申、
其上御曖之儀ニ候間、各々江めん(免)し、中(仲)光院ハ此通之
手形ニ而も相済可申候、子安ハ代々此方被官寺之事ニ
候間、兎角ニ此方ゟ遣し候案文之通ニ無之候ハ、成不
申候由申遣し候、六坊ゟ参候一札之案文写
　一札之事
一今度宗旨御改之儀ニ付、手形之宛所一山之役者と成共、
惣役者と成共可仕候由申候段、御僉儀(詮議)被成不届ニ思召、
御公儀被仰上候処ニ、私共不届ニ被思召、成就院へ御
預ケ被成候、種々御詫申上候処ニ、御赦免忝奉存候、
向後宗門手形之儀ニ付違背仕間敷候、為其一筆如此ニ
御座候、仍如件
　年号月日　　中(仲)光院
　　　　　　　泰産寺
成就院
　御役者中
　戌九月廿三日
一六坊ゟ使僧ニ而昨日御返事ニ、委細被仰聞候通得其意
申候而、則両寺江段々申聞、異見(意)致候得共、中(仲)光院申
候ハ、子安とわけ(分)て手形致候事、如何ニ存候間、左様
ニハ成申間敷と申候間、此上ハ私共構不申候、為其以
使僧御断申入候と被申越候、以上
　戌九月廿四日

一松尾四五右衛門ゟ青物類初物之御法度之御触書、町触ニ廻ル、則写有之候、以上

戌九月廿四日

一衣類失物御触状ニ奥書致、門前中之年寄・組頭・五人組之判形致させ取置申候、以上

戌九月廿四日

一廿五日ニ御預ケ之三軒之僧召連、御公儀江罷出候、泰産寺・中(仲)光院・宝徳寺弥御しかり(叱)被遊、成就院支配相背不届ニ思召、子安・中(仲)光院閉門被仰付、成就院へ又々御預ケ被遊候、宝徳寺儀ハ、下□(二)而詫手形致候故、廿七日ニ召連罷出候様ニと被仰付候、罷帰候而、弐軒ノ寺へ番人、壱軒へ三人宛申付遣し候、以上

戌九月廿五日

一子安之塔参詣所ニ而有之候ニ付了簡致、大門ハ明候而参詣致させ可申候、寺之護摩堂・玄関門口之戸堅クさし(鎖)置可申候、中(仲)光院ハ大門共ニさし(鎖)居申様ニと年寄共へ申付遣し候、子安返事ニ者大門之儀被入御念候段、御心入忝存候由申越候、以上

戌九月廿六日

一弐町目松庵裏長屋江壱町目正印(平瀬)借屋ニ居申候松本屋権右衛門と申者ニ借シ入置申度由、年寄物兵衛断申来候故、所生之者ニ候へ共、吟味致請ヲ取、念ヲ入相究候様ニと申付遣し候、以上

戌九月廿六日

一瀧下教海申越候ハ、子安大門ヲ明居申候段、参詣所ニ而も有之ニ付御了簡にて御宥免之段、忝存候、乍去中(仲)光院申候ハ、御公儀之御上意重ク御座候へハ、右之段、延慮(遠)ニ存候間、兎角明日ゟ大門さし(鎖)可申候間、左様ニ相意得候様ニと申由、年寄共断申来候、以上

戌九月廿六日

一教海方へ組頭七兵衛・清左衛門使ニ申付、子安大門明
申事、此方ニハ参詣所ニ而も有之故、明置候様ニと申遣
し候得共、其方延(遠)慮ニ存候而さし(鎖)居申儀、心入次第と
申遣し候、以上
戌九月廿七日

一宥伝坊今日宝徳寺ヲ召連、御公儀江罷出被申候処ニ、
宝徳寺以之外ニ御しかり(叱)被遊、重而も下知ヲ背候ハヽ、早
速可申来候、追放可被成由被仰聞候、此度ハ成就院へ
詫手形仕候間、御赦免被遊候旨被仰渡候而罷帰候、以
上
戌九月廿七日

一泰産寺・中(仲)光院江組頭七兵衛・清左衛門使ニ申付申遣
候ハヽ、子安大門之儀、此方ニハ参詣所之事ニ候へハ、
上々様方ゟ御代参も有之と存知、明居申様ニと申遣し
候処ニ、さし(鎖)居申心入合点不参候、第一ハ御公儀江あ
たるきミも有之候、不苦候哉、如何様之心入ニ候哉、
其段可承候と申遣候へハ、子安・中(仲)光院返事ニハ、今
度御公儀之御上意重ク候而釘しめ(締)ニも致居申程ニ被仰付
候所ニ、大門明置候ハヽ、参詣人之内ニ酒酔ニ而も有之、
喧吪(嘩)なと仕出候時ハ、此方之無調法ニ罷成可申候、尤
御寺ゟ其段御申分可被下候得共、先日之御上意重処ニ
此方本人ニ而候へハ、後日無心元存計ニ候へハ、外ニ何
之存入も無之候と申越候故、又此方ゟ左候ハヽ、其段御
公儀江御窺(伺)可申上候間、左様ニ相意得候へと申遣し候
処ニ、其段ハ如何様共御了簡次第と申越候、以上
戌九月廿九日

一中(仲)光院ゟ壱町目組頭清左衛門頼申越候ハ、子安大門之
儀、御公儀御窺(伺)可被成候由、御了簡次第と申進候得共、
参詣之衆燈明なと頼被申候節、家来ニ申付候而も下々
之儀ニ候へハ、火用心無沙汰ニ可仕候哉と無心元存候
間、兎角廿五日ニ被仰付候通、其儘ニ指(差)被置候様ニと
申越候、以上
戌九月廿九日

一泰産寺・中(仲)光院江組頭文左衛門・七兵衛使ニ申付、子安大門之儀、此中も申遣候通、参詣所ニ而も有之ニ付、其段御公儀江窺(伺)候処ニ明置候様ニ被仰付候間、明可申由申遣し、則此方ゟ明させ申候、以上

　戌十月五日

一四町目ニ居申候泉屋又右衛門と申者、弐町目松庵裏長屋借り参度候と申由、惣兵衛相届候故、組町中共相談致、末々ニ町之難儀無之事ニ候ハヽ、所ニも数年住居仕候もの事ニ候間、相談致相究候様ニと申付遣し候、以上

　戌十月五日

一松尾四五右衛門ゟ火用心之御触書壱通、町触ニ廻、則写有之候、以上

　戌十月八日

一四町目升屋忠右衛門、同町ニ所持仕候家、則借屋ニ入置申候権兵衛と申者ニ売申度と申ニ付、願之書付取置申候、以上

　戌十月九日

一松尾四五右衛門ゟ明十三日ニ執行御屋敷へ被参候様ニと口上書参候写

　口上

一明十三日四ツ時分、執行小出淡路守(守里)様御屋敷へ御出被成候様ニ本多勘五右衛門殿被仰渡候、寺社帳之儀付御尋之由ニ候間、此通御申渡シ可被成候、為其如此ニ候、以上

　十月十二日　　松尾四五右衛門

　藤林孫九郎(兼定)殿

右之通申来候故、則執行へ参候而此通申渡し候、内方下上(方内)へ之返事之留如此ニ候

御口上書致拝見候、明十三日四ツ時分ニ淡路守様御屋敷へ執行被罷出候様ニ可申渡旨相意得申候、以上

　十月十二日　　藤林孫九郎

松尾四五右衛門様
此通申遣し候、外ニ口上書本紙有、以上
一松尾四五右衛門ゟ青蓮院様（尊証法親王）御逝去被遊候ニ付、諸事鳴物御停止御触書、町触ニ廻、執行・六坊中へも当町ゟ申遣し候様ニ申付候、御触書写有之候、以上
戌十月十六日
一知恩院門前玄貞女房さん銀子之事、三町目年寄平兵衛借り主茶碗屋清兵衛請合、大黒屋六左衛門呼、段々致僉（詮）議、急度相済候様ニ申付遣し候、以上
戌十月十六日
一弐町目松庵裏長屋借シ申度由、年寄惣兵衛方ゟ断申越候故、吟味致、其上ニ申来候様ニと申付候、以上
戌十月十六日
一松尾四五右衛門ゟ夜前九ッ時分、鳴物之儀、明十七日迄と触候へ共、十八日迄三日之間御停止ニ候間、左様ニ相意得候様ニと町触廻ル、則写有之候、以上
戌十月十七日
一四町目花屋文右衛門・近江屋六兵衛修覆仕度由断申候故、方内へ相尋候へと申付遣し候、其上ニ様子相知候ハヽ、申来候へと申付候、以上
戌十月十七日
一大日堂教意・瀧下之教海両人、私方へ参候而申候ハ、泰産寺・中光（仲）院儀、早速御詫も可申上と存候へ共、未日数も立不申内ハ如何と延慮（遠）ニ仕候、最早此節ハ廿日余りニも罷成候間、御詫申上候由申来候、其趣ハ宗門手形御取被成候而、閉門之儀御赦免被成候様ニ御公儀江御断被仰上可被下候由申来候故、其段宥伝坊へも申聞候処ニ、先達而一札之案文遣し候、其詫手形致候而之事ニ候哉、相尋候へと被申候ニ付、其趣教意・教海呼候而相尋候処ニ、其証文仕候へハ、先月廿五日前ニ

下ニ而相済申儀ニ候へ共、右之案文之証文気毒ニ存候而、
廿五日ニ罷出候へハ、閉門ニ被仰付候、右之仕合ニ候
故、証文之儀迷惑ニ存候間、兎角先達而申入候通之御
詫申入度由ニ候故、其趣ニ候ハ、相談ニ及不申、埒明
申間敷と返事仕置候、以上

戌
十月十八日

一松尾四五右衛門ゟ金蔵院江口上書参候写

口上

御用之儀有之候条、只今小出淡路守(守里)様御屋敷へ早々御
出可被成候、為其如此ニ候、以上

十月十八日　　松尾四五右衛門

清水
成就院
金蔵院様

右之趣申来候故、此方ゟ返事之留
御口上書致拝見候、然者淡路守様御屋敷へ御用之儀有
之候ニ付、金蔵院可罷出之旨、金蔵院病気ニ罷有候間、
宥伝追付伺公(候)可仕候、以上

十月十八日

松尾四五右衛門様

藤林孫九郎(兼定)

如此ニ致遣し候、松尾方ゟ参候口上書之本紙有之候、
以上

戌
十月十八日

一今十八日ニ小出淡路守様ゟ呼ニ参候ニ付、宥伝坊被罷
出候処ニ、御役人飯室十右衛門殿・松井善右衛門殿被
申渡候ハ、子安之観音、此一閑と申者子安先住清長代
ニもらひ候と申候へ共、此一閑悪人故、御僉儀(詮議)之上に
て観音御公儀江御取上被遊候、子安之本尊ニ紛無之候
間、其方へ御預ケ被遊候、左様ニ相意得申様ニと被申
渡候、則観音奉守、申ノ刻ニ帰寺被致、成就院護摩堂
ニ入仏致置候、本尊ハ薄仏床(座)像之千手、御長六寸程可
有之候、御手三拾四輪光ニ而蓮花床(座)、其下岩床(座)にて有
之候、右之観音大坂かうらい(高麗)橋筋ニ善恵と申者、買求
所持仕候へ共、御公儀ゟ御尋ニ付、京都之御奉行所江

善恵世忰差上ケ申候故、先此方へ御預ケ被遊候、以上

戌十月十八日

一四町目花屋文右衛門・近江屋六兵衛修覆之儀、方内へ相尋埒明申由断申来候、則両人之書付有之候、以上

戌十月廿一日

一松尾四五右衛門ゟ印判彫如御触状、町触ニ八坂ゟ廻ル、則写置、若宮八幡へ遣ス、以上

戌十月廿三日

一三町目茶碗屋清兵衛・大黒屋六左衛門申来ハ、知恩院門前玄貞女房方へ今日参候而、四百三拾目之内弐百弐拾五匁者前ニ段々ニ遣し候、相残而弐百五匁之内、此度百五匁相渡し可申候、残而百目之儀ハ用々ニ相済可申候間、此通ニ而埒明候様ニと色々断申入候得共合点不仕、委細者孫九郎（藤林兼定）へ頼置候間、其趣孫九郎へ尋指図次第ニ可致と申、取合不申候と申来候、以上

戌十月廿三日

一玄貞女房今日申来候ハ、昨日大墨（黒）屋六左衛門私方へ参申候ハ、茶碗屋清兵衛銀子之儀、弐百五匁之内百五匁此度相渡シ可申候、残而百目者十ケ月ニなしくずし（崩）ニ可致候と申候へ共、其儀者前ニ町中ゟ曖申趣ニ候間、其通ニ而ハ合点不参候、此度ハ其方様被仰付候御言葉も有之候間、何とぞ其品をも付候ハヽ、了簡可仕候へ共、右之通ニ候故又々御届申上候間、被仰付被下候様ニと申来候故、其儀者年寄平兵衛并清兵衛・六左衛門呼寄、急度相済候様ニ申付置候間、三人共ニ少も如在ハ致間敷候、乍去詫申候ハヽ、少々之儀者了簡致、埒明候様ニと申付遣し候、以上

戌十月廿四日

一壱町目末広屋三右衛門と申者、四町目之内ニ所持仕候家、同町八文字屋多兵衛家ニ借宅致居申候与左衛門と申者ニ借シ入置申度由、年寄文右衛門断申来候故、吟

味致無別儀候ハヽ、相談究候様ニと申付遣し候、以上
戌十月廿四日
一四町目花屋九兵衛儀、今度僉議（詮議）致候へハ、町江之番銭少出ス計ニ而、其外ハ何之役等も致不申候、御公儀宗門御改・諸事御触等之判形ハ四町目ニ而致候由、番行事之儀ハ遊行下之町へ相勤申候と年寄文右衛門申来候、以上
戌十月廿四日
一弐町目松庵裏長屋借シ入置申候泉屋又右衛門、四町目丁子屋嘉右衛門召使候五兵衛と申者相究申ニ付、両人請合之手形共町ゟ取置申候、以上
戌十月廿五日
一弐町目八文字屋多兵衛裏道明申ニ付、多兵衛ゟ一札之手形町江取置可申候由、年寄惣兵衛ゟ申越候故、其儀ハ地主九兵衛幷行者講中江手形取可申と申候間、此者共と相談致相極候様ニと申遣候、以上
戌十月廿五日
一三町目俵屋半右衛門後家破損之造作之願、海老屋文左衛門申来候、則絵図有之候、以上
戌十月廿五日
一松尾四五右衛門ゟ印判之御触状、寺触ニ霊山正法寺ゟ廻ル、則写置候而清閑寺江当町弐町目之行事ニ申付遣し申候、請取手形有、霊山へ此方ゟ請取致候而遣候扣（控）如此ニ候、以上
戌十月廿六日
一御触状箱入壱ツ請取申候、以上
酉ノ下刻
戌十月廿六日
西光寺
林阿弥様
東光寺
宥阿弥様
藤林孫（兼定）九郎印
如此ニ致遣し申候、以上

一執行・目代・六坊江当町弐町目之組頭理兵衛申付、印判御触状之趣写、今日申遣し候、以上

戌十月廿七日

一泰産寺・仲光院閉門詫之儀、中井主水正（正知）殿弟ニ順教房幷六坊延命院と曖故、一札之手形ニ而相済申候、尤此方之望之儘ニ手形致させ候か、又ハ曖を取合不申捨置候ハヽ、後ニハ御追放ニも可被仰付候得共、段々様子有之ニ付、右之相談ニ究申候、少も已後之妨ニ成申事ニハ無之候、後日ニ不審も可有之と書記者也、則今日宥伝坊小出淡路守（守里）様御屋敷へ参御断申上候趣ハ、泰産寺・仲光院儀、手形をも可致と詫申候、閉門も最早久敷罷成候間、御赦免被為成候ハヽ、可奉忝存旨申上候処ニ、渡辺甚五左衛門殿御取次にて被仰出候趣者、笹丸若年故、未江戸ニ居申ニ付両人看坊致候内、金蔵院ハ相煩、只今其方一人ニ而候間、已後寺之妨ニ成不申候様ニ能思案致候へと被仰出候故、罷帰被申候、以上

戌十月廿七日

一三町目井筒屋伊兵衛家借シ申度由、文左衛門申来候、其者能僉（詮議）儀致相究申候て、重而申来候様ニと申付候、以上

戌十月廿七日

一延命院江孫九郎（藤林兼定）使ニ参申入候趣ハ、今度泰産寺・仲光院儀ニ付、何角と御取曖被成候通、閉門も久々ニ罷成候間、御公儀江も御赦免被為成候様ニ御断可申上候一札之儀、幷宗門手形も一所ニ御申付可有候、又宗門手形之宛所ハ成就院役者と成共、又ハ一札之宛所之通ニ成共、清水寺役者と成共、御申付可有由申入候処ニ、委細被仰越候段得其意申候、両寺へも其趣可申聞と返事ニ而有之候、以上

戌十月廿八日

一延命院ゟ使僧ニ而被申越候ハ、泰産寺・仲光院へ先刻之趣申聞、則一札幷宗門手形致させ遣し候間、弥々閉門御赦免之御詫、御公儀江御申上頼入候由申来候故、

手形共請取申候、宥伝留主ニ而候間、罷帰候ハヽ、判形見せ候而、此方ゟ御左右可申入由、返事致候、以上

戌十月廿八日

手形之写如此ニ

一札之事

一今度宗門手形宛所ニ付何角と申、其上九月四日成就院へ御断不申、御公儀へ出申儀不届ニ被為思召、従御公儀閉門被仰付迷惑仕候、就其延命院御挨拶ニ而御公儀へ首尾能被仰上、閉門御赦免忝奉存候、末寺又ハ下坊ニ而も無御座候得共、向後御触下等之儀ハ、如前々違乱仕間敷候、為其如此ニ御座候、仍如件

元禄七年甲戌十月廿七日　泰産寺印

仲光院印

成就院御看坊

宥伝御坊

一三町目俵屋半右衛門後家法春普請之願、此方無別条候間、絵図之通ニ御公儀江御願申上候様ニと年寄平兵衛へ申付遣し候、以上

戌十月廿九日

一三町目夷屋源右衛門修覆、茨木屋又左衛門屋祢(根)葺替之儀、文左衛門申来候、方内へ相尋埒明候ハヽ、重而申来候様ニと申付遣し候、以上

戌十月廿九日

一霜月町汁之儀、境内中ゟ町々ニ物入ニ迷惑仕候故、近年止申度由断申ニ付、宥伝坊へ相談致、当年ゟ止申様ニ免申候、則町中ゟ連判之一札取置申候、幷歩(夫)役も扶持方之儀、日用人之分ハ扶持方不遣候得共、此度改候而直役と同前ニ扶持方可被下旨申渡シ候、是ハ後家等又ハ病人なと有之候へハ日用人出し候故、如此ニ致候ハヽ、日用代も下直ニ可有之候、左候ハヽ、少分ニ而も境内之為と存知如此ニ申付候、此儀も宥伝坊へ相談之上ニ而申付候、以上

戌十月晦日

一明四日稲荷社御宮移ニ付、四日之公事訴訟今日御聞被遊候故、宥伝坊・南蔵院御公儀江罷出、泰産寺・仲光院閉門之儀、御赦免被為成候様ニと御詫申上候得共、埒明不申候、則延命院も罷出被申候、以上

戊霜月三日

一三町目夷（夷）美吹屋源右衛門修覆、茨木屋又左兵衛門屋祢（根）葺替、方内相済申由平兵衛申届候、并若松屋勘右衛門表之見世西之方へ付、かうし（格子）東之方へ付申由、松尾四五右衛門検分之次而ニ相済申由断申候、以上

戊霜月四日

一三町目坂本屋十左衛門的場之儀ニ付、御公儀江差上ケ申一札之写有之候、以上

戊霜月五日

差上申一札

一私義（儀）、於清水寺門前三町目、五拾年以前ゟ為渡世、当分本弓・楊弓・小的共ニ的場仕候ニ付、此度御尋被遊書付差上ケ候処ニ、御吟味之上、向後掛代之儀、五銭・三銭迄ハ不苦、大分之掛勝負致させ申間敷候之旨、且又的場小屋之屋祢（根）軽ク取葺迄ハくるし（苦）からす、かこい（囲）ハよしす（葺簀）ニ可仕之旨被為仰付、奉畏候、昼之内計的させ、夜的、曾而射させ申間敷候、尤的小屋住宅ニ仕間敷候

右之通相違仕候ハヽ、如何様之曲事ニも可被為仰付候、為其地主・年寄・町中連判之一札差上申候、以上

元禄七戊年十月

地主 （平瀬）正印

的場主 重左衛門

年寄 平兵衛

町中

御奉行様

如此ニ致御公儀江差上ケ候留、外ニ写も有

戊霜月五日

一三町目茨木屋又左衛門家借シ申度由、平兵衛相届候、
以上
戌霜月五日
一遊行下花屋九兵衛事、僉儀(詮議)致候而諸事半役相勤候様ニ
申付、則請合之一札取置申候、本紙宥伝坊へ相渡ス、
写如此ニ候
花屋
九兵衛印
差上ケ申一札之事
一御公儀御法度之趣幷宗門御改諸事御触等之判形、御門
前四町目ニ而仕来候御事
一御地頭成就院様幷堂役町内之諸役等者、半役相勤可申
旨御赦免被為成、忝奉存候御事
一御百性(姓)ニ紛無之ニ付、四町目之丁(町)人分ニ御加被為成候
御事
一遊行前南側町ニ而諸事判形ケ間敷事、仕来不申候御事
一右遊行之前南側町ニ而番行司之役相勤候御事
右、五ケ条之趣少も相違無御座、只今迄相勤候得共、
弥向後急度相守御下知違背仕間敷候、依為後日之一札
如件
元禄七年戌霜月五日
遊行下
花屋
九兵衛印
四町目年寄
文右衛門印
清水寺
御役人
藤林孫九郎(兼定)様
戌霜月六日
一印判之御触状前書ニ致奥書ニ
右御触状之趣奉得其意候、町々ニ而裏借屋等迄申聞候
処ニ、此節御門前之内ニ印判細工師壱人も無御座候、
向後印判細工仕候もの、又ハ誂候者有之候ハヽ、右御
触書之通、急度相守可申候、為其連判之状如件
元禄七甲戌年十月
壱町目
年寄

組頭
五人組頭
弐町目
同断
三町目
同断
四町目
同断

清水寺
御役人

右之通ニ致連判取置申候、以上
戌霜月六日

一四町目和泉屋次郎兵衛借屋与左衛門と申者入置申ニ付、
町ゟ之請合手形取置申候、以上
戌霜月八日

一弐町目井筒屋長次郎家借シ申度由惣兵衛ゟ相届候、先
之者能吟味致候而、重而申来候様ニと申付遣し候、以
上
戌霜月八日

一松尾四五右衛門ゟ明九日ニ小出淡路守(守里)様御屋敷へ罷出
候様ニと廻状壱通執行ゟ参候、泰産寺・仲光院へ此方
ゟ年寄文右衛門申付遣し候、本紙宥伝坊へ遣ス、写如
此ニ御座候、以上
戌霜月八日

清水寺
執行
延命院
其外
五坊
成就院
看坊
泰産寺
仲光院

先日御預ケ被成候
観音御持参可被成候事

右之衆中、明九日六ツ過ニ小出淡州（守里）殿御屋敷へ御上り
可被成候、為其如此ニ候、以上

十一月八日　　松尾四五右衛門

右御中

一今朝六ツ過ニ御屋敷江参、飯室十右衛門殿逢、今日罷出候由御届申上候処ニ、後刻出候様ニと有之ニ付、神前（泉）園（苑）町庄屋喜兵衛方宿取居申候処ニ、同心目付遠藤多四郎ニ被仰付、観音乗せ申台、俄ニ新敷出来致候ニ付、御厨子之寸方（法）尋ニ来候故、則書付遣し候、もつかう（木工）厨子、高サ弐尺、横壱尺四寸程、奥行壱尺弐寸程、如此ニ申遣候、台長壱尺六寸、横壱尺四寸弐分、足之高サ六寸四分、表ニ四方ニ玉ぶち（縁）有、如此ニ出来候而、右之台御屋敷ニ而御用被為成、其跡直ニ成就院方へ被下候御事

一今日四ツ時分泰産寺・仲光院召連御前へ罷出候処ニ、被為仰渡候趣ハ、此度追放も可被成候得共、成就院江詫申由、其上成就院ゟ断申候間、閉門御赦免被為成候、寺中も能承候へ、ケ様之者共寺ニ置候へハ、一山之為ニ悪候間、寺ニ置候事無用之由、其上笹丸幼少ニ候故、江戸ニ居申候間、向後挨拶能致公事工無之様ニと被仰付候、又々被仰渡候者、此観音絵屋一閑と申者御僉儀（詮議）被成候処ニ、子安之本仏ニ紛無之候間、一山江御預ケ被遊候間、立会封付納可申候、子安住持ニハ手も付させ申間敷候と被仰渡候、寺中申合、則今日直ニ子安ニ奉守、御厨子之錠ニ一山之封付、塔ニ納ル、塔之内厨子ひぢ（肘）壺ニも封付申候、但シ錠前ハ其封之下之方ニ有、是ハ封附不申、錠計ニ而御座候、此鎰ハ住持方ニ有之、御厨子之鎰ハ箱ニ入、口ヲ張、右同前ニ封之印ニ而本堂ニ納置者也、右封附様之次第留書如此ニ候、以上

戌霜月九日

執行　宝性院英雅印

慈心院恵勝印

目代　義乗院永清（請）印

延命院実円印

光乗院真海印
智文院峯慶印
円養院快靖印
成就院看坊
寿清印

元禄七甲戌暦
十一月九日

右之通之書付ニ而内外共ニ封附申候、以上
戌霜月九日

一泰産寺・仲光院と出入、昨日相済申ニ付宗門帳之月日之事、雑色方江尋ニ遣候、八月と計書付可申由申越候故、其通ニ致遣し候、以上
戌霜月十日

一三町目俵屋半右衛門後家法春造作之願、昨日相済申候ニ付、則絵図・書付有之候、以上
戌霜月十日

一三町目井筒屋伊兵衛借屋ニ六郎兵衛と申者入置候ニ付、町ゟ請合之手形取置申候、以上
戌霜月十一日

一三町目夷美(夷)吹屋源右衛門・茨木屋又左衛門修覆之書付有之候、以上
戌霜月十一日

一宗門御改之帳二冊、孫九郎(藤林兼定)持参致、松尾佐(左)兵衛ニ相渡シ申候、門前之帳二冊、是者当町壱町目勘左衛門ニ持せ遣し候、以上
戌霜月十一日

一三町目坂本屋重(十)左衛門・年寄平兵衛・地主正印(平瀬)名代与平次・組頭一人、今日淡路守(小出守里)様御屋敷へ被召出被仰付候趣ハ、今度御法度ニ被仰付候通、相背候ハヽ、地主・年寄へも御構無之候、的主へ急度可被仰付候間、左様ニ相意得候様ニと被仰渡候旨、年寄平兵衛申届候、以

上

戌霜月十二日

一正印（平瀬）跡目ニ郡山八尾村屋平七世忰弥吉郎八歳ニ成申候、今日家来久四郎・与平次幷年寄共呼出シ、正印跡目ニ相究候由、宥伝被申渡候御事、以上

戌霜月十七日

一印判御触状ニ奥書致、門前寺方之判形取置申候、以上

戌霜月十八日

一弐町目松庵家守桜屋喜左衛門断申来候ハ、仲光院と際目之出入ニ付、御公儀江御訴訟申上候間、御届申上候有之ニ付、下ニ而済申事ニ候ハ、了簡可致由申遣し候、以上

戌霜月廿日

一弐町目惣兵衛・壱町目勘左衛門両人呼、今日喜左衛門申来候ハ、仲光院と際目之出入ニ付、明日御公儀へ御訴訟申上候由断申来候、下ニ而相済申事ニ候ハ、取嗳致候様ニ申付候処ニ、当夏も両町ゟ嗳申候得共、両方共合点不致候故捨置候、此度も其通ニ嗳可申と惣兵衛申候、則仲光院へ参、委細申聞候へハ、此度之仕合ニ付、我等之内甲（訌）と見、松庵何角と申事無是非候、其分ニ捨置候様ニと申ニ付、嗳も其通ニ致置候由相届候、以上

戌霜月廿日

一三町目茨木屋又左衛門家、扇屋七兵衛ニ借シ、又左衛門ハ主借屋ニ六兵衛と申者居申候所へ参候、茶碗屋清兵衛借屋ニ居申候彦作、清兵衛居宅へ参、彦作跡へ五兵衛参、扇屋七兵衛跡へ清兵衛参、五兵衛跡江又左衛門借屋ニ居申候六兵衛参候、清兵衛借屋五兵衛と申者、茶屋・旅籠仕候ニ付、断之一札清兵衛ゟ取置申候、以上

戌霜月廿日

一門前町並之寺方幷町々之宗門改之帳、判形致させ取置申候、以上

戌霜月廿日

一弐町目海老屋喜平次隠居寿栄と入替り、主ハ三年坂之方へ見世出し申度由、就夫内造作も仕度由、惣兵衛断申候、方内へ尋、其上ニ様子申来候様ニと申付遣し候、以上

戌霜月廿日

一正印(平瀬)跡目相究申ニ付、執行・目代・六坊中へも礼ニ遣し可申候哉と与平次尋申付、則宥伝坊へ申聞候へハ、与平次ニ召連参候様ニと有之ニ付、其通与平次呼申付候、以上

戌霜月廿六日

一弐町目松庵家守桜屋喜左衛門、今日御公儀江御訴訟ニ罷出候処ニ、大塚藤兵衛殿被申渡候ハ、其方訴訟之儀ハ、清水寺之役者埒明可申候間、左様ニ相意得可申候、是非ニ済不申候ハヽ、来四日ニ此方へ申来候様ニと被申渡候由、喜左衛門申届候、以上

戌霜月廿七日

一松尾四五右衛門ゟ明廿八日、松前(嘉広)伊豆守様御屋敷へ罷出候様ニと口上書参候、則写如此ニ候、本紙ハ返進申候、以上

戌霜月廿七日

口上

一御用之儀有之候間、明廿八日朝四ツ前、松前伊豆守様御屋敷へ貴様壱人御上り可被成候、為其如此ニ候、以上

十一月廿七日　松尾四五右衛門

藤林孫九郎(兼定)殿

一十一月廿八日、伊豆守様御屋敷へ罷出候へハ、大塚藤兵衛殿・石崎喜右衛門殿被申渡候趣ハ、境内ニ桜屋喜

左衛門と申者、際目之出入ニ付訴訟致候、此儀ハ境内之事ニ候間、其方ニ而吟味致申付候様ニと、則訴状幷絵図其方へ相渡し申候間、埒明ケ可申候、其上ニ相済不申候ハ、此方へ申来候様ニと被申渡候、孫九郎(藤林兼定)申上候ハ、被仰付候趣奉得其意候、仲光院屋敷ハ建仁寺如是院持地ニ而御座候、乍去町並故御公儀様御触又ハ役儀等ハ、此方ゟ申付候と申上候へハ、左様之事ニ候ハ、其方支配ニ而有之候間申付不苦候、其内如是院江使遣し可然由被仰聞候故、御請申罷帰候、以上

戌霜月廿八日

一仲光院江も其方と桜屋喜左衛門と際目出入之儀、昨日御公儀ニ而此方ニ埒明ケ申様ニと被仰付候、則喜左衛門訴状見せ申候間、其方存知入も有之候ハ、書付致候而、絵図と一所ニ差越候様ニと申遣し候へハ、被入御念忝存候、此方何事も申分少も無之候、此絵図之通ニ候間、検分之上ニ如何様ニも了簡頼入候由ニ而絵図計越申候、以上

戌霜月廿九日

一弐町目少小路七左衛門持小屋へ瀧下ニ居申候弥兵衛と申者ニ借シ申度由、惣兵衛断申来候故、南蔵院江能相尋候へと申付遣し候、以上

戌極月朔日

一仲光院と桜屋喜左衛門方へ弐町目年寄惣兵衛・壱町目年寄勘左衛門両人使ニ申付、両屋敷之絵図両方立会、相絵図ニ致候而越候様ニと申遣し候、喜左衛門儀ハ畏申由申越候、仲光院ハ留主故申置候と罷帰候、翌日二日ニ右之年寄共申付、返事聞ニ遣し候へハ、此方儀ハ地主如是院ニ而有之候間、如是院へ絵図遣し候間、如是院ゟ立会被申候間、左様ニ相意得可申旨申越候、以上

戌極月二日

一建仁寺如是院江彦十郎使ニ申付遣候趣ハ、当地仲光

院・松庵と際目之出入ニ付、先月廿五日ニ松庵屋守喜左衛門と申者、御公儀江御訴訟申上候ニ付、同廿八日ニ清水寺役人御公儀ゟ呼ニ参候故罷出候へハ、境内ゟ際目之出入申来候得共、此儀ハ其方境内之事ニ候間、様子聞届埒明候様ニと被仰付候間、際目立申時分、此方ゟ以使可申入候間、御立会可被成候、就夫ニ仲光院と喜左衛門相絵図致候様ニと申付候へハ、仲光院申候ハ、此方之絵図ハ地主如是院江遣可申候、左候ハヽ、右之絵図如是院ゟ立会可被申と申越候、絵図之儀、喜左衛門と御立会候ハヽ、今日中ニも出来致候様ニ頼入候、為其以使申入候と申遣候へハ、如是院ゟ返事ニハ、僉儀(詮議)致此方ゟ御返事可申と申越候、以上

戌
極月二日

一仲光院絵図、如是院ゟ佐兵衛と申者使ニ而差越申候、喜左衛門絵図も越申候故、両方立会絵図ニ印判致させ取申候、則宥伝坊へ見せ申候所ニ、石嶋五郎右衛門殿・中村孫市殿へ御相談有之候へハ、際目之所面々思入之様ニ致候故、此方ニ而ハ合点不参候間、明朝孫九郎(藤林兼定)ニ御公儀へ罷出候而御役人中へ窺(伺)可申ハ、此通之絵図ニ而も不苦事ニ候哉、又ハ此方ゟ検分致、壱枚絵図ニ可仕候哉、左様も無之候ハ、被召出、御公儀ゟ被仰付可被下候哉と窺(伺)申様ニと有之ニ付、四日ニ罷出、右之趣大塚藤兵衛・石崎喜右衛門両人へ相尋候へハ、兎角他領も入組申事ニ候ハ、御公儀ニ而被仰付被下候様ニと、口上書差上ケ可然由被申渡申候、則其段石嶋五郎右衛門殿・中村孫市殿参候而申聞候へハ、左候ハヽ、六日ニ宥伝坊同道致、口上書差上ケ申様ニと有之候故、罷帰宥伝坊申聞候、以上

戌
極月四日

一宥伝坊并孫九郎、今日御公儀へ罷出、仲光院・喜左衛門際目出入之儀、御公儀ゟ被仰付被下候様ニと口上書差上ケ、則大塚藤兵衛・石崎喜右衛門両人へ相渡シ、并喜左衛門口上書・絵図も遣し申候、以上

戌
極月六日

乍恐口上之覚

一清水寺門前桜屋喜左衛門与申者、仲光院与際目之出入ニ付、先月廿八日ニ当寺役人被召出、地頭ゟ際目相改取扱可申由被仰付、両方ゟ之絵図見申処ニ、殊之外相違仕、見分難申候故、両方立会絵図仕候様ニ与申渡候処ニ、立会絵図之儀難仕由申候、則地主建仁寺如是院ニ而御座候間、仲光院者構不申候与申ニ付、如是院ゟ絵図被差越候得共、是ニ而も見分ケ難申御座候、下ニ而年寄共少々取扱申候得共、両方共ニ合点不仕候間、乍恐如何様共被仰付被下候様ニ奉願候、以上

元禄七年
戌十二月六日　清水寺成就院名代
金蔵院
宥伝坊

御奉行様

御公儀江差上ケ申口上書留如此ニ候、喜左衛門訴状之写有之候、以上

戌極月六日

一松尾四五右衛門ゟ火用心之触状、霊山ゟ廻ル、則清閑寺へ三町目行事三郎兵衛申付遣し、請取有之候、以上

戌極月六日

一火用心之儀、執行・六坊中・目代江も当町三町目組頭・行事使ニ申付遣し候様ニと、年寄平兵衛ニ申付候、幷門前中ゟ御触状之趣ニ奥書致、町々年寄共組頭・五人組頭之連判取置申候、以上

戌極月七日

一弐町目八百屋七兵衛、知恩院町玄貞申者銀子七百三拾匁、酉十二月ニ借用仕候、其節毘沙門屋源十郎銀五拾匁入用ニ付七兵衛江頼申故、則玄貞方ニ而五拾匁借用致、源十郎印判七兵衛預り、玄貞方ニ而手形之判形致候、則七百三拾匁之手形ニも源十郎印押罷帰候ニ付、源十郎合点不致候故、七兵衛方ゟ源十郎へ右之銀子其方借主ニ而無之候、然上ハ重而如何様之事候共難儀掛申間敷候由、源十郎方へ一札致遣置候得共、今度玄貞方ゟ

源十郎も借主之内ニ而有之候と年寄・組中へも相届、其上壱町目勘左衛門方へも兄弟之事ニ候間、埒明申様ニと催促致候故、源十郎一円不存候銀子ニ如此之届ニ逢申事、七兵衛横道故と殊之外勘左衛門立腹致候而気毒ニ存候由、惣兵衛相届候、以上

戌極月七日

一壱町目年寄勘左衛門申来候ハ、八百屋七兵衛、玄貞方ニ而銀七百三拾匁借用致、源十郎合点も無之判形押候段、中〳〵不届千万ニ存候間、此儀御僉儀(詮議)被成、右之判形戻し候様ニ急度被仰付可被下候と断申来候故、委細聞届候、乍去清水寺ハ一所之事ニ、其上七兵衛・源十郎ハ同町之儀ニ候間、了簡致無事ニ相済シ申様ニと申付遣候、以上

戌極月八日

一弐町目惣兵衛呼申付候ハ、源十郎・七兵衛出入之儀、兎角七兵衛不届可申様無之候、吟味致、勘左衛門・源十郎方へ詫言致候而可然由申付遣候、以上

戌極月八日

一近江堅田村市兵衛と申者、門前伊東松庵一家之者ニ而有之候故、十八九年以前、市兵衛幼少ニ付銀拾貫目預ケ置、大名方江御用ニ立、則本手形市兵衛方ニ有之由、右之銀子近年不埒ニ候故、吟味仕候へハ、両替善五郎ゟ松庵方へ去年銀子相渡し申候由被申候ニ付、段々僉儀(詮議)致候得共、下ニ而埒明不申候間、御公儀江御訴訟申上候と断申来候、銀高ハ弐拾六貫目程ニ而有之由、堅田村ハ御支配ハ小野半之助殿(宗清)ニ而御座候由申候、以上

戌極月十日

一大仏ほりつめ(堀詰)町米屋半右衛門と申者、弐町目豊後屋喜三郎ニ巳年ニ銀三百目借シ申ニ付、此度催促致候へ共、何角と申、其上ニ三百目之内弐百目ニ而相済シ候様ニと申候、五六年此かたニ利足さへ不埒ニ有之候ニ、又々右之通ニ本銀迄断申候段、不届ニ存候間、急度被仰付可

被下候、申来候、以上

極月十二日

一弐町目惣兵衛呼申付候ハ、喜三郎借銀之事、此方へ半右衛門断申来候間、吟味致、今少銀子増詫致させ申様ニと申付候、以上

戌極月十三日

一如例年之大算用孫九郎方(藤林兼定)ニ而今日年寄・組頭共相勤申候、以上

戌極月十四日

一弐町目桜屋喜左衛門際目之出入之儀、今日御公儀江御訴訟ニ罷出候へハ、其方事ハ呼帳ニ付置候、乍去年内ハ埒明申間敷候、来春可被仰付候由、喜左衛門断申来候、以上

戌極月十四日

一十七日明六ツ時分、釜床(座)二条下ル丁(町)火事出来ニ付、門前ゟ火之番之者、壱番ニ三町目、二番ニ弐町目、三番ニ壱町目、四番ニ四町目、右寺へ相詰申候得共、火事場へハ参不申候、以上

戌極月十七日

一松尾四五右衛門ゟ火用心之御触状、霊山ゟ廻ル、則清水寺之下ニ成就院役人藤林孫九郎と致印判押、清閑寺江当町之行事ニ申付遣ス、請取有之候、以上

戌極月十九日

一火用心之御触状、執行・目代・六坊中江当町三町目之行事使ニ申付、写持せ遣し見せ申候、以上

極月廿日

一門前自身番之儀、明廿一日ゟ昼夜相勤申様ニと申付候へハ、年寄共申来候ハ、当年ハ町中ニも何角と役儀多廻申候間、昼之番御赦免被成、夜ル計之自身番被仰付

被下候様ニと申来候故、左候ハ、夜ル計相勤可申候、乍去他領ニ昼之番致候ハヽ、此方境内計ニ無之も如何ニ存候間、他領見合外ニも有之候ハヽ、昼ハ壱人ツヽニ而も相勤可然由申付候、以上

戌極月廿日

一火用心之御触ニ奥書致、町並之寺方ゟ判形取置申候、門前之者ハ去ル六日之御触ニ判形致させ取申故、此度ハ取不申候、以上

戌極月廿日

一年寄四人呼申渡し候ハ、只今迄火事之節、寺へ早速火之番之者上ケ候様ニと相極置候得共、向後ハ洛中之火事ニハ寺ゟ見舞出不申候間、上り候事無用ニ候、若入用之節ハ此方ゟ可申遣候、洛外川東御定之寄場之火事ニハ、早速火之番之者上ケ申様ニと申付置候、以上

戌極月廿五日

一三町目茶碗屋清兵衛申来候ハ、玄貞方借用銀も相調候故持参仕候得共、玄貞申候ハ、御地頭幷孫九郎（藤林兼定）方へ遣し置候口上書、是非共ニ断申、此方へ被下候様ニ取戻し、口上書持参致候ハヽ相済可申候と申候間、二通共ニ被下候様ニと断申候故、相済申儀ニ此方ニ留置候而無用事ニ候間戻し可申と、則清兵衛ニ相渡し申候、以上

戌極月廿七日

一三町目平兵衛ゟ申越候ハ、茶碗屋清兵衛借銀之出入、今日銀子相渡シ、手形取戻し相済申候と断申候、以上

戌極月廿八日

一玄貞女房さんと申者申来候者、内々頼上候清兵衛方へ之預ケ銀之儀、昨日持参致候故、請取相済申候、御影（藤）と忝存候と礼ニ参候、以上

戌極月廿九日

右ハ当年中境内諸事用之儀、書留置者也

藤林孫九郎

元禄七年甲戌極月廿九日

兼定（花押）

（後補裏表紙）
「文政五壬午九月

表紙付仕立直

清水寺

成就院」

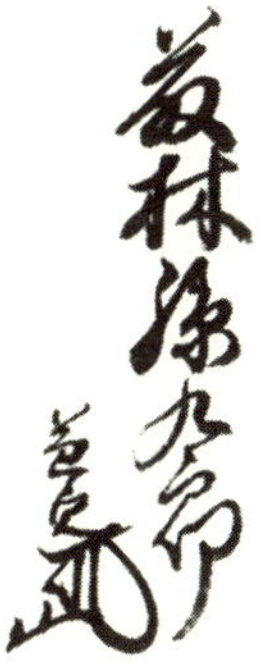

元禄八年

「（後補表紙）元禄八亥年
御日記
従正月至十二月　」

「（原表紙）元禄八亥年
門前用事留帳
極月吉祥日　」

正月廿七日ゟ八月十一日迄
一泰産寺・仲光院出入之事
二月
一仲光院・伊藤松庵際目之出入事
五月九日
一御公儀普請橋之書付之事
八月
一宗門改之御触書、執行ゟ此方へ参候事
九月
一御公儀ゟ暦之御触、執行へ参候事

一弐町目近江屋新右衛門養子文右衛門と申者、来ル六日七日之内、御礼ニ出し申度と年寄惣兵衛申来候故、七日ニ召連罷出候様ニと申付候、以上

亥正月五日

一四町目升屋吉左衛門御礼ニ出し申度と年寄文右衛門申来候故、明日次而有之候間、明七日ニ出し候様ニ申付候、以上

亥正月六日

一弐町目近江屋文右衛門・四町目之升屋吉左衛門、町入之御礼、今日相勤申候、以上

亥正月七日

一（雑色松尾左兵衛後見）松尾四五右衛門ゟ火事場へ見舞幷ニ長脇指之御触状、霊山ゟ廻ル、此方より清閑寺へ当町行事ニ申付遣候、則請取有之候、以上

亥正月十日

一長脇指御触書、執行・目代・六坊中へも当町行事使ニ致、申遣し候、以上

亥正月十一日

一火事場江見舞幷長脇指御法度之御触状ニ奥書致、町並寺方幷門前中、判形致させ取置申候、以上

亥正月十三日

一三町目大黒屋六左衛門借屋ニ居申候長兵衛と申者、身代不如意ニ付、同町かま屋方江入置申候、右長兵衛儀ハかま屋聟分ニ而有之故、如此之由、年寄平兵衛相届候、以上

亥正月十六日

一四町目升屋忠右衛門悴勘兵衛と申者、京都ニ奉公致させ置候得共、悪性ものニ而有之ニ付、御公儀江御願申上候而勘当帳ニ付可申と忠右衛門申候間、御断申上候と文右衛門相届候故、忠右衛門ニ先々異見（意）致、留可申候、欠落致末々気遣ニ候ハヽ、失帳ニ付可然と申付遣候、以上

亥正月十六日

一壱町目きつかう（亀甲）屋重兵衛養子聟仕度由、勘左衛門申来候故、能吟味致候而、其上ニ申来候様ニと申付遣候、以上

亥正月十七日

一四町目升屋忠右衛門悴勘兵衛儀、失帳ニ御付被為成被下候様ニと、今日口上書差上ケ罷帰候と、則口上書之留、此方へも越申候、以上

亥正月十八日

一弐町目八文字屋多兵衛処ニ而、正月十日酉ノ刻ニ森新介頓死致候ニ付、医者針師江迎幷ニ門前ニ而諸事入用ニ銀拾三匁壱分、弐町目年寄方へ遣候而埒明申候、以上

亥正月廿日

一弐町目八百屋七兵衛儀、知恩院町ニ居申玄貞方ニ而、

酉ノ年ニ銀七百三拾目借用致候ニ付、旧冬ゟ出入ニ罷成候而、年寄・組中ゟ取曖致、銀五百五拾匁迄ニ詫言仕候得共、玄貞道(同)心不致候、就夫ニ同町百足屋源十郎方ゟ年寄・組中江、右之取曖無情(精)故、不埒ニ有之候、此分ニ候而ハ、我等判形之出入相済不申候間、兎角七兵衛横道之段、御公儀江御訴訟可申上候と、以口上書ヲ町中へ断申候由、又々年寄・組中ゟ七兵衛へ申聞候ハ、如此ニ而ハ町中難儀ニ存候間、今百八拾目之儀ニ候間、元銀七百三拾目出し候様ニと色々申聞候へハ、左様之儀ニ而ハ此七兵衛身代つふ(ぶ)れ申候、とてもつぶれ申事ニ候ハヽ、御公儀ニ而つぶれ可申と合点不致候故、何茂迷惑仕候間、七兵衛御呼被成被仰付被下候様ニと申来候ニ付、七兵衛呼、右之段々申聞、御公儀江罷出、つぶれ可申覚語(悟)ニ候ハヽ、此度組町中ゟ色々取曖申事ニ候間、組町中之為ニ只今つぶれ申と存知、元銀七百三拾目ニて詫申覚語(悟)能候半間、銀出し申事ハ二度ニ成共、三度ニ成共、其段ハ組町中頼、先へ詫可然由申付遣し候、以上

亥正月廿二日

一正印(平瀬)方法寿尼ゟ申来候ハ、今日仲光院ゟ教海を使ニ而此方へ申越候ハ、子安寺之儀、先住持寿教江相渡シ申候間、左様ニ相意得申候様ニ、先立仙時分断申置候儀ニ候故、此度も幼少ニ候へ共、跡目究り申ニ付届ケ申候と断有之由、法寿尼ゟ被申越候、以上

亥正月廿五日

一松尾四五右衛門ゟ今日及暮ニ口上書参候写如此ニ候

口上

一清水寺

成就院看坊

宥伝

同所

延命院

仲光院

右之衆中、明廿七日朝五ツ前、松前伊豆(嘉広)守様御屋敷へ御出可被成候、為其如此ニ候、以上

正月廿六日　　松尾四五右衛門
御役者中
此方ゟ返事之留、如此ニ
御口上書之趣、令拝見候
清水寺成就院看坊
宥伝
同所　延命院
同所　仲光院
右三人、明廿七日朝五ッ前、松前伊豆守様（嘉広）御屋敷江可
罷出由奉得其意候、延命院・仲光院江も申聞候、畏候
由ニ御座候、以上
亥正月廿六日　清水寺役人
藤林孫九郎（兼定）
松尾四五右衛門殿
一廿七日ニ宥伝坊幷藤林孫九郎、伊豆守様御屋敷江罷出
候処ニ、大塚藤兵衛殿・石崎喜右衛門殿御逢、御尋候
趣ハ、去年泰産寺・仲光院出入之事、如何様之事ニ候
哉、委細可承候由被申候故、宥伝坊右之段委細ニ被申
入候、延命院江尋被申候ハ、其節其方取曖ニ而有之由
承候、只今宥伝被申候通ニ候哉と御申候へハ、延命院
成程其通ニ御座候、取曖之儀ハ、相方之為を存候而挨
拶致候と被申候、藤兵衛殿御申候ハ、其節侘手形有之
由、其手形持参被申候哉、延命院被申候ハ、則写持参
致候と差出し被申候、其時宥伝坊被申候ハ、本末之出
入ニ而ハ無之候、去年八月被仰出候宗門改手形宛所ニ
新法申、御公儀江御訴訟申上候ニ付、此方ゟも御訴申
上候へハ、支配を背罷成候段、不届ニ被思召、閉門被
仰付候、則成就院江御預ケ被遊候と被申入候、藤兵衛
殿御申候ハ、子安寺ヲ十二年以前より仲光院預り兼帯
致候得共、此度本住持江相渡し申度と断申来候、其方
へも届申候哉、子安寺ニハ外ゟ住持致居申由聞及候、
本住持之様子可承候と御申候、宥伝坊被申入候ハ、此
度仲光院罷出候儀、此方へハ一円届不申候、本住持ハ
寿教と申、三代以前成就院寿性上人剃髪弟子ニ而有之
候得共、悪僧故ニ諸事不届者ニ而御座候故、寿性上人

為異（意）見之義絶致置被申候、只今子安ニ罷有候者ハ仲光
院兄弟子教胤と申者ニ而御座候、藤兵衛殿御申候ハ、
其趣口上書ニ致持参仕候様ニと有之ニ付、神前園（泉苑）町喜兵
衛方ニ而口上書相認差上ケ被申候、以上

亥正月廿七日

乍恐言上

一清水寺門前境内之儀、往古より御代々御朱印、成就院
江被成下、諸事支配仕来候、子安泰産寺之儀、往古ハ
比尼持ニ而、成就院彼（被）官筋之寺ニ而御座候御事
一去年八月ニ宗門御改之時分、子安之宗門改手形之儀、
仲光院新法を申出し、成就院江一言之届も不仕、御公
儀江御訴訟ニ罷出候ニ付、此方ゟ其趣御訴申上候処ニ、
仲光院幷只今之子安ニ罷有候教胤と申者両人共ニ成就
院江御預ケ被遊、久々閉門被仰付候処ニ、前々之通、
宗門改手形儀成就院江可仕由達而侘申候ニ付、其段此
方ゟ申上、閉門御赦免之儀奉願候処ニ、両寺共ニ召連
罷出候様ニと被仰付、罷出候処ニ、此者共下僧として
何角と妨を申、成就院江断なく御公儀江罷出候段、不
届ニ被思召候間、急度可被仰付候得共、成就院より達
而侘申候間、其段御赦免被為成候間、成就院ゟ免シ申
候様ニと被仰渡、此方ゟ開門申付候
一子安本住持寿教と申者ハ、成就院寿性上人剃髪之弟子
ニ而、廿ケ年以前延宝四辰年ゟ住持ニ申付置候得共、
段々不届者ニ御座候故、義絶仕置候悪僧ニ而、大分借
金仕、住持勤り兼申候故、十二年以前ニ為勝手、仲光
院・教胤・寿教三人之者相対を以、表向ハ仲光院兼帯
之様ニ申なし候得共、内証ハ借金為返弁、寺を十ケ年
之間、教胤ニ預ケ申候由承及候御事
一子安観音之儀、鳥（止利）仏師之作ニ而御座候所、何比売払候
哉、去年十月十八日ニ大坂ゟ御上り被成候由ニ而従淡（小出守里）
路守様、則観音成就院江御預被成候而、其後霜月九日
ニ観音塔江奉入候様ニと被仰付、子安江罷越、塔之御戸
開見申候所ニ、塔不相応之新仏、台床・御光も無之入
置申候様成不届者ニ而御座候、ケ様之儀、御吟味被遊
被下候様ニ奉願候
右之通、少も相違無御座候、成就院支配所ニ罷有、再

三我儘申、此度も一応之付届も不仕、御前江罷出候、前々ゟ度々下知を背、難儀仕候間、如何様共被為仰付被下候ハヽ、難有可奉存候、以上

清水寺成就院看坊
病気故不参　金蔵院

元禄八年亥正月廿七日　宥伝坊

御奉行様

一年寄四人幷組頭共、孫九郎（藤林兼定）方へ呼寄申渡し候ハ、近年ハ御住持様御若年故、未御入寺も無之、御留守同前ニ候へ共、年寄中諸事情（精）ニ入、其上去年者出入ニ付、門前之者共苦労致候段、宥伝坊別而満足被申候、依之ニ鳥目五百疋被遣候間、町中へ披露致、向後弥々情（精）ニ入候様ニと申渡し候、以上

亥二月朔日

一四町目升屋忠右衛門悴勘兵衛と申者、先月十二日ニ家出致候ニ付、失帳ニ付申候得共、当月四日ニ罷帰候故、又々御公儀江今日御訴申上候ニ付、此方へ相届候、則口上書写有之候、以上

亥二月六日

一切屋庄次郎と申者申来候ハ、御門前三町目ニ桔梗屋吉左衛門と申者に売掛御座候ニ付、去暮取ニ参候へハ、銀子済不申のミならす、つゝもたせ申、私不儀者ニ申掛候段、難儀ニ存候間、急度御僉（詮議）儀被下候様ニと申来候故、其方口計ニ而ハ合点不参候間、年寄呼、様子相尋可申候と申遣し候、以上

亥二月六日

一三町目年寄平兵衛幷文左衛門呼候而、桔梗屋吉左衛門儀相尋候へハ、切屋庄次郎申分、皆偽ニ而御座候、左様之不儀之沙汰、少も無之候、大晦日之事ニ候へ者、年々之買掛有之候故、其儀ニ付音高ニ御座候故、近所ゟ出会様子承、取曖致、戻し申候と申候、以上

亥二月九日

一例年御公儀之御法度之趣ニ門前中人別ニ判形取置申候、
以上

亥二月九日

一四町目丸屋仁左衛門、よき(斧)屋長左衛門願申候ハ、彼岸
之内ニせつちん(雪隠)之霪(修)覆仕度と年寄文右衛門相届候故、
勝手次第と申付遣し候、以上

亥二月九日

一壱町目年寄勘左衛門申来候ハ、只今迄町之火之番、自
身ニ勤仕来候へ共、此度町中相談之上ニ、番人置勤申
候様ニ仕度由、就夫ニ壱帖敷之番所ヲ宝徳寺壁下ニ置
申度と申来候故、其儀一段能可有之候間、番所ヲ仕候
ハヽ、方内江も届可然と申付遣し候、以上

亥二月十日

一松尾四五(右)衛門ゟ今日如此申来候写

清水寺門前弐町目

一境目出入　喜左衛門

同所　仲光院

文周

右両人明十一日明六ツ過ニ、松前伊豆守(嘉広)様御屋敷へ召
連罷出可申候、以上

二月十日　松尾四五右衛門

清水寺門前壱町目

年寄

同所　弐町目

年寄

右之通、年寄共方へ参候、以上

一今日仲光院松庵屋守喜左衛門、御公儀江罷出候処ニ、
両方御聞被遊候而、諸事仲光院不埒ニ相聞候、絵図之
分ニ而ハ御合点不参候間、御検使可被遣候と被仰付候
由、年寄共罷帰候而申届候、以上

亥二月十一日

一小間物商人、例年法度之趣ニ判形致させ取置申候、以

上

亥二月十三日

一松尾四五衛(右)門ゟ犬之子無沙汰ニ致間敷旨御触書、霊山ゟ廻ル、此方ゟ清閑寺へ弐町目行事ニ申付候而遣し候、請取有之候、此外ニ同文言ニ奥書少違町触ニ壱通廻申候、是者四人年寄共ゟ判形致遣し候、以上

亥二月十三日

口触

犬之子無沙汰にいたし殺候もの於有之ハ、急度御仕置可被仰付旨、御老中被仰渡候之間、此旨洛中洛外江可令触知者也

亥二月十三日

右之通、被仰出候間、弥此通相守可被申候、先達而も生類之儀ニ付被仰出候間、村々寺社方江も急度相触可被申候、以上

元禄八年亥二月十三日　松尾四五衛(右)門

清水寺門前　此下ニ年寄四人印致遣ス

一犬之子之御触状、執行・六坊中・目代江も弐丁(町)目行事ニ申付、書付見せ申候、以上

亥二月十四日

一犬之子御触状之趣ニ奥書致候而、町並寺方并門前中年寄・組頭之判形取置申候、以上

亥二月十五日

一壱町目亀甲屋重兵衛養子請合之手形取置申候、以上

亥二月十五日

一弐町目雲月家守九郎兵衛家霫(修)覆仕度と年寄物兵衛断申来候故、方内へ相尋、其上ニ又々様子申来候様ニと申付遣し候、以上

亥二月十八日

一弐町目松庵裏長屋へ前少之小路ニ居申候多右衛門後家、藤屋利兵衛肝煎ニ而入置申度と申由、物兵衛断申来候

故、吟味致候而相究候へと申付候、以上
亥二月廿三日
一松尾四五(右)衛門ゟやせ犬之御触状、霊山ゟ廻ル、此方ゟ清閑寺へ弐町目行事ニ申付遣ス、則請取有之候、外ニ御触状之留有之候、以上
亥二月廿六日
右之外ニ同文言ニ而町触ニ壱通廻ル、奥書ハ如此ニ違申候、以上
右之通、被仰出候間、急度相守、町々借屋等迄、御触之趣可被申渡候、以上
元禄八年亥二月廿六日　　松尾四五右衛門
右ハ町触之奥書、此通ニ御座候、以上
清水寺門前　此下ニ四人年寄印判致遣ス
一仲光院・喜左衛門際目之出入ニ付、今日御検使ニ与力御目付神沢与兵衛殿・入江安右衛門殿、同心目付ニハ平尾四郎左衛門・草川源左衛門、中井主水正(正知)殿下之棟梁喜右衛門、雑色松尾四五右衛門、沢与右衛門、右之衆中御越、御見分之上ニ而御吟味被成、仲光院・松庵幷両町之口上書御取被成候而御帰候、宿ハ宝徳寺にて有之候、宥伝坊幷藤林孫九郎(兼定)も相詰罷有候、神沢与兵衛殿宥伝坊江尋被申候ハ、最前其方へ被仰付候、其時分ハ如何様之儀ニ而埒明不申候哉と被申候、宥伝坊被申入候ハ、此方ニ而埒明候様ニ被仰付候故、吟味仕候得共、他領入組ニ而候へハ、下ニ而相済申間敷と御公儀江御願申上候と被申入候、以上
亥二月廿七日
口上書
一私儀、江州堅田之者ニ而御座候、五拾年程以前、京都へ罷上、廿三年以前ニ高瀬新屋敷ニ住居仕、十三年程以前、堅田引越罷有申候
一清水寺門前弐町目之家屋敷二軒役之内、西ノ方壱軒ハ四拾年以前求申候、此度際目出入東之方屋敷ハ廿三年以前求申候、屋守を度々相替、喜左衛門と申者、去年ゟ指置申候、私儀、去年春ゟ当町屋敷ニ罷在申候、右

之屋敷求申節ゟ、諸事町義（儀）等屋守相勤候ニ付、此度御
願之義（儀）も屋守罷出申上候
一番屋裏私方へ打廻し際目石垣之義（儀）、先年ハ竹垣ニ而御
座候処、七年程以前ニ石垣築被申候ニ付、垣所ヲ石垣ニ
被致候を新規と心得、新規ニ申上候義（儀）奉誤候、御見分
之通、如何様共被為仰付被下候様ニ奉願候、以上
清水寺門前弐丁目
亥二月廿七日　松庵
御奉行様

口上書
一当町仲光院与松庵屋敷際目出入之義（儀）、何とそ下ニ而相
済申候様ニと奉存、私共噯申度、町中存寄之通り縄張
仕候処ニ、仲光院之木小屋軒口掛り候故、仲光院同心
無御座候、軒口をはつし候へハ、松庵承引不仕候ニ付、
噯相調不申候事
一町之番屋敷裏石垣之義（儀）、新規之様ニ松庵方ゟ被申上候
へ共、拾三年程以前、右之石垣仲光院ゟ築候由ニ御座
候、右之通ニ御座候間、如何様共被仰付可被下候、以
上
亥二月廿七日
清水寺門前壱丁（町）目仲光院丁
年寄　勘左衛門
五人組　清左衛門
同　七郎兵衛
同　勘右衛門
同　八兵衛
同　与平次
同　重兵衛
同弐町目松庵丁
年寄　惣兵衛
五人組　利兵衛
同　七兵衛
同　源十郎
同　平左衛門
同　勘右衛門
御奉行様

松庵家間口

一東之方壱ケ所　表口拾壱間
一西之方壱ケ所　表口拾四間三尺
仲光院寺間口
一寺壱ケ所　表口八間弐尺三寸五合
右之書付上ル也、此外ニ金蔵院ゟ之売券状之写も差上ケ申候、則此方ニも留致有之候、仲光院ゟ差上ケ申候口上書ハ、主方ニ而相認候故、此方ニ留ハ無之候、以上

亥二月廿七日

一松尾四五右衛門ゟ門前江如此之口上書参候写

口上

松庵

一清水寺門前弐町目

同屋守
喜左衛門

一壱町目

同町
仲光院

年寄中

右、来月四日四ツ前ニ松前伊豆守(嘉広)様御屋敷江可罷出之由被為仰付候、以上

二月廿八日　松尾四五右衛門

清水寺門前

年寄町中

一壱町目袋屋七郎兵衛・鎰屋作兵衛家霉(修)覆之事、亀甲屋清左衛門・井筒屋権兵衛・堺屋吉兵衛、屋祢(根)之葺替之事、右之通、勘左衛門申来候、則五人共ニ書付有之候、以上

亥三月二日

一松尾四五右衛門ゟ門前へ如此之口上書参候写

口上

一清水門前壱町目

仲光院
年寄
町中

一同弐町目　　　　　　　　　　松庵
　　　　　　　　　　　　　　　屋守
　　　　　　　　　　　　　　　　喜左衛門
　　　　　　　　　　　　　　　年寄
　　　　　　　　　　　　　　　町中

右、先立テ被為仰付候ハ、来ル四日四ツ時分ニ罷出候様ニ御申付被成候へ共、弥四日明六ツ過ニ早々罷出候様ニ被為仰付候間、早朝急度致同道罷出可被申候、為其以上

　三月二日　　　　　　　　松尾四五衛門(右)
　　清水壱町目
　　　　年寄　勘左衛門
　　同　弐町目
　　　　同　　惣兵衛

一仲光院・松庵今日罷出候処ニ、両方段々御僉(詮)議被成候而、松庵訴訟之通、訳ハ聞江候へ共、此度ハ何とも可被仰付様無之候、其方共訴訟を留申ニ而ハ無之候、折を以、重而訴訟仕候様ニと被仰渡候故、際目之儀者今迄之通ニ而有之候、此段年寄共御奉行所ゟ帰候而申来候、年寄共噯之趣、口上書差上ケ申候、写有、以上

　亥三月四日

一松尾四五衛門(右)ゟ魚鳥獣之御触状、霊山ゟ廻ル、此方ゟ壱町目行事ニ申付、清閑寺江遣し申候、則請取有之候、此外ニ町触ニ同文言ニ而廻ル、奥書ニ者如此ニ候写

右之通被仰出候間、急度相守、町々借屋等迄御触之趣可被申渡候、以上

　元禄八乙亥年三月五日　　　　松尾四五衛門(右)
　清水寺門前　此下ニ四人年寄共判形致遣ス

一執行・目代・六坊中へも、壱町目行事袋屋七郎兵へ・泉屋六兵衛両人ニ申付、御触之写もたせ遣し見せ申候、以上

　亥三月五日

一魚鳥獣之御触ニ奥書致候而、町並寺方幷門前中之判形

取置申候、以上
亥三月六日

一三町目大黒屋六左衛門借屋、小兵衛と申者ニ借シ入置
申度と年寄平兵衛相届申候、則請合一札有之候、以上
亥三月六日

一松尾四五右衛門ゟ口上書参候写
口上
一清水　仲光院
一　教院（胤）
一　元清
一　成就院役者　宥伝
右、明九日六ツ時分、松前伊豆守（嘉広）様御屋敷へ可被出候、
以上
三月八日　松尾四五右衛門

右之通申来候ニ付返事之留
御口上書致拝見候、明九日六ツ時分松前伊豆守様御屋敷江
宥伝坊
仲光院
教胤
元清
右之者共可罷出由得其意、則一々申聞候、奉畏候由ニ
御座候、以上
三月八日　藤林孫九郎（兼定）
松尾四五右衛門殿

一今日御公儀江罷出候処ニ、仲光院・元清・教胤、右三
人先へ被召出、段々御僉（詮）議之上ニ而、宥伝坊被召出候
故、自全・藤林孫九郎も跡ニ附罷出候、伊豆守様御尋
被遊候ハ、清水寺之諸事支配ハ誰か致候哉と被仰候、
宥伝坊被申上候ハ、御代々御朱印成就院頂戴仕候、一
山共ニ成就院支配致候と申上候、仲光院申候ハ、一山
と有之候得共、執行・六坊中ハ成就院支配ニ者成間敷
と申候、其時宥伝坊被申上候ハ、其段ハ御代々之御朱

印古キ旧記等、乍憚御覧被遊候へハ、其訳知レ申由被申上候、元清申上候ハ、先年本末之儀ニ付、成就院ゟ前田安芸守(直勝)様江御訴訟被申上候得共、其訳立不申候而、師弟之儀ニ候間、礼儀ハ相勤申様ニと被仰付候、夫故子安寺ヲ仲光院へ預ケ候節も成就院へ者断不申、役者正印(平瀬)へハ届申候、成就院末寺ニ候ハヽ、右之時節、御訴訟も可被申上事ニ存知候、兎角清水寺一山を被召出、御尋被為成候へハ、様子委細ニ知申候と申上候、宥伝坊被申候ハ、其時分者寿性上人厳有院(徳川家綱)様御焼香ニ罷下り上京致相煩居申候、弟子堯慎ハ継目之御礼ニ罷下り、追付御朱印之頂戴ニ伺(候)公致罷登候而、執行・六坊中ゟ一山之御朱印ニ而有之と無法成儀被申掛候ニ付、前田安芸守様・井上志摩守(正貞)様御訴訟申上候処ニ、御両人御立会被遊、成就院往古ゟ之旧規(記)等御覧被成、成就院御朱印ニ紛無之候、其後一山被召出、横道成儀申掛候、以来ケ様之儀申出候ハヽ、急度可被仰付と散〳〵御しかり(叱)被遊候、右之仕合故、末々子安躰之者ハ、折を以テ御訴訟可申上と延引仕候と被申上候、伊豆守(松前嘉広)様被仰候ハ、

近キ比之御朱印・証文出し候へと被仰付候故、御当代(徳川綱吉)と権現様(徳川家康)ゟ之御朱印、厳有院様御代ニ執行・目代と大公事之後ニ被成下候御条目ニ、寺社御奉行井上河内守(正利)殿・加々爪甲斐守(直澄)殿ゟ牧野佐渡守(親成)殿江参候御状添出し申候、次ニ板倉伊賀守(勝重)殿ゟ大坂落人之宿幷荷物等預り申間敷候、寺中・門前境内急度吟味致候様ニと有之折紙之状、則右之趣ニ執行・目代・六坊中ニ連判致させ取置申候一札ヲ添出し申候、幷板倉周防守(重宗)殿切利支丹御改之折紙状ニ、寺中右同断之連判之状添、其外奥千手之小寺・子安なと連判之もの、段々御覧被成候而、一山共ニ諸事成就院支配ニ相究候と被仰候、其時仲光院申上候ハ、裁許状ハ執行方ニも御座候と申上候、伊豆守様被仰候ハ、裁許状と申者ハ両方へ被下筈之事、乍去執行方ニも望之事も候哉、さわり之事も有之かと寺社奉行之状有之哉と被仰候、其後元清申上候ハ、仲光院子安儀ハ無本寺ニ而外之構無御座候、先年も寺御改之節も無本寺と御公儀江書上申候と申上候、伊豆守様被仰候ハ、夫ハ新地改之時分ニ而可有候、其儀ハ

面々心儘ニ書申事、何之証拠ニ立可申候と御しかり（叱）被成候、宥伝坊被申上候ハ、子安儀ハ往古比尼持ニ而、此方被官寺ニ而御座候、中興之尼申候ハ、朝暮勤行之為ニ親類之内、出家ニ致度と成就院江願申ニ付、清長・寿教二代共ニ寿性上人弟子ニ仕、住持申付候、諸事支配仕来候と申上候、元清申上候ハ、三代出家ニ而御座候、一代ぬき被申候、初之住持ハ播磨東一坊弟子ニ而十二年住持仕、其後清長十年、拙僧十年住持仕候、拙僧儀ハ成就院方ニ而落髪致候へ共、其節末寺ニ成候様を被申掛候得共、其儀同心不仕候故ニ勘当被致、出入不仕候故、加行ハ執行下ニ而相勤申候と申上候、宥伝坊被申上候ハ、只今元清申上候段、皆偽ニ而御座候、常々不届者ニ而御座候処ニ、其節塔之本尊往古ゟ秘仏之所、開帳之儀、成就院江無断致候ニ付、為異見義（意）絶仕置候と被申上候、伊豆守（松前嘉広）様被仰候ハ、師之坊之気ニ違、何方ニ而立可申候哉、不届千万ににく（憎）きやつ（奴）と御立腹被成候、元清申上候ハ、先年安芸守（前田直勝）様被仰付候ハ、左様之儀ニハ無御座候と申上候処ニ、安芸守様被仰付候留帳御役人衆御前江持参被致候、則御自身御読聞せ被遊、如此ニ成就院支配下諸事成就院ニ随、指図を請候様ニと有之事ニ、先奉行之申付かすめ（掠）何角と違背仕候段、不届ニ思召候、夫ニ而も異儀（議）ニ及候ハ、衣ヲはぎ（剥）御追放被成、寺ヲ成就院江御渡し可被成候と被仰候へハ、元清も仲光院も奉誤候と申上候、其時被仰付候ハ、元清ニ寺ヲ渡シ申事成間敷候、罷帰能思案致候様ニ、夫も成就院心次第と被仰付候、元清・仲光院・教胤も御前罷立申候、其跡ニ宥伝坊江被仰候ハ、互ニ出家之事ニ候間、少々了簡致候様ニと被仰渡候御事

亥三月九日

一壱町目二文字屋六兵衛家霞（修）覆仕度と年寄勘左衛門申来候故、前ニ願申五人之者と一所ニ方内へも相尋候様ニと申付候、則書付有之候、以上

亥三月十四日

一壱町目年寄勘左衛門申来候者、仲光院際目之出入ニ付、

町内諸事雑用有之故、入用之儀、仲光院江申遣し候へ
ハ、鳥目三貫文出し申候と断申来候、以上
　　亥三月十四日
一四町目升屋吉左衛門表之廂葺替幷かと(角)屋庄次郎裏小屋
之屋祢(根)葺申度と、年寄文右衛門申来候故、勝手次第ニ
致候様ニと申付候、以上
　　亥三月十五日
一弐町目長谷川七左衛門南かわ(側)ニ所持致候家之裏床敷霿(修)
覆致度と、年寄物兵衛断申来候、則書付有之候、以上
　　亥三月十八日
一弐町目・四町目之年寄・組頭、明廿一日六ツ時分、伊
豆守(松前嘉広)様御屋敷へ罷出候様ニと方内ゟ申来候由、両町ゟ
相届候、以上
　　亥三月廿日

一子安幷仲光院・教胤、去九日御僉(詮)議之上ニ而、此方利
運ニ被仰付候得共、何之沙汰も不仕居申ニ付、今日宥
伝坊御公儀江罷出被申候、口上書如此ニ候
　　乍恐書付を以言上
　　　　　　　　清水寺成就院名代
　　　　　　　　　　宥伝坊
一去九日清水門前子安幷仲光院・教胤被召出、段々御僉(詮)
議之上被仰付候処ニ、右之者共方ゟ于今構不申罷有候
ニ付、下ニ而何共可仕様も無御座候間、乍恐此者共被召
出、如何様共被仰付被下候者、難有可奉存候、以上
　　元禄八年亥三月廿一日
　　　　　　　　清水寺成就院名代
　　　　　　　　　　金蔵院
　　　　　　　　　　宥伝坊
御奉行様
一弐町目・四丁目、今日御公儀江罷出候処ニ、御役人衆
被仰渡候ハ、此間ハ女数有之様ニ相聞、不届ニ被思召
候、前々被仰付候通、茶立女壱人ツヽ之外かゝへ置申
間敷候、重而左様之儀相聞江候ハヽ、急度可被仰付旨

御申渡し候由、年寄共罷帰候而相届申候、以上
亥三月廿一日

一年寄四人共ニ呼申付候ハ、来月之神事ニ御法度之通相守可申候、其上ねり（練）物など有之候ハヽ、去年申付候通ニ芸有之事者必無用と申付候、以上
亥三月廿二日

一大仏堀つめ（詰）町米屋半右衛門と申者、弐町目豊後屋喜三郎ニ銀三百目預ケ、去年ゟ段々断申候得共、不埒ニ御座候間、御公儀江御訴訟申上候と相届来候故、少々了簡致、下にて相済候へと申遣し候、以上
亥三月廿三日

一三町目丹波屋徳左衛門借屋ニ居申候太郎左衛門と申者、四条之中嶋ニ新屋甚兵衛方ニ而絹類買掛、其銀子不埒故、元禄五申年ニ弐貫目之借用手形ニ致遣し候ニ付、甚兵衛当月廿五日ニ御公儀江御訴訟申上候而、御裏判附申候と海老屋文左衛門申届候、以上
亥三月廿七日

一壱町目末広屋次郎兵衛借家幷矢師又五郎借屋借シ入置申ニ付、年寄・組中請合手形有之候、以上
亥三月廿七日

一三町目ミまき（三牧）屋彦兵衛儀、明廿九日、伊豆守（松前嘉広）様御屋敷江参候様ニと方内ゟ口上書参候写

口上

清水寺三町目
ミまき屋
彦兵衛

右之者、明廿九日五ツ前ニ松前伊豆守様御屋敷江罷出可申候、為其如此ニ候

三月廿八日
松尾四五右衛門
年寄
町中

右之通申来候由、平兵衛方ゟ断申越候、以上

一三町目彦兵衛、今日御公儀江罷出候処ニ御尋被遊候趣ハ、廿六日ニ博奕之宿ヲ致、其上其方も勝負致候様ニ被仰候ニ付、左様之儀ニ而ハ無御座候、客衆よミかるた打可申と有之候得共、町之法度常々可申付候間、成申間敷と堅留申ニ付、右之様子も一切無御座候と段々ニ申分仕候故、無別条罷帰候由、年寄平兵衛申来候、以上

亥三月廿九日

一弐町目松庵裏借屋江四町目之摂国屋九郎三郎親類共之内ニ借シ申度と惣兵衛断申来候、以上

亥四月三日

一弐町目松庵ゟ去年ゟ何角出入ニ付町中へ苦労掛申候、其礼と有之雑用之外ニ樽代鳥目三貫文出し申候由、年寄惣兵衛相届候、以上

亥四月三日

一壱町目二文字屋六兵衛普請之願、今日御公儀江申上候処ニ、絵図之通御赦免被成候由、年寄勘左衛門申届候、則絵図・書付有之候、以上

亥四月四日

一御神事無事ニ相済、二条ゟ御目付ニ松田五左衛門殿・入江安右衛門殿、同心御目付加々山権兵衛・山本利左衛門、右之外ニ町廻与力衆山上伊右衛門殿・小川甚左衛門殿・山条佐五右衛門殿、同心目付長屋助右衛門・岩木平内、其外組同心七八人被参候也、首尾能相済申候、以上

亥四月九日

一松尾四五（右）衛門ゟ口上書参候、写如此ニ

口上

一清水寺成就院

宥伝

右明十一日明六ツ過ニ松前伊豆守（嘉広）様御屋敷江御出可被

成候、為其如此ニ候、以上
四月十日　　　　松尾四五(右)衛門
清水
成就院
御口上書之通、明十一日朝六ツ過伊豆守(松前嘉広)様御屋敷江宥
伝坊可罷出之旨、奉畏候、以上
四月十日　　　藤林孫九郎(兼定)
松尾四五右衛門殿
此方ゟ返事如此ニ候、以上

一今日御公儀江宥伝坊幷藤林孫九郎・自全罷出候処ニ、両方御前江被召出、子安方之口上書御聞被遊候而、二宮氏と申ハ如何様之者と御尋被遊候、元清申上候ハ、拙僧親之名字にて御座候、銀山之役儀勤申候得共、最早相果申候と申上候、仁左衛門と申者何様之者と御尋被遊候、元清申上候者、拙僧伯父ニ而国本ニ罷有候得共、此度罷上り居申候と申上候へハ、何之無用之経図(計)と御しかり(叱)被成候、先奉行之本末之訳、極無之故、何角と異儀(議)申候、支配下と申渡シ、成就院ニ随諸事、指図ヲ請申様ニと有之上ハ弥々其通ニ候間、向後諸事違背申間敷と一札致、成就院方へ遣し候様ニ、及異儀(議)ニ候ハヽ、衣をはぎ(剝)追放可被成候と被仰候、元清申上候ハ、御上意奉畏候と御請申上候、伊豆守様被仰候ハ、左候ハヽ、只今致させ候へと、御役人大塚藤兵衛殿承ニ而、則御楼(廊)下ニ而成就院方ゟ案文出し候へと有之ニ付、案紙認、大塚藤兵衛殿へ相渡し申候、元清申候ハ、眼病気ニ御座候間、一札之儀、今日ハ御待被下候様ニと申候、藤兵衛殿御申候ハ、今日相延候而一札致間敷と申事ニ候哉と御申候へハ、元清申候ハ、成程一札可仕候得共、二三日御待被下候様ニと申上候へハ、藤兵衛殿御申候ハ、左候ハヽ、二三日過可仕候と請合之一筆致候へと有之候へ者、其儀も御免被下候へと申ニ付、其趣御前江御申上候へハ、又々御前江両方共ニ被召出被仰候ハ、仲光院先達而断申ハ、子安元清眼病も快気仕候間、寺渡し度と不申候哉、夫ニ今一札申付候へハ、眼病気故成間敷と申由、仲光院元清が腰ヲをし(押)妨申段不届千万、

坊主にて無之候ハ、籠舎ニ被仰付と、さん〳〵御しかり(叱)
被成候故、仲光院御前ヲ立、早々にけ(逃)帰申候、元清ニ
ハ弥々手形ヲ致、成就院江相渡シ候へと被仰付候而、
御楼(廊)下ニ待合居申内、元清俄ニ持病之痰発、散々之躰
ニ有之故、宿へ参、薬ヲ験申度と申ニ付、左候ハ、養生
致、能成次第早々罷出候様ニと被仰渡、則御人ヲ添被
遣候、其後様子尋ニ被遣候へハ、未快無之由申越候、
其後ニ伯父仁左衛門御断ニ参申候ハ、何時快成可申も
知不申候間、今日ハ召連罷帰、重而罷出候様ニ仕度と
申故、御窺(伺)之上ニ而、成就院方并教胤と仁左衛門、小
玄関江被召寄、御役人衆仁左衛門ニ被仰渡候ハ、則一
札之案文被遣候間、此通ニ認、成就院方へ持参致、判
形致させ可申候、仁左衛門ニも加判仕候様ニと被仰渡、
則案紙御渡し被成候、教胤ニも罷帰、此趣申聞、手形
致させ候様ニと御申付被成候、成就院方へハ、今仁左
衛門ニ申渡し候通ニ下書と引合、判形致させ請取可申
由被申渡候、難有奉存候と何も罷帰候、以上

亥四月十一日

一子安手形之案文如此ニ候

一札之事

一子安泰産寺古来成就院支配ニ而、先住清長以来成就院
法流之弟子、又清長不儀(義)有之出寺之節、拙僧儀、亀之
助と申時分、一門共後住ニ願申候、成就院侘言手形仕、
其上寿性上人之御剃髪にて子安之住持相勤候処、御断
をも不申、寺を十年切之質物ニ入、此度年明帰寺仕度
段、是又成就院へ不相届、先御奉行様御裁許違背仕候
段不届ニ付、従御公儀追院可被仰付候へ共、先御裁許
之通、急度可相守と之証文差出候ハ、御宥免可被遊之
旨被仰渡、難有奉存候、依之御詫言申上ハ、向後成就
院相随ひ、住持等之儀者不及申、諸事御指図を請、聊
以疎略仕間敷候、若以来右之趣相背候ハ、其節御公儀
江被仰上、追院可被成候、為後日仍而如件

元禄八乙亥年四月十一日

子安泰産寺
元清

元清伯父
仁左衛門

清水
　成就院看坊
　　宥伝御房

一今晩子安方ゟ使ニ而申越候ハ、元清儀、気色も快罷成
候、就夫ニ此間被仰付候手形之御願ニ、明日罷出候と
申越候、以上
　亥四月十三日

一今日元清手形之儀御願申上候ニ付、其段宥伝坊ニも罷
出、御断被申上候処ニ、葵(賀茂祭)御神事ニ付、廿一日迄ハ訴
訟御聞不被遊候故、御役人衆へ申置帰り被申候、以上
　亥四月十四日

一松尾四五右衛門ゟ来ル十五日十八日右両日、葵御神事
ニ候間、火用心念入申付候様ニと町触廻ル、則写有之
弥々境内江申付候、以上
　亥四月十四日

一四町目桑名屋茂兵衛霿(修)覆之願、年寄文右衛門申来候、
則書付有、幷ニ丸屋権十郎後家屋祢(根)葺替、酉ノ八月六
日ニ願申上候得共、当年迄致不申、其儘置候、此度葺
替仕度と相届候故、先年相済申候ハ勝手次第ニ致させ
候へと申付遣候、以上
　亥四月十九日

一三町目丹波屋太郎左衛門儀、返答書致、来ル廿一日ニ
御公儀江罷出候由、年寄平兵衛断申来候、以上
　亥四月十九日

一松尾四五右衛門ゟ町触廻ル、妙法院様(堯恕法親王)御薨去ニ付、今
十九日ゟ廿一日迄三日之間、鳴物御停止之旨触状来候、
則写有之候、以上
　亥四月十九日

一三町目丹波屋太郎左衛門、今日御公儀江罷出候へハ、
弐貫目之借銀壱貫目ニ而相済、三年ニ相立可申由被仰

付候と、年寄平兵衛申来候、則返答書写有之候、以上
亥四月廿一日
一今日御役人衆ゟ如此申来候ニ付何も写共持参被致候
以手紙申入候、子安清長退院之時分、親類共ゟ差出候
手形之写、其外証文之写共、今晩中可有御越候、以上
四月廿四日
大塚藤兵衛
石崎喜右衛門
成就院
宥伝御坊
如此手紙ニ而申来候、以上
一元清伯父仁左衛門、今日御公儀江御訴訟ニ罷出候処ニ、
俗縁之分ニ而法流之儀ニ何角と指出候事、不届ニ被思召
候と縄を掛り(ママ)、暮候迄御留置被為成候処ニ、当門前弐
町目ひめち(姫路)屋三郎兵衛幷聟四郎兵衛色々御侘言申上、
向後子安之寺儀ニ構申間敷と一札致候ニ付、籠舎可被
仰付候得共、重而元清儀ニ構申間(敷)と有之故、御赦免被
遊候御事、以上

亥四月廿七日
一松尾四五(右)衛門ゟ如此口上書参候写
口上
一成就院看坊宥伝御坊、明四日明六ツ過ニ松前伊豆守(嘉広)様
御屋敷御出可被成候様ニ与御申渡候間、早々御出可被
成候、為其如此ニ候、以上
五月三日
松尾四五(右)衛門
藤林孫九郎(兼定)様
泰産寺・仲光院・教胤、右参三人へ同事ニ申来候御事
御口上書致拝見候、然ハ明四日明六ツ過、松前伊豆守
様御屋敷江成就院看坊宥伝坊可罷出由、奉得其意候、
早々可罷出候、以上
五月三日
藤林孫九郎
松尾四五(右)衛門様
右之通、返事致、遣し候、以上
一今四日御公儀江宥伝坊・自全房・藤林孫九郎罷出候処

ニ、元清儀ハ病気ニ付罷出候事成不申候と代僧以テ御断申上候処ニ、御公儀江左様之我儘成間敷候、早々呼ニ遣し召連罷出候へと大塚藤兵衛殿御申渡し被成候故、早々呼寄、元清・仲光院・教胤三人先江被召出、御僉儀（詮議）之上ニ而、元清・仲光院両人延慮（遠）致候様ニと被仰付候、其後成就院方被召出被仰渡候ハ、子安元清手形之儀ニ我儘申、仲光院ハ子安事ニ何角と妨を申、さや（鞘）持致候故、右両人共ニ延慮（遠）申付候、重而佐渡守（小笠原長重）殿江相談致、其上ニ可申付候間、左様ニ相意得候様ニと被仰渡候故、何も罷帰候、以上

亥五月四日

一三町目山口屋権七借屋ニ居申候たうふ（豆腐）屋忠兵衛と申者、弐町目松庵裏借屋江入置申度と年寄惣兵衛相届候、則請合一札有之候、以上

亥五月四日

一三町目海老屋文左衛門世悴伊兵衛と申者、町入致させ申度と文左衛門断申候故、来ル七日ニ御礼ニ出し候へと申付遣し候、以上

亥五月五日

一海老屋伊兵衛儀、井筒屋嘉右衛門召連、御礼今日相済申候、以上

亥五月七日

一四町目藤屋九郎兵衛悴長兵衛家、則借屋ニ入置申候藤屋与兵衛と申者ニ売申度と年寄文右衛門断申来候、相談致、重而可申付と申遣候、以上

亥五月八日

一四町目津の国屋親類市兵衛請合之手形幷たうふ（豆腐）屋忠兵衛手形有之候、以上

亥五月九日

一弐町目鱗形屋寿清譲状、姉娘ニ致置候、妹二人ニハ銀

子百目ツヽ遣し申由、則譲手形面々ニ有之由ニ候、年
寄惣兵衛相届候、以上
亥五月九日

一松尾四五右衛門ゟ如此書付参候写

覚

一先年堂塔之御修覆、従公儀被仰付候刻、寺内之橋も一
所ニ出来候キ、以後公儀之御修覆無之時者、小破又ハ
掛直し等、為一山之計、修覆いたし候儀有之候哉の事
亥五月九日

右之通、様子御書付今日中私宅へ御越可被成候、以上

五月十日　松尾四五右衛門印

清水寺
藤林孫九郎（兼定）様

御書付之趣、委細奉得其意候、後刻従是書付為持進上
可仕候、以上

五月十日　藤林孫九郎

松尾四五右衛門様

清水寺諸伽藍御造営寛永十一（十）酉之年

一寺内轟之橋、長壱間半、横弐間、右之橋御造営之刻、
一所ニ従御公儀様出来申候、其以後掛直し修覆四度成
就院ゟ仕候、御造営以後此橋ニ不限、本堂舞台張直し、
其外屋祢（根）・のき付葺替、又者木樋朽申候節、年々ニ銅
樋ニ仕候、例年不怠修覆仕来候、其度々ニ御公儀様江
御断、前々ハ不申上候事も御座候、尤近年ハ毎度奉窺（伺）
候而之後、修覆仕候御事

一轟橋之外、境内ニ所々橋共多ク御座候へ共、是ハ成就
院自分ニ仕来候御事

右之通、相違無御座候、以上

五月十日　清水寺役人
藤林孫九郎印

如此ニ認、名当（宛）なしニ遣し申候、以上

一松尾四五右衛門ゟ如此書付参写

口上

成就院宥伝坊、只今早々伊豆守（松前嘉広）様御屋敷へ随分急キ御

出可被成候
右之通、御申達シ可被成候、以上
五月十三日　松尾四五右衛門
藤林孫九郎(兼定)様
右之通、泰産寺・仲光院・教胤三人之方へ同事ニ申来
候故、早々参候事、以上
亥五月十三日

一今十三日、宥伝坊伊豆守(松前嘉広)様御屋敷江罷出候処ニ、泰産寺・仲光院・教胤、右三人被召出被仰付候ハ、元清儀、段々不届、其上手形申付候へハ我儘申、公儀ヲ軽候段不届ニ付、衣をはぎ(剝)御追放、山城一国幷大津御払被為成候、仲光院ハ泰産寺事ニ何角とさや(鞘)を持、難渋致候段不届ニ付御追院、落(洛)中御払被為成候、成就院方江被仰渡候ハ、右両人御追放被為仰付候、泰産寺儀ハ成就院江御渡シ被為成候間、住持相究候時分ハ、今一度相尋候様ニと被仰付候、仲光院寺ハ町江御預ケ被成候間、左様ニ相意得可申候、則両寺江御検使被遣候旨被仰渡候故、早々罷帰被申候、以上
亥五月十三日

一仲光院・泰産寺江御検使ニ平尾四郎左衛門殿・草川源左衛門殿、雑色松尾四五右衛門、沢与右衛門・西村新右衛門、右之衆御越故、藤林孫九郎出迎候而、仲光院江御同道致候処ニ、留主居文清被仰渡候ハ、諸道具一色ニ而ものけ(除)申間敷候と、年寄・五人組ニ番付候様ニ被仰付候而、泰産寺江御越被成候而、右同断ニ御申付、其上ニ成就院ゟも人添候様ニと御申候而、又仲光院方へ御越、諸道具御改、帳面ニ記、幷寺屋敷絵図被仰付候而、又泰産寺江御越、是も諸道具御改、帳面ニ記、寺内絵図御申付候、其上ニ塔之本尊御改被成度と有之候へ共、去年淡路守(小出守里)様一山江御預ケ相対有之処、如何ニ存知候、成就院方ニ其儘請取可被申候哉、又ハ封ヲ切改可被申候哉と有之候故、其段ハ此方ゟ了簡何共難儀致候間、如何様共各々様御指図次第ニ可仕候と申入候付、左候ハ、教胤ニ請合之一札可申付と、則如此之

手形御取候事

差上ケ申一札之事

一私儀、拾弐年以前、仲光院ニ被頼泰産寺留主居仕候、
其節塔之本尊幷護摩堂之本尊・仏具等之外ハ寺付之諸
道具一色(式)も無御座候、今度御改被成候世帯道具、私相
調置申候、此分ハ寺付ニ仕り置候上ハ少も構無御座候、
私自分之道具ハ前方手前江引取申候
一塔之本尊観音ハ、去年一山衆中立会相対被為仰付候通
り、少も相違無御座候
一詮隆儀ハ当二月但馬ゟ罷登り、泰産寺ニ只今迄罷有候
へ共、委儀ハ存知候者ニても無御座候
一寺付之諸道具帳面之外ニ御座候を隠置、重而相知れ候
ハ、如何様之曲事ニも可被為仰付候、為後日之一札如
件

清水寺執行持瀧下
慶春庵当分罷有候

元禄八年亥五月十三日

教胤印判

御奉行様

一泰産寺之諸道具改之帳面ニ者、宥伝坊印判致差上ケ被
申候、則写共宥伝坊江遣し申候、此方ニも有之候
一仲光院之諸道具改之帳面ニ、壱町目年寄勘左衛門幷五
人組頭之判形ニ而差上ケ申候、則写幷絵図留有之候
一泰産寺方ハ成就院江出入之者計ニ而留主相勤申候
一仲光院へハ門前中ゟ番人遣し申候、昼三人、夜ル五人
ツ、半日半夜替ニ致、昼夜拾六人ツ、ニ而相勤申候、以
上

亥五月十三日

一今日壱町目年寄勘左衛門幷五人組頭、御公儀江被召出
被為仰付候ハ、仲光院自分之諸道具者同宿文清ニ被下
候間、相渡し候様ニと被為仰渡候故、帳面之通、文清
江相渡シ、奥書致させ、判形町中へ取置申候、則右之
写共有之候、以上

亥五月十四日

一文清諸道具請取忝由、又ハ年寄勘左衛門相渡し候段、

右両人同道ニ而方内迄相届申候、以上
亥五月十四日

一松尾四五右衛門ゟ如此之口上書参候

口上

一申渡候儀有之候間、明昼九ツ時分迄ニ私宅江年寄壱人参り可被申候、為其如此ニ候、以上

亥五月十六日　　松尾四五右衛門

清水寺門前　四人年寄判形致遣ス

一年寄四人今日方内江参り申候処ニ、法隆寺之奉伽(加)帳一札(冊)ツ、相渡し、町内ニ而心持次第ニ付候而、来ル廿五日ニ心(真)如堂迄持参致候而、法隆寺之寺僧地蔵院ニ相渡し申様ニと有之由、年寄共罷帰相届候、壱町目ゟ三百弐拾五文、弐町目同断、三町目五百八拾文、四町目四百拾文、右之(通)遣し候、以上

亥五月十七日

一三町目三牧屋彦兵衛儀、商売御留置被成候ニ付、今日御訴訟ニ罷出候処ニ、其儀御構無之由ニ而相済申候と平兵衛相届候、以上

亥五月十八日

一四町目藤屋九郎兵衛家之儀、商売相談極候様ニ申付遣し候、則願之書付有之候、以上

亥五月廿日

一四町目丁子屋喜(嘉)右衛門霍(修)覆之願申候、則書付有之候、勝手次第致候様ニ申付候、以上

亥五月廿八日

一今四日伽藍廻幷境内之道作、例年之通致候、当年ハ昔之通ニ歩(夫)役一日ニ遣申候而、町々之支配切ニ普請申付候、境内中人数百六拾三人、此内瀧下ニ六軒、来迎院・法城寺も出し申候、泰産寺・仲光院ハ無住故無其儀候、以上

亥六月四日

一松尾四五右衛門ゟりんこ（林檎）熟し候分者商売可致之旨町触
廻ル、則写有之候、以上

亥六月六日

一松尾四五右衛門ゟ熊・猪・狼、たとへ人ニ喰かゝり不
申候共、人の養置候馬・牛・犬・猫・鶏なとの鳥獣を
損さし可申躰ニ候ハヽ、追払可申旨御触状、霊山ゟ廻ル、
此方ハ清閑寺へ弐町目行事ニ申付遣し候、請取有、則
御触状写有之候、此外ニ町触ニ壱通同文言ニ而廻ル、又
執行・目代・六坊中へも、当町弐町目組頭利兵衛使ニ
致、御触書写持せ遣し候、以上

亥六月十日

一右御触之趣ニ奥書致、町並之寺方幷門前中連判取置申
候、以上

亥六月十一日

一四町目糸屋喜兵衛屋敷留主居儀左衛門と申者、隙ヲ取
申ニ付屋敷明ケ今日罷帰候由ニ候へ共、年寄方ゟ留置、
名代糸屋喜兵衛ゟ替り留主居も引渡シ、其上ニハ何方
成共引越可被申候、左様ニ無之内ハ無用之由留置申候
と相届候、則文右衛門申来候、以上

亥六月廿一日

一四町目松屋権右衛門屋祢（根）葺替之願、年寄文右衛門申来
候、則書付有之候、以上

亥六月廿二日

一四町目糸屋喜兵衛屋敷留主居替り助之進同道致、年寄
方江も引合可申と人越候得共、留主ニ而有之候と出合
不申候ニ付、九郎兵へと申者使ニ而、儀左衛門代り同道
致参候得共、留主之由ニ候故、我等儀ハ罷帰候、庄兵
衛と申者差置申候間、如何様之用事有之候共、此者ニ
御申付可有候、向後頼入候由申越候、其後ニ庄兵衛と
中者文右衛門方へ参、私儀、儀左衛門代りニ而御座候

間、頼入候由申来候と文右衛門相届候、以上
亥六月廿二日
一壱町目十文字屋伝左衛門夫婦共ニ相煩居申ニ付、養子之儀、町中ゟ申入候へハ、女房之甥六条ニ有之候間、此者仕度と願申候由、年寄勘左衛門ゟ袋屋七郎兵衛・笹屋甚右衛門両人ヲ使ニ而申越候、能聞合重而申来候様ニと申付遣し候、以上
亥六月廿七日
一三町目銭屋三太郎家売申度と申ニ付、則同町ニ居申小笹屋四郎兵衛望申ニ付、年寄平兵衛断申来候故、組町中共相談之上、吟味致候へと申付遣し候、以上
亥七月朔日
一壱町目勘左衛門申来候ハ、仲光院寺御預ケ之儀、最早五拾日程ニも罷成候間、御公儀江御訴訟申上度と相届候故、其段此方ゟ罷出候様ニとハ指図難成候、同ハ無用ニ存知候と申付遣候、以上
亥七月二日
一三町目銭屋三太郎家之儀、年寄平兵衛様（ママ）窺（伺）来候故、町内ニ無別条候ハ、相究候様ニと申付候、則願之口上書有之候、以上
亥七月二日
一町人刀帯申儀、先年従御公儀御停止ニ被仰出候ニ付、此間も弥堅相守候様ニ境内中連判之帳面取置申候、以上
亥七月五日
一壱町目十文字屋伝左衛門養子権兵衛と申者、弥相究申ニ付、願之一札有之候、以上
亥七月五日
一四町目海老屋庄右衛門世悴平十郎と申者、弐町目丹後

屋又左衛門世忰多十郎と昨八日ニ喧吪(嘩)致候ニ、鎰屋彦
兵衛女房雪と申者、平十郎伯母ニ而有之ニ付、取さ(支)へ申
とて、多十郎をさん〳〵た(叩)ゝき候事、夫故翌日九日之
朝、彦兵衛女房雪、平十郎召連候而観音江参詣致候節、
多十郎内ゟ見付、其儘出、昨日之意趣ヲ致候故、親又
左衛門も出合、雪を散々ニた(叩)ゝき申事、右之通ニ候故、
彦兵衛、海老屋平左衛門堪忍成不申候間、御公儀江御
訴可申上と有之ニ付、今明日ハ当山千日会ニ而も有之候、
先堪忍仕候へと町中ゟ留置申候と、両町年寄共相届候、
以上

亥七月九日

一今九日、御公儀御目付西尾甚右衛門殿・入江安右衛門
殿、同心目付草川源左衛門・長屋助右衛門被参候、同
町廻ニ石嶋助太夫殿・比良甚兵衛殿・鈴木五郎兵衛殿、
同心目付平尾四郎左衛門、其外同心衆七八人御越、日
暮迄居被申候、首尾能相済申候、夜ニ入、雑色松尾四
五右衛門・西村新右衛門見舞被申候、右何も首尾能済
申候、以上

亥七月九日

一松尾四五右衛門ゟ火用心之御触状、霊山ゟ廻ル、此方
ゟハ清閑寺江壱町目行事ニ申付遣し、則手形取置申候、
以上

亥七月十日

一火用心御触状、執行・目代・六坊中江も写致候而、壱
町目行事ニ申付遣し見せ申候、以上

亥七月十日

一境内へも急度申渡シ相慎候様ニ申付候、以上

亥七月十日

一町触ニも同文言ニ而壱通廻り申候、以上

亥七月十日

一四町目鎰屋彦兵衛・弐町目海老屋平左衛門、右両人之者両町年寄共ニ召連参候様ニと呼寄申付候ハ、此度之喧吪(嘩)ニ付、御公儀江御訴訟可申上と有之由、不届千万ニ存候、町中ゟ曖候ハ、下ニ而相済候様ニ、若用不申御公儀江罷出候ハ、重而急度可申付候と申付遣し候、以上

亥七月十日

一年寄四人呼寄申渡し候ハ、仲光院寺町江御預ケ被遊、境内中永々番相勤候事迷惑仕候間、御公儀江御訴訟致度と度々此方へ願申段、尤ニ存候、乍去此方ゟハ罷出候へと差(指)図ハ難成候、面々了簡次第ニ致候様ニと申付遣候、以上

亥七月十日

一年寄共仲光院番之儀、今日御公儀江罷出候而御訴訟申上候ハ、仲光院寺幷諸道具御預ケ被遊候ニ付門前中急度番仕候、永々之儀、其日過之者共ニ而迷惑仕候間、御慈悲ニ如何様共被為仰付候ハ、難有可奉存知旨申上候処ニ、番之儀難儀致候段、御聞届被遊候、重而可被為仰付之旨、年寄共罷帰申届候、以上

亥七月十一日

一弐町目年寄惣兵衛申来候者、鎰屋彦兵衛・丹後屋又左衛門出入之儀、外町之年寄共頼、夜前曖申ニ付、相方申分無之と相済申候、尤又左衛門方ゟ之一札ニも及不申候、就夫ニ町之仕置ニ而御座候と存知、又左衛門商を留置申候由、惣兵衛相届候、以上

亥七月十二日

一松尾四五右衛門ゟ盆中町々躍之儀、従前々有来事ニ候へ共、或ハ一様之装束、或ハ縫箔之類、花(華)美成衣装着候儀、可為無用旨御触状、町触ニ廻ル、則写有之候、以上

亥七月十三日

一弐町目惣兵衛申来候者、亀屋半兵衛屋祢（根）葺替、幷ニ屋
祢（根）之峯師子口之処、此度一面之屋祢（根）ニ致度と願申ニ付、
茶屋・旅籠屋ニ而も無之候故、方内へも無断不及書付
ニも致候様ニと申付遣し候、以上
亥七月十九日

一松尾四五右衛門ゟ宥伝坊江口上書参候
写如此ニ候
明廿一日五ツ過、松前伊豆守（嘉広）殿御屋敷江御出可被成候、
為其如此ニ御座候、以上
七月廿日
上包ニ如此ニ
成就院看坊
宥伝坊　　松尾四五右衛門
明廿一日五ツ過、松前伊豆守様御屋敷（へ）可罷出之由御口
上書之通、奉得其意候、右之時刻可罷出候、以上
七月廿日　　清水寺
上包ニ如此
松尾四五右衛門様　　宥伝坊
右之通、返事遣し候、以上
亥七月廿日

一執行江も同事ニ呼ニ参候、以上
七月廿日

一廿一日ニ宥伝坊・執行、御公儀江罷出被申候処ニ、執
行被召出被仰渡候ハ、仲光院教盛儀、其方為弟子ニゟ
以其筋目、仲光院後住執行ゟ可相居候、支配ハ如前々
成就院支配ヲ請候様ニと被為仰渡候、則裁許書被遣候、
成就院方江も同前ニ被仰渡、則裁許書御渡シ被遊候、
文言如此ニ候

覚

一子安泰産寺元清儀、拾弐年以前寺を捨、年切之質物ニ
入、年季明候ニ付而、今度可帰寺之旨、仲光院を以、
奉行所江断申出候、元清儀、諸事成就院可受指図之由、
拾四年以前、前田安芸守（直勝）申渡候処、令違背、右之始終

成就院江不相届、其上今度遂僉（詮）議、自今以後最前申付之通相守、急度手形仕、成就院差（指）図を請候様ニ申付候処、致難渋、重々不届ニ付脱衣、山城国中・大津追放申付候、然ハ泰産寺後住之儀、任先例成就院ゟ可申付候事

一仲光院教盛儀、右元清仕形前々ゟ段々乍存知、致荷担、其上四年以前、寺之儀書出候節、仲光院者依為年貢地、泰産寺ゟ兼帯之趣認出シ、掠公儀候段、旁以不届候得共、加用捨追院申付候、教盛者執行為弟子之由、以其筋目此度茂仲光院後住者執行ゟ可相居候、勿論成就院支配所無紛上者、向後弥如前々成就院可為支配候事

右之趣、小笠原佐渡守（長重）殿江相達申渡候、以上

元禄八亥年七月廿一日　松前伊豆（嘉広）印判

清水寺

成就院

一右之裁許書ニ御名判無之候ニ付、宥伝坊御願申上候故、翌日廿二日ニ御名判被遊被下候、以上

亥七月廿二日

一執行方ゟ仲光院寺門前之者共ニ御預ケ置被為成候、此方江請取可申候哉と窺（伺）申候処ニ、大塚藤兵衛殿御申渡シ候者、其儀ハ重而被仰渡可有之候、門前之者共永々番相勤、迷惑致候旨訴訟申候間、後住之儀、急々相究可被申候、其節委細可被仰付候と御申渡し候、以上

亥七月廿一（ママ）日

一三町目御牧屋小兵衛家借シ申度と年寄平兵衛断申来候、吟味致候而重而申参候様ニと申付遣候、以上

七月廿三日

一四町目播摩（磨）屋五兵衛裏西側ニ高三尺之石垣ニ致、土台屏（塀）ニ仕度と願申候、則書付有之候、以上

亥七月廿五日

一三町目音羽屋三郎兵衛屋祢（根）葺替、井筒屋佐兵衛・茶碗屋清兵衛、同前ニ仕度由、年寄平兵衛相尋候ニ付、方内断申願書致候様ニ申付候、以上

亥七月廿八日
一三町目小世(笹)屋四郎兵衛霳(修)覆之儀、右同前ニ申付遣候、
以上
七月廿八日
一弐町目丹後屋七兵衛借屋ニ居申候又左衛門儀、先月九
日喧咜(嘩)之次第、段々不届ニ有之故、境内ニ置候事無用
ニ致候へと年寄惣兵衛ニ急度申渡し候、以上
亥八月三日
一三町目玉屋彦右衛門裏之方ニ四帖半之廂仕度と絵図致、
願申候得共、古家と相違有之故、年寄平兵衛ニ吟味致、
重而申来候様ニと申付候、以上
亥八月五日
一三町目大津屋喜右衛門屋祢(根)葺替之儀、則願之書付有之
候、以上

亥八月五日
一四町目松屋杢右衛門・鎰屋彦兵衛・鯛屋三郎兵衛霳(修)覆
之儀、則願之書付有之候、以上
亥八月九日
一四町目山形屋治兵衛・八文字屋忠兵衛・湊屋甚右衛門
後家・花屋九兵衛、右之四人屋祢(根)葺替之儀、則一紙ニ
願之書付有之候、以上
亥八月九日
一松尾四五右衛門ゟ宥伝坊江如此之口上書参候写
御用之儀御座候条、今四ッ前、伊豆守(松前嘉広)殿御屋敷へ御出
可被成候、為其如此ニ候、以上
八月十一日
松尾四五右衛門
上包書付此通ニ
清水寺成就院
宥伝様

右之通申来候故、宥伝坊御屋敷へ早々罷出被申候処ニ、執行ニも同事ニ被為召出被仰渡候趣ハ、仲光院寺之儀、貧地故、後住も無之、末々執行苦労ニ成申候間、公儀ゟ住持被仰付候様ニと願ニ候、左候へ者、成就院支配所ニ而候間、成就院方へ寺相渡し候条、後住之儀、笹丸方へ申遣し相居候様ニと被為仰渡、則仲光院引渡しニ御目付衆被仰付候事

一御目付永(長)屋助右衛門殿・寺田利左衛門殿、雑色西村新右衛門、右之衆中御出ニ付、藤林(兼定)孫九郎も出迎候而、仲光院江同道致参候処ニ、仲光院寺付之諸道具御改帳面ニ記、御引渡シ被成、則宥伝坊一札致差上ケ被申候、写如此ニ候

差上ケ申一札之事

一当五月十三日、仲光院寺地間数幷寺付之諸道具御改、町中ゟ絵図・道具帳面ニ記奉差上候通、今度為御引渡、永(長)屋助右衛門殿・寺田利左衛門殿御出、無相違慥ニ奉請取候、為其如此御座候、以上

清水寺成就院看坊

元禄八年亥八月十一日　　宥伝坊印

御奉行様

右之通、認差上ケ被申候、外ニ帳面之写有之候、以上

亥八月十一日

一門前之者共、仲光院番之儀免ニ而成就院ゟ留守居置候様ニと目付衆被申渡候故、此方ゟ留守居遣し候、目付衆御帰候以後、其儘御公儀江御礼ニ宥伝坊罷出被申候、以上

亥八月十一日

一三町目御牧屋小兵衛家、宮川町ニ居申候伏見屋源左衛門と申者ニ借シ入置申候付、則年寄・組之請合之一札有之候、以上

亥八月十二日

一御公儀ゟ例年宗門御改之帳幷松尾四五右衛門口上書廻り申候、則執行ゟ使ニ而、雑色ゟ例年之宗門改之触状

参候間、相届申候、請取刻付致くれ候様ニと申ニ付、
文言者如此ニ候
御公儀様ゟ御触之帳壱冊、松尾四五右衛門ゟ口上書廻
状壱通、慥ニ八月十八日未明ニ請取候、以上
八月十八日　来村伝助
右之通ニ認、判なしニ遣候へ者、使帰候而、又追付参候而申候ハ、只今之手形ニ判もなく、其上宛所無之候間、執行内亮尚と成共御宛ニ而、成就院御内誰殿と御書被下候へと申来候故、伝助ニ申させ候ハ、我等近キ比ゟ罷有、勝手不存候故、先刻手形仕遣候、承候へハ、是ハ例年之事ニ而、強ニ請取ハ遣候事無之由ニ候へ者、念ヲ入遣申事心得ニて難成候、左候ハヽ前方ニも遣候手形、其方ニ可有候間、其手形御持参候へ、其通ニ認可遣候と申候へハ、使之者申候ハ、去年迄ハ御請取ハ取不申候得共、当年ハ先々ゟ念ヲ入、此方へも参候故、扨如此ニ申入候事ニ候、先罷帰其由可申と始之手形も戻し帰り候事
亥八月十八日

一宗門御触之帳幷口上書廻状壱通、当町三町目行事ニ申付候而清閑寺江遣し、請取有之候、以上
亥八月十八日

一四町目鎰屋彦兵衛儀、先月九日之喧吪(嘩)之出入、段々不届有之ニ付、向後茶屋売買無用と留申候而、外之商仕候様ニと年寄文右衛門呼寄、急度申渡し候、以上
亥八月十八日

一弐町目壱(市)橋下野守(信直)殿屋敷名代之儀、平野屋藤兵衛代りニ吉田庄七と申者仕度と、年寄惣兵衛方迄留主居長屋善兵衛断有之ニ付、手形相改、何屋之庄七と致、向後町之参会・寄合之宿・行事等も相勤可申候、尤刀・長脇指帯申間敷候と有之故、庄七ニ相究候様ニと年寄惣兵衛ニ申付遣し候、以上
亥八月十八日

一三町目玉屋彦右衛門霳(修)覆願之絵図相改候而断申ニ付、

免置候而勝手次第ニ御公儀江罷出候様ニと申付候、則絵
図・書付有之候、以上
九月朔日

一宗門御改之帳、今日松尾四五右衛門方へ甚六ニ持せ遣
し申候、昨晦日ニ遣候得共、寺家之分印判取候様ニと
申越候故、則各々取申ニ付、今日迄相延申候、以上
亥九月朔日

一宝徳寺借屋、只今迄ハ家来分ニ致、宗門帳ニも乗（載）申候
得共、当年ゟ相改、町並之借屋分ニ相究候而壱町目江
附申候、乍去役儀・町儀等ハ年寄共心入ニ可有之事と
申付候、以上
亥九月朔日

一壱町目亀甲屋杢兵衛御礼ニ出し申度と年寄勘左衛門申
来候故、相尋重而返事可申由ニて戻し申候、以上
亥九月四日

一門前中宗門御改之帳面、今日方内江年寄共持参致し相
渡申候、先月晦日切之筈ニ候得共、帳面不出来故断申、
書直申ニ付、今日迄相延申候、以上
亥九月五日

一門前中宗門改之帳、御公儀江差上ケ候通ニ致、此方へ
も取置申候、以上
亥九月五日

一町並寺方宗門改之判形致させ取置申候、以上
亥九月五日

一御公儀ゟ大経師・院経師之外、暦売買致間敷之由御触
状、松尾四五（右）衛門ゟ廻り申候処ニ、霊山ゟ執行江参候
而、執行ゟ此方江差越被申候、見申候へハ、清水寺と
有之、下ニ執行役者亮尚と致印判致廻（ママ）シ申ニ付、此方
ゟ執行江申遣候趣ハ、雑色ゟ之触状御越候へ共、只今
迄ケ様之触状、其元ニ而判形被致候儀ハ無之候処ニ、

判形被致候へハ、此方判形ニ不及申候、其元ゟ先様江御廻シ可有候、雑色方へハ此方ゟ断可申候と、右之触状戻し申候御事

一松尾四五(右)衛門方へ参候処ニ、四五(右)衛門留守故、松尾佐(左)兵衛ニ逢申入候ハ、先刻御触状御廻シ、御触状之趣奉得其意、則写置候、境内へも急度可申付候、就夫、右之御触状、執行方ニ而判形致し、此方江参候故、我等判形致候事如何ニ存知候間、其元ゟ先様へ廻シ被申候様ニと則戻し申候、毎最我等之御請之印判致進候処ニ此度ハ印判無之、不思儀(議)ニ思召候半と存知候故、為断参上申候、其上ニも我等判形致候様ニと有之事ニ候ハヽ、亮尚名判御け(削)つらせ可被下候、左候ハヽ、我等判形可致候、此通ニ而印無之候而も不苦候と思召候ハヽ、御勝手次第と申入候、佐(左)兵衛申候者、四五右衛門留守ニ而御座候間、罷帰候ハヽ、其通可申聞候と有之事ニ候、則執行方ゟも亮尚、我等居申内ニ参、右之触状持参致候而、佐(左)兵衛相渡し、成就院方ニ而も判形被致候様ニと存、此方之名書かたよせ書付申候、右之通ニ而先々江延引ニ罷成候処、迷惑ニ存候と申候、佐(左)兵衛申候ハヽ、御両人共ニ御帰り可有候、明日此方ゟ返事可申入候と有之候、以上

亥九月五日

一御触状写有之候、外ニ同文言ニ而町触ニ壱通廻ル、以上

亥九月五日

一三町目小笹屋四郎兵衛儀、御礼ニ罷出申度と年寄平兵衛断申来候、以上

九月五日

一壱町目亀甲屋杢兵衛御礼之儀、此度ハ無用と留申候、重而之儀ニ致候へと年寄勘左衛門ニ申渡し候、以上

九月六日

一三町目小笹屋四郎兵衛御礼之儀、明七日ニ出し候様ニと年寄平兵衛申付候、以上

亥九月六日

一三町目小笹屋四郎兵衛、今日御礼ニ罷出、相済申候、以上

亥九月七日

一御公儀ゟ暦之御触状、去ル五日ニ廻り候処ニ、執行方ニ而判形致、此方江差越候故、松尾四五右衛門方へ藤林孫九郎（兼定）参り断申置候ニ付、四五右衛門ゟ使ニ而申越候趣ハ、此間御出候得共、他行致不掛御目ニ候、委細御申置候通、得其意申候、右之廻り状持せ進候間、其元ゟ御廻シ可有候と申越候而、則亮尚印形のけ毎最之通ニ書直差越申候故、御念入御触状持せ被下、慥ニ請取得其意申候、此方ゟ先々江相廻シ可申と返事申遣し候、則我等之印判致候而、当町四町目之行事ニ申付、清閑寺へ遣し、請取有之候、以上

亥九月八日

一暦之御触状之写ヲ致、執行・目代・六坊中へも四町目年寄文右衛門申付、何もへ（ママ）申渡し候、以上

亥九月八日

一暦之御触書ニ奥書致、町並之寺方幷門前中判形取置申候、以上

亥九月八日

一三町目玉屋彦右衛門普請之儀、今日御公儀江御訴訟申上候処ニ、勝手次第ニ致候様ニ被仰付候由、年寄平兵衛相届来候、以上

亥九月十一日

一四町目鎰屋彦兵衛儀ニ付、年寄・組頭・五人組之者共詫言ニ参候故、何も参候段ハ物語致、重而可申付候と申聞、戻し申候、以上

亥九月十一日

一御公儀ゟちり(塵)芥捨候儀御触状、松尾四五(右)衛門ゟ町触ニ
廻ル、則写有之候、以上
亥九月十三日

一弐町目近江屋権兵衛屋祢(根)江、夜前四ツ時分ニ木綿切ニ
火ヲ付なけ(投)置候を見付、消申候と年寄惣兵衛断申来候
故、早々雑色方へ相尋、指図次第ニ御公儀江罷出候様
ニと申付遣し候、以上
亥九月廿一日

一御公儀江差上ケ候口上書写
乍恐口上書ヲ以御訴申上候
一清水寺門前弐町目近江屋権兵衛と申者之屋祢(根)へ、昨廿
日之夜九ツ時分ニ、古キ木綿切ヲ火縄ニ仕、屋祢(根)へな
け置候を町之番人太右衛門と申者見付ケ、町中へ知ら
せ申候ニ付、早速出合取消申候、屋祢(根)板抔焼候哉と見
申候へ共、少も別儀無御座候、乍恐御訴申上候、以上
元禄八年
亥九月廿一日
近江屋
権兵衛
年寄
惣兵衛
五人組
利兵衛
五人組
七兵衛
町中
御奉行様

一右之通、今日御公儀へ御訴申上候処ニ、町中心掛随分
とらへ(捕)候様ニと被仰付候由、惣兵衛罷帰相届候、以上
亥九月廿一日

一弐町目覚心跡庄八と申者之儀、地頭江御礼幷町入之儀、
親嘉右衛門手前不勝手ニ付段々断申故、軽致相勤候様
ニと年寄惣兵衛へ申渡し候、以上
亥九月廿一日

一四町目鎰屋彦兵衛・弐町目丹後屋又左衛門儀、色々侘申ニ付、両人共ニ年寄・組頭ニ召連候様ニと呼寄候而、段々申聞、手形申付候而免申候、則一札有之候、以上

亥九月廿二日

一御公儀ゟ火用心之御触状、方内ゟ町触ニ廻り申候、則写有之候、以上

亥九月廿三日

一弐町目井筒屋喜三郎・八百屋七兵衛・池田屋彦十郎・海老屋喜平次・鴈金屋甚右衛門・八百屋五兵衛・山形屋利右衛門・山形屋政右衛門後家・松本屋半右衛門・近江屋権兵衛・藤屋利兵衛・吉野屋宇左衛門、右拾弐人屋祢(根)葺替之願申候、則連判之書付有之候、右者八月七日ニ書付致申来候得共、当月迄相延申候、以上

亥九月廿六日

一弐町目桜屋喜左衛門裏借屋江亀屋半兵衛存知候者ニ仕立物ニ而渡世致候女ニ而有之候間、此者ニ借シ入置申度由、惣兵衛申来候、能吟味致、重而申参り候様ニと申付遣し候、以上

亥九月廿六日

一御公儀ゟ火用心之御触状、松尾四五(右)衛門ゟ廻ル、霊山ゟ此方へ参り、此方ゟ四町目行事ニ申付、清閑寺江遣ス、則請取手形有、右御触状之写有之候、以上

亥九月廿六日

一火用心之御触之趣、執行・目代・六坊中へも四町目行事ニ申付申渡し候、以上

亥九月廿六日

一四町目桑名屋茂兵衛屋祢(根)葺替之事、年寄文右衛門申来候、方内相尋致させ候様ニと申付候、則書付有之候、以上

亥九月廿八日

一御公儀ゟ金銀吹直し御触状、松尾四五(右)衛門ゟ廻ル、霊山ゟ此方へ参候、当町弐町目行事ニ申付、清閑寺(へ)遣し、則請取有之候、以上

亥十月朔日

一金銀吹直り之儀、町触ニ壱通廻ル、寺触と同文言也

亥十月朔日

一金銀吹直り御触書、執行・目代・六坊中へも弐町目行事ニ申付、写致、見せ申候、以上

亥十月二日

一金銀吹直御触状ニ奥書致候而、町並寺方幷門前中連判致させ取置申候、以上

亥十月三日

一壱町目亀屋伊兵衛屋祢(根)東側にて四尺程取葺ニ而有之候処、本屋祢(根)と一所ニ取付申度と願申由、年寄勘左衛門申来候、方内へも相尋、重而様子申来候様ニと申付候、則絵図・書付有之候、以上

亥十月五日

一弐町目松庵屋守桜屋喜左衛門裏長屋江亀屋半兵衛肝煎さわと申女相究入置申ニ付、請合之手形有之候、以上

亥十月五日

一弐町目八百屋七兵衛儀、今晩初夜時分ニ雑色ゟ申来候ハ、明十四日ニ御屋敷江罷出候様ニと申来候ニ付、明日召連罷出候由、年寄惣兵衛断申参候、以上

亥十月十三日

一弐町目八百屋七兵衛、今日御公儀江罷出候処ニ、質物之者、町と相対致相渡し候様ニと被仰付候由、年寄惣兵衛罷帰相届候、則口上書之写有之候、以上

亥十月十四日

一弐町目八百屋七兵衛衣類之出入ニ付、伏見竹田口神前（神泉）
園（苑カ）町平左衛門と申者申来候ハ、先比御公儀ニ而町江参
請取候様ニ被仰付候故、度々参断申候得共、年寄・組
中埒明不申候間、被仰付被下候様ニと申来候故、年
寄・組中と相対致候へと申付遣し候、則口上書如此ニ
候、以上

亥
十月廿三日

口上之覚

一当月十四日之御裁許ニ使いわを同道仕、七兵衛町へ参
り衣類を改メ請取可申旨御上意ニ付、年寄惣兵衛・同
組中へ御上意之通りニ衣類を渡シ候へと申候へとも、
渡シ不申候ニ付、又御公儀様江罷出候外ハ無御座候、
此儀を御了簡被成、御上意之通りニ衣類を渡シ候様ニ、
七兵衛方へ被仰付被下候ハヽ、忝可存候、以上

伏見竹田口しんせんに（神泉苑）ん（え）町
平左衛門

亥
十月廿三日

孫九郎様（藤林兼定）

一壱町目亀屋伊兵衛家普請ニ付手形申付、取置申候、文
言如此ニ候、以上

亥
十一月四日

一札之事

一御門前壱町目北側亀屋伊兵衛家、表口弐間半壱尺九寸、
裏行六間半御座候、右之間口之内東側ニ而表口四尺、
裏行六間半、下屋ニ而有之候得共、正印（平瀬）房御断申、取
葺屋祢（根）ニ仕置候処、此度本屋祢（根）と一所ニ取付柿葺ニ仕
度旨御断申上候ニ付、御公儀様江御願申上候様ニ御免
被為成、忝奉存候、右之下屋表口四尺、裏江六間半之
処、御用之節者何時ニ不寄、御意次第ニ口ヲ明可申候、
其時一言之御断申上間敷候、為後日之連判一札如件

元禄八年

亥
十一月四日

願主亀屋
伊兵衛

五人組
久左衛門

同
清左衛門

同
長右衛門
同
八兵衛
年寄
勘左衛門

清水寺御役人
藤林孫九郎(兼定)様

一松尾左兵衛当月朔日ニ役儀被仰候由口上書廻状、霊山ゟ廻ル、此方ゟ清閑寺江遣ス、請取有之候、口上書写如此ニ候、以上

亥十一月六日

口上

一松尾宇兵衛死後悴左兵衛幼少ニ付、後見四五右衛門相勤申候処、当月朔日ニ左兵衛役儀被為仰付候、向後御用等左兵衛可申進候間、此印判為御見知置之如斯御座候、以上

亥十一月六日

松尾左兵衛印
松尾四五右衛門印
役人
藤林孫九郎印

清水寺此下ニ如此ニ致遣し候

右之通、廿三ケ寺へ廻り申候、以上

一御公儀ゟ火用心之御触、松尾左兵衛ゟ廻ル、霊山ゟ此方へ参候、当町壱町目行事ニ申付、清閑寺江遣し候、則請取手形有、御触之写有之候、以上

亥十一月十日

一火用心之御触、執行・目代・六坊中へ壱町目行事ニ申付、致写申渡候、以上

亥十一月十一日

一四町目僧正屋敷之内ニ隠居屋有之候、此所道心者ニ借シ申度由、年寄文右衛門申来候、能吟味致、重而様子申来候様ニと申付遣し候、以上

亥十一月十六日

一四町目松屋杢右衛門娘十二歳ニ成申者、琴・しやミせ（三味線）ん習わせ申候ニ付、寒気ニ趣（赴）候ヘハ、宿ニ而折々稽古ヲ致させ申度候と文右衛門断申候故、芸之事ニ候間、勝手次第ニ可致候、乍去客なと之挨拶ニ床（座）敷へ出しひかせ申事、堅無用と申付候、以上

亥十一月十六日

一弐町目梅田屋六郎兵衛聟六右衛門と申者、八坂ニ居申候得共、此度六郎兵衛方へ引越一所ニ置申度と願申候段、年寄惣兵衛申来候故、吟味致、相究候様ニ申付遣し候、以上

亥十一月十八日

一御公儀ゟ御触状、松尾左兵衛ゟ町触ニ廻ル、則写有之候、以上

亥十一月十九日

一弐町目丸屋五郎兵衛普請之願申ニ付、方内江相尋候様ニと申付置候処ニ、今日松尾左兵衛・西村新右衛門検分ニ参候而、来ル廿五日ニ御公儀江罷出候様ニと有之由、五郎兵衛相届来候、以上

亥十一月廿二日

一四町目糸屋喜兵衛家、沢順と申出家ニ借シ入置申候ニ付、年寄・組中請合之一札有之候、以上

亥十一月廿三日

一弐町目亀屋半兵衛家西見せ（店）土間ニ而有之候所、板敷ニ致度由、年寄惣兵衛断申来候故、茶屋・旅籠屋之外ニ而有之候ニ付、致候様ニと申付遣し候、以上

亥十一月廿九日

一御公儀ゟ捨子幷犬之御触状、松尾左兵衛ゟ町触ニ廻ル、則写有之候、以上

亥十二月朔日

一三町目玉屋彦右衛門・丹波屋勘右衛門・山屋・小笹屋
四郎兵衛、右四人ハ茶屋家数之帳面ニ有之ニ付、此度
茶屋名代之儀、方内へ願申由、年寄平兵衛相届候、以
上

　亥十二月朔日

一弐町目松庵儀、江州堅田村ニ居申市兵衛と申者ニ作徳
之出入ニ付、大津小野半之介(宗清)(助)殿江御訴訟申由、年寄物
兵衛断申来候、以上

　亥十二月三日

一弐町目丸屋五郎兵衛普請之儀、今日御公儀江絵図を以、
御訴訟申上候処ニ、願之通被仰付候旨、年寄物兵衛相
届候、則御公儀江差上ケ候絵図・口上書之写、此方へ
取置申候、以上

　亥十二月四日

一御公儀ゟ忠孝札、似せ(贋)薬種・切支丹之札、古ク成、見
兼候ニ付、御書直之御触状、松尾左兵衛ゟ町触ニ廻ル、
則写有之候、以上

　亥十二月八日

一御公儀ゟ火用心之御触状、松尾左兵衛ゟ寺触ニ廻ル、
則写有之候、以上

　亥十二月九日

一火用心之儀、同文言ニ而町触ニも壱通廻ル、方内ゟ之
文言ハ如此ニ候、以上

右之通、相触候様ニ従御公儀被仰出候、町々家持・裏
屋等迄申聞、火之用心相守り可被申候、且又町々村々
ニ有之寺社方へも右之通可被申達候、為其如此ニ候、
以上

　十二月九日　　　松尾左兵衛

　清水寺門前此下ニ四人年寄印判致遣ス

一火用心之儀、執行・目代・六坊中へ当町三町目行事ニ

申付、相触申候、以上

亥十二月十日

一火用心之御触ニ奥書致候而、町々年寄共判形取置申候、以上

亥十二月十一日

一三町目茨木屋又左衛門請酒出見世致候ニ付、方内へ一札仕遣し候、則此方へ写取置申候、右ハ先月廿五日相済筈ニ候へ共、隙入有之ニ付、昨十日ニ埒明申由、年寄平兵衛相届候、以上

亥十二月十一日

一松尾左兵衛ゟ当七日ゟ十日迄之内、吉野屋惣左衛門包之銀子五百目包預り置候もの有之候哉と町触廻ル、則写有之候、以上

亥十二月十一日

一四人之年寄共、今日方内江参候而町々吟味致候へ共、御尋之銀子預り置候も無御座候旨一札致罷帰候由相届候、以上

亥十二月十二日

一例年之大算用、今日年寄共寄合候而相済申候、御地頭ゟも油代金子弐歩被遣候、以上

亥十二月十四日

一自身番之儀、明日ゟ町々ニ而致候様ニと年寄共江申付候、以上

亥十二月十四日

一壱町目亀甲屋杢兵衛内造作仕度旨願申候、則絵図・書付有之候、以上

亥十二月廿日

一昨廿日ニ仲光院後住之儀、兵部卿江相究申ニ付、寺附

之諸道具帳面ニ記之、兵部卿江引渡シ、奥書致させ、
判形取候而、宥伝坊江相渡ス也
一仲光院と伊藤松庵際目も今日藤林孫九郎（兼定）・来村伝介（助）検
分致、町之用人孫兵へ、家之柱之見通、中垣迄縄ヲ引、
際目を建、松庵方江相渡シ申候、委細者戊（戌）ノ十二月ニ
仲光院幷伊藤松庵両人之立会絵図ニ有之候、以上
亥十二月廿一日
右之趣、境内用事之覚留書如此ニ御座候、以上
藤林孫九郎
元禄八年乙亥極月日　　兼定（花押）

「（裏表紙）
清水寺役人
藤林孫九郎」

「（後補裏表紙）文政五壬午九月
表紙付仕立直
清水寺
成就院」

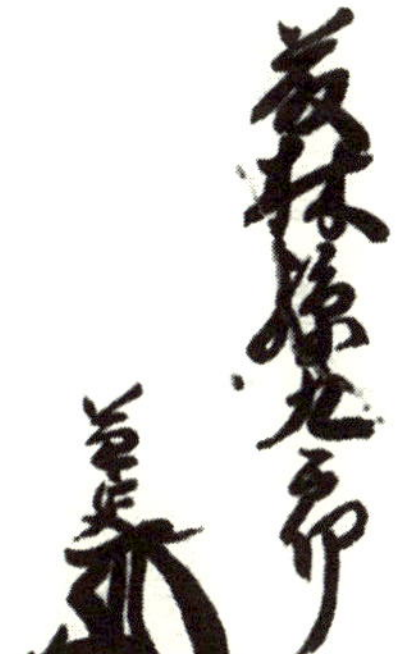

元禄九年

（後補表紙）「元禄九丙子年
御日記
従正月至十二月」

（原表紙）「丙　元禄九年
門前用事留覚帳
子　正月吉祥日」

（貼紙）
「正月」一壱町目万屋多（太）兵衛彼（被）官手形之事
二月 一南都大仏殿奉加之事
五月 一正五九月町汁之日限十一日ニ定事
六月 一南都大仏殿奉加銭遣し候事
七月 一子安観音相封切幷開帳之事
八月 一宮川筋五町目預ケ地ニ付手形改候事
九月 一弐町目塗師市兵衛藪屋敷ニ家建申ニ付一札之事
九月 一酒強・大酒御停止之御触之事
十月 一朝鮮人参入用之節、印鑑遣置候事
十一月 一本院御所様御葬送之事
十一月 一南都招提寺奉加之事
霜月極月 一本院御所明正院様御焼香之事

元禄九子年

一松尾左兵衛ゟ火用心之口触一通、町触ニ廻ル、則写有之候、以上
子正月五日

一弐町目桜屋喜左衛門裏長屋へ長谷川恵性女房ニ借シ入置申由、則請合之一札有之候、以上
子正月十二日

一嵯峨大覚寺御門跡様（性真法親王）御薨去ニ付、御公儀ゟ今十九日ゟ廿一日迄鳴物御停止之御触書、松尾左兵衛ゟ町触ニ廻ル、写有之候、以上
子正月十九日

一壱町目長谷川恵性家売申度由、買主ハ三町目ニ居申候
万屋多(太)兵衛ニ而御座候由、年寄勘左衛門申来候故、相
談相究候様ニと申付候、則願書有之候、以上
子正月廿二日

一四町目年寄文右衛門申来候ハ、今日暮方ニ酒酔参候而、
本堂江毎日出申候盲目之道心者と喧吪(嘩)仕出し候、酒酔
何方之者と尋候へ共、所知レ不申、武家方之奉公人と
相見へ、名ハ角内と申由、則此者ニ一札致させ町へ取
置戻し申候由相届候、以上
子正月廿二日

一万屋多(太)兵衛儀、長谷川恵性家買請申ニ付、此家代々御
寺之彼(被)官家にて有之ニ付、其通相勤可申旨一札致させ
取置申手形之文言如此ニ候

一札之事

一御門前壱町目南側泰産寺之西隣長谷川恵性所持之家、
此度我等買請申候、右之家代々成就院様御彼(被)官家ニ而
御座候、然上ハ御彼(被)官役ハ不及申ニ、諸事町役等ニ至
迄有来通、急度相勤可申候、向後弥以御寺江出入致御
用等相勤、少も無礼仕間敷候、為其後日之一札如件
元禄九年子正月廿三日

買主　太兵衛印
同親　彦作印
せん家守
五人組　七郎兵衛印
同　市郎兵衛印
同　六兵衛印
同　又左衛門印
同　清左衛門印
年寄　勘左衛門印

清水寺御役人
藤林孫九郎(兼定)様

一壱町目万屋多(太)兵衛儀、御礼ニ出し申度由、年寄勘左衛
門申来候ニ付、明後廿六日ニ出し候様ニ申付候、以上
子正月廿四日

一今廿五日朝五ッ時分ニ富小路三条下ル町之者、年比十六七、五兵衛と申者、本堂東之舞台ゟ飛落申候得共、成程達者ニ居申候、様子相尋候ヘハ、立願之儀ニ而、此間七日参致、只今飛申候由、つれ善六と申者ニ手形致させ、当町四町目江取置申候、則此方ゟ籠（駕籠）ニ而饋（送）人ヲ付遣し候旨、年寄文右衛門相届来候、以上

子正月廿五日

一舞台飛人五兵衛儀、親元之万屋太兵衛方へ相渡し、則請取手形致させ、年寄文右衛門方へ取置申候旨相断候、以上

子正月廿五日

一壱町目万屋多（太）兵衛儀、今日御礼相済申候、彼官（被）家故祝儀五拾疋被下候、以上

子正月廿六日

一弐町目升屋九兵衛みせ（店）之普請、柱之根継幷表之庇葺替致度由、年寄惣兵衛申来候、方内江も相尋、重而様子申来候様ニと申付遣し候、以上

子二月二日

一弐町目たか（鷹）の羽屋作左衛門後家裏借屋借シ申度由、惣兵衛申来候故、吟味致相究候様ニと申付候、以上

子二月二日

一弐町目たか（鷹）の羽屋作左衛門後家裏借屋江言心と申者ニ借シ入置申候、則町人請合之手形有之候、以上

子二月二日

一門前中例年之通ニ法度書ニ連判致させ取置申候、以上

子二月二日

一他所ゟ小間物商人共、例年之通ニ法度書ニ連判致させ取置申候、以上

子二月二日

一壱町目万屋多(太)兵衛内造作仕度由、則絵図幷願書有之候、
以上
子二月六日
一弐町目升屋九兵衛普請之願相究申ニ付、則絵図・書付
有、以上
子二月十一日
一御公儀ゟ火之用心御触状、松尾左兵衛ゟ廻ル、霊山ゟ
此方へ参り、則写有之候、此方ゟ清閑寺へ弐町目行事
ニ申付遣し、請取有之候、以上
子二月十二日
一火用心御触状、執行・目代・六坊中へも写致、弐町目
行事雁金屋甚右衛門申付、持せ遣し候、以上
子二月十二日
一火用心之儀、町触ニ壱通、同文言ニ而廻ル也
子二月十二日
一火之用心之儀、境内門前中へ申付、則連判取置申候、
以上
子二月十三日
一三町目丸屋平兵衛家二軒ニ仕切度由願申候故、方内へ
も相尋、重而様子申来候様ニと申付候、則絵図・書付
有之候、以上
子二月十四日
一三町目丸屋平兵衛、今十八日ニ御公儀へ罷出候処ニ、
新家御役人ニ神沢与兵衛殿被仰付候ハ、家二軒ニ致度
由、外ニも類有之候、重而御申付可有由ニ而埒明不申候
段、平兵衛罷帰候而相届候、以上
子二月十八日
一三町目小笹屋四郎兵衛茶屋名代之儀、松尾四五(右)衛門時

分ニ四郎兵衛一代切ニ免置候ニ付、此度も弥其身一代切
之手形致埒明申候由、平兵衛相届候、以上
子
二月廿三日

一南都大仏殿奉伽(加)之儀、御公儀ゟ被仰渡候ニ付、松尾左
兵衛ゟ門前中江口上書幷奉伽(加)帳参候事
二月廿三日
口上
南都東大寺龍松院洛中洛外人別奉加之儀、御公儀様江
御願候処ニ被為成御赦免候、依之、我々共肝煎可申由
ニ御座候故、如此ニ候、龍松院之儀、江戸町中茂人別
被致勧進候由ニ而候間、当地ニ而も町々裏屋等迄志次第
人別致奉加、施主之名を書付可被相渡候、以上
子
二月　松尾左兵衛印
清水寺門前三町目
年寄
五人組
右之通、壱町目・弐町目・四町目同前ニ申来候也

一龍松院ゟ奉加帳ニ添参候口上書写如此ニ候也
大仏殿就再興勧進儀口上覚
此度再興之意趣者、天下安全・武運長久・諸民快楽之
御祈禱也、前々依勧進之助力、大像之修補開眼之法会
等雖令成就候、仏殿之儀者、大数十余万金之経営故、
一郡一国之助力ニ而、曾以就難及百分一候、天下之士
庶人別奉加之事、自今已後無遠慮可令勧化之旨、御免
許之趣、於江戸御奉行衆被仰渡候間、町中之諸人不依
多少、随信心人別喜捨之志在之候様頼入候、以上
南都東大寺
正月日　大勧進上人龍松院
奉加銀集次第、来ル六月迄毎月五日四ツ時分ゟ暮方迄
之中、知恩院寺内九閠(ママ)院へ為持可被下候、其日当地大
仏講中相詰請取申候間、外之日被遣候事御無用候
如此ニ町々江壱枚ツ、参候事

一今廿九日夜五ツ過ニ、年比三拾四五才男、本堂舞台ゟ
飛落申候ニ付、御公儀江御訴申上候口上書之写如此ニ

候

乍恐御断申上候

一今廿九日夜五ツ半時分ニ、清水寺本堂舞台ゟ年比三拾四五才成男飛落申候を、瀧下門番善右衛門と申者門前中へ知せ申候ニ付、早速立会様子相尋候得共、半死故、所も不申候故、乍恐御訴申上候、以上

清水寺門前弐町目
子二月廿九日　年寄　惣兵衛
町中

御奉行様

右之通御訴申上候内ニ相果申ニ付、其段追付御訴申上候処ニ、御検使平尾四郎左衛門殿・寺田利左衛門殿、雑色ハ沢与右衛門被参候而、御吟味之上ニ如此之手形御取被成候

差上ケ申一札之事

一清水寺本堂舞台ゟ今夜五ツ半時分ニ、年来三拾四五才之男飛落、十死一生ニ而居申候を、瀧下番人善右衛門見付、私シ共へ知らせ申候ニ付、早速立会様子見届ケ、御公儀様江御訴申上候処ニ、追付相果候ニ付、重而御断申上候へハ、為御検使平尾四郎左衛門殿・寺田利左衛門殿御出、雑色与右衛門立会、私シ共御呼出し、死骸御改之上、色々御吟味被成候、右死人儀、着類を舞台ニぬぎ置、所持之物を風呂敷ニ包置、其身裸ニ而罷有、未相果不申候故、何方之者ニ而候哉と相尋候へ共、物をも不申候付、清水寺門前三町目医師岡村玄凉呼寄見せ申候へ共、療治不相叶果申候、右之者之儀、何方ゟ何時参、如何様之様子ニ而飛落候儀も曾而不奉存候、若様子御座候儀を乍存知隠置候歟、又ハ所之者殺候抔と後日ニ露顕仕候ハヽ、此判形之者共如何様共可被為仰付候、為後日一札仍如件

清水寺門前弐町目
元禄九子二月廿九日　年寄　惣兵衛
五人組　利兵衛
同　七兵衛
同　多兵衛
同　利右衛門

同　喜平次

瀧下番人
見付人　善右衛門

町中

役人
藤林孫九（兼定）郎

御奉行様

口上

一清水寺本堂舞台ゟ三拾四五歳之男飛落絶死仕候由、門前之者共ゟ私方へ申来候ニ付、早速参様子見申候而、気付を用候へ共、脈も絶、療治相叶不申候、以上

清水寺門前三町目

子二月廿九日　岡村玄凉

御奉行様

子ノ二月廿九日

清水寺本堂舞台ゟ飛落相果候者衣類之覚

一木綿黒茶袷　壱ツ

裏木綿、花色、紋所角ノ内ニ切竹と辺ノ字

一花色木綿嶋布子　壱ツ

裏木綿、うすかきかうし（格子）嶋

一百八ノしゅす（繻子）　壱れん

一上帯黒ひの絹　壱筋

一下帯絹　壱筋

一わらんす（草鞋）掛ケ　壱足

一わらんす（草鞋）　壱足

一すけ（菅）笠　壱かい

一木綿浅黄風呂敷包

内ニ　御はらい箱　壱ツ

阿ミた（弥陀）経　壱巻

壱重絹頭巾　壱ツ

木綿浅黄一重物　壱ツ

白木綿はたぎ（肌着）　壱ツ

もゝひき（股引）　壱ツ

さらし（晒）あせ（汗）手拭　壱ツ

鼻紙袋

内ニ　印判　壱ツ

柄付鏡　壱ツ
けぬき（毛抜）　壱対
さすか（刺刀）小刀　壱本
伽羅ノ油　香箱入
柄はらい　壱本
柄糸　壱筋
さなた（真田）打　壱筋
くし（櫛）　壱ツ
かぎ（鍵）　壱ツ
木綿さいふ（財布）　壱ツ
内ニ　天神経　壱巻
皮巾着壱ツ、内ニ銭廿弐文
きせる（煙管）　壱本
たはこ（煙草）　少

死人打疵之覚
一頭左之方打疵　壱ケ所
但シ長壱寸ニ三ふ（分）波（ママ）計
御吟味之上如此ニ書付御取、夜明六ツ時分ニ御帰被
成候御事

一弐町目年寄惣兵衛今朝朔日ニ御公儀江罷出候処ニ、
舞台飛之儀、来ル三日之晩迄曝申様ニと被仰付由、
罷帰相届候故、六波羅道ニ出し、番人も付候而念ヲ
入候様ニと申付遣し候、以上
子三月朔日

一弐町目年寄惣兵衛、舞台飛之儀ニ付御公儀江罷出候、
口上書如此ニ候
乍恐奉差上ケ候口上書
一清水寺本堂舞台ゟ去ル二月廿九日之夜飛落相果候男、
何方ゟも尋来り候者無御座候ニ付、死骸取置申度奉
願候、乍恐被為仰付被下候者、難有忝可奉存候、以
上
清水寺門前弐町目
年寄
元禄九年子ノ三月三日　惣兵衛

町中

御奉行様

右之通口上書差上ケ申候処ニ、無別条取置候様ニ被
仰付候故、死骸引地江埋仕舞申候段、年寄惣兵衛相届
来候御事

子二月三日

一三町目小笹屋四郎兵衛借屋ニ居申権兵衛と申者、茶碗
屋清兵衛家ヲ借シ入置申候由、年寄平兵衛断申来候、
以上

子二月六日

一松尾左兵衛印判替候ニ付印鏡之口上書、霊山ゟ廻ル、
此方ゟ清閑寺江壱町目行事ニ申付遣し、請取有之候、
以上

子二月六日

口上

一拙者印判、先達而印鏡掛御目ニ置候へ共、最前之印判
替申以来、此印判用申ニ付、又々為念如此ニ御座候、
能御見知置可被成候、以上

子二月六日　松尾左兵衛印

役人

清水寺　此下ニ如此ニ致遣ス　藤林孫九郎（兼定）印

一弐町目桜屋喜左衛門裏長屋へ東六条ニ居申候七郎兵衛
と申者ニ借シ申度由、年寄惣兵衛申来候、吟味致相究
候様ニ申付遣シ候、以上

子二月十五日

一正印（平瀬）持西隣家之屋祢（根）葺替致度由、法寿ゟ与平次使ニ而
被申越候故、茶屋家ニ而も無之、其上明家之事ニ候間、
勝手次第ニ葺替被致候様ニと与平次ニ申遣候、以上

子二月十七日

一四町目文右衛門申来候ハ、只今参宮人男女二人連ニて
通り申候処ニ、女連せつぢ（切血）いたし候ニ付、薬ヲ用候へハ、

気も付申候、則三町目源涼（玄）ニ見せ申候へ者、殊之外草臥有之候故、人参ヲ入候而煎薬用申候、様子相尋候へハ、兄弟ニ而有之候、弟之名ハ七兵衛と申候、所ハ丹波福地（知）山長町と申所ニ而有之候、年比ハ姉ハ五拾才計、弟七兵衛ハ四拾才計ニ相見へ申候由、年寄文右衛門相届来候、随分養生致いたわり候様ニと申付遣し候、以上

子二月廿四日

一参宮人気色快罷成候ニ付、町へも礼ヲ申罷帰候、町ゟ鳥目三拾疋合力致遣し候由、文右衛門相届候、以上

子二月廿四日

一壱町目松葉屋八兵衛・亀甲屋長右衛門屋祢（根）葺替致度由、則願之書付有之候、是ハ先月中来候得共、此節迄相延申候、以上

子二月廿四日

一四人年寄共江申渡シ候ハ、来月之神事ニ例年之通御法度之趣相守可申候、子共之外ねり（練）物出し申間敷由申付候、以上

子二月廿七日

一三町目年寄平兵衛・四町目年寄文右衛門、今二日五ツ時分方内へ参候様ニと夜前申来候ニ付、今朝方内江参候処ニ、平兵衛儀、内々茶屋名代并家ヲ二軒ニ仕切候事、何年以前ゟ壱軒ニ致候哉、其様子委細書付持参致候様ニと申渡し候、四町目文右衛門江者、八文字屋伝右衛門茶屋名代之事、先年御改之節ニ御公儀江書上候帳面ニ無之候得者、此儀埒明不申候間、左様ニ相意得可申旨申渡し候由、両人罷帰候而相届候、以上

子四月二日

一当地神事之ねり（練）物、八坂迄下ケ申事、弐町目ニ梅田屋六右衛門と申者、八坂ニ縁有之ニ付、八坂之組頭六右衛門方へ参申候ハ、ねり（練）物此方之境内へ下ケ候事、法

観寺きらひ（嫌）被申候故、近年ハ止申候へ共、群集之節、
難儀ニ可有之候間、下ケ申様ニと内証申来ニ付、年寄共
相談致、両方年寄知らぬ分ニ而下ケ申筈ニ相究候由、
弐町目年寄惣兵衛相断申候、以上

子
四月七日

一神事ねり（練）物、八坂之組頭法観寺相尋候へハ、十輪院之
前迄ハ不苦候由ニ候へ共、十輪院迄下ケ候よりハ最早
不入事と止置申候、以上

子
四月八日

一今日御公儀御目付本多甚五右衛門殿・西尾甚右衛門殿、
同心目付衆弐人、町廻草間五太夫殿・棚橋八郎右衛門
殿・比良甚兵衛殿、其外同心衆十人計被参候、何も朝
倉堂ニ而見物、首尾能神事相済申候、以上

子
四月九日

一弐町目松庵家守桜屋喜左衛門裏長屋江六条ゟ参候七郎
兵衛と申者之請合手形有之候事

子
四月十三日

一四町目米屋平左衛門家屋祢（根）葺替致度由、則願之書付有
之候、以上

子
四月十五日

一弐町目松庵借屋借シ申度旨、惣兵衛申来候、能吟味致
候様ニと申付遣し候、以上

子
四月十九日

一瀧川丹後守様（具章）江出礼之儀、松尾左兵衛ゟ口触ニ霊山ゟ
廻ル、此方ゟ清閑寺へ三町目行事ニ申付遣し候、則請
取有之候、触書写有、外ニ町触ニ壱通廻ル、文言如此
ニ候、以上

子ノ
四月廿二日

瀧川丹後守様へ出礼日限之覚

一四月廿三日　廿六日

右両日朝四ッ時分ゟ七ッ時分迄之内、諸礼御請被成候
間、前ゟ出礼之衆中、右日限之内勝手次第被罷出候様
ニ可被申渡候
一四月廿八日　寺社方
右諸礼御請被成候間、前ゟ出礼之寺社方町内ニ有之候
ハヽ、朝六ッ時分ゟ勝手次第ニ御出候様ニ可被申渡候、
為其如此ニ候、以上
子四月廿二日　松尾左兵衛印
清水寺門前　此下ニ四人年寄印判致遣し候
一執行・目代・六坊中へ瀧川丹後守(具章)殿へ出礼之儀、当町
三町目行事ニ申付、触書遣し申渡候、以上
子四月廿三日
一弐町目桜屋喜左衛門表借屋知恩院古門前ニ居申候鳥屋
源六と申者ニ借シ入置申候由、年寄惣兵衛相届候、則
請合手形有之候、以上
子四月廿五日

一御公儀ゟ金銀潰高御改之触状、松尾左兵衛ゟ町触ニ廻
ル、則写有、当門前ニ右之商売人無之候ニ付、其趣一
札致、町之連判ニ而方内江遣し候御事
子四月廿七日
一御公儀ゟ捨馬札御改之御触書、松尾左兵衛ゟ町触ニ廻
ル、則写有之候、以上
子四月廿八日
一御公儀ゟ鳴物御停止之御触状、松尾左兵衛ゟ町触ニ廻
ル、則写有之候、以上
子四月晦日
一執行・目代・六坊中へも当町四町目ゟ申渡し候様ニと
申付、則行事口上ニ而申渡し候也
子四月晦日
一四人年寄共申来候者、例年正五九月町汁、日限八日ニ

相勤候得共、御公儀様御精進日ニ而有之ニ付、向後十一日ニ致度旨申来候故、則十一日ニ致候様ニと申付遣し候、口上書有之候、以上

子五月二日

一弐町目山形屋政右衛門後家所持致候家、今度取潰シ二軒ニ仕切普請致、西之方借屋ニ仕度由、年寄物兵衛申来候故、方内へも相尋、重而様子申来候様ニと申付遣し候、以上

子五月六日

一四町目鯛屋三郎兵衛世悴多兵衛御礼ニ出し申度由、年寄文右衛門申来候故、来ル十日ニ出し候様ニと申付遣候、以上

子五月六日

一四町目鯛屋多兵衛、今日御礼相済申候、以上

子五月十日

一三町目年寄平兵衛、今十一日ニ伊豆守（松平嘉広）様御屋敷へ罷出候様ニと方内ゟ申来候ニ付罷出候処ニ、家二軒ニ仕切、茶屋商売致度由御訴訟致置候得共、其儀御取上不被遊候、若二軒ニ仕切、一方隠居屋ニ致度願ニ候ハヽ、重而申来候様ニと神沢与兵衛殿御申渡し候旨、平兵衛罷帰候而相届候、以上

子五月十一日

一三町目山口屋権七借屋江弐町目山形屋政右衛門後家借屋ニ居申候吉兵衛と申者ニ借シ入置申度由、年寄平兵衛申来候、勝手次第ニ致候様ニと申付遣し候、以上

子六月三日

一南都大仏殿奉加之儀、知恩院寺内九閼（ママ）院江今日当町弐町目之年寄物兵衛持参致候由、則奉加銭如此ニ候

一六百拾八文　壱町目

一七百弐拾弐文　弐町目

一八百弐文　三町目

一壱貫弐拾三文　　四町目
合三貫百六拾五文也
子六月五日
右之奉加銭、門前境内家並ニ付候而如此ニ御座候也

一弐町目山形屋政右衛門後家普請之願、今日御公儀江被
召出、願之通被仰付相済申候由、年寄惣兵衛相届候、
則絵図・書付共有之候、以上
子六月九日

一室町松原下ル丁(町)薄屋源右衛門と申者断申来候ハ、御門
前弐町目近江屋権兵衛と申者、我等富士小屋之留主居
ニ置申候宗弥と申者之請人ニ而御座候、今度宗弥儀、
富士行講中之一重物十一、其外銀銭抔取申候ニ付、近
江屋権兵衛請人ニ而御座候故、右之通、僉儀(詮議)致埒明候
様ニと申候得共、取合不申候間、被仰付被下候様ニと
申来候故、年寄・本人呼様子相尋、重而可申付と申遣
し候、以上

子六月十日

一御公儀ゟ火之本之御触書、松尾左兵衛ゟ廻ル、霊山ゟ
当山へ参、則写有之候、此方ゟ弐町目之行事ニ申付、
清閑寺江遣し候、請取有之候、以上
子六月十日

一火之本(元)之御触状写致、執行・目代・六坊中江弐町目行
事喜左衛門使ニ致、申渡し候、以上
子六月十日

一火之本(元)之儀、同文言ニ而町触ニ壱通廻ル、奥書如此ニ候
右之通、従御公儀被仰出候間、町々裏屋等迄為申聞、
急度相守可被申候、曾又町々ニ有之寺社方へも右御触
之趣、年寄方ゟ可被申通候、以上
元禄九年子六月十日　　松尾左兵衛
清水寺門前　此下ニ四人年寄判形致遣し候

一弐町目年寄惣兵衛呼、近江屋権兵衛儀、宗弥請人ニ而

有之由申来候間、吟味致埒明申事ニ候ハヽ、済候様ニと申付候、以上

子六月十日

一火之本(元)之儀、門前へ申渡し候而、則町々判形取置申候、以上

子六月十一日

一三町目山口屋権七借屋へ百性(姓)清兵衛と申者ニ借シ入置申ニ付、町中請合之一札有之候、以上

子六月十一日

一御公儀ゟ金銀箔商売人、只今迄手前ニ有合候員数、無残有躰ニ可書出之旨、町触ニ松尾左兵衛ゟ廻ル、則写有之候、以上

子六月十六日

一今日伽藍廻境内掃除・道作申付候、人数九拾人有之候、以上

子六月十九日

一昨十八日之夜、本堂舞台ゟ年来四拾四五才男飛落相果居申候、明六ツ時分、瀧下門番善右衛門見付知らせ申ニ付、則当町弐町目之年寄惣兵衛口上書致、御公儀江御訴申上候、以上

子六月十九日

一右之趣、御訴申上候処ニ、御検使ニ草川源左衛門殿・加々山権兵衛殿、雑色沢与右衛門立会、段々御僉儀(詮議)有之候、委細ハ御公儀江差上候一札共之留書幷飛人之書置懐中致候状、何も写外ニ有之候、以上

子六月十九日

一箔床(座)相究候ニ付、従御公儀御触書、松尾左兵衛ゟ町触ニ廻ル、則写有之候、以上

子六月廿二日

一六波羅道五条通八坂筋今日道作有之候、十九日舞台飛ニ付不参之分如此ニ候、人数七拾四人有之候、以上

子六月廿四日

一子安泰産寺本尊千手観音之儀、世間ニ色々取沙汰有之ニ付、此度開帳之儀、以書付御公儀江宥伝御願被申上候処ニ、伊豆守（松平嘉広）様被仰候者、開帳ゟハ先相封之願可然様ニ思召候と被仰候而、先書付差置可申候、重而可被仰付由ニ而、宥伝罷帰申候、以上

子七月四日

一御公儀ゟ金銀箔粉・梨子地類書付、来ル十日迄車屋町通二条下ル町鎰屋勘右衛門方へ持参可申旨御触書、松尾左兵衛ゟ町触ニ廻ル、則写有之候、以上

子七月七日

一壱町目年寄勘左衛門申来候者、泰産寺かうし（格子）之下を同町ニ居申候鎰屋市郎兵衛借り槙ヲ売申由、此儀ハ町内みせ（店）之妨ニ成申ニ付、前々ゟ断申留置申候、此度ケ様ニ有之候而者如何ニ存知候と断申来候故、重而之例ニハ成申間敷候間、当年計者売せ申様ニと申付遣し候、以上

子七月八日

一今九日、御公儀御目付西尾甚右衛門殿・入江安右衛門殿、同心目付ニ者草川源左衛門・加々山権兵衛御出、宝珠院ニ而御休候、町廻衆松田十郎兵衛殿・山庄作五右衛門殿・比良甚兵衛殿、其外同心衆十人計被参候而、朝倉堂ニ居被申候、何も首尾能相済申候、以上

子七月九日

一松尾左兵衛ゟ宥伝坊・執行・六坊中、明十一日四ツ時分御公儀へ罷出候様ニ申来候故、則書付写致、寺中へ藤林孫九郎（兼定）持参致申渡し候、書付如此ニ候

清水寺

成就院看坊

執行
六坊

右明十一日四ツ時分可罷出候事

七月十日

松尾左兵衛へ此方ゟ返事留如此ニ候

清水寺
成就院看坊
執行
六坊

右明十一日四ツ時分可罷出之由、何茂御書付之通申聞候処ニ、六坊義乗院病気ニ付、自是御断可申上由ニ御座候、同六坊知(智)文院も病気之由ニ御座候、其外ハ右時刻ニ可罷出由ニ御座候、為其如此ニ御座候、以上

清水寺役人
七月十日　藤林孫九郎(兼定)

松尾左兵衛殿

一今十一日御公儀江一山罷出候処ニ、伊豆守(松平嘉広)様・丹後守(瀧川具章)様御立会ニ而被仰付候者、子安泰産寺観音之相封ヲ切、鎰を宥伝へ相渡し候様ニ被仰付候、成就院方へハ今日中ニ封を切、鎰ヲ請取可申候、若異儀(議)有之候ハヽ、重而可申来旨被仰渡候故、何茂早々罷帰、則執行・目代・六坊中へ藤林孫九郎使ニ而、今日御公儀ニ而被仰渡候通、封ヲ切、鎰請取申度候間、乍御苦労早々御出候様ニと申参候、義乗院・延命院病気故不参、其外何も無異儀(議)被参候而封切、鎰相渡し被申候而無別条相済申候、以上

子七月十一日

一寺中立会相封切、鎰を請取相済申旨、早速御公儀江御礼旁御訴申上候処ニ、開帳之儀も無別条候間、願之通御赦免被遊、開帳札も諸方江早々打候様ニと被仰渡候而、首尾能相済申候、以上

子七月十一日

一弐町目八百屋市郎左衛門借銀之出入付、水引屋平兵衛

御訴訟ニ罷出候由にて、方内ゟ十日之暁、明十一日ニ
罷出候様ニと申来候得共、市郎左衛門儀、去年江戸へ
罷下り候ニ付、八百屋七兵衛罷出御断申上候処ニ、当
十月切ニ相済可申旨被仰渡、埒明申候、以上
子七月十一日

一子安泰産寺開帳札之書付如此ニ候
清水子安の塔観音、来ル廿八日ゟ九月十八日迄令開帳
者也
子七月日　　泰産寺
右之通、札三拾枚雑色方へ頼、各(洛)中へ打申候

一御公儀ゟ火之用心御触、松尾左兵衛より廻ル、当山へ
霊山ゟ参、写置、此方ゟ清閑寺へ当町壱町目行事ニ申
付持せ遣候、則請取有之候、以上
子七月十三日

一御公儀ゟ金銀箔運上被仰付候御触書、松尾左兵衛ゟ町
触ニ廻ル、并火之用心御触、同事(時)ニ廻ル、則写有之候、
以上
子七月十三日

一火用心之御触、執行・目代・六坊中写致、壱町目行事
ニ持せ遣し申渡し候、以上
子七月十四日

一御公儀ゟ吹直し金銀出来寄候間、両替方ニ而引替可申
旨御触状、松尾左兵衛ゟ廻ル、霊山ゟ当山へ参ル、写
置、此方ゟ壱町目行事茶碗屋与平次・亀甲屋杢兵衛ニ
申付、清閑寺へ遣し、則請取有之候、以上
子七月十八日

一吹直し金銀引替之儀、町触ニ壱通廻ル、則写有之候、
以上
子七月十八日

一吹直し金銀引替之御触書、執行・目代・六坊中へも藤
林孫九郎（兼定）写持参致申渡し候、以上
子
七月十九日

一吹直し金銀引替之御触書ニ町並寺方幷門前中へ申渡し、
判形取置申候、以上
子
七月十九日

一御公儀ゟ金銀粉・梨子地・泥上澄・下金細工人共、箔
床（座）ニ而極印取可申旨御触書、松尾左兵衛ゟ町触ニ廻ル、
則写有之候、以上
子
七月廿四日

一御公儀ゟ金銀上澄・下金御運上銀之御触書、松尾左兵
衛ゟ町触ニ廻ル、則写有之候、以上
子
七月廿五日

一御公儀ゟ受領を名乗、口宣等有之候ハヽ、委細書付差
出し候様ニ御触書、松尾左兵衛ゟ町触ニ廻ル、則写有
之候、以上
子
七月廿七日

一今廿八日卯ノ刻ゟ子安観音之開帳有之候、以上
子
七月廿八日

一女五宮（賀子内親王）様薨御ニ付、今三日ゟ五日迄三日之間、諸事鳴
物御停止之旨、御公儀ゟ御触書、松尾左兵衛ゟ町触ニ
廻ル、則写有、以上
子
八月三日

一執行・目代・六坊中へも鳴物御停止之旨、当町三町目
之行事ニ申付申渡し候、以上
子
八月三日

一弐町目井筒屋嘉右衛門新家普請之願、今日方内へも相
尋候へハ、検分之上ニ而絵図可申付旨申候由、年寄惣

兵衛相届候、以上

子八月四日

一宮川筋五町目東川端ニ而東西廿七間・南北七間之地所預ケ申ニ付、此度手形相改候事

一札之事

一当寺御持地松原通東川端ニ而東西廿七間ニ南北七間之所、先年東西廿七間ニ南北三間者道筋ニ成申候故、相残ル東西廿七間ニ南北四間之地所之儀、町中へ相預り申度旨願申候処ニ、此度御預ケ被成、右間数相改メ、慥ニ預り申所紛無御座候、然上ハ町中として右地所間数相違無御座候様ニ垣ヲも仕、念ヲ入不沙汰ニ不仕、諸事埒明ケ可申候、毎年地子米三斗ツヽ急度納所可仕候、尤此地御入用之節者、何時成共早速差上ケ可申候、年寄代り申候ハヽ、早々御届申上、此手形仕替可申候、為後日連判手形仍如件

宮川筋五町目

年　寄

元禄九年丙子八月六日

喜兵衛印

いつみや

宗安印

伏見屋

長兵衛印

菱や

治右衛門印

清水寺成就院様

御役者

右之本紙ハ宥伝坊へ相渡ス也

一弐町目井筒屋嘉右衛門普請之願ニ付、今日松尾左兵衛・沢与右衛門・西村新右衛門検分之上ニ而絵図致候様ニと有之由、惣兵衛相届候、以上

子八月七日

一壱町目鎰屋市郎兵衛姉四条三文字屋と申水茶屋借り居申候処ニ、家主ゟ宿を替候様ニと申候得共、世忰共多

有之ニ付、只今替何方へ可参方も無之候故、色々断申候へ共、家主合点不仕、御公儀へ御訴可申上と年寄勘左衛門方へ相届候旨、此方へ相断候、以上

子八月九日

一二条通東洞院東へ入町本屋市兵衛家来権七と申者、十七才ニ成候、立願之儀有之ニ付、今十一日ニ本堂舞台ゟ飛落候へ共、成程達者ニ居申故、主人幷親類共運(連)判之一札致させ相渡し申候、以上

子八月十一日

一弐町目庄八普請之願之儀、今日丹後守様(瀧川具章)御屋敷江罷出候処ニ、本多甚五(右)衛門殿御取次ニ而、願之通、御赦免被遊候旨、年寄惣兵衛相届候、則絵図・書付有之候、以上

子八月十四日

一今廿三日八ツ時分ニ五条塩竈町之近江屋次郎兵衛と申者、本堂舞台ゟ飛落候へ共、成程達者ニ居申ニ付、塩竈町年寄・家主ニ請合一札致させ相渡し申候、以上

子八月廿三日

一御公儀ゟ金銀吹直場所幷似せ(贋)金銀拵候もの有之候ハヽ、訴人ニ出へし(き)旨御触状、松尾左兵衛ゟ廻ル、当山へ霊山ゟ参、写置、此方ゟ三町目行事ニ申付、清閑寺へ遣、則請取有之候、以上

子八月廿六日

一金銀吹直場所幷似せ(贋)金銀御触、執行・目代・六坊中へも三町目之行事ニ申付、写遣し申渡シ候、以上

子八月廿六日

一御公儀ゟ例年之通、宗門御改之御触、松尾左兵衛ゟ廻ル、執行ゟ此方へ参り、則写置、三町目行事ニ申付、清閑寺へ遣し、請取有之候、執行方江ハ此方ゟ之請取ニ及不申候、以上

子八月廿六日

一金銀吹直幷似せ（贋）金銀之御触書ニ門前中へも申渡し、則運（連）判之一札取置申候、以上

子八月廿七日

一御公儀ゟ酒ニ酔、心ならす不届有之ニ付御触状、松尾左兵衛ゟ廻ル、霊山ゟ当山へ参、則写置候て清閑寺江四町目行事ニ申付遣候、請取有之候、以上

子九月朔日

一酒之御触書、執行・目代・六坊へも写致、四町目行事ニ申付申渡し候、以上

子九月二日

一酒之御触書ニ町並寺方幷門前中へ申聞候而、判形取置候、以上

子九月二日

一御公儀ゟ酒強・大酒御停止之旨御触書、寺触と同文言ニ奥書少違、町触ニ壱通廻ル、則奥書如此ニ

右之通、従御公儀被仰出候間、村中家持・借屋等末々迄申渡し、急度相守可被申候、又町内に有之寺社方へも可被申通候、為其如此ニ候、以上

子九月朔日　　松尾左兵衛印

右御触之趣、奉承知候、町内之寺社幷家持・借屋下々迄不残申渡し、急度相守可申候、為其如件

元禄九年子九月朔日

清水寺門前　此下ニ四人年寄共名判致遣し候

一宗門御改之帳面認、門前中今日方内へ相渡し申候、以上

子九月二日

一宗門御改町並寺方幷門前中判形、去年之通ニ取置候、以上

子九月二日

一宗門御改帳、成就院ゟ昨日持せ遣し候得共、悪所有之ニ付書直候而、今日方内へ相渡し候、以上
子九月三日

一三町目年寄平兵衛申来候者、ゑひす(夷)屋源右衛門と申者不勝手ニ付親之方へ一所ニ引越、其跡ヲゑひすや(夷屋)伊兵衛と申者入置申由相届候故、勝手次第ニ致させ候様ニ申付遣し候、以上
子九月五日

一弐町目年寄物兵衛申来候ハ、海老や喜兵(平)次家ニ居申候野口屋角兵衛儀、同町山形屋政右衛門後家借屋へ入置申度由相届候、勝手次第ニ致候様ニ申付遣し候、以上
子九月五日

一弐町目八百屋市郎左衛門借銀、大津米屋長兵衛と申者方ニ六百目有之候ヲ、組中ゟ噯、銀弐百七拾目ニ而相済申候由、物兵衛相届候、以上
子九月五日

一弐町目塗師屋市兵衛藪屋敷ニ新家建申度旨願申候由、年寄物兵衛申来候、重而相談致可申付と申遣候、以上
子九月十八日

一御公儀ゟ寒気ニ向候間、火之用心念入候様ニ御触書、松尾左兵衛ゟ町触ニ廻ル、則写有之候、以上
子九月十八日

一子安泰産寺之開帳、今十八日迄五十日相済候得共、当月中諸人ニ拝申度旨御公儀へ御願申上候、勝手次第ニ致候様ニ御赦免被遊候、以上
子九月十八日

一御公儀ゟ火之用心御触、松尾左兵衛ゟ廻ル、霊山ゟ当山へ参ル、写置、四町目行事ニ申付、清閑寺へ持せ遣し、請取有之候、以上

子
九月十九日

一火之用心御触書写致、執行・目代・六坊中へも四町目行事ニ申付申渡し候、以上

子
九月廿日

一火用心之御触、門前中へ申付候而判形取置申候、以上

子
九月廿日

一弐町目塗師屋市兵衛所持致候藪屋敷、町並ニ居宅建申度旨、則願之書付有之候、以上

子
九月廿一日

一弐町目庄八借屋へ四町目鯛屋三郎兵衛・同町藤屋久右衛門後家、右両人共ニ借シ入置申度由、勝手次第ニ致候様ニ惣兵衛へ申付遣し候、又壱人大仏ニ居申候醤油屋藤兵衛儀申来候へ共、是ハ様子有之候間、無用と申付遣し候、以上

子
九月廿二日

一三町目年寄平兵衛居宅二軒ニ仕切申度願、当春ゟ致候へ共、不埒明ニ有之ニ付、此度ハ二軒ニ仕切、一方者隠居家ニ致度旨願申ニ付相済申候、絵図・書付ハ前之通ニ而、隠居家之書加ニ而相済候、則今日方内ニ而申渡し候由、平兵衛相届候、以上

子
九月廿三日

一弐町目塗師屋市兵衛新家之願、勝手次第ニ方内へ相尋、重而様子申来候様ニ惣兵衛へ申付遣し候、以上

子
九月廿四日

一弐町目野口屋角兵衛と申者、山形屋政右衛門後家借屋へ入置申ニ付、請合一札有之候、以上

子
九月廿四日

一弐町目庄八借(屋)へ大仏塗師屋町居申候次郎兵衛と申者、

借シ入置申度旨、惣兵衛相届候、吟味致入候様ニと申
付遣し候、以上
子
九月晦日

一子安泰産寺之観音閉帳、今朝辰ノ刻ニ法事之上ニ閉帳
首尾能相済、則御公儀江も御断ニ宥伝罷出被申候、以
上
子
九月晦日

一御公儀ゟ人参調候節、印鑑を留守居衆へ遣し置候様ニ
と有之御触書、松尾左兵衛ゟ廻ル、当山へ霊山ゟ参、
写置候而、四町目行事ニ申付、清閑寺へ遣し候而、則
請取有之候、以上
子
九月晦日

一人参之御触書、執行・目代・六坊江も写致、弐町目行
事ニ持せ遣し申渡し候、以上
子
十月朔日

一四人年寄共申来者、町入之時節、只今迄ハ外町江も汁
之所へ礼ニ遣し候得共、向後ハ年寄方へ計勝手次第ニ
礼ニ参候様ニ可仕旨、并借屋之者町銀五匁ツ、取申候
得共、向後ハ銀三匁五分ツ、ニ可仕候由相届候故、其
趣一段宜可有之候間、已後右之通ニ相究候様ニと申付
遣し候、以上
子
十月朔日

一御公儀ゟ町儀之御究并毒薬・にせ(贋)薬種・人参之御触、
松尾左兵衛より町触ニ廻ル、則写有之候、以上
子
十月朔日

一弐町目海老屋喜平次普請之願、惣兵衛申来候故、方内
へ相尋、重而様子申来候様ニ申付遣し候、以上
子
十月五日

一弐町目惣兵衛申来候ハ、近江屋文右衛門儀、北野なべ
町大文字屋治兵衛と申者之肝煎ニ而、戌ノ八月ニ下女

抱候へ共、気ニ入不申候ニ付断申戻し候、則給銀之借シ百九拾匁有之候、治兵衛申候ハ、此女何方へ成共有付次第ニ、右之銀子相立可申候と約束致候処ニ、亥ノ年稲荷へ有付申候旨承候故、治兵衛方へ参、右之約束之通銀子相立候様ニと切々催促致候へ共、取合不申候ニ付、左候ハ、御公儀へ御訴可申上由申候へハ、治兵衛親聞付、委細之様子承、尤ニ存候、其儀先御待候様と、治兵衛儀ハ我等世悴之事ニ候間異(意)見致、当九月十一日迄ニ急度相立候様ニ可致候と、則請合之一札致越候ニ付、九月十一日迄相待候へ共、埒明不申候故、又々御公儀へ御訴可申上旨断候へハ、挨拶人有之候故無其儀候、若々埒明ケ不申候ハ、御公儀へ御訴訟可申上候旨、惣兵衛断申候故、少々之儀ハ了簡致、下ニ而相済候様ニ致候へと申付遣し候、以上

子
十月七日

一三町目菱屋長右衛門幷茨木屋又左衛門家之儀ニ付、六条菱屋清兵衛母断申来候、親清左衛門買請候時、正保四年亥ノ三月ニ孫八郎方ゟ売券状、幷正保二年酉ノ十二月ニ吉兵衛方ゟ孫八郎へ屋敷預り之一札有之、則見せ申候、吉兵衛方ハ表十六間、孫八郎方ハ表八間と有之候、以上

子
十月九日

一人参之印鑑ニ付今日孫九郎(藤林兼定)方内江参候処ニ、先比申触候趣、此間違申候、寺社方ハ宗次郎殿御留守居衆へ直ニ御住持之印鑑御遣し候様ニと有之候、其段も外之寺社も御聞合可被成候、其儀も御六ケ敷思召候ハ、、私方へ御出御判可被成候、兎角御勝手次第ニ可被成候、人参御寺之入用と有之ニ、御役人之印鑑ニ而ハ埒明不申候由被申候、孫九郎儀ハ、自分用事之為ニ印鑑押罷帰候、帳面認様ハ如此ニ候

一清水寺門前 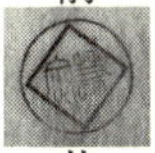 此印判　　役人 藤林孫九郎

一同壱町目　　同如此ニ　　年寄 勘左衛門

一同弐町目　　同　　年寄　惣兵衛

一同三町目　　同　　年寄　平兵衛

一同四町目　　同　　年寄　文右衛門

右之通ニ帳面二冊ニ而有之候、外ニ町々ゟ薬種商売致
候者無之旨、案文之通ニ手形壱通ツヽ致遣候、以上

子
十月十日　　（貼紙）「三条通両替町行当
　　　　　　　小売所　菱屋
　　　　　　　　　　助右衛門」

一水野備前守殿（勝直）江来ル十六日寺社方出礼之儀、松尾左兵
衛ゟ口触廻ル、霊山ゟ当山へ参、則写置、弐町目之行
事申付、清閑寺へ遣し、請取有之候、以上

子
十月十一日

一水野備前守殿江町方出礼之儀口触、松尾左兵衛ゟ町触
ニ壱通廻ル、則写有之候、以上

子
十月十一日

一水野備前守殿江出礼之儀、執行・目代・六坊中へ弐町
目之行事越川屋三右衛門・井筒屋四郎兵衛ニ申付申渡
し候、以上

子
十月十二日

一三町目ゑびす（夷）屋源右衛門家江六波羅ニ居申筆屋左平次
と申者ニ借シ入置申度旨、年寄平兵衛相断候故、吟味
致、無別条候ハヽ、借シ候様ニと申付遣し候、以上

子
十月廿七日

一御公儀ゟ火之用心御触書、松尾左兵衛ゟ廻ル、霊山ゟ
当山江参、則写置、弐町目行事百足屋源十郎・市兵衛
申付、清閑寺へ遣候、請取有之候、以上

子
十月廿八日

一火之用心御触書、執行・目代・六坊中へも写致、弐町目行事百足屋源十郎・市兵衛ニ持せ遣し申渡し候、以上

子十月廿八日

一火之用心之儀、同文言ニ而町触ニ壱通廻ル也

子十月廿八日

一三町目ゑひす(夷)屋源右衛門屋祢(根)葺替、二軒共ニ仕度旨願申来候、則書付有之候、以上

十一月三日

一弐町目井筒屋庄八借屋伊勢屋次郎兵衛相極入置申ニ付、請合之一札取置申候、以上

子十一月三日

一朝鮮人参入用之節、宗次郎殿留守居吉村忠五郎方へ成就院ゟ印鑑遣し置候、留如此ニ候

清水寺
成就院
印鑑㊞

右之通、長六寸計ニ横弐寸程之切紙ニ、年貢方之丸キ印判押遣し候、外ニ何之文言も無之候、以上

子十一月八日

一三町目丹波や勘右衛門借屋へ建仁寺町ニ居申候新右衛門と申者ニ借シ入置申度旨、年寄平兵衛申来候故、吟味致相極候様ニと申付遣候、以上

子十一月八日

一御公儀ゟ本院(明正院)御所様崩御ニ付、今日ゟ昼夜自身番相勤、鳴物・普請・諸殺生御停止之旨、松尾左兵衛ゟ触書廻ル、霊山ゟ当山へ参、則写置、壱町目之行事柏屋善兵衛申付、清閑寺遣し、請取有之候、以上

子十一月十日

一本院御所様崩御ニ付、鳴物・普請・諸殺生御停止之旨

ヲ壱町目行事ニ申付、口上ニ而執行・目代・六坊中へ
も申渡し候、以上
子十一月十一日

一御公儀ゟ火之用心御触状、松尾左兵衛ゟ廻ル、霊山ゟ
当山へ参、則写置、清閑寺江壱町目行事ニ申付遣し、
請取有之候、以上
子十一月十三日

一火之用心之儀、執行・目代・六坊中へ写致、壱町目行
事ニ申付申渡し候、以上
子十一月十三日

一火之用心之儀、同文言ニ少違、町触ニ壱通廻ル、則写
有之候、以上
子十一月十三日

一御公儀ゟ本院(明正院)御葬送之砌野諷経之儀、諸寺諸山御停止
之儀、御焼香之儀ハ今城中納言(定経)殿・日野左少弁(輝光)殿へ相
窺(伺)、差図(指)次第ニ可相勤之旨御触書、松尾左兵衛ゟ廻ル、
当山執行ゟ此方へ参、則写置、清閑寺へ壱町目行事ニ
申付候而遣し、請取有之候、執行方へ者此方ゟ之請取
ニ而も手形にても遣し不申候、以上
子十一月十三日

一火之用心御触書ニ奥書致、門前町々年寄・組頭判形取
置申候、以上
子十一月十三日

一本院御所様崩御ニ付、来ル十七八日ニ小間物商人昼者
不苦候、夜見世出し候事停止ニ申付候、以上
子十一月十六日

一四町目升屋吉左衛門方ニ召使候吉と申下女、年比十四
五才ニ成申者、年ヲ切召遣候処ニ、当十六日ニ使ニ遣し
候、直ニ何方へ参候哉、帰不申由年寄文右衛門相届候

故、相談致、御公儀江御断申上候様ニと申付遣し候、
以上
子
十一月十八日
一南都招（唐）提寺蔵松院ゟ奉加帳一冊、松尾左兵衛ゟ直ニ使
ニ而参り候、請取ハ横帳ニ寺社幷町方村々同帳ニ有之候、
藤林孫九郎（兼定）印判遣し候、奉加之口上書写有之候、以上
子
十一月十九日
一南都招（唐）提寺奉加帳、門前へも参候由、年寄共相届候、
以上
子
十一月十九日
一四町目升屋吉左衛門儀、今日御公儀ゟ俄ニ御呼出し被
遊候付罷出候処ニ、吉左衛門下女此間見へ不申候ハヽ、
早々御断可申上候処ニ延引致候段、不届之旨御しかり（叱）
候、人使悪敷候旨、下女御訴訟申上候間、向後者不便
を加召遣候様ニと、則吉左衛門江御渡し被遊候旨、年
寄相届候、以上
子
十一月十九日
一三町目丹波屋勘右衛門借屋江建仁寺居申新右衛門と申
者借シ申筈ニ候へ共、違申候故、河内国上太子村道喜（休）
と申者之家来ニ借シ入置申度旨、平兵衛相届候、道喜（休）
儀ハ則同町之仲光屋十郎兵衛親ニ而有之由、能吟味致
候而、重而申来候様ニと申付遣し候、以上
子
十一月廿二日
一御公儀ゟ町中自身番之者無佐（作）法成所有之候間、無佐（作）法
無之様ニ相勤可申旨、松尾左兵衛ゟ町触廻ル、則写有
之候、以上
子
十一月廿三日
一本院（明正院）御所様御葬送、今日酉ノ刻泉涌寺へ有之候、御供
小笠原佐渡守（長重）殿、御焼香戒光寺相勤被申候、法事奉行
郡山本多能登守（忠常）殿、般舟院奉行水口鳥井（居）播磨守（忠英）殿、御

上使最上駿河守殿（義智）、御焼香大沢越中守殿（基躬）、御目付林藤（忠和）五郎殿也

子十一月廿五日

一今廿八日朝五ツ時分、本堂舞台ゟ年来三拾計男飛落相果居申候、則書置有之候、当町年寄勘左衛門口上書致、書置共ニ御公儀江差上ケ御訴申上候処ニ、御検使寺田利左衛門殿・加々山権兵衛殿、雑色沢与右衛門立会、御吟味之上、東六条之寺内中ノじゆず（数珠）屋町丹波屋仁兵衛と申者宿ニ而有之候故、寺内之町人・年寄御呼出し御吟味之上ニ手形御取被成候、当門前ゟも手形致差上ケ申候、則手形之留書幷飛人吉兵衛着類色付・書置・疵書何も写共有之候、則東寺内・当門前ゟ一所ニ御公儀へ罷出候処ニ、飛人吉兵衛死骸、丹波屋仁兵衛方へ引取、門口ニ置、三日晒候様ニと被仰付候、清水寺門前へハ死骸着類相渡シ、手形取置候様ニと被仰渡候故、則東寺内ゟ手形有之候、以上

子十一月廿八日

一御公儀ゟ仕掛候内造作葺掛候屋祢（根）・塗掛候壁、是等之儀被成御免候旨、松尾左兵衛ゟ触書廻ル、霊山ゟ当山へ参、則写置、三町目行事亀甲屋十兵衛申付候而、清閑寺へ遣し、請取有之候、以上

子十二月朔日

一執行・目代・六坊中へも仕掛候普請御免被成候御触書写致、三町目行事亀甲屋十兵衛ニ申付、何も申渡し候、以上

子十二月朔日

一御公儀ゟ仕掛候普請御免被成候御触書、町触ニ壱通廻ル、写有、以上

子十二月朔日

一知恩院町ニ居申候玄貞と申者、四町目山形屋治兵衛ニ銀子弐百目余取次借シ候へ共、埒明不申候旨相届来候故、相対致し、下ニ而相済候様ニと申付遣し候、以上

子十一月廿八日

子十二月四日

一本院（明正院）様御焼香ニ清水寺之惣代ニ義乗院幷延命院、是ハ自分ニ勤被申候、延命院儀ハ常々御祈禱申上候ニ付、女中方ゟ之手筋ニ而相勤被申候、重而之例ニハ成不申候由承候、昨三日般舟院、今四日泉涌寺勤申候、以上

子十二月四日

一三町目俵屋法春養子聟之願、年寄平兵衛申来候、所ハ高辻通岩神之角米屋市兵衛悴長兵衛と申者、年来三拾計ニ罷成候、此者を養子聟ニ致度旨申来候、吟味致、重而様子申来候様ニと申付遣候、以上

子十二月八日

一招提寺奉加十人分七百四拾八文、今日池田平九郎ニ持せ、松尾左兵衛方迄遣し候、帳面之人数如此ニ候

清水寺成就院
同下坊　金蔵院
同　泰産寺
同　南蔵院
同　正印（平瀬）
同　仲光院
同惣堂　宝徳寺
同　来迎院
同　法成寺
同役人　藤林孫九郎（兼定）

右之通ニ帳面ニ書付、子ノ年分遣し申候、以上

子十二月十日

一招提寺奉加門前ゟ付遣し候覚
壱町目三人、弐町目五人、三町目五人、四町目拾人、合廿三人之分壱貫七百廿文、今日松尾左兵衛方へ子ノ年分遣し申候由、年寄共相届候、以上

子十二月十日

一三町目丹波屋勘右衛門ゑひす（夷）屋源右衛門借屋之者共請

合手形取置候、以上

子十二月十二日

一執行・目代御焼香ニ泉涌寺・般舟院へ十三日十四日両日ニ相勤被申候、以上

子十二月十四日

一門前年寄共今日大算用、例年之通ニ相勤申候、則寺ゟ之油代金子弐百疋遣し候、以上

子十二月十四日

一今日般舟院・泉涌寺へ御焼香納経、看坊宥伝坊相勤被申候、右ハ当寺後住笹丸様未御上り無之候ニ付、御法事奉行今城中納言殿(定経)・日野左少弁殿(輝光)江名代ニ而相勤申度旨御願申上候処ニ、名代ニ而者成間敷由被仰渡候故、御公儀江御訴訟申上ニ付、則瀧川丹後守殿(具章)・小笠原佐(長重)渡守殿(同)江御窺之上ニ而、成就院名代ニ而も相勤可申筋目御聞届被遊候而、則今城殿江被仰渡候ニ付相調申御事、御経之仕立ハ、やなひ(柳)は高サ壱尺六寸、横壱尺、木地、御紋菊、金之置上ニ致、両寺へ納り申候、当寺ハ両寺共ニ今日仕舞被申候、以上

子十二月十五日

一御公儀ゟ鳴物・自身番之儀、未御赦免不被成候間、重而御触有之候迄ハ相守候様ニと松尾左兵衛ゟ口触廻ル、霊山ゟ当山へ参、写置候而、三町目行事ニ申付、清閑寺へ遣候、請取有之候、以上

子十二月十五日

一執行・目代・六坊中鳴物・自身番御赦免不被成候旨写致、三町目行事ニ申付申渡候、以上

子十二月十五日

一鳴物・自身番未御免不被成候旨町触ニ壱通廻ル、則写有之候、以上

子十二月十五日

一三町目俵屋法春養子長兵衛相極候付、年寄・組頭願之
一札取置申候、以上
子十二月十六日

一御公儀ゟ鳴物・自身番、従今暁御赦免被成候旨、松尾
左兵衛ゟ触書廻ル、霊山ゟ当山江参、則三町目行事ニ
申付、清閑寺へ遣し、請取有之候、以上
子十二月十六日

一執行・目代・六坊中へも鳴物・自身番御赦免之旨、口
上ニ而三町目行事丹波屋勘右衛門申付、相触申候、以
上
子十二月十七日

一夜前鳴物・自身番御赦免之儀、寺触と同文言ニ而町触
ニ壱通廻り申候、以上
子十二月十七日

一御公儀ゟ火之用心御触、松尾左兵衛ゟ廻ル、霊山ゟ当
山へ参、則写置、三町目行事ニ申付、清閑寺へ遣し、
請取有之候、以上
子十二月十八日

一執行・目代・六坊中へ火之用心御触書写致、三町目行
事ニ申付、申渡し候、以上
子十二月十八日

一火用心之儀、寺触と同文言にて町触ニ壱通廻り申候、
以上
子十二月十八日

一三町目俵屋養子長兵衛、年内ニ御礼ニ出し申度旨、平
兵衛申来候故、来ル廿一日ニ召運(連)罷出候様ニと申付遣
し候、以上
子十二月十九日

一四人年寄共江例年之通、自身番明廿日ゟ町々ニ而致候様ニと申付遣し候、以上

子十二月十九日

一弐町目伊東（藤）松庵銀子弐貫目門前中江町借り致候ニ付、藤林孫九郎（兼定）裏書之手形ニ而有之候ハ、用ニ立可申旨松庵申ニ付、年寄・組頭共孫九郎ニ裏判願申候故、境内之為と存、則裏判致遣し候、銀子来丑ノ正月ゟ毎月弐百三拾目ツヽ、十ケ月ニ弁済之筈之手形にて有之候、以上

子十二月十九日

一三町目俵屋法春養子半右衛門儀、今日御礼相済申候、以上

子十二月廿一日

一三町目みまきや（御牧屋）小兵衛借屋みまきや（伏見屋カ）源左衛門女房とめ首縊相果申候、今朝六ツ時分、夫源左衛門見付候而町中へ知らせ申ニ付、年寄平兵衛御公儀江御訴申上候処ニ、御検使長屋助右衛門殿・寺田利左衛門殿御出、雑色松尾左兵衛立会、御吟味之上、女房之叔父観閏・源左衛門ニ一札被仰付候、則三町目ゟも一札致差上ケ申候、右何も留写有之候以上

子十二月廿九日

一今朝源左衛門・観閏幷町人共御公儀江罷出候処ニ、願之通、死骸取置候様ニと被仰付候旨、年寄平兵衛罷帰相届候、以上

子十二月晦日

右子ノ年中留書如斯ニ候、以上

元禄九丙子年十二月晦日

藤林孫九郎

兼定（花押）

（原裏表紙）

藤林孫九郎
」

（後補裏表紙）
「文政五壬午九月
表紙付仕立直シ
清水寺
成就院
」

元禄十年

「（後補表紙）元禄十丁丑歳
御日記
従正月至十二月」

「（原表紙）元禄十丑年
諸事留帳
極月吉祥日」

二月
一霊山一阿弥并四町目絹屋喜兵衛未進之儀、御公儀江御訴訟申上候事
（閏）壬二月
一絹屋喜兵衛・入道栄珠御公儀江一札上候事
四月
一明正院様御施物、泉涌寺ニ而請取候事
同断、五月迄ニ此一巻相納申候
六月
一御触状ニ付雑色江断申候事
六月
一宝徳寺隠居・後住之事
六月七月
一知行所跡付・村附相改、御公儀江差上候事
八月九月十二月迄ニ
一成就院入院并江戸継目御礼一巻之事
十二月
一古来天子之後（跡）御改ニ付御公儀江書付差上候事

一御公儀ゟ火之本・投火・張札・落文・誹諧・博奕・頼母敷・町人妻子衣類、町人身上継刻（割）符・手代共私欲之御触状、松尾左兵衛ゟ廻ル、霊山ゟ当山へ参、則写置、清閑寺遣（へ）し、請取有之候、以上
丑正月十五日

一御公儀ゟ同文言ニ而町触ニ壱通廻ル、奥書如此ニ候
右之通従御公儀被仰出候間、町々村々不残申渡し、急度可被相守候、為其如斯候、以上
丑正月十四日　　松尾左兵衛印
右御触之趣奉承知候、端々迄不残様ニ申渡し、急度相守可申候、為其如件
元禄拾年丑正月十四日
清水寺門前　此下ニ四人年寄共名判致遣し候
丑正月十五日

一執行・目代・六坊中へも誹諧・博奕・投火・張札・落文之御触書写致、四町目行事藤屋与兵衛ニ申付申渡候、以上

丑正月十六日

一火之本・投火・張札・落文・頼母敷・誹諧・博奕之御触書ニ奥書致、門前中判形取置申候、以上

丑正月十六日

一円照寺(文智尼)之宮様御逝去ニ付、今日ゟ三日之内鳴物御停止之旨、松尾左兵衛ゟ町触廻ル、則写有之候、以上

丑正月十九日

一四町目たち花(橘)屋与市郎方ニ召使之茶立女有之候、此母親此間大坂より罷登、娘之隙を取申度旨断申候へ共、年を切置候故、与一(市)郎埒明不申候ニ付、母親御公儀江御訴訟申上候ニ付、今日俄ニ与市郎幷召使之女房、年寄呼ニ参候故、罷出候処ニ、茶立女江御尋候ハ、其方年忌(季)有之候ニ、何とて隙を取申候哉と御尋被成候、女房申上候ハ、兎角ニ奉公勤兼申候、一命ニ及候共、其儘居申儀、迷惑ニ存候旨、御断申上候ニ付、左様ニ存知入候者、与市郎ニ其儘召使候様ニと者不被申付候、請人甚兵衛御呼出し被成、来ル廿五日迄ニ此儀急度埒明、廿五日ニ済状差上ケ候様ニ可仕候、其迄ハ女房ヲ甚兵衛ニ御預ケ被遊候旨被仰渡候由、年寄文右衛門罷帰候而届候、以上

丑正月廿三日

一四町目橘屋与市郎儀、今日御訴訟ニ罷出候処ニ、御役人飯室十右衛門殿被仰候者、請人甚兵衛ニ埒明候様ニ委細申付置候と、甚兵衛御呼出シ被成、主人与市郎ニ利分を付候而相侘候様ニと被仰付候、与市郎儀ハ其方御前へ罷出候ハヽ、茶屋商売之儀御僉(詮)議被遊候ハヽ、為も如何ニ存候、侘言致候ハヽ、内証ニ而相済候様ニ被仰付候旨、年寄文右衛門罷帰相届候、以上

丑正月廿五日

一玄貞儀、四町目山形屋治兵衛ニ銀子預ケ候ニ付、則丹波之銀主同道致、今日私宅江参申置候者、去年も玄貞御断申上候通、山形屋治兵衛不埒明有之候間、御公儀江御訴訟可申上と存知候故、先々為御断伺公致候、明朝ニ而も又々参可申上候旨申置候由、以上

丑正月廿五日

一四町目年寄文右衛門ニ申付候ハ、玄貞儀、山形屋治兵衛ニ預ケ銀ニ付、今日も断ニ参候間、治兵衛ニ申聞、少ハ了簡致相侘候様ニと申付候、以上

丑正月廿五日

一四町目橘屋与市郎、今日俄ニ御公儀ゟ御呼出し被遊候而、小玄関ニ而松井善右衛門殿被仰付候者、此間之抱女之儀相対致、下ニ而埒明候様ニと殊之外御しかり(叱)候ニ付、大坂之請人京屋七兵衛并甚兵衛相談之上ニ而、三年半之年季之内銀子四百目与市郎方へ相立、埒明候而則済状今日差上ケ申候、済状之留有之候、以上

丑正月廿九日

一四町目津国屋九郎右衛門所江、今廿九日夜五ツ前ニ、鳥辺山実蔵院之住持恵雲坊之下男遊ニ参、ぎんと申茶立女ニ下床敷ニ而手疵負候而、其身自害致候ニ付、如此ニ口上書致、御公儀江御訴申上候

乍恐御訴申上候

一清水寺門前四町目津国屋九郎右衛門と申者之所江、鳥部(辺)山恵雲坊之男、今夜五ツ過ニ酒給ニ参り、茶立女ニ手ヲ負せ申候故、女声立申候ニ付、近所之者共懸(駆)ケ付見申候得者、男ハ自害仕相果申候、様子之儀ハ何様之儀ニ而ケ様ニ仕候哉不奉存候、町中奉驚、乍恐御訴申上候、以上

元禄拾年丑正月廿九日

年寄 文右衛門
町中

御奉行様

如此ニ御訴申上候跡ニ、外科西村松庵呼寄見せ申候へ

ハ、未相果不申候ニ付、其段跡ゟ又々御訴申上候処ニ、御検使寺田利左衛門殿・平尾四郎左衛門殿、雑色沢与右衛門立会、御吟味之上、両方請人・親類・兄弟共御呼出シ、願之一札幷町中之一札御取被成候、何も一札之写有之候、藤林孫九郎(兼定)ハ此度判形御取不被成候、以上

丑正月廿九日

一両方町人幷鳥部(辺)山恵雲、何も一所ニ御公儀江罷出候処ニ、備前守(水野勝直)様被為仰付候ハ、茶立女ぎんハ請人四郎兵衛方へ引取、養性(生)可仕旨、八助儀者主人恵雲方へ引取、養性(生)可仕候、快気致候共、相果候共、重而相届可申候、夫迄ハ恵雲ニ急度御預ケ被遊候旨被仰付候、四町目年寄幷九郎右衛門方へハ、両人之手負共相渡し候様ニと被為仰付候旨、年寄文右衛門罷帰相届候、以上

丑二月朔日

一宮川町年寄喜兵衛幷長兵衛申来候ハ、御預ケ之地所ニ新家建申儀御免被成可被下候、左候ハ、御公儀様江私共御願申上、御寺へハ御苦労懸申間敷候、万一外ゟ金銀出し望申者御座候ハ、其通ニ御請可申上候、町内之儀ニ候間、私共へ被為仰付候ハ、忝可奉存候旨申来候、以上

丑二月四日

一弐町目年寄物兵衛ニ申付遣し候ハ、例年之通、境内中人別判形、当年ゟ帳面ニ相認候様ニ申付候故、四町中一冊ニ致、判形取置候、以上

丑二月四日

一伽藍廻商人共、例年之通ニ判形致させ取置申候、以上

丑二月四日

一今日、中山之内清閑寺際ニ、四条之役者之たをれもの(倒者)屋川市右衛門と申者腰をぬ(抜)かし、こも(菰)かつき(被)居申ニ付、様子相尋候へハ、川(河)原町四条下ル弐町目喜国(紀カ)屋茂兵衛

幷宮川町川勝太右衛門と申者ニ逢申度由申ニ付、早々
呼寄見せ申候へ者、私共の存知候ものニ而有之候と川勝
多（太）右衛門請取罷帰候、以上
丑二月九日

一建仁寺町五条上ル町扇屋庄兵衛借屋三文字屋清左衛門
と申もの、弐町目近江屋文右衛門ニ亥ノ極月八日ニ銀
子三百目、子ノ正月切ニ借シ、則請人ハ三町目茨木屋
七兵衛ニ而有之候、段々催促致候へ共、埒明不申候由
ニ而、御公儀江御訴訟申上候ニ付、今十一日ニ御裏判出
申候、則弐町目年寄惣兵衛方へ差越候旨、此方へ相届
候、様子相尋候へ者、三百目之内百目者文右衛門遣申、
残ル弐百目者七兵衛遣申由申候、兎角両町相談致、相
侘候様ニと申付遣し候、壬（閏）二月十一日ニ罷出候様ニと
御裏判出申候、以上
丑二月十一日

一四町目年寄文右衛門、役儀差上ケ申度旨願申ニ付、町
中升屋（忠）右衛門・鎰屋彦兵衛・平野屋仁兵衛申来候者、
文右衛門身上不勝手故御断被申候と存知候、其段ハ町
中ゟも少々了簡可仕と存候、其儘役儀持申様ニ被仰付
可被下候と願申来候、以上
丑二月十二日

一霊山一阿弥幷四町目絹屋喜兵衛、右両屋敷、年々未進
之儀ニ付、今日御公儀江御訴訟申上候、口上書如此ニ
御座候

乍恐口上書

清水寺成就院名代
泰産寺宥伝

一霊山惣門之外、清水寺之門前、当寺領高百三拾三石之
内ニ霊山之寺中一阿弥と申者之抱之庵室有之候而、地
子米三石四斗六升余ツ、納所仕候処ニ、七ケ年以前一
阿弥病死仕、跡職之儀、従御公儀様霊山寺中江御渡し
被遊候ニ付、其以後地子年貢寺中として被相立候様ニと
催促申遣候得ハ、一阿弥ニ住持相究申迄相待候様ニと、
年々同事之断ニ而一粒も計り不申、例年打捨置、寺領

少高之内ニ而年々未進重り、既ニ弐拾八石余ニ相滞難儀
至極仕候、前々ニも御訴訟申上ケ度奉存候得共、地子
米纔ツヽニ御座候へ者、一阿弥庵主相定り可申かと
年々延引仕候処ニ、寺中役者之申分毎年同前不埒申候
ニ付、一阿弥号庵室霊山惣中へ相渡し、地所取上申度
奉願候御事
一同清水寺領右之高百三拾三石之内、上京中小川町絹屋
喜兵衛と申者之抱之屋敷御座候、此地子米五石三斗壱
升六合余納所仕候処ニ、年々未進仕候ニ付、例年催促
仕候へ共、埒明不申、剰去戌ノ年ゟ三年以来、一粒も
計不申、其上屋敷之内ヲ下作ニ宛申候而作徳少々喜兵
衛方へ取申候事
右之通、年々宥免仕差置候へハ、我儘成返答計仕候間、
右両所共地所取上申度奉願候、以上

清水寺成就院名代
泰産寺
元禄拾年丑二月十三日　宥伝印

御奉行様

右之通口上書認、差上ケ申候、以上

一阿弥未進覚
天和元酉ノ年ゟ元禄九子ノ年迄
拾六年之内ニ
一弐拾七石弐斗七升弐合三勺未進也

絹屋喜兵衛未進覚
天和元酉ノ年ゟ元禄九子ノ年迄
拾六年之内ニ
一四拾三石八升九合弐勺未進也

丑二月十三日

一御公儀ゟ町遊女白人御停止之旨御触、松尾左兵衛ゟ町
触ニ廻ル、則写有之候、以上

丑二月十四日

一山科比留田喜兵衛ゟ花山福応寺之万日之札、当山ニ打
申度由断申来候故、何方ニ成共境内之内ハ勝手次第と
申遣し候、以上

丑二月十六日

一三町目井筒屋佐兵衛抱茶立女、当十一日参宮致候と書置仕罷出候得共、今日迄様子相知れ不申候間、明後十九日御公儀江御届可申上と年寄平兵衛相届候、以上

丑二月十七日

一三町目井筒屋佐兵衛抱之茶立女欠落仕候ニ付、今日御公儀江御訴申上候処ニ、重而替儀有之候ハヽ、申来候様ニと被仰付候旨、則口上書之留有之候、以上

丑二月十九日

一鳥部（辺）山恵雲坊下人八介（助）儀、手疵快気致候ニ付、今日御公儀様江恵雲坊御訴被申上候処ニ、八介（助）儀、籠江御入被遊候、手負きん幷津国屋九郎右衛門方へハ何之御構も無之罷帰候、以上

丑二月十九日

一壱町目丹波屋三郎兵衛後家屋祢（根）葺替致度旨願申候、則書付有之候、以上

丑二月十九日

一三町目小篠（笹）屋四郎兵衛家ニ、八坂上之町松葉屋八左衛門家ニ居申候参川屋九兵衛と申者ニ借シ入置申度旨、年寄平兵衛申来候、則請合之一札有之候、以上

丑二月廿日

一御公儀ゟ明廿五日就御入内、今日ゟ廿六日之晩迄、自身番相勤可申旨、松尾左兵衛ゟ町触廻ル、則写有之候、以上

丑二月廿四日

一三町目井筒屋佐兵衛抱茶立女、去ル十一日ニ欠落仕候様ニ申上候得共、参宮致帰申候付、今日御公儀江其段御断申上候旨、平兵衛申来候、則口上書留有之候、以上

丑二月廿六日

一今度有栖川之御姫様（幸子女王）御入内ニ付、本多中務殿（忠国）、今廿七日に御上使ニ御上り候、以上

丑二月廿七日

一山科花山福応寺二万日之廻向、閏二月六日ゟ十五日迄有之候ニ付、当山領分中山之道筋茶屋出シ申度旨願申ニ付、四町目年寄花屋文右衛門へ申付、廻向之間支配致、則茶屋之場銭、文右衛門ニ被下候

右ハ文右衛門身代不勝手ニ付、役儀差上ケ申度旨断申ニ付、少ニ而も取立之為、文右衛門へ申付候、以上

壬（閏）二月二日

一弐町目海老屋喜平次普請之願、今日丹後守（瀧川具章）殿方ニ而本多甚五右衛門被申渡、相済申候旨、則絵図・口上書之写有之候、以上

壬（閏）二月六日

一弐町目塗師屋市兵衛新家之願申上候ニ付、今日検分ニ本多甚五（右）衛門殿・神沢与兵衛殿、雑色西村新右衛門被参候而、則市兵衛儀、明十一日ニ罷出候様ニと申付被帰候、以上

壬（閏）二月十日

一弐町目塗師屋市兵衛新家之願、今日御公儀江罷出候処ニ、願之通御赦免被遊候旨、本多甚五（右）衛門殿被申渡候旨、惣兵衛罷帰申届候、則絵図・口上書之留写有之候、以上

壬（閏）二月十一日

一弐町目近江屋文右衛門幷三町目茨木屋七兵衛借銀三百目之内、銀五枚ニ而嗳、下ニ而相済候ニ付、今日相手三文字屋清左衛門幷此方之者共一所ニ済状差上ケ埒明申候旨、年寄惣兵衛相届候、以上

壬（閏）二月十一日

一本多中務少輔(忠国)殿御逗留之内、何方へも御見物ニ御出不被成、則一昨九日ニ御下向被成候、以上
(壬閏)二月十一日

一今十二日暮六ツ時分、瀧下恵頓坂ニ、上賀茂社僧正善寺之内伊与(予)坊と申者、年来四十四五才者、酒ニ酔こけ居申ニ付、当町壱町目ゟ加籠(駕)ニ乗、行事袋屋七郎兵衛附讃(送)候、則同心目付草川源左衛門通合、孫九郎(藤林兼定)方江立寄様子相尋被申候故、右之段、委細物語致候故、聞届罷帰被申候、伊与(予)坊讃(送)届、則東蔵坊・宗泉坊申者ゟ請取致越申候、以上
(壬閏)二月十二日

一御公儀ゟ明十六日、禁裏ニ而御能有之候ニ付、札無之者ハ拝見成不申候旨、松尾左兵衛ゟ町触廻ル、則写有之候、以上
(壬閏)二月十五日

一三町目かま屋妙寿孫子娘ニ養子聟致度旨願申候、重而此方ゟ可申付旨、平兵衛申遣候、以上
(壬閏)二月十五日

一山科花山福応寺二万日廻向之間、当山領分中山江出候茶屋廿三軒、右之場銭四拾五匁五分有之候旨、文右衛門相届候、以上
(壬閏)二月十五日

一今十七日ニ松尾左兵衛ゟ明十八日六ツ時分、丹後守様(瀧川具章)御屋敷江宥伝坊罷出候様ニ申来候、霊山へも役者罷出候へと申来候、以上
(壬閏)二月十七日

一今日、宥伝坊罷出被申候処ニ、霊山役者珠阿弥・円阿弥被召出候而被仰渡候趣ハ、年々未進仕候段不届ニ候、未進ヲ銀ニ而相立可申候哉、左も無候ハヽ、寺屋敷上ケ可申候と被仰渡候処ニ、両人役者申上候ハヽ、寺屋敷返

し可申旨御請申上候、又々栄珠方へハ其方名代ニ而有之候と色々申分致候へ共、外之儀ハ構申事無之候、其方名代ニ而買求候上ハ申分立不申候、未進ヲ相立可申候哉、無左候ハヽ、屋敷地上ケ可申旨被仰渡候ニ付、兎角屋敷地上ケ可申旨申上候故、左候ハヽ、手形致候様ニと被仰付、手形仕差上ケ申候写如此ニ候

差上ケ申一札之事

一清水寺成就院寺領之内、高五石三斗壱升六合四勺之屋敷、延宝五巳年、私名代ニ而買求候之処、十七年以前ゟ年貢相滞、当年迄ニ未進四拾弐石四升三合有之候ニ付、此度成就院ゟ御訴訟被申上候、今日被召出御僉(詮)議之上、未進米相立候歟、無左候ハヽ、屋敷地成就院方へ可相返之旨被仰渡、奉畏候、未進大分之儀ニ而相立候儀難成候間、屋敷地成就院へ急度相返シ可申候、為其一札奉差上候、仍如件

元禄十年丑閏二月十八日

上糸屋中小川町
糸屋喜兵衛入道
栄珠印

御奉行所

一丹後守(瀧川具章)様御役屋敷破損ニ付入札之儀被仰出候旨、松尾左兵衛ゟ口上触之書付、町触ニ廻ル、則写有、以上

壬(閏)二月廿四日

一四町目糸屋喜兵衛入道栄珠家屋敷、此比何角と申相渡し不申候故、今日御公儀江御訴訟申上候処ニ、丹後守様・備前守(水野勝直)様被仰渡候者、此間栄珠罷出候故、早々ニ屋敷相渡し候様ニと急度申付候処ニ、未相渡し不申候ハヽ、今日中ニ請取候様ニと被仰渡候ニ付、其段栄珠方へ申遣し、則吉沢利兵衛・前田彦十郎、年寄文右衛門・行事相添遣し、今日請取埒明申候、以上

壬二月廿五日

一弐町目鱗形屋かつ・井筒屋庄八普請之願、今日御公儀江罷出候処ニ、願之通御赦免被遊候旨、惣兵衛相届候、絵図・書付共有之候、以上

壬二月廿七日

一三町目大黒屋借屋小兵衛借銀之出入ニ付、御公儀江御訴訟申上候処ニ、今日御裏判出申候故、則相手方へ遣し候由、平兵衛相届候、以上

壬（閏）二月廿八日

一霊山一阿弥屋敷之儀、昨廿七日ニ霊山役者御公儀江御窺（伺）申上候処ニ、弥相渡し候様ニ被仰付候故、今日請取埒明申候、以上

壬（閏）二月廿八日

一四町目丁子屋喜右衛門家ニ居申候嘉右衛門と申者、同町八文字屋伝右衛門家江屋替致候ニ付、町請状取替、則年寄・組中之請合之一札取置申候、以上

三月五日

一鳥部（辺）山恵雲坊家来八助籠者致候ニ付、津国屋九郎右衛門方ゟも御訴訟之儀頼申由、恵雲ゟ申来候故、今日御公儀江一所に罷出候処ニ、清水門前宮川町之者共願申候間、八助儀御赦免被遊、出籠被仰付候而相済申候之旨、文右衛門相届候、以上

丑三月六日

一御公儀ゟ火用心之御触、松尾左兵衛ゟ廻ル、霊山ゟ当山へ参、則写置、三町目行事ニ申付、清閑寺へ遣し、請取有之候、以上

丑三月七日

一火用心之儀、同文言ニ而町触ニ壱通廻ル、奥書写置候、以上

一執行・目代・六坊中へも火用心之御触写致、三町目行事ニ持せ遣し申渡し候、以上

丑三月七日

一三町目平兵衛申来候ハ、一阿弥屋敷町並ゟ差出居申候

間、此分御切を被成被下候様ニと、町中願申由申来候
故、相談致、重而可申付旨申遣し候、以上
丑三月九日
一御公儀ゟ箔類之儀ニ付、諸職人ゟ箔座方江証文出し可
申旨、松尾左兵衛ゟ町触廻ル、則写有之候、以上
丑三月十日
一壱町目丹波屋三郎兵衛後家借屋、同町万屋多(太)兵衛弟半
兵衛と申者ニ借シ入置申度旨、年寄勘左衛門相届候故、
町内之者ニ而有之候間、勝手次第ニ致候様ニと申付遣し
候、以上
丑三月十一日
一三町目一阿弥屋敷之儀、川(河)原町蛸薬師下ル町ねすミや(鼠屋)
十郎右衛門未進銀弐貫弐百目相立候而望申ニ付、証文
致させ寺へ取置候而埒明申候、則年寄平兵衛へも引合、
町へ之手形も取置申候、以上

丑三月十六日
一四町目津国屋九郎右衛門屋祢(根)葺替願申候由、文右衛門
申来候、則書付有之候、以上
丑三月十八日
一三町目小兵衛借シ銀之出入、今日借り主堺町三条上ル
町加賀屋吉左衛門入道幷取次丹後屋左兵衛、請人六右
衛門・吉左衛門入道・姉聟被召出候而、御僉(詮)議之上、
弐貫七百目之銀御公儀江上り銀之由被仰渡候旨、年寄
平兵衛罷帰相届候、以上
丑三月十八日
一三町目小兵衛借シ銀出入ニ付、今日御公儀江御訴訟ニ罷
出候処ニ、段々様子御尋被遊候而、銀子之儀者皆々其
方取申儀成間敷旨被仰渡候由、平兵衛相届候、以上
丑三月廿一日

一三町目丹波屋勘右衛門屋祢(根)葺替之儀、年寄平兵衛申来候、則願之書付有之候、以上

丑二月廿四日

一弐町目八百屋市郎左衛門弟政二郎と申者、江戸堺町大塚屋吉右衛門店芝居ニ役者を勤有之候、此度母ニ罷下り候様ニ申越ニ付、母下り申度旨願申候故、御公儀江切手之御訴訟申上候由、年寄物兵衛申来候、勝手次第ニ致候様ニと申付候而遣し候、以上

丑二月廿五日

一弐町目八百屋市郎左衛門母、江戸へ罷下り候ニ付、御公儀江切手之御願申上候処ニ、則今日御切手出申候旨、物兵衛相届候、御公儀江差上ケ候口上書ニ奥書致させ取置申候、御切手幷其外一札之写有之候、家屋敷市郎左衛門ニ譲り申候旨、町へ之譲り状出し置、則印鏡之手形取置候、以上

丑四月四日

一御公儀ゟ火之用心之御触状、松尾左兵衛ゟ廻ル、霊山西念寺ゟ当山へ参ル、則写置、四町目行事ニ申付、清閑寺へ遣し、請取有之候、以上

丑四月七日

一火之用心之御触、同文言ニ而町触ニ壱通廻ル、奥書之文言写有之候、以上

丑四月七日

一執行・目代・六坊中へ火之用心之御触写致、四町目行事ニ申付申渡し候、以上

丑四月八日

一今日之神事首尾能相済申候、御公儀ゟ目付衆西尾甚右衛門殿・入江安右衛門殿、同心目付加々山権兵衛・寺田利左衛門、町廻与力衆松田十郎兵衛殿・鈴木五郎兵衛殿・手嶋次右衛門殿、其外同心十三人御越、何も無異儀(議)御帰候、以上

丑四月九日
一清水寺領南無地蔵之北、金蔵院持地之所ニ、槻木町堺
町西へ入ル丁（町）長浜屋七左衛門と申菓子屋之せいろう（蒸籠カ）之
外（ママ）家捨置有之候、畑作主勘兵衛と申者見付、四町目之
年寄方へ知せ申ニ付、則長浜屋方へ申遣し候処ニ、手代
喜兵衛と申者請取ニ参候故、一札致させ相渡申候旨、
年寄文右衛門相届候、以上
丑四月十八日
一三町目ねすミ（鼠）屋十郎右衛門御礼ニ罷出度旨申来候故、
来朔日ニ召運（連）出し候様ニと申付遣し候、以上
丑四月廿七日
一明正院（興子）様御焼香相勤申ニ付御施物拾貫文之刻（割）符、当廿
五日ニ今城中納言（定経）殿ゟ御渡し、今廿七日ニ泉涌寺ニ而、
御代官西与市左衛門殿・長谷川六兵衛殿御立会ニ而、
鳥目代銀百四拾六匁ニ而御渡し被成候、則宥伝坊請取
ニ被参候、以上
丑四月廿七日
一明正院様御布施物、執行・目代、延命院惣代ニ義乗院、
右何も拾貫文ツヽ、代銀ニ而此方同事泉涌寺にて相渡り
申候也
丑四月廿七日
一三町目ねすミ（鼠）屋十郎右衛門御礼今日相勤候、式法之通、
樽・三種之肴持参致相済申候、以上
丑五月朔日
一弐町目藤屋利兵衛儀、身上不勝手ニ付、同町松庵借屋
ニ居申候鳥屋源六と申者ニ家を借シ、則源六跡江利兵
衛入替ニ仕度由、年寄惣兵衛断申来候故、勝手次第ニ
致可申候、源六儀ハ借屋請相改候而入替候様ニと申付
遣し候、以上
丑五月四日

一御公儀ゟ古金銀与新金銀引替之御触状、松尾左兵衛ゟ廻ル、霊山之西光院ゟ此方へ参、則写置、清閑寺へ弐町目行司ニ申付遣し候、請取有之候、以上

丑五月五日亥ノ刻ニ

一三町目菱屋長右衛門儀、明六日六ツ時分召連罷出候様ニと松尾左兵衛ゟ申来候旨、年寄平兵衛相届候、則方内ゟ之書付如此ニ候

一家屋敷出入

清水寺門前三町目

長右衛門

右長右衛門御召被成候条、明六日明六ツ時分、備前守（水野勝直）様御番所へ召運（連）可罷出候、以上

五月五日　松尾左兵衛

清水寺三町目

年寄

五人組

かたへ

一執行・目代・六坊中へ古金銀引替之御触写致、弐町目行司ニ申付申渡し候、以上

丑
五月六日

一御公儀ゟ古金銀と新金銀引替之御触状、町触ニ壱通廻ル、奥書共ニ寺触と同文言ニ而有之候、以上

五月六日

一古金銀不貯置、新金銀ニ引替可申旨、町並寺方幷門前中ニも一札ノ判形取置申候、以上

五月六日

一三町目菱屋長右衛門、今日御公儀江罷出候処ニ譲状ニ身より之者加判無之、其上古券此方ニ無之故、家屋敷共ニ六条相町天神之町菱屋清兵衛母とよ方へ相渡シ可申旨被仰付候由、年寄平兵衛罷帰候而相届候、以上

五月六日

一堯慎上人七回忌ニ付門前中江済(斎)米被下候、壱町目三拾軒、弐町目四拾六軒、内九軒少之小路、三町目三拾八軒、四町目五拾壱軒、合百六拾五軒、白米合壱石六斗六升三合、内壱升三合不足米、右之通、町々年寄共藤林孫九郎(兼定)方ニ而配分致相渡し申候、以上

丑五月八日

一四町目丁子屋喜兵衛、今日年寄文右衛門召連罷出、御礼相済申候、式法之通、樽・三種之肴差上ケ申候、寺ゟ御祝儀鳥目三拾疋被下候、以上

丑五月十日

一丁子屋喜兵衛四町目ニ所持致候家屋敷之儀、兄喜右衛門ニ譲状之添手形致させ、町中へ取置候、以上

丑五月十日

一四町目橘屋与市郎借銀之出入ニ付、大仏さや(鞘屋)町見わたや伝兵衛・豊嶋屋清兵衛・栄元、右三人御公儀江御訴訟申上候ニ付、今日御裏判出申、与市郎方へ附申由断申来候、以上

丑五月十一日

一三町目鼠屋十郎右衛門新家之願申来候屋敷、南北廿三間、東西廿壱間有之候、西之方を町並之普請仕度旨願申候、方内へ相尋、重而様子申来候様ニと申付遣し候、以上

丑五月十三日

一三町目菱屋長右衛門支配致候家屋敷、此度御公儀ニ而御裁許之上、六条相町通天神町菱屋とよ、同清兵衛方へ請取申ニ付、手形致させ取置申候、以上

丑五月十七日

一弐町目藤屋利兵衛屋祢(根)葺替之願、惣兵衛申来候、勝手次第ニ致候様ニと申付候、以上

丑五月十九日

一明正（興子）院様御布施物之儀ニ付御公儀江御断申上候事、先年後西院様之時分ハ一山ゟ一人ツヽ罷出候、後水尾院様・東福門院（徳川和子）様之時分ハ御焼香相勤、御布施物弐拾貫文ツヽ拝領仕候、此度減少致候ニ付、今城（定経）殿江度々御断申候得共、外之寺並ニ申付候と御取合無御座候、御施物少分之儀ニ付御訴訟申上儀ニハ無御座候、寺中並ニ被為仰付候段迷惑ニ奉存候、一山之内当寺同格ニ罷成、重而万端ニ付ケ様ニ可有御座と御訴訟申上候事

丑五月十九日

一三町目鼠屋十郎右衛門新家之願、今日御公儀江罷出候処ニ、御僉（詮議）儀被成、重而可被仰付由、訴状も差上ケ申候旨、平兵衛相届候、以上

丑五月廿七日

乍恐以口上書ヲ御訴訟申上候

訴訟人

鼠屋　十郎右衛門

一清水門前三町目一阿弥屋敷一ケ所、此度未進銀相立、私所持仕候、当春迄及大破候寺立居申候得共、霊山江引取候様ニ被為仰付候、右明キ（空）屋敷ニ罷成御座候、幸私清水旦縁ニ付、右之屋敷相求申候得共、藪又ハ畑ニ而指置候へ（ママ）而ハ、以来之地子等難立奉存候、哀御慈悲ニ西之方藪垣之所を平長屋建之家ニ御赦免被為成被下候様ニ奉願候、勿論町並ニ罷成候ハヽ、往還之勝手能、町も広ク罷成可申と奉存候、尤家之儀、茶屋ニハ仕間敷と奉存候、則年寄・町人召運（連）御訴訟申上候

右、奉願候通り乍恐被為聞召上、被為仰付被下候ハヽ、難有可奉存候、以上

元禄拾年

丑五月廿七日

清水寺門前三町目

丸屋

年寄　平兵衛

五人組　六左衛門

同

鼠屋

訴訟人　十郎右衛門

御奉行様

如此ニ口上書致、差上ケ申候、水野備前守(勝直)様・瀧川丹後守(具章)様御代也

一明正院(興子)様御布施物之儀ニ付御公儀江御訴訟申上候ヘハ、今城(定経)殿江被仰遣候処ニ、最早帳面〆申候、成就院一人ニ而帳面滞申儀如何ニ存旨候、重而之例ニハ成間敷由被仰聞候故、左様ニ候ハヽ、成就院一人ニ而御帳面滞候儀軽(憚)多奉存候、此度相止可申候、以来ハ寺中同格ニ無之様ニ奉願候旨、水野備前守様・瀧川丹後守様御代ニ御断申上置候間、重而ハ右之趣能合点致、御公儀江御願可申上儀専一ニ候、右之段、宥伝坊御断申上置候、以上

丑五月廿七日

一御公儀ゟ松平紀伊守(信庸)様、来九日比御上京ニ付、出礼之儀重而日限可被仰出候条、夫迄ハ罷出間敷旨御触状、松尾左兵衛ゟ廻ル、霊山ゟ此方へ参、則写置、弐町目行司ニ申付、清閑寺へ遣し、請取有之候、以上

丑五月廿九日

一執行・目代・六坊中へも右御触状之写致、弐町目行司ニ申付申渡し候、以上

丑五月廿九日

一御公儀ゟ松平紀伊守様御上京之以後出礼之儀、日限重而可被仰渡旨、寺触と同文言ニ而町触ニ壱通廻ル、奥書写有之候、以上

丑五月廿九日

一御公儀ゟ小笠原佐渡守(長重)様、永井豊熊(直達)殿屋敷江御引移候ニ付寺社・町方御見舞之儀無用之御触、松尾左兵衛ゟ廻ル、当山執行ゟ此方へ参候故写置、清閑寺へ遣し候、則請取有之候、以上

丑六月二日

一目代・六坊中へも小笠原佐渡守様、永井豊熊殿屋敷へ御引移被成付寺社方御見舞之儀無用之由写致、壱町目行司ニ申付申渡し候、以上

丑六月二日

一右御触状之名当（宛）ニ如此ニ候
清水寺執行
清水成就院　張紙ニ而　判形御断可申入候
亮尚印

此通ニ致、執行ゟ此方へ参候故、名判致不申、張紙ニ而此通ニ書付致（候）ニ而清閑寺江廻シ申候而、松尾左兵衛方へ断ニ参候へハ留主故、沢与右衛門・西村新右衛門両人へ申置候ハ、清水寺執行・清水成就院と書わけ候而、今朝御触状廻り申候故、私判形不仕候而廻シ申候、御用多中思召違も候哉、又ハ御公儀へ御窺（伺）之上ニ而ケ様之儀ニ御座候哉、此方ニも前々之儀覚不申候、右之通ニ候ハ、難意得存候間、此方ゟ御願可申上候哉、兎角相談之上、御指図次第ニ可仕と申入候処ニ、沢与右衛門申候ハ、御窺（伺）申儀も有之間敷と存候、前々例も御座候而書わけ申候哉、其段左兵衛晩程帰宅次第申聞吟味致、明日・明後日之内御左右申候半と申候、西村新右衛門も宿ニ居申逢申候、同事ニ申候、以上

丑六月二日

一御公儀ゟ小笠原佐渡守（長重）様、永井豊熊（直達）屋敷へ御引移被成候ニ付御見舞無用之旨、寺触と同文言ニ而町触ニ壱通廻ル、奥書違申候、則写有之候、以上

丑六月二日

一松尾左兵衛・沢与右衛門方へ先比之返事承ニ候処、両人留主ニ而西村新右衛門方へ参候へハ、掛御目可申候得共、神事前取込罷有故不得御意候、此間之儀も右之通ニ故、未相談も不申候間、神事過十五日朝飯後、左兵衛方へ参候様ニと申出し申候、以上

丑六月四日

一六波羅道非人小屋之儀、何年以前建候哉、書付差越候様ニ、松尾左兵衛ゟ弐町目物兵衛方へ申越候付、如此ニ書付遣し候旨

覚

清水寺領内中筋非人小屋之儀、元禄三午年安芸守(前田直勝)様・
淡路守(小出守里)様御代ニ御願申上候、以上

丑六月五日　　年寄　惣兵衛

松尾左兵衛殿

一四町目橘屋与市郎、今日御公儀ニ而御裁許之上、壱貫
四百目之銀、当暮七百目、来寅暮七百目、両年ニ返弁
致候様ニと被仰付候旨、則返答書之写有之候、以上

丑六月六日

一門前宝徳寺長徴儀、願之通隠居申付候、其通長徴江申
渡し候へと四人年寄共呼寄申付候、後住之儀ハ旦那中
ゟ見立候而、重而願申候様ニと申付遣し候、以上

丑六月九日

一三町目池田屋藤右衛門所持之家売申度旨願申候、則願
之書付有之候、以上

丑六月十三日

一御公儀ゟ小笠原佐渡守(長重)様、明十四日江戸御下向ニ付、
寺社・町人御見送ニ罷出候儀無用之由、松尾左兵衛ゟ
触状廻ル、霊山正知院ゟ当寺へ参、則写置、壱町目行
司ニ申付、清閑寺へ遣し、請取有之候、以上

六月十三日午ノ中刻

一執行・目代・六坊中江も佐渡守様江戸御下向ニ付、御
見送無用之旨写致、壱町目行事ニ申付申渡し候、以上

丑六月十三日

一今朝松尾左兵衛方へ参候而逢申、様子承候処ニ、元禄
四年未ノ十二月二日之御触状ニ、小笠原佐渡守様江之
出礼日限之儀申来候触ニ如此ニ候

清水寺執行

清水寺成就院

清水寺役者
(平瀬)正印判

右之通両方之間ニ名印有之候、左兵衛申候ハ、此通之
例御座候ニ付、先比之通ニ致廻シ申候間、左様ニ相意得、
此間之触状ニ判形可被成候哉と申候故、前々例ニ而如

此ニ候段御尤ニ存候、判形之儀ハ罷帰、宥伝江も申聞、
其上ニ而可仕と罷帰候、以上

丑六月十五日

一宝徳寺長徴、今日寺ヲ明候ニ付、年寄共立会、寺附之
諸道具共相改メ、帳面ニ記、請取申候由相届候、以上

丑六月十五日

一宝徳寺後住之願書、年寄幷旦方中ゟ差上ケ申候書付有
之候、本紙宥伝坊江相渡し置候写如此ニ

口上覚

一良山与申僧、生国ハ京都大仏生ニ而、年来三拾四五と
相見へ申候、則十三年以前ニ寺町百万遍末寺阿弥陀寺
西誉上人之弟子ニ罷成剃髪被致候由、去ル二月迄同寺
内高樹院之住持ヲ相勤居被申候由、僧柄ハにうわ（柔和）ニ相
見へ、当地之惣堂之住持相応ニ可然様ニ見請申候御事
一宝《クワン》（寛）嶺と申僧、生国ハ丹波桑田郡寺村之生ニ而、年比三
拾七八と相見へ申候、則禅林寺末寺三条大橋東大蔵寺
ニ而剃髪致、只今泉涌寺悲田院ニ罷有候由、僧柄ハ殊
勝ニ相見へ、口跡抔大躰ニ勝れ申候得共、当寺之惣堂
ニ者おも〱敷相見へ申候御事
右之通ニ御座候間、両僧之内、何れ成共早々住持ニ御
指図被成被下候様ニ奉頼候、以上

元禄十年丑六月十四日

御門前壱町目
年寄 勘左衛門印
同弐町目
同 惣兵衛印
同三町目
同 平兵衛印
同四町目
同 文右衛門印
惣旦方中

清水寺御地頭
御役人
藤林孫九郎（兼定）殿

一今朝松尾左兵衛方江参申入候趣、此度之御触状前々例御座候ニ付、右之通御書分被成候段御尤ニ存候、左候へハ判形之儀も成程致可申候へ共、此方願ハ御朱印ニも清水寺と成被下、御代々成就院頂戴仕候、其上板倉伊賀(勝重)守殿・周防(重宗)守殿之御代御触状、其後両町御奉行宮崎(重成)若狭守殿・雨宮(正種)対馬守殿之時分御指紙等も此方ニ御座候間、御意得ニ成申儀ニ候ハヽ、向後ハ清水寺と御改可被下候、御意得ニ成不申候ハヽ、御伺被成候而成共、御伺之儀も如何ニ思召候ハヽ、此方ゟ御願可申上候哉、其段も各々様御指図次第ニ可仕候と申入候処ニ、左兵衛申候ハ、私共意得ニ而致申事も、又ハ御伺申儀も如何ニ存候、其方ゟ御伺之儀も御指図難成候、其段ハ御心次第と申候、沢与右衛門方ニ而者、被仰聞候段、御尤ニ存候、左兵衛若気故左様ニ申者と存候、左兵衛例有之儀ニ新法を致、其儀御改候様ニ相聞へ悪候間、先々此間之判形被致候而可然存候、其上ニ而右之趣御頼候ハヽ、能候半と存之由申候故、成程得其意申候と、夫ゟ新右衛門方へ参候、留主故罷帰候、以上

丑六月十六日

一夜前松尾左兵衛方へ参候へ共、留主故罷帰、又々今朝参候而左兵衛ニ逢申候、此間御触状之判形前々例有之儀ニ候間、可致由申入候処ニ、左兵衛申候ハ、此方ゟ是非ニと申儀ハ無之候、得心之上ニ候ハヽ、被成候様ニ被申候故、判形致候而、其上ニ昨日も申入候通ニ御伺被成候而成共、向後御改被下候様ニと頼入候処ニ、左兵衛申候ハ、昨日之通御返事申入候得共、三人相談致、重而有無之御左右可申入之由被申候、沢与右衛門方へも参逢申、昨日委細御申聞候段御尤ニ存、則今朝左兵衛殿江得御意、判形仕候間、左様ニ御意得可被下候、昨日申入候趣、弥御相談候而、宜様ニ頼入候由申入候、与右衛門申候ハ、判形相済、一段之儀ニ存候、昨日御申聞候儀相談致、重而御返事可申由申候、新右衛門方へも参候へ共、留主故申置候、以上

丑六月十七日

一今日四人年寄共呼申渡し候趣、宝徳寺後住願之通、良山江被仰付候間、近日入院致候様ニ申渡し候、則良山一札之案紙遣し候、以上

丑六月十八日

一四町目橘屋与市郎儀、家質之銀壱貫四百目幷家屋敷共ニ清兵衛方へ戻し、爰元を立去申ニ付、清兵衛・与市郎ニ一札致させ町内へ取置申候由、年寄文右衛門断申候、以上

丑六月十九日

一宝徳寺良山手形認、今日持参致候、本紙宥伝坊江相渡し置候写如此ニ御座候、以上

丑六月廿一日

一札之事

一当寺門前惣堂宝徳寺長徵、願之通此度隠居被仰付候而、旦方中願之通、良山ニ住持被仰付、忝奉存候、良山儀、阿弥陀寺先住西誉上人剃髪之弟子ニ紛無御座候事

一御公儀様御法度之儀者不及申、所之御作法急度相守、御地頭御下知少茂違背仕間敷事

附り、不依何事所江無届、御公儀江御訴訟仕間敷事

一御地子・年貢御定之通、例年無懈怠皆済可仕候、有来通之寺役御差（指）図次第、無相違相勤可申候、尤惣堂之儀ニ御座候得共、後住之弟子抔契約仕間敷候、老後ニ隠居抔仕度節者御断申上、御意次第ニ可仕候事

右之通急度相守可申候、万一相背不届仕候ハ、如何様共可被仰付候、為後証仍如件

元禄十丑年六月廿一日

惣堂
宝徳寺当住
良山印

烏丸通下立売上ル町
御文通所
同証人　宗源印

清水寺成就院様
御看坊
宥伝御房

一今朝松尾左兵衛ゟ藤林孫九郎(兼定)ニ参候様ニと申来候故参候処ニ、左兵衛申渡し候趣ハ、此間御頼候儀、自分之心得ニ而致候ハ、重而執行ゟも何角と被申候節、此方返答も如何ニ存候故、則御伺申上候処ニ、御役人中四人御立会被仰聞候ハ、前々ゟ左様に書わけ廻シ候ハ、、其通ニ致候様ニと有之儀ニ候間、左様ニ相意得可申旨、以後、其方ゟ御願被仰上候儀ハ、御心次第ニ可被成候由被申渡候、以上

丑六月廿三日

一御公儀ゟ松平紀伊守(信庸)殿出礼之日限御触状、松尾左兵衛ゟ廻ル、当山執行ゟ此方へ参候、則写置候て、清閑寺へ壱町目行事ニ申付遣候、請取有之候、執行へハ請取ニ及不申候、以上

丑六月廿三日

一目代・六坊中へも松平紀伊守殿江出礼日限写致、壱町目行事ニ申付申渡し候、以上

丑六月廿三日

一御公儀ゟ松平紀伊守殿江町方之出礼日限之儀、町触ニ壱通廻ル、則写有之候、以上

丑六月廿四日

一御公儀ゟ御用之儀有之候間、来ル廿六日廿八日両日之内、役者一人ツ、丹後守様御屋敷江可罷出旨御触状、松尾左兵衛ゟ廻ル、霊山ゟ此方へ参、則写置候て、壱町目行事ニ申付、六波羅之普門院江遣し、請取有之候、以上

丑六月廿四日

一宝徳寺良山、今日年寄共召連入寺之御礼相済、杦原壱束三本入一箱持参致候、以上

丑六月廿四日

一四町目屋敷之番永々儀、町人可為難儀候間、御免被成

候条、今日より無用ニ致候へと、年寄文右衛門ニ申付
候、以上
丑六月廿五日
一伽藍廻り道作・掃除今日有之候、人足七拾人出申候、
以上
丑六月廿五日
一猪熊通綾小路下ル町小出久千代(英及)殿上り屋敷御払被成候、
望之者ハ入札致候様ニと、御公儀ゟ町触ニ廻ル、則写
有之候、以上
丑六月廿五日
一六波羅道五条通三町目道作・掃除、今日有之候、人足
七拾五人出申候、以上
丑六月廿六日
一松平紀伊守(信庸)殿江初而之出礼、今日宥伝坊相勤被申候、
則両町奉行衆へも右之御届有之候、以上
丑六月廿六日
一瀧川丹後守(具章)殿御屋敷江御用之儀ニ付被参候処ニ、新家
役神沢与兵衛・本多甚五右衛門被申渡候趣ハ、今度国
絵図石川主殿頭(憲之)殿江被仰付候、就夫其地之儀ニ付御尋
之儀有之候ハヽ、相談ニ乗可申旨、并清水寺領之知行
所郡付・村付致、差出し候様ニ則案文相渡り申候、以
上
丑六月廿六日
一弐町目塗師屋市兵衛借屋江堀川通四条上ル町吉野屋五
兵衛と申者ニ借シ入置申ニ付、年寄・組頭請合之一札
有之候、以上
丑六月廿六日
一御公儀ゟ町内ニ御扶持取申者有之候ハヽ、書付出し可申
旨町触ニ廻ル、則写有之候、以上

丑六月廿六日

一三町目鼠屋十郎右衛門屋敷表口弐拾弐間五尺、裏行弐拾壱間有之候、此処ニ表口平長屋建ニ新家願申候、借屋数拾壱軒ニ仕切、真中ニ五尺之路地ヲ明申度旨、則絵図幷願之書付、外ニ三年坂ゟ八坂境迄、町中之絵図有之候、右ハ御公儀江差上ケ申候写ニ判形致させ取置申候、以上

丑六月廿七日

一今廿九日朝五ツ過ニ本堂舞台ゟ年比廿計之女飛落申候得共、達者ニ居申候故、様子相尋候へハ、主人ハ柳馬場ゑひす（夷）川上ル町松坂屋道敬、親ハ両替町竹屋町上ル町玉屋甚兵衛と申候、則両方へ人遣し、主人幷親ニ手形致させ相渡し申候、以上

丑六月廿九日

一慈心院江藤林孫九郎（兼定）使ニ参申入候趣ハ、今度御公儀ゟ被仰渡候者、知行所郡付・村付致差上ケ可申旨、其余之知行所外ニハ無之候へハ左様之儀ニ及申間敷と存候、幷山城之国絵図被仰付候御方より御尋之儀も候ハヽ、相談ニ御乗可有之旨申渡シ候処ニ、被入御念被仰下候段承届候、委細相意得申由、則逢候而右之訳申入候、以上

丑七月朔日

一四町目橘屋与市郎・海老屋彦兵衛・藤屋久左衛門屋祢（根）葺替之願申来候、則書付有之候、勝手次第ニ致候様ニ申付遣し候、以上

丑七月四日

一三町目伊勢屋新兵衛屋守九郎兵衛、古家破損ニ付、柱根継幷弐軒ニ仕切、屋祢（根）葺替仕度旨願申候、則御公儀江差上ケ申候絵図・書付之通ニ写致させ、判形取置申候、以上

丑七月四日

一今九日御公儀町廻与力衆渡辺甚五左衛門殿・石黒小藤太殿・三田村三太夫殿、同心目付加々山権兵衛・草川源左衛門、其外同心十人計被参候而、例年之通朝倉堂ニ而休、首尾能帰り被申候、夜ニ入、松尾左兵衛・西村新右衛門廻り申候、是も休帰り申候、以上

丑七月九日

一御公儀ゟ新金ニ而弐朱判出来、通用可致旨御触、松尾左兵衛ゟ廻ル、霊山ゟ当山へ参、則写置候て、三町目行司ニ申付、清閑寺江遣し、請取有之候、以上

丑七月十四日

一執行・目代・六坊中へも弐朱判通用之御触状趣写致、三町目行司ニ申付申渡し候、以上

丑七月十四日

一御公儀ゟ所司代・町奉行所与力・同心家来かたりこと（騙事）幷生類あわれミ（憐）の御触、松尾左兵衛ゟ廻ル、霊山より此方へ参、則写置、清閑寺へ遣し、請取有之候、以上

丑七月廿八日

一右御触之趣、寺触と同文言にて町触ニ壱通廻ル、則奥書写有之候、以上

丑七月廿八日

一御公儀ゟ当月躍之儀、十弐三歳より一切御停止之御触状、松尾左兵衛ゟ町触ニ廻ル、写有之候、以上

丑七月廿八日

一執行・目代・六坊中へも所司代・町奉行所与力・同心家来かたりこと（騙事）幷生類あわれミ（憐）の御触写致、三町目行事ニ申付申渡し候、以上

丑七月廿九日

一所司代・町奉行所与力・同心家来かたりこと（騙事）幷生類あわれミ（憐）の御触状之文言ニ奥書致、町並之寺方幷門前

町々ニ而年寄・組頭之判形取置申候、以上
丑七月廿九日

一四町目鯛屋三郎兵衛・海老屋庄右衛門屋祢(根)葺替願申候、勝手次第ニ致候様ニと申付遣し候、則書付有之候、以上
丑八月四日

一壱町目和泉屋又左衛門家ニ居申候六兵衛裏屋引越、其跡へ弐町目ニ少之小路性堅借屋ニ居申候髪ゆひ(結)太右衛門と申者入置申度旨、年寄勘左衛門相届候故、吟味致候而借シ可申旨申付遣し候、以上
丑八月六日

一四町目橘屋与市郎家、宮川町ニ居申候井筒屋孫左衛門と申者ニ借シ入置申度旨相届候、則請合手形有之候、以上
丑八月六日

一弐町目山形屋利右衛門・井筒屋十右衛門屋祢(根)葺替之願申来候、勝手次第ニ致候様ニと申付遣し候、則願之書付有之候、以上
丑八月七日

一弐町目八百屋半左衛門・同権吉儀、借銀之出入ニ付、借シ主玄貞と申者御公儀江御訴訟申上候故、今日半左衛門・権吉被召出被仰付候趣、百目之銀、当丑年、来寅ノ年両年ニ相済候様ニと被仰付候旨、年寄惣兵衛罷帰り相届候、以上
丑八月十日

一弐町目亀屋半兵衛願申候ハ、西ノ方有之候雪隠東ノ方へ引、東ノ方ニ御座候小屋、其儘ニ北ノ方江引申度旨、年寄惣兵衛申来候故、両方共ニ其儘ニ引申儀ニ有之候ハヽ、勝手次第ニ致候様ニと申付遣し候、則絵図ニ奥書致させ判形取置申候、以上
丑八月十三日

一知行所郡付・村付相改、今日御公儀江差上ケ候留如此
ニ候、以上
丑八月十七日
寺領之覚
一山城国　愛宕郡之内
清水境内
一同国　葛野郡之内
西院村之内　聚楽村之内
壬生村之内　朱雀村之内
中堂寺村之内　東塩小路村之内
山城国愛宕郡東山
法相宗真言宗兼学清水寺成就院
在江戸ニ付判形不仕候
丑八月十七日　看坊　泰産寺印
右之通ニ弐通相認、外ニ御替地之訳、如此ニ相認候事
清水寺寺領
御替地之覚
御朱印者

清水境内百拾石七斗六升此内弐拾石者、慈心院分
西院村之内六石弐斗七升
三本木之内拾五石九斗七升
合百三拾三石ニ而御座候
三本木御替地
一壬生村之内高七石弐斗五升四合之所、右、元和三年極
月、板倉伊賀守（勝重）殿御渡シ被成、御証文被下置候
同所御替地
一西ノ京聚楽村之内高八石七斗弐升所、右、寛永拾一年
四月ニ御渡シ被成、則庄屋・百性（姓）指出シ御座候
清水廻り御替地
一東塩小路村之内高壱石六斗三升四合字山ノ下神道、右、元
和五年極月、八坂宝（法）観寺屋敷ニ相渡り候為御替地、板
倉伊賀守殿御渡シ被成、御証文被下置候
一右聚楽村之内三条代ニ而高壱石五斗八升壱合之所、右、
寛文四年辰極月ニ、鈴木伊兵衛（重辰）殿御屋敷ニ相渡り、其
御替地中堂寺村之内字十四屋田と申所御渡シ被成、庄
屋・百性（姓）請合之手形御座候
一同聚楽村之内高弐斗七升壱合五勺之所、右、寛文拾一
年亥十一月、五味藤九郎（豊旨）殿御屋敷ニ相渡り、其御替地
朱雀村之内字五位ケ内と申所御渡シ被成、即庄屋・百

性(姓)請合手形御座候
一同聚楽村之内、高壱斗五升之所、右、延宝五年巳正月ニ、水野甚五左衛門殿御与力屋敷之道筋成申候ニ付、其御替地同聚楽村之内字さいかしと申所、五味藤九郎(豊旨)殿ゟ百性(姓)御引渡シ被成、則庄屋・百性(姓)手形御座候
一壬生村之内、高壱石三斗五升之所、右、承応三年甲午極月、永井日向守(直清)殿御屋敷ニ相渡り、其御替地中堂寺村之内かうすと申所、五味備前守(豊直)殿百性(姓)御引渡シ被成、年寄・百性(姓)手形御座候
右之通、段々御替地ニ成申候付只今所持仕候、以上

山城国愛宕郡東山
法相宗真言宗兼学清水寺成就院
在江戸ニ付判形不仕候
丑八月十七日
看坊　泰産寺印

右之通ニ弐通相認、瀧川丹後守(具章)殿・水野備前守(勝直)殿御代ニ差上ケ申候、以上

一今十五(ママ)日、中井主水正(正知)殿ゟ宥伝坊并中村孫市御呼候而被仰聞候趣、江戸雀部六太夫(重羽)殿ゟ被仰越候ハ、笹丸殿病者ニ有之候ニ付、御上せ被成候而入院之儀難成候旨、就夫町御奉行江委細被仰遣御頼候間、我等ニ此儀両奉行衆江御相談致候様ニと有之候付、此間相談致候処ニ、宥伝坊ハ先住寿性上人江訳も有之候条、宥伝坊住持被致候様ニ相究候間、左様ニ御意得候様ニ被申渡候事、則南都一乗院御門跡江も六月廿日ニ中村孫市遣し、右之段申上置候旨御申渡し有之候事
丑八月十五(ママ)日

一当寺後住笹丸殿当年十四歳候得共、病者ニ候故入寺成不申、親父雀部六太夫殿ゟ中井主水殿委細頼参候故、瀧川丹後守殿・水野備前守殿御両人江御相談之上、宥伝坊ヲ成就院後住ニ相究候付、今日当寺之下寺并家来御呼出し、右之趣中村孫市申渡し有之候、又泰産寺之後住ニ自全房、金蔵院後住に普済房相究候、普済房儀ハ五六年以前ゟ宝珠院之留守居勤居被申候事
丑八月十七日

一御公儀ゟ京住ニ極り候浪人、宗門手形取可申旨御触、松尾左兵衛ゟ町触ニ廻ル、写有之、以上

丑八月廿一日

一弐町目少小路性堅庵江四町目ニ居申候坂本屋弥三右衛門借り所持致候本尊大日、俗家ニ置申儀如何ニ存、此庵借り入置申度と願申候由、年寄惣兵衛相届候故、富士行之道行なと集候儀ハ成申間敷候間、其段吟味致、借シ申候様ニと申付遣し候、以上

丑八月廿二日

一南都一乗院御門跡ゟ今月十八日ニ飛脚参、明後廿日ニ宥伝坊罷下り可申旨申来候ニ付、中村孫市殿同道ニ而廿日ニ御下向、廿一日ニ御門跡ニ而成就院後住宥伝江被仰付候旨被仰渡候、則法衣等之書付幷補任、先例之通ニ出申、首尾能相済、廿二日御上京、直ニ二条御奉行瀧川丹後守殿(具章)・水野備前守殿(勝直)江御越、右之趣御断被申上候処ニ、此方より先達而申渡ス筈ニ候へ共、今度之儀、各別之儀ニ候故、右之通ニ候、後例ニハ成申間敷候、左様ニ相意得可申旨被仰渡候事

丑八月廿二日

一四人年寄へも宥伝坊当寺後住ニ相極り候間、左様ニ相意得、先々明日御祝儀可申上候、町中御礼重而日限可申入候旨申渡し候、以上

丑八月廿三日

一御公儀ゟ例年之通宗門相改可申旨、松尾左兵衛ゟ触状廻ル、当山執行ゟ此方江参、則写置、清閑寺江遣し、請取有之候、執行方へ者此方ゟ請取ニも及不申候、以上

丑八月廿三日

一今廿五日、成就院継目之為御礼、瀧川丹後守殿・水野備前守殿江御出、進物杦原壱束、末広壱本、外ニ鳥目壱貫文、是ハ年始之心持ニ差上ケ被申候、首尾能相済、

松平紀伊守(信庸)殿江御礼之儀、両奉行江御窺(伺)被成候処ニ、
御内意被仰入、重而御左右可被成旨被仰渡候、以上

丑八月廿五日

一御公儀ゟ制札御改之御触状、松尾左兵衛ゟ廻ル、高台寺ゟ当山江参、則写置、東福寺恵鑑方へ遣申、請取有之候、以上

丑八月廿六日

一御所司代松平紀伊守殿江継目之御礼之儀、来月二日ニ罷出候様にと水野備前守(勝直)殿御役人ゟ手紙、松尾左兵衛ゟ持せ指(差)越候、文言如此ニ御座候

御入院ニ付而松平紀伊守殿江御礼之儀、次而御申聞候、来月二日朝六ツ半時前、紀伊守殿江御出候様ニと之事候間、其御心得可被成候、以上

八月廿七日　田中文右衛門

清水寺
成就院
御同宿中

右之通手紙参候事

丑八月廿七日

一御所司代松平紀伊守殿継目之御礼、今日首尾能相済、持参物無之候、御帰候而其儘南都江御下り被成候事

丑九月二日

一弐町目井筒屋嘉右衛門病気ニ付町へ之譲状、今日出し置候旨、年寄惣兵衛相届候、譲状写有、以上

丑九月二日

一弐町目ほうきや源右衛門聟弥兵衛・同町八百屋市郎左衛門・海老屋伊兵衛、節句前ニ御礼ニ出し申度由惣兵衛窺(伺)申候、節句ニ出し候様ニ申付候、以上

丑九月二日

一四町目河内屋与平次屋祢(根)葺替之願、年寄文右衛門申来

候、勝手次第葺替候様ニ申付遣し候、則書付有之候、
以上
　　丑九月三日
一今三日南都一乗院御門跡江之継目之御礼相済、御次之
間にて家老・坊官衆相伴ニ而御吸物・御酒出申候事
　　進物覚
一乗院御門跡様江　銀子三枚
　　　　　　　　　杦原壱束
　　　　　　　　　段（緞）子壱巻
一外ニ二重之杦折御菓子上ル、是者不例也
一金百疋　　　権別当
一金百疋　　　少別当
一鳥目五百文　二条寺主
右之通ハ先例如此ニ御座候
一金三百疋　　湯浅三河守
一金三百疋　　二条寺主
一金三百疋　　内侍原治部卿
一金子百疋　　高間（天）大内蔵
一金子百疋　　中沼監物
一鳥目弐百文　杦田六兵衛
右六人之分不例也、此度之儀各別ニ候故、如此ニ候、
重而意得可有候事
　　丑九月三日
一松原通宮川五町目ゟ当寺持分之屋敷絵図ニ致、方内松
尾左兵衛方へ遣し候由、宮川町年寄喜兵衛申来候、則
絵図写有之候、以上
　　丑九月六日
一今度入院ニ付門前中御礼之儀、来ル九日四ツ時分ニ罷
出可申旨、町々年寄共へ申付候、以上
　　丑九月七日
一今九日門前惣中御入院之御礼相済、以上
　　丑九月九日

一弐町目八百屋市郎左衛門・ほうきや（箒屋）弥兵衛御礼相済、
式法之通ニ樽三種・肴差上ケ申候、以上
九月九日

一御公儀ゟ火之用心御触、松尾左兵衛ゟ廻ル、霊山ゟ当
山へ参、則写置、清閑寺へ遣候、請取有之候、以上
九月九日戌刻

一執行・目代・六坊中へ火用心之御触写致、弐町目行司
十右衛門ニ申付申渡し候、以上
丑九月十日

一今日門前四人年寄共呼、入院之祝儀相渡し候事
一金子弐百疋　年寄四人江
一鳥目拾貫文　門前惣中
一金百疋　壱町目被官八人
右ハ組合外ニ御祝儀上ケ候故如此ニ候
一金三百疋　小間物商人
右ハ祝儀上ケ候ニ付如此ニ候
丑九月十日

一門前中宗門改之帳、今日方内江相渡し候由、年寄共相
届候、以上
丑九月十日

一弐町目井筒屋嘉右衛門所持長屋之内、東之方ニ而壱軒、
三町目之海老屋文左衛門ニ譲り申ニ付、文左衛門悴亀
屋伊兵衛名代ニ而町儀等を仕舞、今日御礼ニ罷出候、
以上
丑九月十二日

一今十二日、御入院之御祝儀ニ、当寺下寺幷出入門前年
寄彼（被）官中振舞有之候、以上
丑九月十二日

一当寺宗門改帳相認、今日雑色方へ相渡し候、以上

丑九月十三日

一町並寺方幷門前中宗門改之帳面、此方へも判形取置申候、以上

丑九月十三日

一南都招提寺奉伽（唐）（加）、当年十三ヶ月分八百拾弐文、松尾左兵衛方へ持せ遣し候、以上

丑九月十九日

右拾人分人付、去年之帳ニ有之候

一御公儀ゟ京廻御土居之藪、御伐すかし下刈被仰付候ニ付、望之者入札致候様ニと町触状、松尾左兵衛ゟ廻ル、写有之候、以上

丑九月廿三日

一瀧川丹後守（具章）殿明後廿九日御発足ニ付、御見送之儀無用之由、松尾左兵衛ゟ触状廻ル、霊山ゟ当山江参、則写置候而、若宮八幡江遣し請取有之候、以上

丑九月廿七日亥下刻

一弐町目近江屋文右衛門儀、今夜五ッ前ニ同心目付加々山権兵衛殿被参候而、年寄・組頭呼出し、文右衛門儀御僉議（詮）之事有之候間、町中江御預ヶ被成候旨、則手形致候而預り申候由、年寄惣兵衛相届候、以上

丑九月廿七日

一執行・目代・六坊中へも丹後守（瀧川具章）殿見送之儀無用之由写致、申渡し候、以上

丑九月廿八日

一弐町目近江屋文右衛門博奕之出入ニ付、今日牢舎被仰付候ニ付、則文右衛門家屋敷御闕所被成、町中江御預ヶ被成候、諸道具改ニ雑色沢与右衛門参吟味致、絵図・帳面ニ記、御公儀江差上ヶ申候、則写有之候、以上

丑九月廿八日
一安藤駿河守(次行)殿出礼、来ル五日罷出可申旨、松尾左兵衛ゟ触書廻ル、霊山ゟ当山江参、則写置申候而、清閑寺江遣し、請取有之候、以上
丑十月朔日
一執行・目代・六坊中へも出礼日限之写致、壱町目行司ニ申付申渡し候事
丑十月朔日
一安藤駿河守殿出礼之日限、町触壱通廻ル、則写有之候、以上
丑十月朔日
一夜前方内ゟ三町目山屋八郎兵衛儀、明四日召連、御公儀江罷出可申旨申来候ニ付、八郎兵衛儀、四年以前宿替致、三条大和大路へ参候旨口上書致、今日御断ニ罷出候処ニ、無別条相済候旨、年寄平兵衛相届候、則口上書写有之候、以上
丑十月三日
一御町奉行役人衆田中文右衛門殿・小野寺十兵衛殿ゟ手紙ニ而、明後五日御所司代之制札出申候間、水野備前(勝直)守殿屋敷へ罷出可申旨、右之手紙松尾左兵衛ゟ差越候故、成就院他出致候間、帰寺次第可申聞旨、左兵衛方へ孫九郎(藤林兼定)請取ニ致遣し候、以上
丑十月三日
一今日継目之御礼ニ江戸江罷下り申度旨、口上書を以、水野備前守殿・安藤駿河守殿江御願被申上候処ニ、江戸江御伺申上、重而御返事可被仰聞由ニ御座候御事、口上書如此ニ候
口上之覚
一此度拙僧儀、継目之為御礼、江戸江罷下り度奉存候、当院先住代々継目御礼、且又常々参府之御礼共ニ独礼

御目見江(得)相勤来候、私先住継目者、天和二年三月廿八日、於御白書院献上物御闕之外弐畳目ニ而、御奏者大久保安芸守(忠増)殿、御進物番青木新五兵衛殿御取次ニ而独礼御目見仕候、同四月五日御暇、於檜之間阿部豊後守(正武)殿御出床被成、黄金壱枚・時服弐ツ拝領仕候、今度も如先々継目之御礼ニ罷下申度奉願候、以上

清水寺成就院

寿清印

丑十月四日

御奉行様

如此ニ相認両御奉行江差上ケ被申候事

一安藤駿河守(次行)殿江初而之御礼、今日相済申事

丑十月五日

一御所司代制札、今日備前守殿ニ而田中文右衛門・小野寺十兵衛相渡し被申候事

丑十月五日

一御公儀ゟ山城国中之御絵図、石川主殿頭(憲之)殿江被仰付候ニ付、主殿頭殿絵図役人ゟ村々江之触書廻ル、則門前年寄共判形致、若宮八幡江廻シ申事、写如此ニ御座候、以上

丑十月十日

今度山城国中御絵図、従公儀被仰付候、就夫相尋儀共有之候、此段者追而可申遣候、為心得先達而如此候、以上

丑十月九日

石川主殿頭内御絵図役人

芥川大助

岡田甚五右衛門

坪井伊左衛門

浅井与五右衛門

半田忠太夫

和田五右衛門

山城愛宕郡村々

庄屋

中

年寄

追而此廻状庄屋・年寄致名判、村次江無滞廻候、触留
ゟ此方江持参可有之候
右之通ニ相認、当(宛)所も無之廻り申候事

一四町目八文字屋伝右衛門借銀之出入ニ付、夷川通烏丸
東へ入町粉屋六郎兵衛方江家屋敷相渡し申候故、則六
郎兵衛ニ手形申付取置申候、以上
丑
十月十三日

一弐町目井筒屋庄八郎借屋万屋六郎兵衛と申者ニ借シ入
置申ニ付、吟味致請合手形取置申候、以上
丑
十月十三日

一御公儀ゟ力宮様(受楽光院)昨夜御薨去ニ付、今日ゟ明後廿五日迄
鳴物御停止之旨町触廻ル、則写有之候、以上
丑
十月廿三日

一今廿三日四ッ時分、六坊知(智)文院ゟ壱町目勘左衛門方へ
申越候ハ、此方持延念寺之山ニ首縊有之候間、宜様ニ
頼入候由申来候、則勘左衛門此方へ其段相届候付、知(智)
文院と立会様子見届、早々御公儀江御訴申上候様ニ申
付遣候、則四人年寄共知(智)文院家来立会見届候而口上書
致、当町壱町目之年寄勘左衛門・知(智)文院同道致候而、
御公儀江御訴申上候、口上書之写有之候事

一右之御検使平尾四郎左衛門殿・寺田利左衛門殿、雑色
沢与右衛門御越、死骸御改之後、知(智)文院江御越候而
色々御吟味之上、六坊中運(連)判之一札幷当町壱町目年寄
勘左衛門・五人組之判形御取被成候、則写共有之候、
御検使之衆御帰之節、知(智)文院・勘左衛門同道致候而参
候様ニと被仰付候故、其儘御公儀江参候処ニ、今廿三
日ゟ明後廿五日迄、六波羅野ニ而さらし(晒)、尋申者も無
之候ハヽ、廿五日七ッ時分ニ申来候様ニ被仰渡候旨、
勘左衛門罷帰相届候、尤雑用ハ元禄五申ノ年三月ニケ
様之儀有之候、其例之通立会筈ニ御座候事、右死人衣
類書付幷書置之写共有之候、以上

丑十月廿三日

一知(智)文院持山之内ニ而首縊相果居申候男、今日迄さらし(晒)申候得共、相知レ不申候ニ付、当町壱町目勘左衛門・知(智)文院同道ニ而死骸取置申度旨御公儀江御願申上候処、無別条取置可申旨被仰付候故、則当山墓所へ埋申候、此間之雑用共、知(智)文院と門前立会ニ致埒明申候、前後御訴留書共外ニ有之候、以上

丑十月廿五日

一御公儀ゟ菊亭(今出川公規)右大臣殿昨日御逝去ニ付、明廿七日迄諸事鳴物御停止之御触、松尾左兵衛ゟ町触ニ廻ル、則写有之候、以上

丑十月廿六日

一今廿八日ニ田中文右衛門殿・小野寺十兵衛殿両人ゟ御指紙ニ而御用之儀有之候間、備前守(水野勝直)殿御屋敷江早々参候様ニ申来候故、成就院被参候処ニ、今度願之参勤之儀申来候、来月十五日前ニ参着成申候ハ、罷下り可被申候、十五日前ニ成不申候ハ、次第ニ寒気ニ趣(赴)候条、来春罷下り候様ニと被仰渡候ニ付、爰許仕舞次第ニ明日発足可仕旨御請申、罷帰り被申候事

丑十月廿八日

一江戸参勤今廿九日之昼御発足、御機嫌能、草津泊りニ御立候事

丑十月廿九日

一昨廿八朝五ツ過、仲(中)山大津道東ニ而、年来五拾計之坊主首縊り相果居申候ニ付、御公儀江御訴申上、御検使平尾四郎左衛門殿・寺田利左衛門殿御出、雑色沢与右衛門立会御改之上、御公儀ニ而今日ゟ三日さらし(晒)可申旨被仰付候、六波羅野ニ而さらし(晒)置候処ニ、小川通本誓願寺下ル町小間物屋源兵衛と申甥尋来候故、御公儀江御断申上、則死骸衣類等相渡し、手形致させ取置申候、御訴前後之留書共外ニ有之候、以上

丑十月廿九日

一昨廿八日御所司代并御町奉行衆江、直ニ江戸参勤之御
暇乞被申上御帰り候事

丑十月廿九日

一御公儀ゟ御尋之由ニ而、円成寺・円教寺・円融寺・菩
提樹院・金剛峯寺・桜本寺、右往古境内ニ有之候哉、
其訳来月六日迄ニ返答致候様ニ松尾左兵衛ゟ触書廻ル、
霊山ゟ当山江参、則写置、清閑寺へ遣し、請取有之候、
以上

丑十月廿九日

右之外ニ制札写之儀添書致シ廻申候事、留如此ニ候
御諸(所)司代御制札御写被成、私宅へ御越可被下候、尤札
之写ニ出候処、御本紙計出候哉之訳承度候、是ハ此方
扣(控)ニ仕候事ニ而候条、左様ニ御意得可有候、以上

丑十月廿九日　松尾左兵衛印

祇園社　高台寺　建仁寺　東福寺　稲荷社
竹田安楽寿院　黄檗山万福寺　右御役者中

右七ヶ寺之名当(宛)ニ指(差)越候、此方之儀ハ先達而写致遣し
置候故、如此ニ候

一執行・目代・六坊中江も右往古之寺跡御尋之趣写致、
三町目行司ニ申付申渡し候、以上

丑十一月朔日

一寺跡御改、町触ニ壱通廻ル、則写有之候、以上

丑十一月朔日

一御公儀ゟ酒商売多、下々猥ニ酒を呑、不届有之候ニ付、
高直ニ成、下々多不呑様ニ、諸国酒運上被仰付、其酒
ニ応し候而直段五割程高ク成候由御触、松尾左兵衛ゟ
町触廻ル、写有之候、以上

丑十一月朔日

一往古寺跡之改之儀、当山ニ無之旨、如此ニ書付、松尾

左兵衛方江今日持せ遣し候留

覚

円成寺・円教寺・円融寺・菩提樹院・金剛峯寺・桜本寺

右寺号之古跡、又ハ改号之寺跡之儀、当寺内者不申及、門前境内等迄遂吟味候処、往古ゟ一切無御座候、以上

丑十一月四日　藤林孫九郎(兼定)

右之通当《アテ》(宛)所なし・印判なしニ遣候事

一右之寺号、往古ゟ境内ニ聞及不申候旨、町並寺方幷門前中手形取置申候事

丑十一月四日

一三町目茶碗屋清兵衛家ニ宮川町松原上ル町豊嶋屋清兵衛家ニ居申候七兵衛と申者ニ借シ入置申ニ付、則年寄・組頭請合一札有之候、以上

丑十一月五日

一明正院(興子)様御一周忌ニ付、御公儀ゟ諸事鳴物・諸殺生・自身番之御触、松尾左兵衛ゟ町触ニ廻ル、則写有之候、以上

丑十一月七日

一四町目八文字屋伝右衛門家ニ居申候者嘉右衛門儀、同町嶋屋忠兵衛家を借シ入置申候事、同町柏屋久右衛門家ニ居申候伊左衛門と申者、同町丁子屋喜兵衛家を借シ入置申候、右両人家替致申ニ付、年寄・組(中)請合一札有之候、以上

丑十一月七日

一御公儀ゟ火之用心御触、霊山ゟ当山江参、則写置、清閑寺へ遣し、請取有之候、以上

丑十一月十日

一執行・目代・六坊中江も火之用心之儀写致シ、三町目行司ニ申付申渡し候、以上

丑十一月十日

一三町目俵屋半右衛門親類塗師屋藤兵衛と申者、山口屋権七借屋ヲ借シ入置申度旨、年寄平兵衛申来候、勝手次第ニ可致旨申付遣候、以上

丑十一月十日

一三町目池田屋九郎兵衛家弐軒ニ仕切、南之方茶屋家ニ仕候而、北之方居宅ニ致、青物商売仕度旨、御公儀江御願申上候処ニ、今十四日ニ願之通被仰付候、則差上ケ申候書付写有之候、以上

丑十一月十四日

一三町目俵屋とよと申者、御公儀ゟ十四日召運(連)罷出可申由、夜前方内ゟ申来候故、口上書致罷出候、右之訳ハ、神泉(苑)町若狭屋六兵衛と申者ニ銀子五百目借用致、百目ニ付二匁ツ、、利足毎月相渡し申候処ニ、右六兵衛と申者四五ケ年此かた、俵屋方江参候而、旅籠代并酒肴之代四百五拾目計有之ニ付、右借銀大形相済可申旨、母法春相果候時分書置にも致置候旨、御公儀江口上書致差上ケ申候処ニ、書之通(置)相違無之候哉、町之者共存知候哉と御尋被遊候故、則町内へ出し候書置も同事ニ御座候旨申上候、左候ハヽ、来ル十八日ニ町ニ有之書置持参可申旨被仰付候故、則今十八日ニ持参致候ヘハ、御吟味之上、此儀拵物之様ニ相見へ候間、四百四拾四匁之銀、三年ニ相済可申旨被仰付候由、年寄平兵衛罷帰候而相届候事

丑十一月十八日

一弐町目八百屋七兵衛と申者、相之町通万寿寺下ル町市郎兵衛と申者ニ銀六百目売券状以借用仕、外ニ預り証文壱通、以上三通手形ニ而借用致候処ニ不埒明之故、先月御公儀ゟ御裏判出候ニ付、今十八日ニ口上書致罷出候処ニ、相残ル百六拾弐匁弐分、三年ニ相立可申旨被仰付候旨、七兵衛罷帰相届候事

丑十一月十八日

一御公儀ゟ洛中洛外幷寺社領有来酒屋共、造酒改運上取立役人相極り候御触、松尾左兵衛より町触ニ廻ル、則写有之候、以上

丑十一月廿日

一三町目鼠屋十郎右衛門新家之願ニ今日御公儀へ罷出候得共、相替儀無之旨、平兵衛罷帰相届候、以上

丑十一月廿七日

一御公儀ゟ当月廿七日、高瀬川筋四条下ル弐町目市之町松屋清左衛門と申拾三才ニ成候者、下人長兵衛切殺し金銀盗取立退申ニ付人相書御触状、松尾左兵衛ゟ町触ニ廻ル、則写有之候、以上

丑十一月晦日

一御公儀ゟ当月廿七日、高瀬川筋四条下ル弐町目松屋清左衛門と申拾三才ニ成候者、下人長兵衛切殺し金銀盗取立退候ニ付御触状、松尾左兵衛ゟ寺触ニ廻ル、霊山ゟ当山へ参、則写置、清閑寺へ遣し、請取有之候、以上

丑十一月廿九日（ママ）

一執行・目代・六坊中へも右御尋者之御触書写致、申渡し候、以上

丑十一月廿九日（ママ）

一寺方幷門前中へも右御尋者之御触書ニ奥書致、判形取置候、以上

丑十一月晦日

一三町目大黒屋六左衛門家ニ七条出屋敷北糀屋町ニ居申候青物屋庄兵衛と申者ニ借シ入置申度由、則年寄・組中請合、一札有之候、以上

十一月晦日

一四町目粉屋六郎兵衛家、上八坂之寿輪院借屋ニ居申候

髪ゆひ（結）伝兵衛と申者ニ借シ入置申度旨、年寄文右衛門相届候、吟味致相極候様ニと申付遣し候、以上

丑十二月二日

一三町目池田屋九郎兵衛家、八坂ニ居申候三右衛門と申者ニ借シ入置申度旨、年寄平兵衛相届候、則年寄・組中請合手形有之、以上

丑十二月四日

一四町目津国屋九郎三郎儀、当十月より相煩（患）居申候、其上両親も有之、子共多、身上成不申候ニ付其儀を苦労ニ致、今朝六ツ時分自害致候得共、相果不申候故、御公儀江御訴申上候、御検使永屋（長）助右衛門殿・草川源左衛門殿御出、雑色松尾左兵衛立会、手疵御改之上、妻子并町中被召出、御僉儀（詮議）之上手形御取被成候、則御公儀江被召運（連）候処ニ、九郎三郎身上苦労ニ存知自害致候段御聞届被遊候条、疵養生致、快気仕候ハヽ、重而申来候様ニと被仰付候旨、文右衛門罷帰相届候、則右之一巻・手形之写共有之候、以上

丑十二月五日

一例年之通門前中自身番之儀、当年ハ江戸留守ニ而も有之候間、今晩ゟ相勤候様ニと年寄共江申付候事

丑十二月六日

一四町目粉屋六郎兵衛家、上八坂ニ居申候伝兵衛ニ借シ入置申ニ付、年寄・組中請合之一札有之候、以上

丑十二月七日

一御公儀ゟ山城国中、古来天子之御廟御改被成候ニ付、門前境内ニ陵有之候哉、有無之訳、来ル十六日迄之内書付可差出旨御触状、松尾左兵衛ゟ廻ル、霊山ゟ当山江参、則写置清閑寺へ遣候、請取有之候、以上

丑十二月十日

一執行・目代・六坊へも天子御廟御改之御触状写致、四

町目行司ニ申付遣し申渡し候、以上
丑十二月十日

一町並寺方・門前中、天子之陵御改ニ付、何も遂吟味、判形取置申候、以上
十二月十三日

一天子之陵御改ニ付、西院村・壬生村・聚楽村・朱雀村・中堂寺村・東塩小路(村)、右之庄屋共ゟ一札取置申候、文言如此ニ御座候、本紙御寺ニ有之候

一札之事

一今度従御公儀様被為仰出候古来天子之御廟御改被為成候ニ付、清水寺領之内、私支配何石何斗何升之地所吟味仕候様ニ被為仰聞、相改候得共、陵之地所無御座候、尤不及承候間、為後日之一札如此御座候、以上

山城国葛野郡聚楽廻
元禄十年丑十二月十四日　庄屋　林九兵衛印
清水寺成就院様

御納所
右之文言ニ而、村々庄屋共ゟ壱枚ツヽ取置申候事
丑十二月十三日(ママ)

一今日陵之書付如此ニ相認、方内江遣申候事

覚

一今度山城国中、古来天子之御廟御改被為成候ニ付、当門前境内其外他所ニ有之候清水寺領之地所迄吟味仕候得共、陵一切無御座候、以上

清水寺成就院
江戸ニ罷有候故、判形不仕候
元禄拾年丑十二月十四日
成就院代
泰産寺印

御奉行様

右之通ニ相認、松尾左兵衛方迄今日持せ遣し候、以上
丑十二月十四日

一年寄共大算用、例年之通今日相勤申候事

丑十二月十六日

一成就院ゟ油代金弐歩、例年之通被下候事

丑十二月十六日

一御公儀ゟ火之用心御触、松尾左兵衛ゟ廻ル、霊山ゟ当山江参、則写置、清閑寺江四町目行司ニ持せ遣、請取有之候、以上

丑十二月廿日亥下刻

一執行・目代・六坊中江も火用心之儀写致、四町目行司ニ持せ遣し申渡し候、以上

丑十二月廿一日

一火之用心之儀、年寄四人へ申付、町々随分念を入相慎候様ニと申付候、以上

丑十二月廿一日

一御公儀ゟ火之用心之儀、松尾左兵衛ゟ町触ニ壱通廻ル、則写有之候、以上

丑十二月廿一日

一松尾左兵衛ゟ手酒之儀ニ付如此ニ申廻り候、町方へ参候写如此ニ候

酒屋共御願申上候者、町中銘々手酒造候事、停止ニ被仰付被下候へと願候得共、手酒造候事、御停止ニハ不被仰出候へ共、酒屋共ゟ運上指(差)上候事ニ候間、町中銘々手酒造候事遠慮仕候様ニ、方内ゟ意得ニ而申渡し候へと御役人中被仰候条、手酒造候事遠慮仕候様ニ被仰付候、以上

丑十二月十四日　御屋敷当番

松尾左兵衛様

右之通被仰渡候条、町中銘々手酒造候事、致遠慮可然存候事ニ候

丑十二月十九日　松尾左兵衛

右之通書付門前へ参候事

一弐町目近江屋文右衛門儀、山城国中・大津御払、家屋敷・諸道具御闕所ニ被仰付候旨、今日御屋敷被召出被仰渡候、妻子者御構無之候事

丑十二月廿一日

一四町目津国屋九郎三郎、手疵快気仕候ニ付、今日御公儀江御断申上候処ニ御聞届被遊、手疵快気之上者、御構無之由被仰付候事

丑十二月廿一日

一成就院江戸ゟ御上京ニ付、年寄共彼(被)官之分大津迄御迎ニ罷出候、門前中も山科清閑寺迄思ひ〳〵ニ参候事

丑十二月廿三日

一継目之御礼首尾能御勤被遊候而、御上着之□御祝儀門前中へも金子壱両被下候、則四人年寄共呼相渡し候事

丑十二月廿八日(ママ)

江戸参勤継目御礼覚

一十一月十五日、於御白書院ニ独礼、献上物杦原壱束・段(緞)子壱巻、御閾之外弐畳目、御奏者寺社御奉行井上大和(正岑)守殿、同十六日御巻数差上申候、同廿三日、御暇於檜之間ニ土屋相模守(政直)殿御出床(座)被成、黄金壱枚、時服弐ツ拝領、井上大和守殿御取次、同極月九日、御講談拝聞、右ハ柳沢出羽守(吉保)殿江御願申上候ニ付、出羽守殿御取持ニ而被仰付候事

一御老中・若年寄中へ進物壱束一本遣し候事

一江戸ゟ十二月廿三日京着、同廿四日ニ御所司松平紀伊(信庸)守殿、両町御奉行水野備前守(勝直)殿・安藤駿河守(次行)殿、右之衆中江江戸表首尾能仕舞罷登候由御届ニ御出候事

丑十二月廿四日

一南都一乗院御門跡江歳暮之御祝儀、又ハ江戸ゟ上着之御届旁々ニ今日金蔵院指(差)下し、首尾能勤、廿六日ニ罷

帰り被申候事

丑
十二月廿四日

一三町目御牧屋小兵衛所持致候家屋敷、町中会所屋敷ニ買置申候処ニ、町之借銀有之ニ付、同町茶碗師清兵衛借屋ニ居申候五兵衛と申者ニ売申度旨、年寄平兵衛申来候ニ付、勝手次第ニ致候様ニ申付遣し候、則願之書付有之候、以上

丑
十二月廿五日

右正月ゟ十二月迄諸事留書之覚如此ニ候、以上

元禄拾年　　藤林孫九郎（印）

丑十二月日　　兼定（花押）

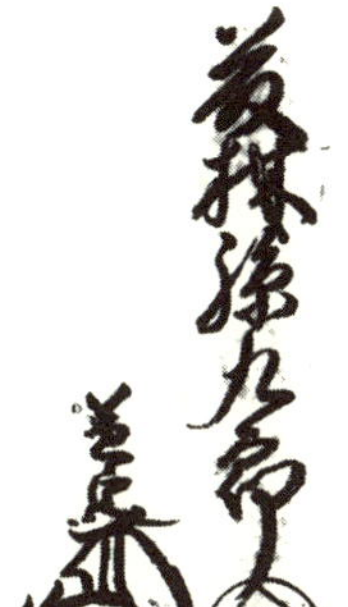

213　元禄10年

（後補裏表紙）
「文政五壬午九月

表紙付仕立直

清水寺

成就院」

元禄十二年

「（後補表紙）元禄十二己卯年
御日記
従正月至十二月」

「（原表紙）元禄十二己卯年
御日記
極月」

一六波羅上ケ屋敷、霊山一阿ミ（弥）上ケ屋敷、宮川町明地（空）長屋建ニ仕、借家置申度願之事、正月ニ有之候、并当寺門内弁才天之事

一万燈明会之事、二月也

一弐町目六波羅筋北側、雲月と申者之藪垣火事之事、三月也

一六波羅野遊行之北、無縁塚相改候事、四月也

一西本願寺持大谷御堂之西ノ方畑ニ境目石ヲ建候事、七月也

一大仏渋谷町と清水寺領境ニ自害人有之、立会之事、七月也

一六波羅野道筋ゟ北、検地之事、九月

一坂弓矢町地買請之事、十二月

一四町目松屋権右衛門屋祢（根）へ、極月廿七日夜、なけ（投）火致候ニ付、年明候而も自身番相勤候様ニ申付置候処ニ、町中段々断申候故、今晩迄ニ仕舞候様ニ申付遣し候、以上

卯正月五日

一御公儀ゟ火之用心御触状、霊山ゟ当山へ参ル、則写置、清閑寺へ遣し候而請取有之候、以上

卯正月十日

一御公儀ゟ火之用心之儀、町触ニ壱通廻ル、写有之候、以上

卯正月十日

一執行・目代・六坊中へも火之用心之儀写致し申渡し候、
以上
卯正月十日

一火之用心之儀、門前中へ申聞候而、則手形取置申候、
以上
卯正月十一日

一弐町目少小路庵壱ケ所、地主正印（平瀬）、右之庵東大谷ニ居
申候久兵衛と申者所持致居申候処、此度茶碗屋与平次
へ譲り申候由、則町へも譲り之手形取置申旨、年寄惣
兵衛相届候、右之庵、此度覆復（修覆）仕度旨願申候、梁出シ
建出し抔不仕候ハヽ、勝手次第ニ致し候様ニ申付候、
以上
卯正月十五日

一御公儀ゟ京都ニ令住宅、商売をも致し候もの、他国へ
住所引越候儀、向後番所へ相断、其上ニ而引越可申旨、
幷京都町人子共或ハ若輩之族へ、親又ハ手代共不存預
ケ金銀致し、不行跡之訳をも乍存知相対致し置、右証
文を以訴出候もの有之様ニ相聞候、向後御吟味之上ニ
而可被仰付旨、又ハ京都家屋敷売買、先年御触之趣、
弥相守り候様ニ町触ニ廻ル、則写有之候、以上
卯正月十四（ママ）日

一三町目近江屋伝兵衛建出し造作之願、年寄平兵衛申来
候、此方ゟ可申付由為申聞候、則絵図・口上書有之候、
以上
卯正月十八日

一門前四町目絹屋栄珠上ケ屋敷・三町目霊山一阿弥上ケ
屋敷幷松原通宮川町之行当当寺所持之地、右三ケ所之
屋敷ニ長屋建ニ仕、借屋置申度旨、以絵図御公儀江今
日成就院御願被申上候、新家役人神沢与兵衛殿取次ニ
而、来ル廿七日ニ様子聞ニ参候ニと有之候、則絵図・口
上書之留有之候、以上

卯正月廿一日

一弐町目米屋三郎兵衛儀、今度京都ニ而酒はやし（望子）を譲り請候ニ付、当地ニ而酒はやし（望子）出シ、商売仕度旨、願申候旨、年寄惣兵衛相断候事

卯正月廿二日

一松尾左兵衛方ゟ公家衆方并下屋敷又ハ御借り家有之候哉と、町触ニ廻状参候、当門前ニハ無之由申遣し候旨、年寄共相届候、廻状写如此ニ候

口上

一御公家衆方御屋敷并下屋敷、又ハ御借り家有之候哉、承度候間、書付一両日中ニ私宅江可被指越候、右之品無之町々村々ハ、此廻状之下ニ其断書付可被申候、尤手前入用有之心得ニ成候故、尋申事ニ候、以上

卯正月廿三日　松尾左兵衛印

清水寺門前　此下ニ無之由四人之年寄名判致遣候由

一当寺門内之蓮池ニ弁才天之宮建申度旨、絵図を致し、今日御屋敷江持参被申、神沢与兵衛殿へ頼置被申候事、并去ル廿一日御願申上候四町目絹屋栄珠上ケ屋敷・三町目霊山一阿弥上ケ屋敷并松原通宮川町行当南側之屋敷之儀、明後廿八日ニ御検分ニ御越可有由被申渡候、以上

卯正月廿六日

一松尾左兵衛方ゟも新家願之屋敷地、廿八日ニ役人中御検分ニ御越可有旨、案内有之候得共、雨天故相延、今廿九日ニ神沢与兵衛殿・木村与三兵衛殿御出、并雑色沢与右衛門被参、右三ケ所屋敷、当寺門内弁才天之地検分被致候、尤成就院并藤林孫九郎（兼定）出合申候、松原之屋敷江ハ孫九郎計参候事

卯正月廿九日

一門前中ニ只今迄火用心之水ため桶無之候付、向後ハ町々申合、水ため桶拵置候様ニ四人年寄共へ新規ニ申

付候事
　卯二月朔日
一四町目桔梗屋三(十)重郎屋祢(根)葺替申度旨、年寄文右衛門申来候、勝手次第ニ仕候様ニ申付候、則願書有之候、以上
　卯二月三日
一四町目和泉屋次郎兵衛家ニ居申候与左衛門と申者、同町柏屋久右衛門家江参候旨相届候、則一札有之候、以上
　卯二月三日
一四町目若狭屋喜兵衛後家家江上岡崎庄屋茂助と申者之借屋ニ居申候伊兵衛と申者ニ借シ入置申度旨、年寄文右衛門申来候、能吟味致候而相極候様ニ申付候、則一札有之候、以上
　卯二月三日

一壱町目正印(平瀬)借屋江大仏馬町ニ居申候平右衛門と申者ニ借シ入置申度由、年寄勘左衛門申来候、平右衛門儀者、成就院方ニも居申候得共、弥吟味致候而、寺請状饋(送)手形等念入取申候様ニと申付候、則一札有之候、以上
　卯二月六日
一御公儀ゟ今六日四ツ時分、安藤駿河守(次行)殿御屋敷江罷出候様ニ、松尾左兵衛方ゟ昨日申来候ニ付、今日成就院被参候処ニ、先月廿一日ニ御願申上候新家普請之儀、松原屋敷・三町目屋敷・当寺門内之弁才天宮、願之通御赦免被為成間、勝手次第ニ普請仕候様ニ、六波羅之南角之屋敷ハ、此度ハ延引致し可申由、松原屋敷ハ町並悪敷候、縄張致し可申候間、普請前ニ案内可仕由、神沢与兵衛被申渡候、右ハ瀧川丹後守(具章)殿・安藤駿河守殿被仰付候事
　卯二月六日
一三町目鼠屋十郎左(右)衛門新家之願、御公儀江御願申上候

処ニ、今日御赦免被為成候間、願之通普請仕候様ニと、十郎左(右)衛門幷年寄平兵衛申渡し候事、尤町並悪敷成不申候様ニ致し可申旨申付候、以上

卯二月六日

一弐町目越川屋三右衛門所持致し候少之小路庵壱軒、此度三町目海老屋文左衛門方へ譲り申度旨、年寄惣兵衛申来候、勝手次第ニ仕候様ニ申付候、尤町へ一札取置候様ニ申渡し候、以上

卯二月七日

一弐町目桜屋喜左衛門裏長屋江壱町目万屋多兵衛弟半兵衛と申者ニ借シ入置申度旨、年寄惣兵衛相届候、勝手次第仕候様ニ申付候、以上

卯二月八日

一弐町目海老屋喜平次屋祢(根)葺替之願申来候、勝手次第ニ致候様ニ申付遣候、則一札有之候、以上

卯二月十一日

一例年之通、門前中幷小間商売致し候もの判形取置申候、以上

卯二月十一日

一御公儀ゟ刀帯候者、奉公人者主人江遂断、浪人者其由緒断相立、其上ニ而刀帯可申旨御触状、松尾左兵衛ゟ廻ル、霊山ゟ当山へ参り、則写置、清閑寺江遣し請取有之候、以上

卯二月十二日子ノ刻

一執行・目代・六坊中へも刀帯候儀、幷公家衆借宅之儀、右御触之趣写致し申渡し候、以上

卯二月十三(ママ)日

一刀帯候之儀幷公家衆借宅御触状、町触ニ壱通廻ル、写有之候、以上

卯二月十二日

一御公儀ゟ真鍮箔之床(座)相極候ニ付御触書廻ル、則写有之
候、以上

卯二月十二日

一刀帯候儀御触状ニ奥書致し、門前中判形取置申候、以
上

卯二月十二日

一当月廿一日ゟ晦日迄万燈明有之候、一日ニ千燈明ツヽ
十日之間、都合壱万燈也、施主瀧川丹後守(具章)殿、但シ表
向ハ田舎衆と申置候事

卯二月廿一日

一本堂舞台ゟ当廿四日昼七ツ時分、年来廿四五才女飛落
未相果不申候、門前之者共欠(駆)付様子見届、所をも尋候
へ共、正気付不申、次第ニよわり居申候、医師呼薬用
申候、御公儀江御訴申上候内ニ相果申候、御検使岩城(木)
平内殿・平尾四郎左衛門殿御出、雑色西村新右衛門立
会、死骸御改之上、所之者共御呼出し、色々御吟味之
上手形御取被成候、明朝御屋敷江参候様ニと有之候ニ付、
廿五日早天ニ当町壱町目年寄勘左衛門、五人組行事、
御屋敷江罷出候処ニ、今日ゟ廿七日迄三日之間さらし(晒)、
重而様子申来候様ニ被仰付候旨、年寄罷帰相届候、則
手形・衣類付之留書有之候、さらし(晒)場ハ中筋六波羅野、
例之所也

卯二月廿五日

一壱町目和泉屋いぬ借家江西寺内ニ居申候左次右衛門と
申者ニ借シ入置申度旨、年寄勘左衛門申来候、吟味致
相極候様ニ申付候、則請合一札有之候、以上

卯二月廿五日

一当廿四日、舞台飛油小路中立売下ル町菱屋善兵衛後家
下女まきと申者由尋来候、親ハ丹波ニ有之ニ付其趣立

会、御公儀江御訴申上候処ニ、主人方へ請取候様ニ被
仰付ニ付、則手形致させ相渡し申候事
卯
二月廿七日

一三町目坂本屋治左衛門借家江河原町ニ居申候八百屋ニ
借シ入置申度旨申来候、勝手次第ニ相極候様ニ申付遣
し申候、則請合一札有之候、以上
卯
二月廿七日

一四町目柏屋久右衛門家霿(修)覆仕候而、屋祢(根)並瓦ニ仕度旨、
幷同町六兵衛屋祢(根)葺替申度由、則願之書付有之候、以
上
卯
二月廿七日

一四町目和泉屋次郎兵衛家、同町米屋平左衛門家ニ居申
善四郎と申者ニ借シ入置申度旨、則請合一札有之候、
以上
卯
二月廿七日

一三町目扇屋角兵衛聟伊左衛門と申者、麩屋町通四条上
ル町石見屋勘兵衛方ニ手代奉公致、江戸棚を預り居り
申候処ニ、銀四貫三百拾弐匁取込有之由ニ而、御公儀
江御訴訟申上候処ニ、今日御裏判出申ニ付、角兵衛・
伊左衛門方へ附申候由、年寄平兵衛相届候事
卯
二月廿七日

一三町目井筒屋佐平次方ニ召使候茶立女てう幷食焼女か
な、右弐人廿四日四ツ時分寺参り仕度旨申ニ付、隙遣
し候処ニ、今日迄帰不申候、此間親元・請人方へも人
遣し候へ共、行衛知レ不申候故、其趣明廿九日ニ御公
儀(江)御訴申上候旨、年寄平兵衛相届候、則口上書留有之
候、以上
卯
二月廿八日

一今二日朝五ツ時分、中山大津海道西水茶屋之所ニ、年
比五拾四五才男相果居申候ニ付、様子見届候処ニ、非
人ニ相見江申ニ付、非伝院(悲田)之忠右衛門と申者呼寄見セ候

へハ、非人ニ紛無之由申ニ付、則其趣口上書致、当町三町目年寄御公儀江御訴申上候処ニ、非人ニ紛無之候ハ、取置可申旨被仰付候、則非伝(悲田)院忠右衛門五条通小屋之者ニ申付、当地墓所江埋申候、右口上書留有、以上

卯三月二日

一弐町目近江屋六兵衛所持致候少之小路庵、如念と申者売申度旨、年寄惣兵衛相断候、則願之口上書有之候、勝手次第ニ仕候様ニ申付遣し候、以上

卯三月四日

一方内ゟ宮御門跡様方并比丘尼御所御末寺町内ニ有之候哉、其訳委細書付早々持参致候様ニ触書、町触ニ廻ル、則写有之候、御末寺者無之旨付紙ニいたし遣候由、以上

卯三月七日

一今朝五ツ時分、年比廿才計之女、本堂舞台ゟ飛候処を、番人八兵衛見付、とらへ(捕)置知らせ申ニ付、立会様子相尋候得ハ、高辻通西洞院東へ入町笹屋平兵衛と申方ニ奉公致し候さんと申者ニ而有之由、内々隙申請度旨、度々親共へ申候得共、親承引不仕候故、首尾能隙出申候様ニ立願相立、飛可申覚悟之由申ニ付、主人平兵衛方へ人遣し様子承、一札致させ相渡し申候、親ハ油小路五条下ル町太郎兵衛と申者にて有之候、以上

卯三月十一日

一町々在々面々居宅・借屋共ニ及破損、又ハ不勝手或ハ様子有之たゝミ(畳)置候ハヽ、其節相断候様ニ去ル午ノ年ニ相触候処ニ、此比ニ至、たたミ(畳)置候跡ニ家建申度由願申族有之候間、向後家たゝミ(畳)置候ハヽ、家間尺書付、方内迄相断候様ニ町触廻ル、則写有之候、以上

卯三月十三日

一今十八日萩(荻)原近江守(重秀)殿并林藤五郎殿御参詣、首尾能相

済、近江守殿ゟ先達而使者ニ而、御初尾銀子壱枚参候
事
卯三月十八日

一三町目扇屋角兵衛聟伊左衛門儀、返答書致十九日ニ罷
出候処ニ、勘兵衛方之帳面ニ而両町立会勘定致候様ニ
被仰付候故、勘定之上、勘兵衛帳面相違無之旨、両町
運(連)判ニ而口上書致、廿一日ニ差上ケ申候処ニ、段々御吟
味之上、伊左衛門儀、親請人江御預ケ、銀子ハ三度ニ
相立候様ニ被仰付候旨、年寄平兵衛罷帰相届候、以上
卯三月廿一日

一三町目井筒屋佐平次召使茶立女、去ル廿四日家出致し
候付、其趣廿九日ニ御公儀江御断申上候、然処ニ此廿
二日ニ罷帰候故、今日其段御断申上候処ニ、無別儀候
ハヽ、勝手次第ニ召使候様ニ被仰付候事
卯三月廿三日

一四町目柏屋久右衛門裏ニ壱間半四方之小屋建、并弐間
半塀新規ニ仕度旨、其外表之方屋祢(根)平瓦置、柱根継等
仕度由、御公儀江御願申上候処ニ、廿三日願之通被仰
付候旨、則絵図・書付有之候、以上
卯三月廿四日

一四町目米屋平左衛門家へ三町目茶碗屋清兵衛家ニ只今
迄居申候五郎兵衛と申者ニ借シ入置申候旨、則請合一
札有之候、以上
卯三月廿六日

一弐町目雲月と申者之屋敷西之方藪垣、昨廿六日夜九ツ
時分壱間計焼出申候処、早速欠(駆)付、消申候付、其趣
御公儀へ口上書致し、年寄惣兵衛并雲月御断申上置候
事、御公儀江御訴不申候内ニ、火消御役人谷大角(学)殿之
先手之衆、早速被参様子見届、書付を取帰り被申候、
尤夜中ニ御断申上候事、口上書留有、以上
卯三月廿七日

一御公儀ゟ金銀箔つかひ候儀御停止之旨、真鍮箔之儀者何によらす、諸職人勝手次第ニ可用之由、町触ニ廻ル、則写有之候、以上
卯三月廿八日

一四町目花屋文右衛門・綿屋理(利)兵衛、丹波亀山領ニ居申作太夫と申者、銀子百目丑ノ十一月ニ玄貞と申者取次ニ而借用致し候処ニ不埒故、右之作太夫罷上り、度々催促致候得共、本人理兵衛田舎江参り候由ニ而出合不申候間、何方へ参り候哉、御僉(詮)議被成、逢申様ニ被仰付被下候様ニと、作太夫幷玄貞女房いわと申者断申来候ニ付、則文右衛門呼寄様子相尋、兎角理兵衛逢申相対致し候ニ申付遣し候、以上
卯三月廿九日

一正(平瀬)印下役人茶碗屋与平次幷当町四町目年寄文右衛門呼寄申付候趣ハ、明九日神事ニ坂弓矢町之者共、当年も六人参候ハ、、相改、例年八人ツ、、参り候ニ、当年六人罷出候事如何ニ存候と様子聞届、口上書を仕差出し候様ニ可申聞候、其儀も致し不申候ハ、、坂之者申分、此方ゟ覚書ニ致、其方共口上ハ如此ニ候哉と見せ候而、坂之者六人之名を書付置候様ニ申付候事
卯四月八日

一今九日首尾能御公儀ゟ町廻与力衆三人、目付与力弐人、例年之通弐組被参、朝倉堂ニ而神事見物有之、首尾能相済候事
卯四月九日

一坂弓矢町之者共、当年も六人参候ニ付様子聞届、昨日申付候通、口上之趣留書如此ニ候

口上之覚

一当町地主之御神事ニ、例年我々共八人宛参相勤申候処ニ困窮仕候ニ付、当年ハ六人参候、明日ニ而茂以来六人参候様之御願可申上候、尤八人宛闕不申、例年之通出候様ニと御座候ハ、、来年無相違可罷出候、以上

元禄拾弐年卯四月九日

坂弓矢町
年寄出羽
同 美濃
同 宮内
同 蔵人
同 高嶋
年寄名代壱人

右之通、与平次・文右衛門聞届候口上書如此ニ御座候
事

一御公儀川筋普請方御役人渡辺甚五左衛門殿・加納武助
殿、昨十一日ニ御出候而、藤林孫九郎(兼定)御呼出し被仰聞
候趣者、加茂川筋へ無縁之者埋捨候ニ付、川筋江死骨
流出見苦敷候ニ付、左様之者捨候場所旁方相改候処ニ、
当寺境内ニ六波羅野之内、遊行之北ニ無縁塚有之候、
此塚之間尺畝数ハ何程有之場所ニ候哉、知行水帳印可
有之候間、委細承度由被申聞候ニ付、其趣吟味致し候
へ共、此方水帳ニも見へ不申候、慈心院方へも様子相
尋候へ共知レ不申候故、其通申入候処ニ、左候ハヽ、塚
之廻り畑之分絵図ニ仕、水帳之畝数書付差越候様ニと
被申付候故、塚之廻り畑畝数地主江相尋、水帳之畝数
幷只今見へ来候地面之畝数絵図弐枚ニ相認、右之役人
中江今日孫九郎持参仕候、則此方ニ留写有之候、安藤
駿河守(次行)殿・瀧川丹後守(具章)殿御代之御事

卯
四月十二日

一御公儀ゟ御用之儀有之候間、地方役人召連、安藤駿河
守殿御屋敷江今日成就院罷出候様ニ、松尾左兵衛方ゟ
申来候ニ付被参候処ニ、渡辺甚五左衛門・加納武助被
申渡候趣、無縁塚廻り相改候絵図之趣、委細申上候処
ニ、水帳ニ之畝数ニ多キ分塚之地ニ入候様ニ被申間、多
キ分塚ニ入、当分垣を致置候様に被申候、慈心院江も
右之通御申渡し可有由被申渡候、以上

卯
四月十四日

一無縁塚廻り畑之儀、慈心院へも申遣し立合、畝数相改

候処ニ、成就院分壱ケ所畝数拾七歩、慈心院分弐ケ所畝数弐拾弐歩半、右合壱畝九歩半、水帳之畝数ニ多候ニ付、塚之地ニ入、当分垣を致し置候、則多キ分絵図ニ朱引仕、右之御役人両人方江壱枚ツヽ、今日遣し候事、成就院地方役人井上清兵衛・吉沢利兵衛・前田彦十郎・浜忠兵衛、右四人也、慈心院ゟハ長谷川小兵衛・清閑房幷六助と申者立合相改、右之絵図三枚幷水帳畝数之目録壱枚、右御公儀江上ケ候分留有之候、外ニ慈心院ゟ参候水帳之写壱枚、印判無之候得共本紙也、此方ニ留置候、長谷川小兵衛儀者慈心院親類故、此度被頼候ニ付罷出候由、以上

卯ノ四月十六日

一松原通宮川町屋敷、今日御公儀新家役人木村与惣兵衛・神沢与兵衛検分ニ御出、海道筋東西ニくいを打被申候而、願主彦十郎に明廿七日四ツ時分、(安藤次行)駿河守殿御屋敷江罷出候様ニ申付被帰候、以上

卯ノ四月廿六日

一松原屋敷之儀ニ付、今日彦十郎御屋敷へ罷出候処ニ、昨日検分之上ニくいを打候通普請仕候様ニと被仰渡候事

卯ノ四月廿七日

一壱町目毘沙門屋勘左衛門・柏屋善兵衛屋祢(根)葺替之願申来候、則願之書付有之候、以上

卯ノ四月廿七日

一弐町目少之小路庄三郎後家所持致候上ケ屋敷、同町桜屋喜左衛門と申者、我等方へ出入致し候故、此度手形ヲ致させとらせ申候ニ付、少小路道筋優婆堂後江引出し普請仕度旨、御公儀江御願申上候処ニ、今六日願之通被仰付候、則絵図・書付共有之候、以上

卯五月六日

一四町目平野屋杢之助家江東石垣壱町目松葉屋三郎兵衛家ニ居申候大坂屋五郎兵衛と申者ニ借シ入置申度旨願

申候、則請合手形有之候、以上

卯
五月八日

一六条菱屋清兵衛と申者、門前三町目茨木屋又左衛門居屋敷之儀ニ付、御公儀江御訴訟申上候ニ付、今日又左衛門幷年寄御呼出し被成、相方御僉（詮）議之上、又左衛門方ニ承応二年以来之皆済手形有之ニ付、又左衛門屋敷ニ紛無之由、清兵衛方ニ有之又左衛門先祖吉兵衛と申者預り手形、是ハ御公儀江御取上被成、又左衛門利運ニ被仰付候由、年寄平兵衛・又左衛門罷帰相届候、瀧川丹後守（具章）殿・安藤駿河守（次行）殿御代也、右之出入之訳、委細之儀ハ去ル寅ノ六月ニ六条清兵衛母口上書致し、地頭江御訴訟申候、則其趣此方ニ写置候事

卯ノ
五月十四日

一御公儀ゟ長崎唐人江相渡候銅請負之者相廻し候外ニ、銅入用之儀有之候、彼地町年寄方へ買取申筈ニ候間、棹銅・荒銅・古地銅ニ而も心次第相廻し、商売可仕之旨、町触ニ松尾左兵衛方ゟ廻ル、則写有之候、以上

卯
五月十六日

一弐町目鷹羽屋作左衛門後家所持仕候家屋敷、同町伊賀屋弥兵衛と申者ニ売申度旨願申候、当分ハ買名代壱町目茶碗屋与平次ニ而有之由、則願之書付有之候、以上

卯
五月十四（ママ）日

一松尾左兵衛方ゟ当月廿日ニ池田屋彦十郎召連、藤林孫九郎（兼定）ニ参候様ニと申来候故参候処ニ、松原屋敷之儀様子相尋候故、存知寄委細申入候処ニ、其趣口上書致し候様ニと有之ニ付、則口上書致置候、留有之候、以上

卯
五月廿日

一松原通宮川筋五町目ニ当寺之持地間尺不足有之候ニ付、相尋候而手形之通渡し候様ニ被仰付被下候様ニ、当十四日御公儀江御願申上候付、吟味之儀、方内江被仰付候故、松尾左兵衛・沢与右衛門・西村新右衛門、今廿

一日ニ参、双方呼出し立会ニ而吟味之上、委細絵図ニ記手形取罷帰り候事、則絵図・手形之留有之候、以上

卯五月廿一日

一本堂舞台ゟ昨廿五日四ツ時分ニ、年来五拾四五才女飛落居申候、参詣之者見付所へ知らせ申ニ付、早速立会様子見届、住所相尋候得共、言舌も不聞候ニ付、御公儀江御訴申上候処ニ、御検使永(長)屋助右衛門殿・岩木平内殿御出、并雑色沢与右衛門立会、色々御吟味之上手形御取被成、馬駐迄出し置、医師岡村玄凉種々薬を用養生致し候へ共、正気付不申、夜分八ツ過相果申ニ付、其趣御公儀江御訴申上候処ニ、今日ゟ廿八日迄三日之間毎最之所ニさらし(晒)置、廿八日七ツ過様子申来候様ニ、尤尋申者有之候ハヽ、御届可申旨被仰付候、飛人衣類付手形等之留共有之候、以上

卯五月廿六日

一御公儀ゟ金包候儀、後藤庄三郎方ニ而向後包候様ニと御触書、松尾左兵衛方ゟ廻ル、霊山ゟ当山へ参、則写置、清閑寺へ遣し、請取有之候、以上

卯五月廿六日

一執行・目代・六坊中へも金包候御触書写致し、弐町目行事ニ申付候而申渡し候、以上

卯五月廿七日

一本堂舞台ゟ当廿五日ニ飛落申候女、今廿八日七ツ過迄六波羅道筋ニさらし(晒)置候得共、尋来候者無之候ニ付、其趣御公儀江御訴申上候処ニ、勝手次第取置候様ニ被仰付候故、飛人衣類之内白帷子着候而、当山墓所江埋置申候事

卯五月廿八日

一五月廿五日ニ本堂舞台ゟ飛落相果候女悴長吉と申者、今日尋来候故、様子聞届、則御公儀江御訴申上、死骸・雑物相渡し、手形取置申候、以上

卯六月四日

一御公儀ゟ尾張中納言殿（徳川綱誠）、去ル五日ニ御逝去ニ付、今十日ゟ十六日迄七日之内、諸事鳴物御停止之御触、松尾左兵衛ゟ廻ル、霊山ゟ当山へ参り、則写置、清閑寺へ遣し、請取有之候、以上

卯六月十日申下刻

一執行・目代・六坊中へも写致し、鳴物御停止之旨申渡し候、以上

卯六月十日

一鳴物御停止之御触、町触ニ壱通廻ル、則写有之候、以上

卯六月十日

一四町目丸屋いち家、八坂下町杉本や喜兵衛家来四郎兵衛と申者ニ借シ入置申度旨願申候、則請相（合）手形有之候、以上

卯六月十一日

一方内ゟ鳴物御停止ニ付一切普請之儀不苦候旨、今日町触廻ル、則写有之候、以上

卯六月十二日

一弐町目近江屋権兵衛家江建仁寺南門前左兵衛家ニ居申候吉兵衛と申者ニ借シ入置申候由、則請相（合）手形有之候、以上

卯六月十二日

一四町目津国屋九郎右衛門、屋祢（根）葺替之儀願申候、則書付有之候、以上

卯六月廿一日

一四町目津国屋九郎右衛門家江弐町目鷹羽屋作左衛門後家借家ニ居申候六右衛門と申者ニ借シ入置申候由、則

請相(合)手形有之候、以上

卯六月廿一日

一三町目矢師又吉家ニ居申候岡村玄凉と申者、同町山口屋借屋へ入置申度旨、年寄平兵衛相届候、勝手次第借シ入申候様ニ申付候、以上

卯六月廿三日

一三町目山口屋権七跡目御礼ニ罷出度旨、年寄平兵衛相断候、来ル廿八日ニ召連罷出候様ニ申付遣し候、但シ山口屋家主ハ霊山寺僧珠眼と申跡ニ而有之ニ付、町人等名代ニ而相勤申候、則地頭江御礼も同断ニ候、以上

卯六月廿三日

一弐町目八百屋市郎左衛門屋祢(根)葺之儀願申候、勝手次第ニ致し候様ニ申付候、則書付有之候、以上

卯六月廿六日

一三町目山口屋権七跡善右衛門と申者、継目之御礼今日相済、式法之通、三升樽・三種之肴差上ケ申候、此方ゟ鳥目三拾疋被下候、右ハ霊山香扇庵持之長屋三町目ニ有之候故、後住相極候ニ付住持御礼ニ罷出度由申候得共、霊山為寺僧町並之礼致させ申儀如何ニ候故、名代ニ而相勤候様ニと申付、如此ニ候、以上

卯六月廿八日

一御公儀ゟ錫箔同泥同消(銷)粉請負人共、新町通錦小路上ル町会所ニ而令商売候間、諸職工人勝手次第可用之旨町触廻ル、則写有之候、以上

卯六月廿八日

一壱町目末広屋三右衛門屋祢(根)葺替願申候、勝手次第ニ可仕之旨申付遣し候、則書付有之候、以上

卯七月朔日

一西本願寺持大谷御堂屋敷西ノ方ニ、清水寺領之内百性(姓)

平井市右衛門持地ニ境目石ヲ建て、其書付ニ是ゟ北東
大谷領と致し有之ニ付、清水寺領之内ニ左様之境目石
建申儀如何と存知、其趣昨六日ニ平井市右衛門方江申
遣候へ者、只今之市右衛門当年十八才ニ罷成、左様之
訳不存候間、先様江可申入由申候事、則右境石今日取
申候間、御立会被下候様ニと市右衛門方ゟ使ヲ越候故、
此方ゟ忠兵衛と申者遣し立会、石を取申候事

卯七月七日

一河原町四条下ル町大和屋辰之助と申者、借シ銀之儀ニ
付江戸へ罷下り、御十判頂戴致候ニ付、門前町々江持参
致相付申候、則写有之候、以上

卯七月十六日

一借銀之儀ニ付御十判致頂戴候者共、今日御公儀江罷出、
右之趣御訴申上候、口上書写有之候、以上

卯七月十八日

一昨十八日昼七ッ過ニ大仏渋谷町と清水寺領との境谷間
ニ、年来三拾才計男自害致し未《不》相果申候を、渋谷町九
郎兵衛と申者見付、清水寺門前江も知らせ申ニ付、早速
欠(駆)付、両町立会様子見届、所相尋候へハ、大津御蔵奉
行衆之家来之由申ニ付、其趣口上書致し、大仏渋谷町
と清水寺当町三町目立会、御公儀江御訴申上候処ニ、
為御検使大嶋弥助殿・寺田利左衛門殿御出、雑色沢与
右衛門立会、手疵御改、自害人文右衛門口上御聞被成
候処ニ、大津御蔵奉行藤浪猪之助家来ニ而、生国ハ江
州志賀郡立花村之者ニ而御座候、則奉公請人ハ大津松
本かごかき善兵衛と申者ニて有之由、則今朝六ッ時分
相果申候、其上ニ色々御吟味被成、大仏渋谷町・清水
寺当町三町目立会之手形御取、幷大津請人善兵衛・自
害人兄平兵衛、右何も一札御取被成候事、手形之写、
其外衣類付・名寄・自害人口上書、何も留有之候、死
骸之儀ハ兄平兵衛・請人善兵衛願之通ニ被為仰付候、
則今日大津へ引取申候事

卯七月十九日

一今廿一日七ッ過、年来廿才計男本堂舞台ゟ飛落申候、未相果申候故、様子相尋候ヘハ、堺町通二条上ル町白木屋吉兵衛悴之由申ニ付、早々人遣し親吉兵衛幷年寄・組中手形致させ相渡し申候、以上

卯七月廿一日

一今廿二日、松原通宮川町屋敷、新家役人神沢与兵衛殿・木村与惣兵衛殿御出、雑色松尾左兵衛・西村新右衛門立会見分有之候、尤当寺ゟ藤林孫九郎(兼定)・吉沢利兵衛・前田彦十郎出合申候事

卯七月廿二日

一今廿五日ニ、御公儀ゟ成就院罷出候様ニ申来候ニ付被参候処ニ、新家役人神沢与兵衛殿・木村与惣兵衛殿立会被申渡候趣ハ、今度松原宮川町屋敷検分致し候様ニ被申付候故、参り見申候処ニ、雑色相改候通ニ相違之儀無之候、当春検分之節も地面減シ候と存知其心持致、表側之杭木も相極置候、尤其方役人出合相違之儀無之候間、左様ニ御意得候様ニ被申渡候事

卯七月廿五日

一御公儀ゟ有栖川宮(幸仁親王)薨御ニ付、今廿五日ゟ廿七日迄三日之内鳴物御停止之旨、御触状廻ル、霊山ゟ当山江参り、則写置、清閑寺江遣し、請取有之候、以上

卯七月廿五日

一執行・目代・六坊中へも鳴物御停止之儀写致し申渡し候、以上

卯七月廿五日

一有栖川宮薨御ニ付鳴物御停止之儀、町触ニ壱通廻ル、写有之候、以上

卯七月廿五日

一壱町目鎰屋市郎兵衛弟七郎兵衛と申者、聖護院殿坊官菊之坊と申方ニ奉公仕居申候処ニ、当月廿六日ニ菊之

坊腰元奉公仕候女召連欠落仕候由、請人方ゟ知らせ申ニ付、其趣口上書致し、御公儀江今日市郎兵衛御訴申上候、則口上書之写有之候、以上

卯七月廿八日

一江戸本町三町目太左衛門店大和屋辰之助と申者、借シ銀之儀ニ付御十判頂戴仕、先月十六日ニ町々相付申候、境内ニ弐拾八人有之候故、此者共段々断申、今日迄ニ相済申由、則銀高幷済口ノ訳委細書付有之事

卯八月朔日

一今三日暮六ッ時分、本堂舞台ゟ飛落申候得共、未相果申候様子ヲ相尋候へハ、寺町通二条下ル町蒔絵屋伝兵衛弟子権兵衛と申者ニ而有之由、則主人伝兵衛幷年寄・組中呼寄、一札ヲ取相渡し申候、以上

卯八月三日

一三町目扇屋角兵衛聟伊左衛門引負出入ニ付、麩屋町通四条上ル町石見屋勘兵衛方ゟ御公儀江御訴訟申上候ニ付、今日御呼出し被遊候ニ付、口上書致し差上ケ申候処ニ、角兵衛願之通、七月分銀五枚相渡し候様ニ被仰付候、口上書写有之候、以上

卯八月六日

一御公儀ゟ例年之通宗門相改、手形指（差）上候様ニ御触廻ル、執行ゟ此方へ参り、則写置、清閑寺へ遣候、請取有之候、執行江者此方ゟ請取ニ而も遣し不申候事

卯八月八日

一目代・六坊中へハ執行方へ申来候ニ付、此方ゟハ不申渡候事

卯八月八日

一宗門御改之儀、町触ニ壱通廻ル、写有之候、以上

卯八月八日

外ニ手紙ニ而如此ニ

南都(唐)招提寺拾万人講掛銭、当月廿三日宗門改帳判形ニ
御出候節、可有御持参候、以上
卯八月八日　松尾左兵衛印
寺社方

町方へ参候手紙如此ニ
南都(唐)招提寺拾万人講掛銭、当月廿三日宗門改帳判形ニ
被参候節、無滞急度可被致持参候、以上
卯八月八日　松尾左兵衛判
町之年寄
五人組
かたへ

追加
始掛候人数計先可有持参候、後掛之人数ハ重而可申遣
候、先始掛之人数分計可有持参候

一高倉通ゑひす(夷)川上ル町櫛屋嘉右衛門借屋ニ居申候枕貞
庵と申者、今晩宮川町とん(団)栗下ル町和泉屋弥兵衛所ニ
遊居申、帰りニ松原川原にて追はき(剝)ニ出合、衣類・脇
差等はぎ(剝)取レ、腹ニ少突疵負、則追はき(剝)のものとも十
人計ニ而、六波羅野へつれ参捨置候ニ付、三町目之夜番
所へ貞庵参り、右之様子を申、宿之家来七兵衛方へ人
遣給候様ニと頼申ニ付、則家主嘉右衛門幷七兵衛呼寄、
様子相尋候へハ、貞庵儀ハ松平出羽守(綱近)殿扶持人ニ而御
座候間、御公儀江御断之儀ハ御延引候而、何とそ下ニ而
相済候様ニと段々断申候ニ付、運(連)判之手形為致相渡し
申候、手形之写有之候、本紙ハ三町目之年寄方ニ有之
候、以上
卯八月十二日

一壱町目鎰屋市郎兵衛弟七郎兵衛儀、先月廿六日ニ主人
菊之坊召使之腰元十六才ニ成候女召連欠落致し候へ共、
行衛相知れ、当月八日ニ罷出候ニ付、其趣御公儀へ今
日市郎兵衛御訴申上候処ニ、首尾能相済申候、則口上
書留有之候、以上
卯八月十二日

一三町目俵屋半右衛門・玉屋彦右衛門屋祢(根)葺替之儀願申
候、則書付有之候、以上
卯八月廿二日

一宗門御改帳面、今日井上清兵衛ニ持せ遣し候、幷招(唐)提
寺奉加十三ケ月分銭八百拾弐文、十人分遣し候、門前
中宗門帳幷招(唐)提寺奉加、今日年寄共持参致候事
卯八月廿二日

一宗門改帳、町並寺社方幷門前中不残此方へも判形取置
申候、以上
卯八月廿二日

一御公儀ゟ本庄因幡守(宗資)御死去ニ付、今廿五日ゟ廿七日迄
三日之間、鳴物御停止之旨、御触廻ル、霊山ゟ当山へ
参り、則写置、清閑寺へ遣し候、請取有之候、以上
卯八月廿五日

一執行・目代・六坊中へも因幡守殿御死去ニ付鳴物御停
止之旨四町目行司綿屋利兵衛申付、口上ニ而申触候事
卯八月廿五日

一鳴物御停止之儀、町触ニ壱通廻ル、写有之候、以上
卯八月廿五日

一当寺門内弁才天女嶋地幷宮之普請出来ニ付、弁天移、
九月四日表之門ヲ開、諸人参詣ハ七日ゟ有之、本仏弁
才天ハ弘法大師御作土仏、右之本尊京都町御奉行瀧川
丹後守(具章)殿御所持也、則当山江納申度と有之ニ付、右之
宮造建之、為施入金拾八両参候事、其外人足雑用等、
当寺之諸事物入也
元禄十二卯年
九月四日

一弐町目伊藤松庵家守ニ、只今迄縄手三条下ル町佐渡屋
市兵衛借屋ニ居申候亀屋次郎兵衛と申者入置申度旨願

申候、則松庵手形幷年寄・組頭請負之一札取置候、以
上

卯九月二(ママ)日

一弐町目松庵家守亀屋次郎兵衛御礼今日相済、式法之通、
三升樽・三種之肴差上ケ申候、御寺ゟも御祝儀鳥目三
拾疋被下候、以上

卯九月七日

一四町目花屋文右衛門年寄役儀御断申候ニ付、代り之儀
町中運(連)判之一札取、其上ニ而升屋忠右衛門に昨日申付
候、今日文右衛門同道ニ而御礼申上候事

卯九月七日

一三町目西村良意、今日御礼ニ罷出候、式法之通三升
樽・三種之肴差上ケ申候、御寺ゟ為御祝儀鳥目三拾疋
被下候、以上

卯九月九日

一御公儀ゟ今度所々風雨損毛ニ付、於江戸米其外穀類可
為不足候間、兼而諸国ゟ江戸廻り之米穀等不申及、其
所々用米之外、江戸へ相廻候様ニ米致商売候者共へ可
申聞旨、幷諸国酒造高之内五分之一造之、其余ハ御停
止之由、御触廻ル、霊山ゟ当山へ参り、写置、清閑寺
へ遣し、請取有之候、以上

卯九月十三日

一執行・目代・六坊中へも米穀幷酒造高之儀写致し、弐
町目行司申付申渡し候、以上

卯九月十三日

一米穀幷酒造高之儀、町触ニ壱通廻ル、写有之候、以上

卯九月十三日

一壱町目丹波屋三郎兵衛後家借屋、同所弐町目松庵家守
桜屋喜左衛門後家くらと申者ニ借シ入置申度旨願申候、
則喜左衛門弟建仁寺町松原上ル町ニ居申候此与兵衛と

申候者借り主名代ニ而有之由、年寄・組之請負一札有
之候、以上
卯九月十五日

一御公儀ゟ火用心之御触、井戸田山城(忠昌)守殿去ル十日御死
去ニ付、今十六日ゟ十八日迄三日之中、鳴物御停止之
御触書、右弐通廻ル、霊山ゟ当山江参、則写置、清閑
寺へ遣、請取有之候、以上
卯ノ九月十六日寅ノ刻

一執行・目代・六坊中へも火用心之御触写致し申渡し候、
井戸田山城守殿御死去ニ付鳴物御停止之旨、弐町目行
司鳫金屋甚右衛門・海老屋伊兵衛ニ申付、口上ニ而触
知せ候事
卯ノ九月十七日

一御公儀ゟ火用心御触状井戸田山城守殿御死去ニ付、十
六日ゟ十八日迄三日中、鳴物御停止之旨町触ニ廻ル、
則写有之候、以上
卯ノ九月十六(ママ)日

一火之用心御触ニ奥書致し、門前中判形取置申候、以上
卯ノ九月十七日

一御公儀ゟ比日所々投火致し候者有之候間、町中不寝之
添番仕候様ニと町触廻ル、則写有之候、以上
卯ノ九月十九日

一三町目井筒屋伊兵衛家江八坂下町伊勢屋長兵衛家ニ居
申候五兵衛と申者ニ借シ入置申度旨、則年寄・組請負
手形有之候、以上
卯ノ九月廿一日

一三町目外科良意家江四条舟(船)頭町俵屋長左衛門家ニ居申
候甚兵衛と申者ニ借シ入置申候由、則年寄・組請負手
形有之候、以上

卯ノ九月廿一日
一三町目かま屋妙寿孫子せきと申女ニ入聟を取、町役等致させ申度旨願申候、委細吟味仕候処ニ、妙寿三年以前相果候節、右之孫子せきと申女ニ家屋敷譲り置、則町へも譲り状出し置候由、此度五条橋通東へ弐町目伊勢屋五兵衛と申者、実ノ弟七兵衛と申者、入聟ニ相極申候、則年寄・組請負手形有之候、以上
卯九月廿一日
一三町目ゑひす（夷）屋源右衛門借屋ニ居申候権兵衛と申者、高倉通八幡町下ル町ニ居申候藤七と申者ニ、旅籠代幷茶代売掛不埒有之ニ付、今日御公儀江御訴訟申上候処ニ、口上書留り申候由、年寄平兵衛相届候、以上
卯九月廿五日
一御公儀ゟ先達而相触候通、当年ゟ来秋迄酒造米之儀、去年造高之五ヶ一可造之旨町触廻ル、則写有之候、以上
卯九月廿七日
一三町目ゑひす（夷）屋源右衛門借屋ニ居申候権兵衛儀、旅籠代・茶代・雑用銀五百四匁之出入ニ付、先月廿五日ニ御訴訟申上置候処ニ、今二日ニ権兵衛幷相手藤七被召出、小玄関ニ而役人衆御吟味之上、旅籠・茶代銀五百四匁、来辰ノ三月迄ニ三度ニ相立候様ニと藤七へ被仰付候旨、年寄平兵衛相届候、以上
卯ノ閏九月二日
一麩屋町通四条上ル町石見屋勘兵衛手代伊左衛門と申者、引負之出入ニ付、当三月ニ御吟味之上、請人三町目扇屋角兵衛幷伊左衛門兄五郎助と申者両人江御預ケ被成候ニ付、三月ゟ角兵衛方ニ預り置養申候へ共、困窮之節永々預り候儀迷惑仕候間、在所兄五郎助方へ遣し置申度旨、御公儀江御願申上候処ニ、兄五郎助方へ勝手次第ニ遣し候様ニ被仰付候旨、年寄平兵衛相届候、以

上

卯ノ壬(閏)九月四日

一御公儀ゟ安井真性寺之前、下川原祇園林ゟ南ハ六波羅海道迄之間、雑色松尾左兵衛ニ被仰付、此間之畑地御改絵図出来ニ付、清水寺領之分も、市橋下総守(政信)殿屋敷之前ゟ南西六波羅海道ゟ北ニ有之畑地之分相改被申候ニ付、藤林孫九郎(兼定)出合、并当寺地方役人彦十郎・忠兵衛立会申候、此度畑地四方からミ并ニ畝数・高付・取米等帳面ニ認、雑色松尾左兵衛方へ遣し候、則寺江も扣致し置候、帳面之名当(宛)ハ無之候事、此方之名付ハ如此ニ候

清水寺成就院

地方彦十郎印

同　忠兵衛印

右之通ニ帳面に名付致し候、先月廿五日ゟ改有之候、今月四日ニ遣し候、以上

卯閏九月四日

一六波羅海道ゟ北ニ有之寺領畑地之分、前々ゟ水帳吟味致、此度絵図ニ致し、畑地四方からミ書付置候、右之内建仁寺妙喜庵分水帳ニ中筋北ニ弐ケ所有之候得共、畝数不足故、其段妙喜庵江吟味致し候得共、相残ル分ハ中道南ニ有之由被申候故、中道南ニ而地所相改見届置候、則外ニ絵図四方からミ致置候、尤水帳ニ相違致し候得共、此度之改ニ相知レ不申候へハ、不足之地所南之方ニ而見せ被申候へハ、畝数・高違申事も無之候故、其通ニ仕候、以上

卯壬(閏)九月四日

一三町目かま屋七兵衛、今日御礼ニ罷出候、式法之通、三升樽・三種之肴差上ケ申候、此方ゟ鳥目三拾疋御祝儀ニ被下候、以上

卯壬(閏)九月九日

一弐町目丹後屋又左衛門悴太兵衛と申者、四町目美濃屋六兵衛家ヲ永代之売券状取、銀子五百目相渡し候処ニ、

不埒ニ付、今度御公儀江御訴訟申上、六兵衛後家せん
と申者ニ御裏判付申候由、年寄物兵衛幷又左衛門相届
候、則目安之写有之候、以上
卯壬(閏)九月十一日

一弐町目近江屋新右衛門身代不勝手ニ付、元禄五年申十
一月ニ、間之町通五条上ル町三郎右衛門と申者方ニ而、
銀五百目町借りニ致し、新右衛門方へ遣し候処ニ、新
右衛門養子文右衛門と申者之御公儀御法度相背御追放
被成、家屋敷闕所ニ逢申ニ付、右之銀子不埒故、三郎
右衛門御公儀へ御訴訟申上、当十一日ニ御裏判年寄幷
判形人方へ付申候、目安写有之候、以上
卯壬(閏)九月十一日

一今十七日夜五ツ時分、年来四拾才計之男、本堂舞台ゟ
飛落居申ニ付、立会様子相尋候得者、等持院門前七兵
衛と申(者)ニ而有之由、則兄弟共方へ早々人遣し呼寄、手
形取相渡し申候、以上
卯閏九月十八日

一三町目ゑひす屋権兵衛旅籠代之出入ニ付、当月二日ニ
首尾能被仰付候故、相手藤七兄山形屋勘兵衛と申者、
三町目年寄町中ヲ頼、色々断申ニ付、銀弐百目ニ而曖候、
権兵衛手前相済、御公儀へ今日済状差上ケ申候事
卯壬(閏)九月廿一日

一今廿三日朝七ツ時分、三町目木瓜屋平右衛門借屋長兵
衛所へ、槇木町通麩屋町東へ入ル町大和屋源兵衛下人
長右衛門と申者参り戸を扣(叩)申ニ付、様子尋候へハ、見
知り候者故内へ入候へハ、清水参詣致し申候処ニ、惣
門未明(開)ケ不申候間休申度と申、其上寒ク候間、酒給度
旨申ニ付、奥江通し酒之かん(燗)致候内ニ、うめき候声聞へ
申ニ付参り見申候へハ、薄刃ニ而腹ヲ切居申候、驚早速
町中へ知らせ候ニ付、立会様子見届、其趣致口上書
御公儀へ御訴申上候処ニ、御検使岩城(木)平内殿・平尾四
郎左衛門殿御出、雑色沢与兵衛立会、町中御呼出シ

色々御吟味之内、自害人所相知レ申候、請人東寺内中之珠数屋町烏丸東へ入町粟津大進借屋居申七郎兵衛と申者、乍伯父之奉公請人ニ而候、長右衛門兄半兵衛儀も七郎兵衛方ニ居申候、右之者共御呼出し御僉儀(詮議)之上、七郎兵衛・半兵衛并主人源兵衛、清水門前三町目木瓜屋長兵衛・年寄・組中、右何も手形御取被成候、御帰之時分、右之者共御屋敷へ参候処ニ無別儀、東寺内七郎兵衛方へ相渡し候様ニと被仰付候由、年寄平兵衛罷帰候而相届候、尤右之出入手形写有之候、以上

卯閏九月廿三日

一東洞院六角下ル町綿屋市右衛門・油小路竹屋町上ル町大黒屋善右衛門、右両人松原通宮川町東へ入ル町南側、表廿七間裏行四間之所、新家御願相済申旨及承候間、私共御下代ニ罷成、借家建仕度旨、口上書を以願申来候、則口上書留有之候、以上

卯壬(閏)九月廿三日

一四町目若狭屋喜兵衛後家家江祇園南側小山屋九兵衛借家ニ居申候治左衛門と申者ニ借シ入置申候由、則年寄・組中之請負之手形有之候、以上

卯壬(閏)九月廿八日

一三町目茶碗屋清兵衛借屋、大仏大黒町住人魚屋三郎右衛門と申者ニ借シ入置申度旨願申候、則年寄・組之請負手形有之候、以上

卯壬(閏)九月廿九日

一門前四人之年寄申来候ハ、町々ニ而婚礼之節、石を打申儀、向後ハ停止ニ仕度旨願申候ニ付、第一前々御公儀ゟ御法度之儀ニ候間、弥堅申付候様ニ申付候、以上

卯十月二日

一四人之年寄願申候ハ、近年者門前中も困窮仕候間、伽藍廻に物まね狂言抔致し候もの指(差)置、諸人足ヲ留候ハヽ、門前之為ニも成可申と奉存候間、此儀御赦免被

成被下候様ニと願申候故、相談致し重而可申付旨申渡し候、以上

卯十月二日

一弐町目丹後屋又左衛門悴太兵衛と申者、同所四町目美濃屋六兵衛ニ銀五百目借シ不埒ニ付、目安付申候処ニ、六兵衛後家返答書致シ、今日御公儀江罷出候、御裁許之上ニ而三年符（賦）ニ被仰付候由、年寄忠右衛門罷帰り相届候、以上

卯十月四日

一壱町目鎰屋市郎兵衛・大黒屋五左衛門、右両人屋祢（根）葺替之儀願申候、則書付有之候、以上

卯十月六日

一間之町五条上ル町三郎右衛門と申者、弐町目年寄惣兵衛幷町中へ銀五百目借シ候得共、不埒故目安差上御裏判付申候ニ付、惣兵衛町中返答書致し、今日御公儀江罷出候処ニ、御裁許之上ニ而三年符（賦）ニ被仰付候旨、罷帰り相届申候、以上

卯十月十一日

一伊藤松庵方ニ而年寄共町借り之銀弐貫三百目借用致候ニ付、藤林孫九郎（兼定）ニ裏判之儀願申ニ付、則裏書致し遣し候、以上

卯十月十三日

一四町目美濃屋六兵衛後家せんと申者所持致し候家屋敷之儀、此度六兵衛兄藤右衛門ニ譲り申候由、則せん母幷せん兄庄兵衛・せん悴虎之助、右四人運（連）判ニ而譲り状町へ出し置候、尤六兵衛後家三年符（賦）家質之借銀其外借銀等都合壱貫四百七拾五匁有之候、此分藤右衛門方へ引請、埒明申筈之相対ニ而譲り請申候、せん儀ハ銀弐百目付大仏（ママ）へ骨屋町へ縁ニ付候由、年寄忠右衛門相断申候、以上

卯十月十六日

一三町目了意所持之水茶屋、先月初比、大黒屋六左衛門肝煎ニ而、姉小路御幸町西へ入町綿（錦）屋徳兵衛と申者ニ昼之内借シ小間物商仕候、晩方ハ仕舞、商物六左衛門方へ預ケ置申候処、此徳兵衛儀、盗人之出入ニ付籠江入申候故、徳兵衛商物預り置候段、今日口上書幷小間物之目録致し候而、御公儀江年寄平兵衛・家主了意・預り主六左衛門御断申上候処ニ、段々様子御聞届被成、小間物道具六左衛門ニ弥御預ケ被成候間、重而御呼出し可被成由被仰付候旨、平兵衛罷帰り候而相届候、右之口上書幷目録之写有之候、以上

卯十月廿三日

一御公儀ゟ火之用心御触状、霊山ゟ当山へ参り、写置候、則清閑寺へ三町目ゟ行司ニ持せ遣、請取有之候、以上

卯十月廿五日未ノ刻

一執行・目代・六坊中へ火之用心御触写致し、三町目行司ニ申付候而申渡し候、以上

卯十月廿五日

一火之用心之御触書ニ奥書致し、門前町々判形取置申候、以上

卯十月廿五日

一御公儀ゟ火之用心御触、町触ニ壱通廻ル、則写有之候、以上

卯十月廿五日

一四町目綿屋利兵衛・花屋文右衛門方へ、伏見筋違橋五町目玄貞女房いわ借銀之出入ニ付、御公儀へ御訴訟申上候、御裏判出申候ニ付、今日四町目年寄忠右衛門方へ相渡し申候旨相届候、則目安写有之候、以上

卯十月廿七日

一昨八日、松原通宮川筋五町目南側ニ当寺之持法成寺屋敷之前ニ、年来十四五才男之非人行たおれ居申ニ付、

宮川町年寄喜兵衛方ゟ当門前彦十郎所へ知らせ申候由申来候故、則彦十郎遣し様子見届、町内之儀ニ候間、相果候ハヽ、町中ゟ支配致し、埒明候様ニと申遣し候処ニ、喜兵衛申候者、成程町へ引請埒明可申候、左候ハヽ、ケ様之儀折々町内ニ有之事ニ候間、向後左様之雑用割付御出し可被成候、左候ハヽ、此度も町へ引請埒明可申候と申候故、左様之入用此方ゟ相応ニ出し可申約束ニ而、町中ゟ支配致し埒明申筈ニ相極置候処ニ、夜ニ入相果申候故、非伝(悲田)寺之与次郎召運(連)、喜兵衛今日御公儀江御訴申上候而、死骸南無地蔵江埋申候由、彦十郎申届候、以上

卯十一月九日

一御公儀ゟ園儀同殿(基福)逝去ニ付、今日ゟ十三日迄三日中鳴物停止之旨御触状、霊山ゟ当山へ参り、則写置、清閑寺へ遣し、請取有之候、以上

卯十一月十一日子刻

一執行・目代・六坊中へも鳴物御停止之御触写致し、四町目行司ニ申付申渡し候、以上

卯十一月十二(ママ)日

一園儀同殿御逝去ニ付鳴物停止之儀、寺触と同文書ニ而町触ニ壱通廻ル、則写有之候、以上

卯十一月十一日

一三町目丹波屋喜左衛門後家せん所持致し候家屋敷、八坂上ノ町江戸屋太郎左衛門と申者ニ売申度旨願申候、則口上書有之候、以上

卯十一月十一日

一壱町目枕本屋助左衛門家之内造作仕度旨願申候、則絵図・書付有之候、以上

卯十一月

一弐町目ニ茶碗屋与平次所持致候借家江祇園こつぼり町

山本大蔵借家ニ居申候斧屋源右衛門と申者ニ借シ入置
申度旨、年寄惣兵へ申来候、吟味致し相極可申由申付
遣し候、以上
卯十一月十六日

一宮川町手嶋屋清兵衛と申者、弐町目池田屋彦十郎裏借
屋ニ居申候太郎兵衛と申者ニ、銀子百目借シ申候処ニ、
不埒ニ付請人三町目桔梗屋吉左衛門方へ切々断申候へ
共、取合不申候間、了簡致し候様ニ被仰付被下候様ニ
と、手嶋屋清兵衛断申来故、年寄平兵衛右之趣申聞、
下ニ而相済申事ニ候ハヽ、了簡致シ埒明候様ニと申付遣候、
以上
卯十一月十六日

一壱町目杦本屋助左衛門普請之願、今日御公儀江罷出候
処ニ、願之通被仰付候旨、年寄勘左衛門相届候、以上
卯十一月十八日

一三町目丹波屋太郎左衛門屋祢(根)葺替之儀願申候、則書付
有之候、以上
卯十一月十九日

一三町目かま屋七兵衛家、祇園町居申候半兵衛と申者ニ
借シ入置申度旨願申候、則請負手形有之候、以上
卯十一月廿日

一水谷信濃守(勝阜)殿出礼日限十一月廿九日、前々出礼仕来候
寺社方、朝四ツ時分可罷出旨、触書廻ル、霊山ゟ当山
江参、写置、清閑寺遣、請取有之候、以上
卯十一月廿四日丑刻

一水谷信濃守殿初而出礼日限之儀、町触ニ壱通廻ル、則
写有之候、以上
卯十一月廿四日

一執行・目代・六坊中へも水谷信濃守殿出礼之儀写致し、

四町目行司ニ申付申渡し候、以上
卯十一月廿五日

一四町目花屋文右衛門、綿屋利兵衛借銀之出入ニ付御裏判附申候故、返答書致し、御公儀江今日罷出候処ニ、相手玄貞出不申候故、重而玄貞召連罷出候様ニ被仰付候由、年寄忠右衛門相届候、以上
卯十一月廿五日

一三町目丹波屋太郎左衛門、初而之御礼今日相済、式法之通、三升樽・三種之肴差上ケ申候、為御祝儀鳥目三拾疋被下候、以上
卯十一月廿八日

一町御奉行水谷信濃守（勝阜）殿江初而之御礼今日相済、鳥目百疋、扇子三本入御持参被成候、以上
卯十一月廿九日

一御公儀ゟ常修院宮（慈胤法親王）薨御ニ付、今日ゟ四日迄三日之内鳴物御停止之御触書、霊山ゟ当山江廻ル、則写置、清閑寺へ遣し、請取有之候、以上
卯十二月二日丑下刻

一鳴物御停止之御触、町触ニ壱通廻ル、写有之候、以上
卯十二月二日

一執行・目代・六坊中へ鳴物御停止之儀写致し申渡し候、以上
卯十二月三日

一御公儀ゟ困窮人共御救被下候様ニ丹後守（瀧川具章）殿御屋敷江罷出、不届ニ思召候間、一人も罷出不申候様ニ可申付旨町触ニ廻ル、則写有之候、以上
卯十二月五日

一三町目橋本十左衛門借家、知恩院新門前西之町村井留

庵家ニ居申候八百屋六兵衛と申者ニ借シ入置申旨願申
候、則請負手形有之候、以上
卯
十二月七日
一四人年寄共、先比願申候伽藍廻りニ物まね狂言抔致し
候者置申度旨申候故、此方ゟ免候と申儀ハ如何ニ候間、
面々心得ニ而三組計指（差）置申儀構無之候、其内瀧之下中
山之道筋ニハ無用ニ可仕候、右之趣三町目海老屋文左
衛門ニ申渡し、此段年寄共へ内証ニ而物語致し候様ニと
申聞候、尤以後ハ其もの共ニ二王（仁）門ゟ上へ之分除掃（掃除）之
役申付候様ニと申渡し候、以上
卯
十二月八日
一御公儀ゟ火之用心之御触状、霊山ゟ当山へ廻ル、則写
置、清閑寺へ遣し、請取有之候、以上
卯
十二月十日子ノ刻
一火之用心御触状、町触ニ壱通廻ル、写有之候、以上
卯
十二月十日
一執行・目代・六坊中へも火之用心之儀写致し、弐町目
行司ニ申付申渡し候、以上
卯
十二月十一日
一三町目鼠屋十郎右衛門所持致候明（空）屋敷、長屋建候儀御
願相済、北ハ寿慶長屋ニ壱尺引込建申筈ニ、町中へ手
形致シ相究候、則手形写有之候、以上
卯
十二月九（ママ）日
一弐町目塗師屋市兵衛兄権兵衛と申者、五条小嶋町三郎
右衛門方ニ而、去ル酉ノ八月ニ銀子壱貫目借用致し候へ
共、権兵衛家出致し居不申不埒故、先月廿五日ニ御訴
訟申上、御裏判附申候ニ付、今日市兵衛返答書致罷出
候処ニ、権兵衛家ヲ借シ方へ相渡し可申候、無左ハ右
之壱貫目之銀、当暮ニ五百目相渡シ、残ル五百目来年
相渡し候様ニ被為仰付候由、年寄惣兵衛相届候、以上

卯十二月十三日

一如例年大算用孫九郎(藤林兼定)方ニ而今日相済、御地頭ゟ駐(馬)止門之油代金子弐百疋門前中へ被下候、以上

卯十二月十四日

一御公儀ゟ当月九日ゟ以来、質物又ハ買取候か預り候者有之ハ、早々可申来由、ぬすミもの之御触状、町触ニ廻ル、則写有之候、以上

卯十二月十四日丑ノ刻廻ル

一三町目俵屋半右衛門、先月十二日ゟ十四才ニ罷成候女召抱候処ニ、此比姉相煩(患)候間、逢せ申度旨申来候故、見舞ニ遣し候へハ帰り不申候ニ付、吟味致し候へハ、何角と不埒計申候故、右之趣御公儀江御訴訟申上候処ニ、今十八日ニ御裏判出申候故、則相手方へ相附申候由、年寄平兵衛相届候、以上

卯十二月十八日

一四町目津国屋彦右衛門後家所持仕候家屋敷、五条通東橋詰大和屋利兵衛と申者ニ売申度旨相断候、則願之口上書有之候、以上

卯十二月十八日

一四町目津国屋彦右衛門家屋敷買請申候大和屋利兵衛、御礼今日相済、式法之通、三升樽・三種之肴差上ケ申候、為御祝儀鳥目三拾疋被下候、以上

卯十二月廿二日

一松原通宮川筋南側法成寺屋敷、右ハ中村孫市預り之地所南之地尻坂弓矢町之者共持地之内、東西十六間南北六間之所、今度中村孫市金子拾壱両ニ買請被申候、則成就院家来方へ之名当(宛)ニ而売券状差出シ申候、本紙ハ中村孫市方ニ有之候、此方ゟも右之地所年貢米六斗ツヽ、毎年霜月六日切ニ納所可申由手形致し遣候旨、井上清兵衛罷帰り申聞候、売券状写如此ニ候、以上

卯十二月廿三日

永代売渡シ申屋敷之事

一松原通宮川筋行当南側下江下ル畑道ゟ東表口東ニ而、南北三間弐尺三寸也、西ハ三間三尺五寸、東西拾六間五尺弐寸、其方様之屋敷之地尻之幅ニ南江六間、拙者共所持之屋敷ニ御座候故、金子拾壱両ニ永代売渡シ申所実正也、則年貢者定成六斗ニ相定申候、此屋敷ニ付外ゟ違乱妨ケ申者御座候者、此判形之者共罷出、急度埒明、其方様へ少も御難かけ申間敷候、為後日之永代売渡シ申候証文、仍如件

元禄十二年
卯ノ十二月廿三日

坂弓矢町
年寄 美濃印
同 宮内印
同 蔵人印
同 高嶋印

此証文元禄十五午ノ二月ニ改メ申事

清水寺成就院様御内
井上清兵衛殿
石田伝四郎殿
肝煎
小林新介殿

売券状之写如此ニ候、井上清兵衛儀者成就院家来也、石田伝四郎ハ中村孫市家来ニ而有之候、新助(介)ハ高台寺前ニ居申者ニて御座候、年貢納所之手形も右之もの共、判形致し遣し候由、以上

卯
十二月廿五日

一御公儀ゟ質屋惣代被仰付候旨町触廻ル、則写有之候、以上

一四町目北側河内屋与平次・丹波屋利貞・美濃屋藤右衛門・松屋権右衛門、右四人之者共、今度屋敷之裏通地所預り申候ニ付手形申付、取置申候

一与平次裏北東ノ角ニ而東西壱丈壱尺七寸、南北東ノ方ニ而壱間半、西ノ方ニ而八尺五寸也

一利貞裏東西三間壱尺、南北壱間半也

一藤右衛門裏東西三間弐尺五寸、南北西ノ方ニ而壱丈八寸、東ノ方ニ而九尺也

一権右衛門裏、北ハ六波羅海道ヲ限、北ノ方にて東西三間壱尺、南ノ方ニ而東西弐尺、西ノ方ニ而南北拾五間、東ノ方ニ而拾四間、是ハ絵図記候、右手形共御寺ニ有之候、以上

卯十二月廿六日

一方内ゟ質屋惣代大和屋源右衛門所違申ニ付、重而町触廻ル、写有之候、幷町々質屋有之候ハヽ、書付、当月中ニ持参致し候様ニ申来候、当門前ハ無之由申遣候旨断申候、以上

卯十二月廿七日

一建仁寺如是院ゟ壱町目十文字屋権兵衛・亀甲屋長右衛門未進有之候付、盈(楹)ニ封付可申旨断申来候得共、孫九(藤林)郎(兼定)留主故、有無之返事不申遣候事

卯十二月廿八日

右当年中留書如此ニ候、以上

藤林孫九郎

兼定（花押）

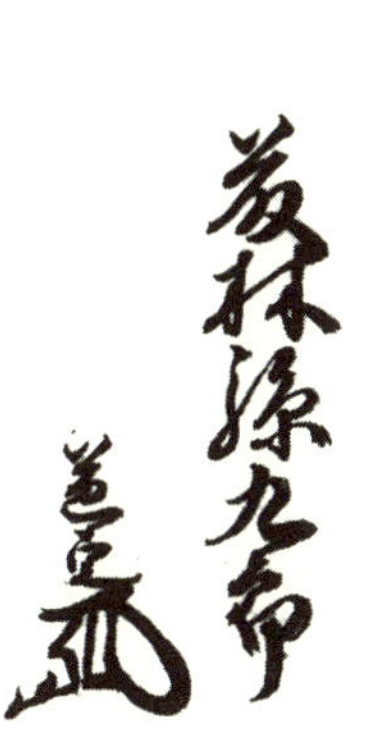

元禄拾弐年

卯ノ十二月日

「(原裏表紙)

藤林孫九郎

」

「(後補裏表紙)文政五壬午九月

表紙付仕立直

清水寺

成就院」

元禄十三年

（後補表紙）「元禄十三庚辰年
御日記
従正月至十二月」

（原表紙）「庚　元禄十三年
諸事留覚帳
辰　極月吉日　」

一御公儀ゟ鷹司前殿（房輔）下薨去ニ付、今日ゟ十三日迄三日之中鳴物停止之旨御触書、霊山ゟ当山江廻ル、則写置、清閑寺江遣し、請取有之候、以上
辰ノ正月十一日寅下刻

一鷹司前殿下薨去ニ付鳴物停止之儀、町触ニ壱通廻ル、則写有之候、以上
辰正月十一日

一執行・目代・六坊中江も鳴物停止之儀写致し、壱町目行司ニ鎰屋市郎兵衛申付申渡し候、以上
辰正月十二日

一御公儀ゟ質屋惣代被仰付候故、質取候者共来ル廿七日ゟ来五日迄ニ、油小路二条下ル町会所へ参、根帳ニ附可申旨町触廻ル、則写有之候、以上
辰正月廿一日

一松原通宮川筋五町目南側法成寺屋敷ニ、中村孫市長屋建申度儀、当門前弐町目池田屋彦十郎を名代ニ而御願申上候処ニ、願之通御免被遊候旨、松尾左兵衛方ニ而、今日被申渡候旨、彦十郎相届候、則絵図・口上書之写有之候、以上
辰正月廿二日

一弐町目梅田屋与平次家、祇園北町山本大蔵家ニ居申候斧屋源右衛門と申者ニ借シ入置申候由、則請負之手形

有之候、以上
辰ノ二月三日
一門前中幷伽藍廻商人、例年之通手形取置申候事
辰二月三日
一三町目鼠屋十郎右衛門長屋出来致し候ニ付、役之儀壱軒役相勤申度旨願申候得共、其儀ハ町中と相対致し、町之了簡ニ仕候様ニ申付候故、弐軒役相勤申筈ニ相究候事
辰二月五日
一御公儀ゟ質屋惣代相究候ニ付、諸質物価《アタイ》之儀幷月切利足御定之御触、町触ニ廻ル、則写有之候、以上
辰二月十七日
一御公儀ゟ京都町人於長崎諸色入札致し買請候節、当地糸割符年寄方へ請合証文、長崎奉行所へ指(差)出候筈ニ去々年相極由ニ候間、向後当地ゟ長崎為商売罷下り候町人、糸割符年寄方へ相届候様ニと町触廻ル、則写有之候、以上
辰二月十七日
一当月十三日、堯順上人三拾三年忌之法事、当寺下坊計ニ而相勤被申候、門前年寄共幷被官出入斎有之候、以上
辰二月
一弐町目少之小路長谷川恵性持之庵、念性と申坊主ニ借シ入置申候由、年寄惣兵衛相断候、以上
辰二月廿二日
一瀧之下樫之木坂道筋ニ、栗之木にてふせ(伏)木四拾壱通、今度初而出来申候、右ハ門前壱町目毘沙門屋勘左衛門方へ参候講中望申ニ付致させ候事
辰二月廿二日

一三町目茨木屋又左衛門所持仕候家屋敷借屋、表弐間半、裏行建所三間之所、屋祢(根)取葺破損仕候ニ付葺替、幷西之方柱弐本朽申ニ付此度取替申度旨願申候、則絵図・書付有之候、以上

辰二月廿七日

一三町目亀甲屋十兵衛屋祢(根)葺替申度旨、則願之書付有之候、以上

辰二月廿七日

一弐町目井筒屋喜三郎、借り銀三百目之出入ニ付、相手さや(鞘屋)町通大仏正面下ル町米屋半右衛門後家きちと申者、此度御公儀江御訴訟申上候処ニ、今日御裏判出申故、年寄物兵衛方へ相渡し候旨、則物兵衛相届候、目安写有之候、以上

辰二月廿七日

一弐町目塗師屋市兵衛借家おかねと申者、借シ入置申度旨、物兵衛相届候、以上

辰二月廿七日

一四町目丹波屋寿貞家屋祢(根)葺替之儀願申候、則書付有之候、以上

辰三月三日

一四町目丹波屋寿貞家借シ申度旨断申候、能吟味致し借シ候様ニ申付遣し候、以上

辰三月三日

一御公儀ゟ鍮泥之事、真鍮箔紛敷ニ付、此度真鍮箔請負之者幷伏見之者相加り運上差出し、元〆願之申付候条、向後京・伏見元ト(〆)之封印ニ箔座相印可仕候、箔座之印形無之鍮泥、一切売買仕間敷旨町触廻ル、則写有之候、以上

辰三月十二日

一四町目丸藤屋与兵衛儀、常々人寄ヲ仕、博奕之宿仕候様ニ相聞候ニ付、今日年寄・組・本人与兵衛呼寄、閉門申付候、以上

辰三月十三日

一四町目丸藤屋与兵衛閉門申付候得共、町中四人年寄共達而御詫言申上候故、手形申付、宥免致し候事

辰三月十七日

一三町目寿慶長屋へ鮹(蛸)薬師通室町西へ入ル町菱屋庄左衛門家ニ居申候亀屋仁兵衛と申者ニ借シ入置候旨、則請負之手形有之候、以上

辰三月廿一日

一三町目木爪(瓜)屋平右衛門家、西石かけ(垣)四条下ル町笹屋市兵衛方ニ一所ニ居申候清八与申者ニ借シ入置申候旨、則請負手形有之候、以上

辰三月廿一日

一弐町目井筒屋喜三郎借銀之出入ニ付返答書致シ、今日御公儀江罷出候処ニ、二年符(賦)ニ被仰付候旨、年寄惣兵衛罷帰り相届候、以上

辰三月廿五日

一弐町目八百屋半左衛門・同権吉儀、御公儀ゟ今日御呼出し、玄貞借銀之出入、先年三年符(賦)ニ被仰付、相残而五拾目、当五月ニ相済候様ニ被仰付候旨、惣兵衛相届候、以上

辰三月廿五日

一三町目鼠屋十郎右衛門長屋、同町海老屋文左衛門世悴亀屋伊兵衛幷同町木爪(瓜)屋正翁世悴、右両人之者共ニ借シ入置候旨、年寄平兵衛相断候、以上

辰三月廿六日

一四町目粉屋六郎兵衛家、同町藤屋与兵衛悴利兵衛と申者ニ借シ入置候由、年寄忠(右)衛門相届候、以上

辰
三月廿六日

一弐町目松庵屋守亀屋次郎兵衛裏長屋江同町海老屋喜平次借屋ニ居申候七兵へ女房弟半兵衛と申者ニ借シ入置申候由、則請負手形有之、以上

辰
三月廿六日

一弐町目塗師屋市兵衛借屋、建仁寺町ゑひす（蛭子）の町足袋屋市兵衛家ニ居申候播磨屋伝右衛門姉おかねと申者ニ借シ入置申候由、則請負一札有之候、以上

辰
三月廿七日

一御公儀ゟ所々とみ（富）を突、みたりかハしき儀有之由相聞候、向後ケ様之族遂僉（詮）議、博奕同然之仕形におゐてハ可為曲事旨御触状、霊山ゟ当山江廻ル、則写置、清閑寺へ遣し、請取有、以上

辰
四月三日

一執行・目代・六坊中へもとミ（富）を突候御触状写致し、弐町目行事井筒屋十（重）右衛門ニ申付申渡し候、以上

辰
四月三日

一御公儀ゟ所々とミ（富）を突候御触、町触ニ壱通廻ル、則写有之候、以上

辰
四月三日

一とミ（富）を突候御触、町並寺方江も申渡し、則判形取置申候、以上

辰
四月三日

一弐町目藤屋利兵衛世悴平兵衛儀、不届有之ニ付親子不和ニ成、三年以前親類方へ遣し置候処ニ、平兵衛心入も直り申ニ付、此度呼返し申度旨、年寄惣兵衛幷組中を頼、詫言仕候故、親類共幷利兵衛方ゟ町中へ一札を取、其上ニ呼返し候様ニと申付遣し候、以上

辰
四月三日

一昨日地主神社沖之助所江坂つるめそ方ゟ申越候趣、当年も未困窮之時節ニ候間、御神事ニ去年之通、六人ツ、罷出可申候、世間も直候ハヽ、前々之通、八人ツ、にて相勤可申候、為御断以使申上候旨申越候ニ付、今日門前年寄共相談之上ニ而、当町弐町目行司使ニ而返事申遣し候趣、昨日者使之趣承候、当年是非八人罷出可然様ニ存候得共、断之上ニ候間、当年ハ無其儀候、来年ゟ者急度八人ツ、罷出候様ニ申遣し置候事

辰
四月七日

一今日御神事ニ御公儀ゟ与力目付衆西尾甚右衛門殿・木村与惣兵衛殿、同心目付永谷(長屋)助右衛門・寺田利左衛門被参候、町廻与力石崎喜右衛門殿・飯室助右衛門殿・松井金平殿、同心目付岩城(木)平内、其外同心十二三人、雑色沢与右衛門、右何も朝倉堂ニ而祭礼見物有之候、藤林孫九郎(兼定)出合申候、成就院ゟ使僧出し申候事

辰
四月九日

一四町目丹波屋利貞家江建仁寺町団栗之辻子ニ居申候松葉屋三郎兵衛と申者ニ借シ入置候由、則請負之手形有之候、以上

辰
四月十四日

一三町目亀甲屋十兵衛家、弐町目年寄惣兵衛忰弥兵衛と申者、只今迄祇園町八軒ニ居申候、此度借シ入置申度旨年寄平兵衛相断候、以上

辰
四月十六日

一三町目大津屋吉兵衛屋祢(根)葺替申度旨、年寄平兵衛申来、則願之書付有之候、以上

辰
四月廿二日

一四町目北側坂本屋弥三右衛門・丸屋権十郎後家、右両人居宅屋敷北之地尻ニ而少ツ、ノ地所預り申度旨願申ニ付、遣し候事

一弥三右衛門屋敷北ノ地尻ニ而、東面三間半、南北東ノ

方ニ而弐尺、西ノ方ニ而弐尺七寸、此年貢米八合也
一権十郎後家屋敷北ノ地尻ニ而東西三間五寸、南北東ノ方ニ而弐尺七寸、西ノ方無尺之所、此年貢四合五勺也、右手形致させ取置申候、則成就院地方役人方ニ有之候、委細町之家数間尺帳ニ記之也
辰四月廿三日

一坂本屋弥三右衛門屋敷無年貢地ニ而有之ニ付、此度吟味仕候へハ、此地所慈心院分ニ而有之候得共、五拾年以前金蔵院之家来ニ但馬と申者、慈心院之門内に屋敷所持仕居申候処ニ、右之地所と替地ニ致し、則手形取替せ有之由申候、以上
辰四月廿三日

一当月十一日之月日偏ニ有之ニ付、禁裏様・仙洞様御機嫌能、両御殿万悪事無之、天下太平御祈禱臨時ニ被為仰付候、則安祭（按察）使殿ゟ御文ニ而申来ル、御初尾参候事
辰四月廿六日

一御公儀ゟ茶立女之儀、茶屋壱軒ニ壱人宛、木綿衣類着せ可差置之旨、幷土手町筋四条辺、其外旅籠屋江遊ひ女躰之もの徘徊いたすよし風聞候、向後急度可令停止之旨、又者町人壱尺八寸ゟ長脇指帯ましき由町触廻ル、則写有之候、以上
辰四月廿九日

一御公儀ゟ頃日所々江なけ（投）火致候様ニ相聞候、番人等念を入、あやしきもの於有之者町中出合、早速可捕来之旨町触廻ル、則写有之候、以上
辰五月三日

一弐町目少之小路ニ居申候如念と申者、御礼ニ罷出度旨、年寄惣兵衛を以願申候、則今日御礼相済、御菓子差上ケ申候、以上
辰五月五日

一松尾左兵衛方ゟ用事有之候間、藤林孫九郎（兼定）ニ一両日之

内ニ参候様ニ申来候故、今日参候処ニ、捨馬制札いつ比ゟ建申候哉、其訳承度由申候ニ付、十三四年以前前田(直勝)安芸守殿時分、堯慎上人御断申上、中山筋并六波羅道両所ニ建申候、則其時分之証文、役人田中文右衛門殿手跡ヲ頼入申候、此度者其札古ク罷成候ニ付書直し申候、今度も御公儀証文役人中之手跡頼改申候旨申入候事

辰
五月九日

一三町目大黒屋六左衛門、去ル卯ノ十月廿三日、錦屋徳兵衛小間物道具御公儀ゟ御預ケ被遊候処ニ、徳兵衛此間出籠御払被遊候ニ付、右之小間物道具共、弥々御預ケ置被遊候間、手形仕差上ケ候様ニ被仰付候故、手形認、方内迄今日持参致し候旨、年寄平兵衛相届候、以上

辰
五月九日

一弐町目塗師屋市兵衛兄権兵衛家、八坂上ノ町ちきり屋八郎兵衛と申者之屋守致し居申松屋惣兵衛と申者ニ借シ、妻子ヲ入置申度旨、則請負手形有之候、八郎兵衛本宅ハ新町通三条下ル町ニ而有之由申候、以上

辰
五月十四日

一三町目扇屋角兵衛聟伊左衛門と申者引請出入ニ付、麩屋町通四条上ル町石見屋勘兵衛御訴訟申上候ニ付、角兵衛并伊左衛門兄五郎助と申者ニ御預ケ被遊候処ニ段々曖、銀高四貫三百拾弐匁之内壱貫六百目ニ而埒明申候故、今日御公儀江済状差上ケ相済申候旨、年寄平兵衛相届候、以上

辰
五月十四日

一弐町目八百屋半左衛門儀、相之町通万寿寺下ル町市郎兵衛と申者之銀子六百目借用致し不埒故、四年以前丑ノ十一月十八日ニ御裁許之上、相残百六拾弐匁弐分、三年符(賦)ニ被仰付候処、初年符(賦)少遣し、其残り此度曖申候而銀八拾目ニ而埒明、則今日済状差上ケ相済申候旨、

年寄物兵衛相断候、以上
辰五月十八日

一三町目大黒屋六左衛門儀、錦屋徳兵衛小間物道具、去ル卯ノ十月廿三日ニ御公儀ゟ御預ケ置被遊候処ニ、今日下田庄右衛門殿・石崎喜右衛門殿、同心衆弐人并雑色松尾左兵衛・西村新右衛門立会御改、則廿六日切ニ御払之張札御出シ被成候、一条道具屋松屋又七と申者、入札銀高拾弐匁壱分ニ落申候、則廿六日ニ銀子差上ケ申候由、年寄平兵衛相断申候、以上
辰五月廿二日

一弐町目少小路隔円娘やつと申者、五条間町かるたや平兵衛目ヲ掛、近年大仏長刀町建仁寺町東へ入丁(町)正円借屋ニ貞心と申者方ニ預ケ置申候処ニ、当月廿二日夜、平兵衛并やつ右両人共ニ家出致し候ニ付、平兵衛親芳(方々)方相尋させ申候処、廿四日ニ伏見にて捕申候、やつ儀ハ向後構無之旨平兵衛方ゟ手形取、隔円方へ請取申候由、年寄物兵衛相届候、以上
辰五月廿五日

一弐町目池田屋彦十郎裏借屋ニ居申候安右衛門と申者、同町通心長屋借シ入置申度旨、年寄物兵衛相届候、則請負手形有之候、以上
辰六月二日

一弐町目梅田屋与平次裏之小屋、伯父徳兵衛と申者借シ入置申候旨、則請負手形有之候、以上
辰六月二日

一弐町目少之小路如念方ニ留主居仕候長兵衛と申者、同町松庵長屋ニ借シ入置申候旨、則請負手形有之、以上
辰六月二日

一四町目美濃屋藤右衛門と弐町目丹後屋又左衛門悴借銀之出入ニ付、又左衛門悴御公儀江御訴訟申上候故、御

裏判出候、則藤右衛門ニ附申候処、段々詫言致、五百目之内弐百九拾目ニ而相済候故、今日済状差上ケ埒明申候由、年寄忠右衛門相届候、以上

辰六月四日

一三町目小笹屋四郎兵衛方ニ居申候茶立女ふちと申者、当月五日家出致候、親元其外芳方(方々)相尋候へ共、行衛知レ不申候故、今日御公儀江御訴申上候由、年寄平兵衛相届候、以上

辰六月九日

一弐町目年寄惣兵衛・組頭利兵衛、今日御公儀ゟ罷出候様ニ方内ゟ申来候、罷出候処ニ同町八百屋半左衛門玄貞と申者ニ質物之衣類物数六ツ、七年以前戊ノ六月借用致シ、翌年亥ノ十二月ニ六ツ之内三ツ返弁致し、残三ツ代百拾七匁と有之候、子ノ正月急度返弁可申旨、惣兵衛・利兵衛方ゟ請負手形取替シ候処ニ、今年迄埒明不申候故、玄貞御訴訟申上候ニ付、惣兵衛・利兵衛ニ当月中相済させ可申旨、小玄関ニ而被仰付候由、惣兵衛罷帰り相届候、以上

辰六月十二日

一御公儀ゟ辻相撲とり候儀御停止ニ候之処ニ、頃日所々ニ而暮及相撲取候もの在之由、御奉行所江相聞候、二三日過候ハヽ、御目付衆御廻し被成、辻ニ而相撲取候もの御捕へ可被成旨被仰出候、辻相撲無之様ニ吟味尤ニ候由、松尾左兵衛ゟ町触廻ル、則写有之候、以上

辰六月十(ママ)日

一西本願寺家来黒川新右衛門と申仁断申来候趣ハ、遊行之下花屋九兵衛北ノ方大仏道ノ行当ニ、是ゟ大谷道と申印之石建申度旨断申来候故、地方役人も御座候間、其者共江申聞、従是御返事可申入由申遣し候、則井上清兵衛・前田彦十郎ニ申付、場所見せニ遣し、其上ニ而別条無之候間、御勝手次第ニ御建候様ニ返事仕候事

辰六月十六日

一弐町目八百屋半左衛門儀、玄貞方にて銀子百目借用致候処ニ不埒故、玄貞去ル亥ノ年、御公儀江御訴訟申上、御裁許之上、二年符(賦)ニ被仰付候、相残ル五拾目此度相渡し埒明申ニ付、今日済状ヲ差上ケ相済申候、以上
辰六月十八日

一境内百性(姓)共今晩ゟ雨こひ(乞)仕度旨相断候、勝手次第ニ仕候様、其内目立不申候様ニ可仕旨申付遣候、以上
辰六月廿日

一四町目花屋文右衛門所ニ而今晩四ツ時分豆腐・酒なと給、其上ニ而銭五百文計ニて、よミかるた打居申候処ニ、訴人之者参候而、右之人数之内ニ八兵衛と申者捕、縄をかけ、則五条通非人小屋江預ケ置候由、年寄忠右衛門相届候、以上
辰六月廿日

一松原通宮川筋五町目南側屋敷之裏、坂弓矢町持地之内、彦十郎借り請申度旨、絵図ニ記、御公儀江御願申上候、則扣(控)有之候、以上
辰六月廿三日

一御公儀ゟ松木前内府(宗條)殿薨去ニ付、鳴物今日ゟ廿六日迄三日御停止之旨御触状廻ル、霊山ゟ当山江参、則写置、清閑寺へ遣し、請取有之候、以上
辰六月廿四日戌ノ刻

一執行・目代・六坊中へも鳴物御停止之御触写致し、三町目行司音羽屋三郎兵へ・扇屋角兵衛申付、今晩相触申候、以上
辰六月廿四日

一鳴物御停止之儀、町触ニ壱通廻ル、則写有之候、以上
辰六月廿四日

一四町目花屋文右衛門方ニ而、当月廿日之夜捕申八兵衛

と申宿も無之者、御僉（詮）議之上、籠舎仕候由、其節帷
子・銭、町江預り置候得共、今日其主々江返し候様ニ
と有之ニ付、右訴人共方江手形致し遣候由、忠右衛門
相届候、則手形扣（控）有之候、以上
辰六月廿四日

一例年伽藍廻境内道作除掃（掃除）等、伽藍廻廿三日、人足六拾
八人、内六人者瀧之下寺方ゟ、六波羅道・五条通者今
日有之候、人足七拾五人出申候、以上
辰六月廿五日

一弐町目松庵裏長屋江壱町目松葉屋八兵衛裏ニ居申候ぬ（縫）
い物屋伊兵衛借シ入置申候旨、年寄惣兵衛断申来候、
以上
辰七月二日

一弐町目八百屋半左衛門儀、玄貞方ニ而借用致し候質物
出入銀、先月中ニ相済可申旨被仰付候故、銀百拾七文
用意致相渡し埒明可申候処ニ、此方ゟ之手形紛失仕候
由申候ニ付、銀子得渡し不申候段、御公儀江御断申上
候処ニ、重而玄貞江可被仰付旨御申渡し被遊候由、年
寄惣兵衛罷帰相届候、則口上書写有之候、以上
辰七月六日

一九日千日参ニ御公儀ゟ奉行衆二組、例年之通被参候、
機嫌能暮候而御帰候、夜ニ入、松尾左兵衛・沢与右衛
門廻り申候事
辰七月九日

一御公儀ゟ新銭通用可有旨御触状、霊山ゟ当山江廻ル、
則写置、清閑寺江遣し、請取有之候、以上
辰七月十二日子刻

一執行・目代・六坊中へも新儀通用之儀写致し、四町目
行司ニ申付相触申候事
辰七月十三日

一御公儀ゟ新銭通用金銀銭相場混乱幷新酒造申間敷旨町
触ニ廻ル、則写有之候、以上
辰七月十二(ママ)日

一御公儀ゟ江戸佐久間町片町正阿弥八郎兵衛幷佐久間町
四町目権右衛門、右両人者御僉(詮)議之事有之候処ニ、六
月十四日、同十六日ニ欠落仕候ニ付、人相書之御触状、
霊山ゟ当山江廻り、則写置、清閑寺へ遣し、請取有之
候、以上
辰七月十五日酉ノ刻

一執行・目代・六坊中へも欠落者人相書写致し、四町目
行司ニ申付候而相触候事
辰七月十五日

一御公儀ゟ江戸佐久間町片町・同町四町目両人欠落人之
儀、町触ニ壱通廻ル、写有之、以上
辰七月十五日

一江戸佐久間町片町正阿弥八郎兵衛三拾三、佐久間町四
町目権右衛門三十五、右欠落仕候ニ付、人相書御触状
之趣ニ奥書致し、町並寺社方幷門前中判形取置申候事
辰七月十六日

一三町目茶碗屋清兵衛借屋万屋三郎右衛門と申者、当月
十三日夜、金銀・衣類等盗人ニ逢候処ニ、此折節客ニ
参候古手屋を頼、世悴ニ着申候古手、廿一日ニ買申候
而則着直候処ニ、右之古手帷子八坂松葉屋久左衛門ニ(ママ)
方も当十九日夜盗まれ候帷子ニ而有之、何方ニ而買被申
候哉と三町目江相届候ニ付、此古手屋今日参筈ニ候間、
様子可相尋と申内、右之者参候、町中立会捕置、吟味
致し候、盗人ニ紛無之候故、目付衆草川源蔵江内意申
遣し候、則被参、僉(詮)議之上、盗人権兵衛町へ御預ケ置
候、則盗候品々書付幷一札之写有之候、以上
辰七月廿二日

一三町目ニ預り置候盗人権兵衛、今日召運(連)罷出候様ニ方

内ゟ申来候、則罷出候処ニ、御僉(詮)議之上、三町目万屋三郎右衛門・八坂松葉屋久左衛門盗まれ候品々、右両人ニ被下候、権兵衛者籠舎仕候旨、年寄平兵衛罷帰り候而相届候、以上

辰七月廿三日

一弐町目近江屋権兵衛明(空)家ニ居申候太右衛門儀、大仏音羽町八左衛門方ニ而三年以前寅ノ十一月十二月と両度ニ銀子百四拾目借用致し候処、不埒故、八左衛門御公儀江御訴訟申上、則御裏判当廿七日ニ出申候、多(太)右衛門方へ相附申候旨、年寄惣兵衛相届候、以上

辰七月廿七日

一三町目鼠屋十郎右衛門長屋江祇園町上田記内家ニ居申候八百屋甚右衛門と申者ニ借シ入置申度由、年寄平兵衛相届候、則請負手形有之候、以上

辰八月二日

一御公儀ゟ捨子之御触状、霊山ゟ当山江廻ル、写置、清閑寺へ遣し候而請取有之候、以上

辰八月四日酉刻

一執行・目代・六坊中へも捨子之儀写致し、弐町目行司ニ申付相触申候、以上

辰八月四日

一捨子御制禁之儀、町触ニ壱通廻ル、写有之候、以上

辰八月四日

一捨子御制禁御触状ニ奥書致し、門前中判形取置申候、以上

辰八月五日

(付箋)「六月廿六日」

一三町目坂本屋治左衛門借屋、大仏遊行下大工喜右衛門家ニ居申候吉右衛門と申者ニ借シ入置申度旨、則請負

手形有之候、右ハ六月廿六日ニ年寄平兵衛申来候也

辰八月五日

一弐町目松庵裏長屋へ中岡崎ニ居申候髪ゆひ（結）伝兵衛と申者ニ借シ入置申度旨、年寄惣兵衛相断候、則請負之手形有之候、以上

辰八月五日

一松原通宮川筋五町目屋敷之南方ニ坂弓矢町持地有之候、東西拾六間五尺弐寸、南北六間、此所借り請申度旨、絵図ニ記、御公儀江御願申上候処ニ、願之通、相対致し借り請候様ニ新家役人神沢与兵衛今日被仰渡、埒明候旨、願主彦十郎相届候、則絵図之写有之、以上

辰八月九日

一御公儀ゟ生魚商売之儀御停止之御触状、霊山ゟ当山江廻ル、則写置、清閑寺へ遣し、請取有之候、以上

辰八月十二日申ノ下刻

一執行・目代・六坊中へも生魚商売御停止之儀写致し、弐町目行司ニ申付相触候事

辰八月十二日

一御公儀ゟ鰻《ウナギ》鯲《トチヤウ》生魚商売御停止之儀、町触ニ壱通廻ル、則写有之候、以上

辰八月十二日

一生魚商売御停止之御触書奥書致シ、門前中判形取置候、以上

辰八月十三日

一御公儀ゟ例年宗門御改之御触状、并唐招提寺奉伽（加）之口上書壱通、遊行法国寺ゟ当山執行へ参り、執行ゟ当寺江廻ル、則写置、清閑寺へ遣し、請取有之候、此方ゟ執行へ者請取ニ及不申候、以上

辰八月十九日酉ノ刻

一宗門御改之儀、町触ニ壱通、幷唐招提寺奉伽(加)掛銭当年
皆済之旨口上書壱通廻ル、写有之候、以上
辰八月十九日
方内ゟ口上書写如此ニ候
南都唐招提寺十万人掛銭当年皆済年ニ候条、宗門帳判
形ニ御指(差)登申候刻、急度可有御持参候、尤五年仕切相
済候寺社方ハ、何年以前何月何日何人分、五年仕切之
掛銭誰持参と口上書被成、来九月十日可有御持参候、
是右之帳面繰《クリ》候ニ為無混《コン》乱ニ候、以上
辰八月十九日　松尾左兵衛印
寺社方
御役者中
方内ゟ門前へ廻り候口上書如此ニ候
南都唐招提寺十万人掛銭当年皆済年ニ候条、宗門帳判
形ニ被差登候刻、急度可有持参候、於失念ハ可為越度
候、尤五年分仕切相済候町々者、何年以前何月何日何
人分、五年仕切之掛銭誰持参指(差)上ケ候と口上書仕、来
九月十日ニ私宅江可有御持参候、是右之帳面繰候ニ為
無混乱ニ候、以上
辰八月十九日　松尾左兵衛印
町々年寄中

一目代・六坊中へも宗門御改之儀、幷唐招提寺奉伽(加)掛銭
之口上書写致し、弐町目行司ニ申付相触候事
辰八月廿日

一三町目鼠屋十郎右衛門長屋、四条通堺町西江入ル町万
屋六右衛門借屋ニ居申候八郎兵衛弟藤兵衛と申者ニ借
シ入置申度旨、年寄平兵衛相届候、則請負手形有之候、
以上
辰八月廿日

一弐町目近江屋多右衛門、大仏音羽町八左衛門方ニ而借
用致し候銀百四拾目之内、六拾匁ニ而嗳、今日済状差
上ケ相済候由、年寄惣兵衛相届候、以上
辰八月廿一日

一三町目紀伊国屋吉右衛門所江、今廿一日暮前ニ男弐人・女弐人観音参詣之帰りニ立寄、酒・豆腐給、其上ニ而善右衛門（与）申者、酒ニ酔同道之者と口論致し雑言申、音高ニ有之ニ付、町人出合、両方引分候而嗳之上ニ、七条出屋敷餅屋町ニ居申又兵衛夫婦并善右衛門夫婦手形致させ、則町へ饋（送）届相済申候、右一札之写有之候、本紙ハ三町目年寄平兵衛方ニ有之候、以上

辰八月廿一日

一弐町目梅田屋与平次家江下川原ニ居申候鼠屋吉兵衛と申者ニ借シ入置申度旨、年寄惣兵衛相届申候、則請負手形有之候、以上

辰八月廿二日

一柳馬場通二条下ル町ニ居申候長崎元端と申外科、当寺境内六波羅筋南側ニ新家建申度旨、来ル廿七日御公儀江御訴訟申上候、表向願主ハ則門前四町目ニ罷有候桑名屋茂兵衛を名代ニ出し候由断申来候事

辰八月廿三日

一四町目藤屋与兵衛家、大和大路新五軒町近江屋市助借屋ニ居申候清五郎と申者ニ借シ入置申候旨、年寄忠右衛門相届候、則請負手形有之候、以上

辰八月廿四日

一御公儀ゟ冷気ニ向候間、随分火之用心可入念候旨御触状、霊山ゟ当山江廻ル、写置、清閑寺へ遣、請取有之候、以上

辰八月廿六日戌ノ下刻

一四町目桑名屋茂兵衛儀、六波羅筋南側新家御願之儀、内証元端と相対致し、表向私御訴訟申上候旨相断候、以上

辰八月廿六日

一執行・目代・六坊中へ火之用心之儀写致シ、弐町目行

司ニ申付相触候事
辰八月廿七日

一火之用心之儀、門前中申聞、一札判形取置申候、以上
辰八月廿七日

一松原通宮川筋南側長屋之裏ニ下屋を出し、屋敷之三方ニ塀ヲ掛、并ニ南之屋敷之地尻ニ東西拾六間、南北弐間之片ひしニ物置建申度旨、絵図ニ記、彦十郎御願申上候処ニ、願之通ニ新家役人神沢与兵衛殿今日被仰渡候旨彦十郎相届候、以上
辰八月廿七日

一火之用心之儀、寺触と同文言ニ而町触ニ壱通廻ル、写有之候、以上
辰八月廿七日

一御公義ゟ頃日所々ニ而かたり言を申不届之やから有之由相聞候条、町々ニ而遂吟味、此類之物於有之者可申出旨、町触ニ廻ル、写有之候、以上
辰八月廿七日

一弐町目亀屋半兵衛家、松原通石不動之町鎰屋治右衛門借屋ニ居申候市兵衛と申者ニ借シ入置申度由断申来候、則請負手形有之候、以上
辰九月二日

一三町目木爪(瓜)屋平右衛門家、同町鎰屋七兵衛家ニ借宅仕居申候半兵衛と申者借シ(二)入置申候由、年寄平兵衛相届候、則請負手形有之候、以上
辰九月五日

一宗門帳例年之通相改、松尾左兵衛方江今日井上清兵衛ニ持せ遣候、并ニ南都(唐)招提寺奉伽(加)銭拾人分七百四拾八文相渡し候、当年ニ而五年分皆済致し候、以上
辰九月十日

一例年宗門帳、門前中相改、今日年寄共松尾左兵衛方へ
持参仕候、幷招（唐）提寺奉伽（加）銭も皆済致候事
辰九月十日

一宗門改帳、町並寺方幷門前中、例年之通相改、判形取
置候事
辰九月十一日

一御公義ゟ当辰ノ年酒造米之儀、去々寅ノ年造高之員数
半分之積可造之候、前々相触候通ニ寒造之外新酒弥堅
可為停止之旨町触廻ル、則写有之候、以上
辰九月廿九日

一三町目霊山定阿弥借屋江霊山宿阿弥ニ当九月迄奉公仕
居申候七兵衛と申者ニ借シ入置申度旨相届候、則請負
手形有之候、以上
辰十月二日

一三町目菱屋清兵衛家、摂津国河辺郡多田庄筑波村ニ住
宅仕居申七兵衛と申者ニ借シ入置申度旨断申候、則同
町中（仲）光屋十郎兵衛親類之由申候、請負手形有之候、以
上
辰十月三日

一三町目鼠屋十郎右衛門長屋、同町笹屋権右衛門悴甚兵
衛と申者ニ借シ入置申由、年寄平兵衛相届候、以上
辰十月三日

一三町目寿慶長屋ニ居申亀屋仁兵衛と申者、女房不縁ニ
付隙を遣し候へ共、諸道具返し不申候故、段々断を申
戻し候様ニと申候得共、埒明不申候故、女房幷母親
御公儀江御訴訟申上候ニ付、今七日御呼出し、小玄関ニ
而役人中様子御聞届、道具ハ女房方へ戻し、娘ハ其儘
女房養育仕候様ニ被仰付候旨、年寄平兵衛罷帰り相届
候、以上
辰十月七日

一壱町目年寄勘左衛門病気ニ付役儀御断申上候、代り之儀誰ニ而茂御地頭様ゟ被仰付被下候様ニと願申候故、町中運(連)判手形取候而、鎰屋又右衛門ニ申付候、則今日町内呼寄申渡し候、以上

辰
十月十五日

一六波羅道札場之辺ニ新非人相果居申候故、悲田院忠右衛門呼寄吟味致シ、則御公儀江御訴申上候処ニ、非人ニ紛無之候ハヽ、取置候様ニ被仰付候故、悲田院ゟ手下之者ニ申付、無縁塚へ埋申候由、年寄平兵衛相届候、口上書写有り、以上

辰
十月十五日

一御公儀ゟ尾張大納言(徳川光友)殿逝去ニ付、今日ゟ鳴物御停止、日限之儀追而可被仰付旨御触状、霊山ゟ当山へ廻ル、則写置、清閑寺へ遣し、請取有之候、以上

辰
十月十九日亥之刻

一御公儀ゟ鳴物御停止之儀、町触ニ壱通廻ル、則写有之候、以上

辰
十月十九日

一執行・目代・六坊中へも尾張大納言殿御逝去ニ付鳴物御停止之旨写致し、三町目行司ニ申付相触候事

辰
十月廿日

一昨廿日之夜八ツ時分、二(仁)王門之下惣門江はなれ牛参候を門番角兵衛留置、町中へ知せ申候処ニ、今四ツ時分、伏見之下蓮池町百性(姓)又左衛門と申者尋参り候、様子吟味致し候、又左衛門飼候牛ニ紛無之候故、則庄屋金右衛門運(連)判ニ而一札之手形取置、相渡し候、以上

辰
十月廿一日

一今廿四日四ツ時分、六波羅道札場土橋之下ニ非人煩(患)ふせり居申候ニ付、五条通之非人小屋之者ニ申付、小屋へ入置候、則鳥目五拾文町中ゟ遣し候事、右之土橋清

水寺と建仁寺領境と存知候而、建仁寺ろくろ（轆轤）町へ人遣し立会候様ニ申遣候処ニ、土橋破損之節ハ清水ゟ被成候、境目ハ橋ゟ五尺程西ニ印之石有之由申越候故、四人年寄共見せニ遣し吟味致させ候得ハ、ろくろ（轆轤）町ゟ申通紛無之候ニ付其通ニ致し、此方支配ニ申付候、以上

辰十月廿四日

一今廿四日暮前、本堂舞台ゟ飛落居申ニ付出合様子見届候、所相尋候へハ、油小路二条下ル町敦賀屋宗全下人八助と申四拾才ニ罷成候由、則主人幷町人呼寄様子尋させ申候処ニ、七日参仕立願之儀ニ而飛申候、然上ハ何□（之）不審成儀も無御座候間、引取申度旨申候故、主人・町人運（連）判之手形致させ相渡し申候、以上

辰十月廿四日

一御公儀ゟ鳴物御停止之儀、明廿六日ゟ御赦免之旨御触状、霊山ゟ当山江廻ル、則写置、清閑寺へ遣し、請取有之候、以上

辰十月廿五日

一執行・目代・六坊中へも鳴物御赦免之御触書写致し、三町目行司ニ申付相触候事

辰十月廿五日

一御公儀ゟ鳴物御赦免之儀、町触壱通廻ル、写有之候、以上

辰十月廿五日

一今廿六日七ツ時分、六波羅札場之元ニ、年来廿五六才之女半産致シ居申候ニ付、年寄共出合見届様子相尋候へハ、建仁寺町通山崎町伊勢屋太左衛門借屋柳屋喜右衛門と申者、由緒御座候ニ付何方ニ而相果候共、苦労ニ可仕と兼々約束仕候間、此者方江御申遣し被下候様ニと申候、則太左衛門幷喜右衛門呼寄相尋候へハ、さんと申女申通ニ紛無之候、手形致させ相渡し申由、年寄平兵衛相届候、手形ハ平兵衛方ニ有之候事

辰十月廿六日

一今廿九日七ッ過、六波羅道筋東はつれ南之畑ニ、年来四十五六才新非人男相果居申ニ付、悲田院之年寄源右衛門呼寄見せ申候処ニ、新非人ニ紛無之ニ付、其趣御公儀江御訴申上候処ニ、非人ニ紛無之候ハ、取置可申旨、年寄平兵衛幷悲田院被仰付候故、則悲田院手下之者申付、無縁塚へ埋申候由、年寄平兵衛罷帰り相届候、則口上書写有之候、以上

辰十月廿九日

一三町目鎰屋七兵衛家、宮川筋六町目小松屋文右衛門家ニ居申候次郎兵衛と申者ニ借シ入置申候由、則請負手形有之候、以上

辰十一月朔日

一三町目井筒屋伊兵衛家、祇園南町藤屋伝右衛門家ニ居申候平左衛門と申者ニ借シ入置申候由、則請負一札有之候、以上

辰十一月三日

一御公儀ゟ尼を抱置之寺院・坊舎有之由粗相聞候、寛文年中之御条目厳密之上ハ急度令擯出之、親族たり共女人一切不可差置候、在来妻帯ハ制外、僧侶等猥に在家旅宿なといたし不行跡之躰相聞甚不宜候、是又本山ゟ可相改之旨御触状、幷火之用心御触、以上弐通、霊山ゟ当山へ廻ル、則写置、清閑寺へ遣、請取有之候、以上

辰十一日九日戌刻

一執行・目代・六坊中へ寺院・坊舎ニ尼を抱置事、幷火用心之御触弐通写致し、四町目行司ニ申付相触候事

辰十一月九日

一御公儀ゟ寺院・坊舎ニ尼を抱置事、幷火之用心御触状弐通、寺触と同文言ニ而町触ニ廻ル、写有之候、以上

辰 十一月九日

一寺院・坊舎尼を抱置事御停止之御触状ニ奥書致シ、町
並寺方判形取置申候事

辰 十一月十日

一当御代御朱印写御入用ニ付松尾左兵衛ゟ廻状、霊山ゟ
当山へ参り、則写置、遊行法国寺へ遣、請取有之候、
以上

辰 十一月十六日亥刻

一目代江ハ、御朱印写御入用ニ付松尾左兵衛ゟ申来候故、
成就院ゟ相認、方内迄遣し被申筈候、御朱印其元之御
名も有之候間、為御心得申進候由、孫九郎(藤林兼定)方ゟ申遣し
候処ニ、被入御念被仰越候趣委細承届候旨返事有之候、
以上

辰 十一月十七日

一御公儀ゟ町々在々婚姻之節礫をうち(打)其外狼藉之族幷芝
居野郎之儀、他所へ相手ニある(歩)かせ申間敷候、茶屋共
茶立女之儀遊女ヶ間敷仕間敷事、銀子之儀御蔵元払金
子壱両ニ六拾匁替之積り候間、世間准之、金子壱両ニ
六拾匁替之積り可相心得、乍去両替屋共指(差)引之利潤可
有之候間、当年ゟ来年十二月迄、金壱両ニ銀五拾八匁
ゟ高直ニ仕間敷候、銭之儀も御蔵元払金子壱両ニ銭四
貫文之積り候間、世間准之、金子壱両ニ銭四貫文之積
り可相心得候、是又両替屋共指(差)引之利潤可有之候間、
当年ゟ来年十二月迄ハ金壱両ニ銭三貫九百文ゟ高直ニ
仕間敷旨、悪銀有之ハ向後番所へ可持参之旨町触ニ廻
ル、則写有之候、以上

辰 十一月十八日

一御朱印写、松尾左兵衛方へ今日仲光院ニ持せ遣し候事

辰 十一月十九日

一弐町目塗師屋市兵衛家、大仏山崎町仏師左近所ニ居申

候左兵衛と申者ニ借シ入置申候由、則請負手形有之候、
以上

辰十一月廿三日

一弐町目松庵長屋へ三町目橋本十左衛門家ニ居申候六兵衛と申者ニ借シ入置申候、則請負手形有之候、以上

辰十一月廿三日

一弐町目藤屋利兵衛忰平兵衛儀、段々不届者、其上五三日も他宿致し先々ニ而如何様之悪事仕出し可申も不存候間、御公儀へ御断申上、勘当帳ニ付可申と有之ニ付、親類共利兵衛ニ色々と申、四五年預り置候由、則親類共ゟ利兵衛方へ手形致し遣候由、年寄惣兵衛相届候、
以上

辰十一月廿四日

一当年も門前運（連）判借用銀弐貫三百目、伊藤松庵肝煎ニ而今日請取申由、則手形之裏判致し遣し候、壱ケ月ニ弐百三拾文ツ、来巳ノ正月ゟ十月迄ニ皆済之筈也

辰十一月廿六日

一御公儀ゟ金銀銭之相場之儀、町触廻ル、則写有之候、
以上

辰十一月廿六日

一御公儀金銀銭相場御極之御触状、霊山ゟ当山へ参り、則写置、清閑寺へ遣し、請取有之候、以上

辰十一月廿九日子ノ下刻

一執行・目代・六坊中へも金銀銭相場之御触状写致シ、四町目行司忠兵衛申付相触候事

辰十一月晦日

一壱町目丹波屋三郎兵衛後家借屋江只今迄宇治市之坂ニ居申候甚兵衛と申者ニ借シ入置申候由、則請負手形有之候、以上

辰
十一月晦日

一御公儀ゟ当分遣捨之諸色・童子持あそひ（遊）類幷水引等ニ至迄、金銀之箔用候儀御停止之旨町触廻ル、則写有之候、以上

辰
十一月晦日

一三町目丹波屋太郎左衛門儀、大仏さや（鞘屋）町栄玄と申者ニ銀弐百目借用致し候へ共、不埒故栄玄御公儀江御訴訟申上、則御裏判出申ニ付、町中ゟ色々嗳を入候而銀弐枚ニ而埒明申候、今日御公儀江済状差上ケ相済候由、年寄平兵衛断申来候、以上

辰
十二月四日

一門前町々自身番之儀、来ル十一日ゟ可仕候、幷伽藍廻江も夜之内一度ツヽ廻り候様ニ申付候事

辰
十二月八日

一御公儀ゟ水戸（徳川光圀）中納言殿去ル六日ニ御逝去ニ付、今日ゟ来ル十九日迄、日数七日鳴物御停止之御触状、霊山ゟ当山江廻ル、則写置、清閑寺へ遣し、請取有之候、以上

辰
十二月十三日寅刻

一鳴物御停止之儀、町触ニ壱通廻ル、写有之候、以上

辰
十二月十三日

一執行・目代・六坊中へも鳴物御停止之儀写致し、弐町目行司ニ申付相触候事

辰
十二月十四日

一例年之通、門前年寄共惣算用今日相勤申候、御寺ゟ馬駐門番油代金子弐百疋、門前中へ被下候、以上

辰
十二月十四日

一嵯峨清凉寺釈迦堂建立有之ニ付材木方・石方入札有之

間、明十六日ゟ来ル廿五日迄之内、清凉寺へ罷越、根帳ニ記、仕様帳写之、入札可致候之旨、御公儀ゟ町触ニ廻ル、則写有之候、以上

辰十二月十六日

一四町目綿屋利兵衛・花屋文右衛門儀、伏見すちかひ（筋違）橋玄貞ニ銀百目借用致不埒ニ付、今日御公儀ゟ御呼出し御僉儀（詮議）之上、当暮ニ三拾匁、来巳ノ年七月迄ニ相残ル七拾匁相済候様ニ、小玄関ニ而役人中被申渡候由、年寄忠右衛門相届候、以上

辰十二月廿二日

一弐町目八百屋半左衛門儀、玄貞ニ衣類借用致シ質物ニ入候出入、是も御呼出し御僉儀（詮議）之上、衣類にて相渡し候様ニ小玄関ニ而被仰付旨、年寄惣兵衛相届候、以上

辰十二月廿三日

一御公儀ゟ金通用之儀、最前度々相触候へ共、先触之趣取やり不致之由不届候、当地之物ハ不申及、縦他国之者ニ而も右之直段を以金可相渡候旨町触廻ル、則写有之候、以上

辰十二月廿六日

一御公儀ゟ当年五畿内・近江・丹波・播磨御蔵入御物成三分一銀、十分一大豆代共、金壱両六拾匁替之積り、金納ニ成共、銀納ニ成共、百性（姓）勝手次第ニ相納候筈ニ罷成、御代官中御蔵納も右之通被仰付候条、金銀取やり之儀、弥最前申触候通相守、無滞通用可仕旨町触廻ル、則写有之候、以上

辰十二月廿七日

右ハ当年中諸事留書之趣如斯ニ候、以上

元禄拾三年　　藤林孫九郎

辰十二月日　　兼定（花押）

「（原裏表紙）

藤林孫九郎

」

「（後補裏表紙）文政五壬午九月

表紙付仕立置

清水寺

成就院

」

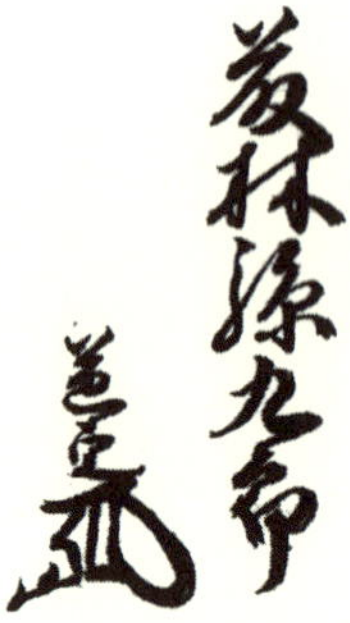

元禄十四年

（後補表紙）「元禄十四巳年従正月至十二月
御日記
同十五午年従正月至十二月」

（原表紙）「辛　元禄十四年
諸事留覚帳
巳　極月吉祥日」

一壱町目丹波屋三郎兵衛跡目之御礼今日相済、式法之通、三升樽・三種之肴差上ケ申候、被官故御寺ゟ鳥目五拾疋被下置候事
巳正月七日

一弐町目越後屋四郎兵衛儀、名を光円と改申ニ付、今日御礼ニ罷出候、以上
巳正月七日

一御公儀ゟ銀子・銭之売買遂相対、御定之直段ゟ高直ニ売候由相聞候間、左様之儀堅仕間敷之旨町触廻ル、則写有之候、以上
巳正月七日

一大仏かねひ（鐘鋳）町金兵衛申来候趣者、四町目丸屋仁左衛門存生之内ニ、銀子六百五拾目預ケ置候処ニ、仁左衛門相果候以後、不埒ニ付組中相続之上、仁左衛門家を借シ、其旅代ニ而毎月拾匁ツヽ、元銀之内へ返済之約束ニ而御座候処ニ、去ル辰ノ七月ゟ右之銀不参仕、難儀ニ存候故、組中へ度々断申候得共、此節ハ取合不申、迷惑仕候、ケ様ニ打捨取合不申候へハ、御公儀江御訴訟可申上ゟ外ハ無御座候、私儀も四町目ニ親類兄弟も御座候故、左様之儀も延（遠）慮ニ存候、何とそ下ニ而相済候様ニ被仰付被下候様ニと申来候、右之趣、仁左衛門組之山形屋治兵衛・播磨屋五兵衛・八文字や（屋）右兵衛・組頭万屋八右衛門呼寄、金兵衛手前何とそ了簡致し、下ニ而相済候様ニ可仕旨、申付遣し候、以上

巳正月十八日

一三町目梅鉢屋庄兵衛家、大仏五町目木屋多兵衛家ニ居申候表《吉》右衛門と申者ニ借シ入置申度旨相届候、則請負手形有之候、以上

巳正月十八日

一六波羅道札場之東江愛宕之前ニ居申候長兵衛と申者、水茶屋出し置ニ付、何方へ相届出申候哉と吟味致候処ニ、何方へ断申儀も無之候、此節往来も御座候故罷出候（と）申ニ付、左候ハヽ、茶屋出し之事無用ニ候と留置申候、則六波羅町之年寄方へも断申遣置候、以上

巳正月廿日

一今廿一日昼時分、瀧之道藪垣ニ馬ニ米三俵附繋置申ニ付、出合様子見届候而馬挽（引）近所ニ居申候哉と相尋、待合候へ共知レ不申候処ニ、五条通建仁寺町西江入ル丁（町）こも町河内屋喜兵衛と申者参詣致し、右之段承、此馬主ハ大津北国町三郎兵衛馬ニ而御座候、三郎兵衛参請取申迄、私へ御預ケ可被下候、則私方ゟ馬主へも可申遣と申ニ付預ケ置申候、則三郎兵衛儀、喜兵衛同道ニ請取ニ参候故、手形致させ、馬幷米共ニ相渡申候事

巳正月廿一日

一弐町目松庵屋守亀屋次郎兵衛裏之明（空）地ニ普請仕度旨願申候故、勝手次第ニ可仕旨申付候処ニ、当月十八日ニ絵図記、御公儀江御願申上候処ニ、廿五日ニ願之通被仰付候、則此方ニも絵図・手形取置申候、以上

巳正月廿五日

一四町目松屋権右衛門家、三町目ゑびすや（夷屋）源右衛門家ニ居申候市左衛門と申者ニ借シ入置申度旨、則請負手形有之候、以上

巳正月廿五日

一御公儀ゟ火用心之儀、町触ニ廻ル、則写有之候、以上

巳正月晦日
一弐町目八百屋半左衛門儀、玄貞衣類之出入ニ付、今日御公儀江御訴訟ニ罷出候処ニ、小玄関ニ而役人中様子御聞被成候而、衣類目録之銀高ニ而も聞不申候ハヽ、伏見江訴訟致し候様ニと被申渡候旨、年寄惣兵衛相届候、以上

巳二月四日
一例年之通、門前中并伽藍廻江出申候商人とも判形一札取置申候、以上

巳二月四日
一御公儀ゟ嵯峨釈迦堂清凉寺諸材木大坂ゟ嵯峨迄運賃車力入札有之間、来ル十日ゟ千本通一条上ル町大黒坊へ参、仕様帳見届、同十六日駿河(安藤次行)屋敷江家持請人召連参、札披候様ニ望買人共へ可申聞旨町触廻ル、則写有之候、以上

巳二月十日
一四町目丹波屋利貞家江坂弓矢町松葉屋三郎兵衛借屋ニ居申候七郎兵衛と申者ニ借シ入置申度旨相届候、則請負手形有之候、以上

巳二月十四日
一弐町目近江屋権兵衛忰千之助と申者、疱瘡ニ而今十七日朝相果申候、千之助儀、家賃銀之出入有之候故、今日御公儀江御断申上置候、則口上書留有之候、以上

巳二月十七日
一地主権現之神輿為氏子中修覆仕度由、此度願申候ニ付、成就院ゟ口上書致し、并氏子中ゟ仕様帳以代僧今日御公儀江御断申上候処、無別条相済候、仕様帳ハ差上ケ不申、口上書計ニ而埒明申候、仕様帳此方ニ有之候、代僧ハ泰産寺、口上書者如斯ニ候、月番安藤駿河守殿

口上之覚

一清水地主権現之神輿、氏子中として此度修覆仕度由願申候、錺金物等磨不足之所仕足し仕可申由ニ御座候、右細工経堂之内ニ而仕度与申候間、御断申上候、以上

元禄拾四年
巳二月十八日
清水寺
成就院判

御奉行様

一御公儀ゟ糸払底、其上高直ニ而、全難儀之由西陣織屋共度々訴出候条、唐糸・和糸ニかきらす糸所持之輩早々出之可売買候、かこひ置〆売致し候ハヽ、其町之年寄・五人組迄可為曲事旨町触廻ル、則写有之候、以上

巳二月十八日

一松尾左兵衛ゟ印形商売人数年印判彫遣し候節、印鏡帳可有之候間、其帳面共不残明後廿三日印判屋所名付仕、私宅へ令持参候様ニ町触廻ル、写有之候、以上

巳二月廿一日

一弐町目松庵家守亀屋次郎兵衛儀、数年印判彫遣し候印鏡之帳、今日松尾左兵衛方へ持参致し相渡シ申候由、年寄惣兵衛相届候、則口上書之留有之候、以上

巳二月廿三日

一三町目小笹屋四郎兵衛家ニ居申候井筒屋甚右衛門儀、同町茶碗屋清兵衛家ヲ借シ入置申候由、則請負手形有之候、以上

巳二月廿三日

一三町目梅鉢屋庄兵衛儀、同町鼠屋十郎右衛門長屋借シ入置申候由、年寄平兵衛相断候、以上

巳二月廿三日

一三町目橋本十左衛門家ニ居申候新兵衛儀、不届之儀有之ニ付、四年以前寅ノ十一月ニ所を払、他領ニ居申候得共、働之勝手悪敷、渡世ニ迷惑仕候ニ付、門前江立帰り申度旨、三町目年寄幷組頭中頼詫言仕候故、此度一札致させ免申候、則橋本十左衛門後家貞昌家を借シ入置

申候旨、年寄相断候、以上
巳二月廿三日

一御公儀ゟ比日他所ゟ酒多当地江入込、下置ニ売買いたすのよし相聞候、前々相触候通、他所ぬけ酒弥売買いたすへからす候、若違背之輩有之候ハヽ、可為曲事旨町触廻ル、則写有之候、以上
巳二月廿三日

一今廿七日四ツ時分、瀧之下教海庵之北道之下ニ、年来五拾四五才之男、身ニハ木綿破つゝれ（襤褸）弐ツ着致、袋にごき（御器）壱ツ、きせる（煙管）壱本所持仕相果居申ニ付、悲田院年寄清兵衛呼寄見せ申候処ニ、新非人ニ紛無之由申ニ付、其趣口上書致し御公儀江御訴申上候処ニ、取置可申旨被仰付候故、則無縁塚へ埋申候、口上書写有之候、以上
巳二月廿七日

一弐町目池田屋彦十郎屋敷之北六波羅道之方ニ、東西弐間半ニ南北壱間之小屋掛致し、水茶屋を出し申度旨願申候、則絵図・口上書有之候、以上
巳二月廿八日

一壱町目亀甲屋清左衛門儀、忰清八ニ塔之南面之方ニ而、遠目金（鏡）を参詣之者ニ見せ申度旨願申候故、外ニ而も左様之願有之候故、此度免候事
巳三月八日

一四町目若狭屋喜兵衛家、三町目井筒屋藤七と申者ニ借シ入置申度旨相届候、以上
巳三月八日

一千本焔魔堂引接寺為修覆洛中洛外勧化幷八幡神応寺常法談被致候ニ付、洛中洛外挓（托）鉢致度旨御願被申上、御赦免被為成候、依之近々可被挓（托）鉢候、烏論（胡乱）成儀ニ而ハ曾而無之候間、奉加之儀者相対之上、志次第ニ可被之

旨、松尾左兵衛ゟ町触廻ル、則写有之候、以上

巳三月十六日

一三町目井筒屋半兵衛家、八坂上ノ町玉水屋作兵衛家ニ居申候半左衛門と申者ニ借シ入置申度旨相断候、則請負手形有之候、以上

巳三月日

一弐町目大黒屋惣兵衛家借家ニ仕度旨断申候、勝手次第ニ可致旨申付遣し候、以上

巳三月十七日

一壱町目袋屋七郎兵衛屋祢(根)葺替願申候、則書付有之候、以上

巳三月廿二日

一弐町目大黒屋惣兵衛居宅、三条縄手大文字屋吉左衛門家ニ居申候長兵衛と申者ニ借シ入置申度、則請負之手形有之候、惣兵衛儀ハ同町吉野屋五兵衛裏を借り罷有候由相届候、以上

巳三月廿四日

一弐町目八百屋半左衛門儀、玄貞衣類出入銀百弐拾目ニ噯、惣兵衛・利(理)兵衛請負手形取戻し、幷帰り手形取、明十七日ニ済状差上ケ相済シ申約束ニ有之候処ニ、玄貞又々横道を申ニ付埒明不申候事

巳三月廿六日

一今廿八日昼四ツ過、本堂舞台ゟ年来三拾才計坊主飛落居申候、参詣之者知らせ申ニ付出合見届様子相尋候へハ、大坂下寺町心光寺之弟子秀巌と申者ニ而有之由、遠方之儀ニ御座候故、右之趣、当町四町目年寄忠右衛門口上書致し、御公儀江御訴申上候処ニ、為御検使岩城(木)平内殿・加々山権兵衛殿御出、雑色沢与右衛門立会御吟味之上、秀巌口上書幷門前ゟ一札御取、御帰り之節、町之者御屋敷江参候処ニ大坂之御奉行所江御書御

遣し可被遊候間、大坂ゟ罷上り候迄ハ養生致させ可申候、其内替様子候ハヽ、可申来之旨被仰付候由、年寄忠右衛門罷帰り相届候、則御公儀江差上候口上書・手形写有之候、以上

巳三月廿八日

一三月廿八日本堂舞台ゟ飛落候秀巌儀、大坂御奉行所ゟ下寺町心光寺方江被仰渡候ニ付、秀巌兄弟子長雲と申坊主、昨朔日迎ニ罷上り、御公儀江直ニ参候処ニ、明二日飛人秀巌召運(連)、清水之者と一所ニ罷出候様ニ被仰付候、則今朝参候処ニ無別条、長雲ニ相渡し候様ニ被仰付候故、相渡し罷帰候由、年寄忠右衛門相届候、秀巌養生之宿、用人源兵衛方ニ而致させ候事

巳四月二日

一清閑寺村庄屋与次兵衛悴米蔵と申者、継目之御礼ニ今日罷出候、則五斘樽・素麵・扇子差上ケ申候、御寺ゟ鳥目三十疋被遣候、右米蔵伯父長左衛門并勘右衛門召運(連)罷出候事

巳四月五日

一地主御輿修覆出来ニ付、今日代僧泰産寺を以、御公儀へ御断被申上候、并例年八日ニ神輿御殿江出し候へ共、当年七日ゟ出し申度旨、氏子中頼申候間、御断申上候旨申被遣候処ニ、御念入御断之趣承届候旨返事御座候事

巳四月六日

一地主御神事ニ御公儀ゟ与力・目付神沢与兵衛殿・棚橋八郎右衛門殿、同心目付加々山権兵衛・寺田利左衛門并町廻与力山上三右衛門殿・松井善右衛門殿・木村藤助殿、同心目付岩城(木)平内、其外同心九人被参候、祭礼首尾能相済候、以上

巳四月九日晴天

一今十五日昼七ツ時分、椹木町通長明寺西へ入町油屋清

兵衛姪女きわと申女十九才ニ罷成候者、本堂舞台ゟ飛落申候得共無別条、其儘立あがり罷帰り申ニ付、留置様子相尋候へハ、為主人之ニ立願候而飛申候由、はやく御戻シ被下候様ニと申付、弐町目ゟ行司相添饋(送)届、則伯父清兵衛ゟ請取手形取置申候、本紙弐町目惣兵衛方ニ有之候、以上

巳四月十五日

一弐町目大黒屋惣兵衛屋敷裏之明(空)地ニ東西壱間半、南北三間之小屋建申度由願申候、勝手次第ニ可仕旨申付候、以上

巳四月廿二日

一松尾左兵衛ゟ町々ニ有之寺社方僧俗人数幷湯屋・水風呂屋町内ニ有之候ハヽ、書付、明廿三日持参致候様ニ廻状来候、則写有之候、以上

巳四月廿二日

一寺社方僧俗人数書付、壱町目・弐町目ゟ相認、今日惣兵衛持参仕、留有之候、以上

巳四月廿三日

一地主神輿氏子中奉加致し候帳面写、此方へも取置申候、以上

巳四月廿三日

一弐町目越川屋三右衛門後家屋祢(根)葺替之儀願申候、則書付有之候、以上

巳四月廿三日

一四町目平野屋杢之助・角屋庄次郎、右両人屋祢(根)葺替之儀願申候、則書付有之候、以上

巳四月廿六日

一御公儀ゟ金銀相場之儀、去冬段々相触候処ニ、至比日歩銀又ハ入替と名を付、金相場各別下直ニ取やり致由

不届候、先触之通弥相守之、無滞可致通用之旨、并町々在々婚姻之節石礫を打候儀令停止之段、去年触知候之処ニ于今不相止之由不届候、向後婚礼之有之町ハ番人出し置、石礫打輩見合次第可捕来旨町触ニ廻ル、則写有之候、以上

巳四月廿八日

一弐町目藤屋利兵衛屋祢(根)葺替之儀願申候、則書付有之候、以上

巳五月三日

一今十二日暮六ツ時分、本堂舞台ゟ年来廿一二才懐胎之女飛落相果居申ニ付、出合様子見届ニ而御公儀江御訴申上候処ニ、御検使寺田利左衛門殿・加々山権兵衛殿御出、并雑色西村新右衛門立会、死骸御改、所之者御吟味之上、手形御取被成、御帰之節、当町年寄又右衛門并五人組、明朝六ツ時ニ信濃守(水谷勝阜)殿御屋敷可被出旨、則十三日朝参候処ニ、今日ゟ十五日迄三日之間さらし(晒)置、相知れ不申候ハ、十五日七ツ過可申来旨被仰付候故、六波羅道筋へ出し置さらし(晒)申候、則一札衣類付之写共有之候、以上

巳五月十二日

一昨十二日本堂舞台ゟ飛落果居申候女之親、今昼八ツ時分尋ニ参候、所ハ六角通西洞院西へ入町之升屋太兵衛と申候、死骸見せ様子相尋候得ハ、柳馬場通松原下ル町たはこ(煙草)屋加兵衛女房せんと申者ニ而御座候由、則其趣御公儀江御訴申上候、并せん親太兵衛・聟加兵衛儀も死骸取置申度旨御願申上候処ニ、願之通被仰付候故、右死骸并雑物等相渡し手形致させ取置申候、以上

巳五月十三日

一三町目坂本屋次(治)左衛門取葺屋祢(根)葺替申度旨願申候、則書付之手形有之候、以上

巳五月十六日

一丹波口壱貫町弐町目大坂屋市兵衛幷庄右衛門と申者断
申来候ハ、十三年以前市兵衛娘かいと申女、当寺御門
前弐町目越川屋三右衛門方へ養子娘ニ遣し置候処、此
比伊勢之茶屋へ奉公ニ出し、大分金銀取被申候、町内
へ者只今迄も養子之披露も不致、ケ様之面をさらし（晒）候
奉公、何共気毒ニ存候、最早年来十八才ニ罷成候間、
町内江も披露致し、娘ニ相立、家内ニ置候様ニ申候得共、
三右衛門後家色々横道計ヲ申、承引不仕候故、右之趣、
御公儀へ御訴訟可申上と奉存候ニ付、御届申上候旨、
断申来候事

巳
五月十七日

一弐町目八百屋半左衛門、四町目花屋文右衛門・綿屋利
兵衛儀、伏見ニ居申候玄貞ニ借請候借銀之出入ニ付、
今十八日御呼出し被成候処ニ、半左衛門ハ衣類之出入、
則代物百弐拾目持参致し、御公儀ニ而相渡し済申候、
文右衛門・利兵衛ハ百目之出入、当分ニ三拾目相渡し、
残り七拾目当年中相済候様ニ被仰付之由相断候、以上

巳
五月十八日

一壱町目和泉屋いぬ家、同町亀甲屋十（重）兵衛ニ借シ入置候
旨相届候、以上

巳
五月廿七日

一弐町目桜屋喜左衛門ニ預ケ置候少之小路家屋敷之儀、
喜左衛門相果候故、此方へ上ケ申ニ付、此度三町目久
左衛門名代ニ而、桜屋喜左衛門御願申上候絵図之通ニ
建申度儀、御公儀江御願申上候処ニ、今日願之通被仰
付候由、又左衛門申来候、則口上書写有り、右ハ孫九（藤林
兼定）郎持主ニ而候得共、又左衛門を名代ニ頼、今度建申候
事

巳
五月廿九日

一今朝五ツ時分、年来五拾才計之女本堂舞台ゟ飛落相果
居申ニ付、様子見届、当町三町目年寄平兵衛口上書致
し、御公儀江御訴申上候処ニ、御検使永谷（長屋）助右衛門

殿・草川源蔵殿御出、死骸御改之上、所之者御呼出シ
色々御吟味之上、手形御取御帰り候、跡(後)ゟ年寄平兵衛
幷五人組御屋敷江参候処ニ、今日ゟ十一日迄三日さら(晒)
し置、其内替儀も有之候ハヽ、可申来旨被仰付候故、六
波羅道へ出しさらし(晒)置候、手形・衣類等書付写共有之
候、以上

巳六月九日

一舞台飛人今日昼迄さらし(晒)置候得共、何方ゟも尋不参候
故、其趣御公儀へ御断申上候処ニ、人主知れ不申候
ハヽ、死骸取置候様ニ被仰付候、則六波羅無縁塚へ埋
置候事

巳六月十一日

一当月九日本堂舞台ゟ飛落果居申者、今日岩神通鮹(蛸)薬師
上ル町平野屋治兵衛借屋ニ居申長兵衛と申者悴之由ニ
而尋来候故、死人ヲ見せ様子相尋候へハ、悴ニ紛無之ニ
付、其趣御公儀江御訴申上候、則悴長兵衛ニ死骸相渡
シ申候様ニ被仰付候故、手形致させ渡し相済申候事、

巳六月十三日

一弐町目丹後屋七兵衛屋祢(根)葺替之儀願申候、則書付有之
候、以上

巳六月十六日

一御公儀ゟ他所入込ぬけ酒売買停止之旨、前々ゟ度々相
触候処ニ、于今不相止之由不届候、向後ぬけ酒売買仕
もの於有之者召捕、僉儀(詮議)之上、曲事ニ可申付之条、其
町々ニ而可遂吟味之旨町触廻ル、則写有之、以上

巳六月十七日

一弐町目大黒屋惣兵衛居宅之裏ニ小屋建申度旨願申候、
今日御公儀ニ而願之通被仰付候由、則絵図・口上書有
之候、以上

巳六月廿一日

一今昼八ツ時分、本堂舞台ゟ年来廿四五才女飛落居申ニ付、出合様子見届候、正気ニ而居申候故、所を尋候得ハ、油小路通革堂西町豆腐屋権兵衛女房妹とめと申女ニ而御座候と申ニ付、権兵衛幷町人年寄吟味手形致させ相渡し申候、以上

巳六月廿三日

一例年境内道作五条通六波羅筋目除掃（掃除）、今日有之候事

巳七月五日

一御公儀ゟ条目之趣弥相守之可申旨御触状廻ル、霊山ゟ当山江参、則写置、清閑寺へ遣し、請取有之候、以上

巳七月八日申ノ刻

一執行・目代・六坊中江御条目之趣可相守之旨御触状写致シ、四町目行司ニ申付相触候事

巳七月八日

一御公儀ゟ御条目之趣相守可申旨寺触と同文言ニ而町触ニ壱通廻ル、則奥書之写有之候、以上

巳七月八日

一御公儀ゟ御条目之趣弥相守可申旨御触状ニ奥書致し、町並寺社方幷門前中運（連）判之一札取置申候、以上

巳七月八日

一今日千日参ニ付、御公儀ゟ之与力・目付棚橋八郎左（右）衛門殿・西尾甚右衛門殿、幷町廻り与力三人被参、何も首尾能帰り被申候事

巳七月九日

一弐町目鱗形屋かつ家、建仁寺町四条弐町下ル町松屋八郎右衛門家ニ居申候藤屋長兵衛と申者ニ借シ入置申候由、則請負手形有之候、以上

巳七月十一日

一壱町目末広屋次郎兵衛・松葉屋八兵衛・亀甲屋杢兵衛・井筒屋権兵衛、右之者共屋祢(根)葺替之儀願申候、則書付有之候、以上

巳七月十九日

一三町目扇屋角兵衛・丹波屋勘右衛門屋祢(根)葺替之儀願申候、則書付有之候、以上

巳七月廿日

一方内ゟ先月廿日雷所々江落候ケ所御尋被成候間、其訳委細ニ書付、明廿四日五ツ過迄ニ私宅江持参致候様ニ廻状参り候、則壱ケ所江も落不申候旨付札致シ遣候、廻状写置、清閑寺へ遣、請取有之候、以上

巳七月廿三日

一方内ゟ先月廿日以来所々江雷落候ケ所御尋被成候旨、寺触と同文言ニ而町触ニ壱通廻ル、則四人年寄共壱ケ所江も落不申候由付札致遣候事

巳七月廿三日

一御公儀ゟ古銀買取申者有之由相聞候、惣而古銀ハ吹直以来銀座にて引替之筈ニ候、弥其通無相違之様ニ堅相守可申旨御触状、霊山ゟ当山へ参、則写置、清閑寺へ遣候、請取有之候、以上

巳七月廿四日戌刻

一御公儀ゟ古銀買取申者有之由相聞候旨、町触ニ壱通廻ル、則奥書写有之候、以上

巳七月廿四日

一執行・目代・六坊中へも古銀買取申者有之由相聞候旨御触状写致シ、四町目行事ニ申付候而申渡し候事

巳七月廿五日

一古銀之御触状ニ奥書致シ門前中判形取置申候、以上

巳七月(廿)五日

一弐町目木屋久右衛門悴平兵衛と申者、昨廿七日夜家出
致し見へ不申候旨、年寄物兵衛相断候、随分尋候様ニ
申付遣し候、以上
巳
七月廿八日

一四町目八文字屋忠兵衛所持致し候家、同町木屋源右衛
門ニ売申度旨、年寄忠右衛門相届候、勝手次第ニ仕候
様ニ申付候、則願之口上書有之候、以上
巳
八月四日

一四町目小松屋仁兵衛・丁子屋喜(嘉)右衛門・万屋八右衛
門・山形屋妙意・花屋九兵衛・橘屋六郎兵衛・嶋屋源
右衛門、右七人屋祢(根)葺替之儀願申候、則書付有之候、
以上
巳
八月八日

一御公儀ゟ小堀仁(克敬)右衛門支配所城州綴喜郡多賀村領山内
青砥石堀(掘)候儀、望之者有之候ハヽ、当十八日迄之内仁
右衛門宅江罷越、様子承届候様ニ町触廻ル、則写有之
候、以上
巳
八月十四日

一御公儀ゟ例年宗門御改之触状、当山執行ゟ此方へ参り、
則写置、清閑寺へ遣し、請取有之候、執行方へハ請取
手形ニ及不申候事
巳
八月十七日申ノ刻

一御公儀ゟ宗門御改之儀、町触ニ壱通廻ル、則写有之候、
以上
巳
八月十七日

一三町目西側大黒屋六左衛門隠居・同町東側大津屋喜右
衛門後家所持仕候家屋敷屋祢(根)葺替之儀願申候、則書付
有之候、以上
巳
八月十八日

一三町目東側ニ有之番所、表口壱間、奥行四尺五寸御座候処、此度裏へ五尺建出し申度旨、幷番所水茶屋之間、藪垣之所高壁ニ仕度旨願申候、則絵図有之候、以上

巳八月十八日

一弐町目井筒屋喜三郎儀、大仏米屋半右衛門借銀之出入、此間相済候ニ付、来ル九月四日ニ御公儀江済状差上ケ申候由相届候、以上

巳八月廿六日

一御公儀ゟ銀子売買段々ニ高直ニ成候、貯置候者有之候ハヽ、払可申旨御触状、霊山ゟ当山江廻ル、則写置、清閑寺へ遣し候而請取有之候、以上

巳八月廿七日申刻

一執行・目代・六坊中へも銀売買高直之御触写致し、弐町目行司ニ申付申渡し候、以上

巳八月廿七日

一御公儀ゟ銀子売買段々高直ニ成候、貯置候者有之候ハヽ、払可申旨、寺触と同文言ニ而町触ニ壱通廻り候事

巳八月廿七日

一四町目八文字屋多兵衛御礼今日相済、式法之通、三升樽・三種肴差上ケ申候、御寺ゟ鳥目三拾疋被下候、以上

巳九月六日

一御公儀ゟ当年五畿内・近江・丹波・播磨御蔵入物成三分一銀・拾分一大豆代共ニ金壱両六拾目替之積り、金納成共、銀納成共、百性(姓)勝手次第ニ相納候筈ニ罷成、御代官中御蔵納も右之通被仰付候条、金銀取りやり無滞通用可仕候事、幷ニ捨子之儀、従前々堅令停止候、若捨置候者、其所ゟ奉行所へ訴へ出、有付所をも可申来之旨御触状弐通、霊山ゟ当山江参り、則写置、清閑寺へ遣し請取有之候、以上

巳九月八日子刻

一金銀之御触壱通幷ニ捨子之御触壱通、右寺触と同文言ニ而、町触ニも弐通共ニ廻候事

巳九月八日

一執行・目代・六坊中へも金銀之御触幷ニ捨子之御触二通共ニ写致し、壱町目行司ニ申付申渡し候、以上

巳九月九日

一今昼八ツ時分、本堂舞台ゟ飛落居申候女、所相尋候へハ、岩神通上泉町天王寺屋三右衛門と申者親類之由申ニ付、則人遣し呼寄見せ申候処ニ、三右衛門親類たつと申女、年廿八ニ罷成候由申候、三右衛門町之年寄・五人組呼寄手形致させ、飛人たつ相渡し申候、以上

巳九月十五日

一弐町目南側越後屋四郎兵衛所持仕候家屋敷、同町井筒屋十(重)右衛門と申者ニ売申度旨、年寄惣兵衛相断候、則願之口上書有之候故、勝手次第ニ相究可申旨申付候、以上

巳九月十九日

一宗門人別改帳弐冊認、今日松尾左兵衛方迄、前田彦十郎ニ持せ遣し相渡し申候、幷門前中ゟも年寄共持参致し、弐冊ツ、相渡シ申候事

巳九月廿三日

一御公儀ゟ御目付中洛外御巡見之節、向後者其村之庄屋・年寄之内一両人可致案内候、前日雑色ゟ其向寄江可申渡候、順々申送り置候而無滞様ニ可致旨町触廻ル、則写有之候、以上

巳十月朔日

一御公儀ゟ当年ゟ来秋迄諸国之酒造高之儀、去ル卯ノ年之通、前々造高之内五分一造之、其余者堅可為停止候、定之外かくし造候もの有之ハ、曲事ニ可申付之旨町触廻ル、則写有之候、以上

巳
十月十四日

一御目付杉浦笑九郎殿、明廿日御巡見ニ付方内ゟ廻状、鳥部(辺)野西本願寺通寺役僧因海ゟ此方江参ル、則写置、霊山へ遣し、請取有之候、鳥部(辺)野へハ不及請取ニ候、以上

巳
十月十九日戌刻

一執行・目代・六坊中へも御目付御巡見之儀、三町目行司ニ申付、口上にて為心得申聞候、以上

巳
十月十九日

一方内ゟ御目付明廿日御巡見御出被成候旨、町触ニ壱通廻ル、則写有之候、以上

巳
十月十九日

一四町目嶋屋源右衛門借屋、新町通四条下ル松之町縫物屋清右衛門借屋ニ居申候猪右衛門と申者ニ借シ入置申候由、則請負手形有之候、以上

巳
十月廿一日

一弐町目近江屋新右衛門借銀出入、相之町五条上ル町三郎右衛門方ニ而、銀五百目町借りニ銀遣し候処ニ、新右衛門忰文右衛門不届之儀有之ニ付、追放被仰付候故、右之銀子三郎右衛門方ゟ御公儀江御訴訟申上候ニ付、此度町中色々曖申ニ付、銀弐百三拾目ニ而相済、今廿七日、信濃守(水谷勝阜)殿御屋敷江済状差上、埒明申候由年寄惣兵衛相届候、以上

巳
十月廿七日

一今三日昼四ツ時分、年来三拾七八才女、本堂舞台ゟ飛落相果居申候ニ付、出合様子見届、御公儀江御訴申上候処ニ、為御検使永(長)屋助右衛門殿・寺田利左衛門殿御出、雑色西村新右衛門立会、死骸御改之上、所之者御吟味手形御取り御帰り候、当町四町目年寄忠右衛門幷五人組御屋敷へ参候処ニ、今日ゟ五日迄三日之内さら(晒)

し、様子知れ不申候ハヽ、五日之暁方申来候様ニと、駿河守（安藤次行）殿御屋敷ニ而被仰付候、則六波羅海道筋へ出しさらし（晒）置候事

巳十一月三日

一三町目寿慶家、知恩院古門前通縄手東へ入町大黒屋長太郎家ニ只今迄居申候桔梗屋七兵衛と申者ニ借シ入置申候旨、則請負之手形有之候、以上

巳十一月三日

一三町目寿慶借屋ニ八坂上ノ町ちき利屋与三右衛門家ニ居申候清右衛門と申者ニ借シ入置申候由相届候、則請負手形有之候、以上

巳十一月五日

一今日三日、本堂舞台ゟ飛落相果候女、今日迄さらし（晒）置候得共、様子知れ不申候ニ付、其趣御公儀江御訴申上候処ニ、死骸取置候様ニ被仰付候故、則無縁塚江埋置候事

巳十一月五日

一四町目大和屋吉兵衛家、同門前弐町目山形屋政右衛門後家借屋ニ居申候角兵衛と申者ニ借入置申候由、則請負手形有之候、以上

巳十一月五日

一三町目木爪（瓜）屋平右衛門家、八坂上ノ町玉水屋作兵衛家ニ居申候庄兵衛と申者ニ借シ入置申候由、則請合手形有之候、以上

巳十一月七日

一三町目小笹屋四郎兵衛家、坂弓矢町いせ屋りん家ニ居申候重兵衛と申者ニ借シ入置申候由相断候、則請負手形有之候、以上

巳十一月十日

一御公儀ゟ寿《ヒサノ》宮御方昨夜就薨去ニ、今日ゟ十二日迄三日之間、鳴物御停止之御触状、霊山ゟ当山江参り、写置、清閑寺へ遣し、請取有之候、以上

巳十一月十日酉刻

一執行・目代・六坊中へも寿宮御方薨去ニ付鳴物御停止之触書写致し、四町目行司ニ申付申渡し候事

巳十一月十日

一寿宮御方薨去ニ付鳴物御停止之儀、町触ニ壱通廻ル、則写有之候、以上

巳十一月十日

一御公儀ゟ釘隠・引手、絵本之通かなもの買取り候か、預り置候もの有之候ハヽ、早々御訴可申上候旨、絵本ニ而町触廻ル、則絵・書付ともニ写有之候、以上

巳十一月十七日

一御公儀ゟ廻しこまに金銀之箔を用、又者蒔絵なといたし結構ニ仕候儀、堅可為無用候、且又こま廻し候もの芝居ニ而仕候儀ハ各別、外へあるき（歩）廻し申間敷候、幷ニ金銀箔之儀、惣而当床（座）遣捨之もの、又ハ童子もてあそひ等に用候事可為無用之由、唐箔用候分ハ前方相触候通、真鍮箔を可用之旨町触廻ル、則写有之候、以上

巳十一月廿六日

一弐町目近江屋権兵衛、九年以前酉ノ八月借銀仕候銀本之所ハ室町半町東松原上ル小嶋町升屋三郎右衛門方ニ而、家屋敷質物ニ書入、銀子壱貫目借用仕候、但シ利足壱ケ月拾七匁宛之定也、其後権兵衛儀、丑ノ十月比ゟ相煩心うつけ罷有候故、弟市兵衛方へ引取、悴三人共ニ養育仕居申候処ニ、明ル寅ノ三月晦日ニ権兵衛何方へともなく罷出候ニ付、町中ゟ方々相尋候得共、行方相知レ不申候、同三月二日ニ其趣御公儀江御断申上置候事、右権兵衛借銀之儀ニ付、三郎右衛門方ゟ御公儀江御訴訟申上候故、去ル卯ノ十二月十三日ニ、権兵

衛弟市兵衛幷相手三郎右衛門被為召出、御僉儀（詮議）之上ニ
而、卯辰両年ニ相立候様ニ被仰付候故、町中段々相詫、
本銀壱貫目之内ヲ六百目ニ而相済、則今廿七日ニ駿河（安藤
次行）守殿御屋敷江済状差上ケ埒明申候由、年寄惣兵衛相届
候、以上
巳十一月廿七日

一四町目坂本屋弥三右衛門儀、身代不如意ニ付借銀等為
通済、其身大仏辺へ罷出、家を同町大和屋利兵衛家ニ
居申候八郎兵衛と申者ニ借シ申度旨、年寄忠右衛門相
届候、勝手次第ニ仕候様ニ申付遣候、以上
巳十一月廿七日

一御公儀ゟ金銀箔類・粉梨地・下かね等、前方度々相触
候通、運上銀無遅滞、急度箔床（座）江可指（差）出之旨町触廻ル、
写有之候、以上
巳十一月廿八日

一弐町目八百屋半左衛門屋祢（根）葺替之儀願申候、則書付有
之候、以上
巳十二月二日

一御公儀ゟ勧修寺御門跡薨去ニ付、今日ゟ来ル六日迄三
日之内、鳴物停止之旨御触書、霊山ゟ当山江参り、則
写置、清閑寺へ遣候、請取有之候、以上
巳十二月四日戌刻

一執行・目代・六坊中へも鳴物停止旨触書写致し、弐町
目行司ニ持せ遣し申渡シ候事
巳十二月四日

一御公儀ゟ勧修寺御門跡薨去ニ付、今日ゟ来ル六日迄三
日之内、鳴物停止之旨町触ニ壱通廻ル、則写有之候、
以上
巳十二月四日

一三町目番所建出し願相済、今日方内ニ而被申渡候、則一札致遣候ニ付、此方へも其通一札有之候、以上
巳十二月十一日

一例年相勤候大算用、四人年寄・組頭寄合、今日相済候事
巳十二月十四日

一例年之通、自身番今日ゟ仕候様ニ年寄共へ申付候事
巳十二月十五日

一方内ゟ城州西岡宝菩提院諸堂為修覆、山城国中勧化仕度旨御願被申上、御赦免被為成候、依之村々奉加帳幷紙袋相渡シ候様ニ被仰付候ニ付、奉加帳幷紙袋遣之候間、壱ヶ村江帳面一冊・紙袋志程ツ、請取置候様ニと町触廻ル、則写有之候、以上
巳十二月十五日

一御公儀ゟ前々茂酒猥ニ給申間敷旨相触候得共、此度於江戸御触有之間、婚礼其外おし立候祝儀之節たりといふ共、猥ニ酒給申間敷候、尤音信・贈答者樽代にて取かハし候様ニ町触廻ル、則写有之候、以上
巳十二月十六日

一御公儀ゟ金銀銭遣之儀、前々相触候通ニ通用可仕之旨町触廻ル、則写有之候、以上
巳十二月廿二日

外ニ如此口上書廻ル

口上之覚

瀧川丹後守様(具章)御名在之候宿証文ニ而在京之衆中越年候ハヽ、瀧川山城守様(具章)御屋敷江早々御断被申上候様ニ、年寄方ゟ可被申通候、尤御証文持参被致候儀にてハ無之候間、左様ニ可相心得候、以上
巳十二月廿二日
松尾左兵衛判

一御公儀ゟ金銀銭通用之儀、前々相触候通ニ可仕之旨、

御触状、霊山ゟ当山江参、則写置、清閑寺へ遣し、請
取有之候、以上
巳十二月廿三日亥ノ刻

一執行・目代・六坊中江も金銀銭相場之御触写致し、弐
町目行司丸屋五郎兵衛ニ申付申渡し候、以上
巳十二月廿四日

一少之小路如念所持致シ候庵之儀、成就院内井上清兵衛
江売申度旨、年寄惣兵衛相届候、勝手次第ニ仕候様ニ
申付候事
巳十二月廿七日

一御公儀ゟ火之用心之儀、御触状、霊山ゟ当山江廻ル、
則写置、清閑寺江遣し、請取有之候、以上
巳十二月晦日

一執行・目代・六坊中江も火用心之儀御触状写致し、弐
町目行司ニ申付相触候事
巳十二月晦日

右ハ巳ノ年中諸事留如此ニ候、以上
元禄十四辛巳年
十二月　日
藤林孫九郎
兼定（花押）

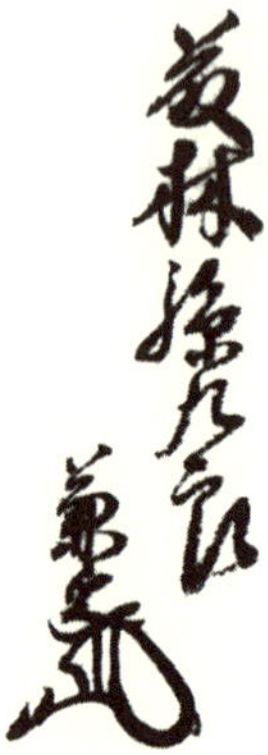

元禄十五年

「（原表紙）元禄十五年

諸事留覚帳

午極月吉祥日　」

一昨十七日夜四ツ過、年来三十七八才男本堂舞台ゟ飛落申候、参詣之者知らせ申ニ付、早速寄合様子見届候処ニ相果居申候、帯ニ状之上包紙付居申候書付ニ、柳馬場松原下ル丁（町）東かわ（側）扇箱屋ぬしや次郎兵衛娘、大津あ（逢）ふさか（坂）下ニ而弥吉ゟ、如此之書付有之候、右之趣御公儀江御訴申上候、則柳馬場松原下ル町年寄・五人組・家主・請人・大津弥吉世忰勘兵衛呼寄申候、為御検使草川源蔵殿・平尾四郎左衛門殿御出、雑色沢与右衛門立会、死骸御改之上、当寺門前、柳馬場之年寄・五人組、請人・家主・弥吉忰、右何茂御呼出し御吟味之上、両町共ニ一札御取御帰り被成候、跡（後）ゟ両町年寄・五人組、御屋敷江参候処ニ、飛人次郎兵衛死骸相渡シ可申旨被仰付候故、相渡し埒明申候、右之一札・衣類付留書とも有之候、以上

午正月十八日

一松尾左兵衛ゟ藤林孫九郎（兼定）ニ相尋申度儀有之候間、今晩私宅迄参候様ニ壱町目年寄又右衛門ニ言伝有之候故、夜ニ入、参候処ニ二（仁）王門簀戸出来之儀、往来之訳幷本堂番之様子委細ニ書付差出し可申旨被申聞候故、明日中ニ相認可進由申、罷帰候事

午正月十八日

一二（仁）王門之下簀戸幷本堂番之訳如斯認、今十九日海老屋文左衛門ニ（ママ）

一右□遣し候留書如此ニ候

覚

一清水寺二（仁）王門之前幷瀧之南之方両所之簀戸出来仕候ハ、元禄三年八月、其時分前田安芸守（直勝）様・小出淡路守（守里）様御奉行之節、寺社方ニ向後朝夕六ツ限ニ改、参詣人又ハ籠り申者已下疑敷者差置申間敷由、被仰渡御座候、其

節成就院ゟ右両所之簀戸仕度旨奉願御免被遊、簀戸仕候、門之番人者門前中ゟ差出し置申候、扶持番所之油等成就院ゟ仕候、又壱人ハ扶持切米共ニ成就院方ゟ遣之置申候

一右両所之簀戸夜五ツ切ニ〆申候而参詣人相改通し申候、又ハ山科・醍醐江通り申候者も断承届、両所簀戸之内ハ送り候而相通し申候、尤疑敷者ハ一切出入致させ不申候

一毎月十七日夜、又ハ七月九日之夜ハ、二(仁)王門ノ方之簀戸ハ明(開)ケ置、参詣通し申候、十八日夜ハ参詣相尽候節、門〆申ニ儀御座候、尤成就院下人其外右門番共ニ堂廻り火之用心等見巡り申候

一延念寺越之簀戸口ハ、右之被仰渡以前ゟ六坊中為用心之、朝夕六ツ切ニ〆一切通し不申候

一本堂内陣唐戸之外分ハ朝夕掃除以下一式成就院支配ニ而御座候、内陣之儀ハ六坊中十日替りニ仕候、六坊五軒之堂僧二人ハ常ニ同者罷有候、当番々ゟ壱人ツ、十日替り加番出し置申候、五坊之外一坊分ハ成就院ゟ支配仕候、此節ハ一式成就院方ゟ之坊主共罷有候

一籠人者吟味仕候上ニ而請人を取り、籠せ申事ニ御座候、

以上

午正月十九日　　藤林孫九郎(兼定)判

外ニ当番々書付如此ニ候

覚

義乗院　二月上旬四月中旬
　　　　六月上旬八月下旬
　　　　九月中旬霜月下旬

延命院　正月中旬三月上旬
　　　　五月下旬七月中旬
　　　　壬(閏)八月下旬十月上旬
　　　　極月中旬

智文院　二月中旬四月上旬
　　　　六月下旬八月中旬
　　　　九月下旬霜月上旬

円養院　正月上旬三月中旬
五月上旬七月下旬
壬（閏）八月中旬十月下旬
極月上旬
光乗院　二月下旬四月下旬
六月中旬八月上旬
九月上旬霜月中旬
成就院支配
真乗坊分　正月下旬三月下旬
五月中旬七月上旬
壬（閏）八月上旬十月中旬
極月下旬

右者当午ノ年中ニ而御座候、以上

午正月十九日　藤林孫九郎（兼定）判

右弐通共ニ当名（宛）ハ致し不申、方内へ遣し候留書也

一御公儀ゟ去年中取分諸色高直ニ候、米穀売買ニ准候様ニ相聞、或ハかこひ置候もの茂有之、又者頭取寄合なといたし、直段上ケ候もの於有之ハ、後日ニ相知レ候共、急度可申付旨御触、幷織物屋・組物屋類町内ニ有之候ハヽ、機数書付差出し可申旨町触廻ル、則写有之候、以上

午正月廿日

一門前年寄共ゟ織物屋・組物屋類機数之訳、右之類、当地ニハ無之旨書付、今日遣し候由（ママ）、以上

午正月廿四日

一今三日暮六ツ時分、五条通非人長屋之前江放馬参り居申ニ付留置候処ニ、右之馬かた尋来候故吟味仕候へハ、伏見納屋町五郎兵衛と申者下人佐五兵衛と申者ニ而御座候旨、則大仏石塔町馬持三右衛門と申者請負申ニ付、手形致させ、右之馬相渡し申候事

午二月三日

一近年本堂舞台ゟ飛落申者多有之ニ付、門前中毎度迷惑仕候故、舞台ニ矢切抔仕、飛不申候様ニ仕度旨、度々願申ニ付、其趣今日駿河守(安藤次行)殿御屋敷江成就院罷出、新家役人神沢与兵衛殿・西尾甚右衛門殿逢被申、門前中難儀仕願申候へ共、下ニ而何共了簡難仕候間、御窺(伺)申上候間、如何様ニ茂御指図被遊被下候様ニ被仰上可被下旨、断被申置候事

午二月四日

一当寺境内江近年猪・鹿多出、畑・竹林荒し申ニ付、門前百性(姓)中ゟおとし(威)鉄炮之儀願申ニ付、今日駿河守殿御屋敷江成就院御願ニ出被申候、口上書如此ニ候、以上

午二月六日

口上之覚

城州清水寺境内江猪・鹿多出、田畑又者竹林を荒し迷惑仕候間、常おとし(威)鉄炮壱挺御赦免奉願候、然上ハ持主を極預ケ置、万端被仰付之通相守候様ニ堅可申付候、被聞召届被為下候ハヽ、難有可奉存候、以上

清水寺
成就院判

元禄十五午年二月

御奉行所

一今朝五ツ時分、六波羅道筋ニ年来廿五六歳之尼相果居申ニ付、則非(悲)田院年寄清兵衛と申者呼寄、様子見せ申候処ニ、非人尼ニ紛無之由申候、其趣口上書致し、年寄平兵衛御公儀江御訴申上候、非人尼ニ紛無之候ハヽ、取置可申旨被仰付候由、罷帰り相届候、口上書留有之候、以上

午二月九日

一松尾左兵衛方江舞台矢切之願幷ニ鉄炮之儀、当月四日六日ニ御公儀江成就院御願ニ罷出被申候旨、藤林孫九(兼定)郎方ゟ前田彦十郎使ニ致し、今日断申遣し候事、返事ハ御念入御届之段承届候由申来候事

午二月九日

一御公儀ゟ古金銀出之、新金銀と引替可申旨御触状、霊山ゟ当山へ参、写置、清閑寺遣し、請取有之候、以上

　午二月十三日酉ノ刻

一執行・目代・六坊中へも古金銀出之、新金銀と引替可申旨御触状、写致し、三町目行司ニ申付申渡し候、以上

　午二月十三日

一御公儀ゟ古金銀出之、新金銀と引替可申旨御触、并童子もてあそひ物類ニ金銀唐箔之類一切用申間敷旨町触廻ル、則写有之候、以上

　午二月十三日

一御公儀ゟ寺社方之儀、京都奉行所為支配之上ハ万事伺出、可受差(指)図之処、疎略之躰相聞、支配之筋令違却候条、自今以後有来寺法等之儀ハ各別、経公儀候儀ニ付而、寺務并本寺触頭ゟ申渡品茂有之ハ、早速奉行所江可告来、勿論公儀向願等之儀あらハ、是亦前々之通奉行所江伺之、可受差(指)図候旨御触書、霊山ゟ当山江参り、則写置、清閑寺へ遣し、請取有之候、以上

　午二月廿五日申刻

一執行・目代・六坊中へも寺社方之儀、京都奉行所為支配之上ハ万事伺出、可受差(指)図之旨触書写致し、三町目行司ニ申付申渡候、以上

　午二月廿五日

一御公儀ゟ寺社方之儀、京都奉行所為支配之上ハ万事伺出、可受差(指)図之旨町触ニ壱通廻ル、則写有之候、以上

　午二月廿五日

一宮川町中村孫市所持屋敷之地尻ニ而、此度五尺三寸買たし被申候ニ付、元禄十二年卯十二月之売券状相改、手形取直し被申候、写如斯ニ御座候、以上

　午二月廿八日

永代売渡シ申屋敷之事

一松原通宮川筋行当南側下江下ル畑道ゟ東、表口東ニ而南北三間弐尺三寸也、西ハ三間三尺五寸、東西拾六間五尺三寸、其方様之屋敷之地尻之幅ニ南江六間五尺三寸、拙者共所持之屋敷ニ御座候故、金子拾三両ニ永代売渡シ申所実正也、則年貢者定成六斗八升ニ相定申候、此屋敷ニ付外ゟ違乱妨ケ申者御座候者、此判形之者共罷出、急度埒明、其方様江少も御難かけ申間敷候、為後日之、永代売渡シ申証文、仍如件

元禄十五壬午年

坂弓(矢)屋町

二月廿八日

年寄　美濃印

同　宮内印

同　蔵人印

同　高嶋印

同　式部印

同　治部印

清水成就院様御内

井上清兵衛殿

前田彦十郎殿

右之本紙ハ、松平備前守(長矩)殿家来中村孫市方ニ所持被申候事

此方ゟ帰り手形如此ニ候

一札之事

一松原宮川筋行当南側東西拾六間五尺三寸之表屋敷之地尻、同六間五尺三寸之屋敷之地子米六斗八升定成也、此地子米毎年霜月六日会所納所仕候処実正也、為後日永代之一札、仍如件

元禄十五壬午年二月廿八日

清水寺成就院内

井上清兵衛印

前田彦十郎印

年寄　美濃殿

同　宮内殿

同　蔵人殿

同　高嶋殿

同　式部殿

同　治部殿

一祇園南町香具屋徳右衛門と申者、商売之儀ニ付常々山科筋往来仕候故、瀧之下幷馬駐之前門、夜ニ入罷帰候節之通札壱枚預り置申度旨頼申ニ付、此度相改手形を取、遣し申候事

午ノ二月廿八日

一三町目梅鉢屋庄兵衛家、宮川町喜兵衛と申者世悴長十郎と申者ニ借シ入置申候由、年寄平兵衛相届候、則請負手形有之候、以上

午二月廿八日

一弐町目塗師屋市兵衛家、同町百足屋嘉兵衛兄源兵衛ニ借シ入申候由、年寄惣兵衛相届候、勝手次第入置申候様ニ申付候事

午三月二日

一山科空也院幷東村庄屋伝左衛門方ゟ此度万日廻向、明三日ゟ九日迄相勤申候、御境内瀧之下二王(仁)門前之門、夜ル参詣御通被下様ニ使僧にて頼来故、其趣成就院方ゟ泰産寺を使僧ニ而、今日御公儀江御断被申上候処ニ、無滞相通シ候様ニ被仰渡候ニ付、門前ゟ加番壱人ツ、相添通し候事

午三月四日

一三町目茶碗屋源八家、弐町目大黒屋惣兵衛家ニ居申十兵衛と申者ニ借シ入置申候由相届、則請合手形有之候、以上

午三月五日

一御公儀ゟ火之用心之儀可入念之旨、幷火事之節火元江無用之者参間敷旨町触廻ル、則写有之候、以上

午ノ三月十四日

一経書堂来迎院堯養、当正月廿八日相果被申候ニ付、只

今迄成就院方ニ居被申源盛と申僧後住ニ被申付候、則諸尊幷諸道具以下帳面ニ記之、手形取相渡し申候一札如此ニ候

一札之事

一御下坊経書堂住持堯養相果申ニ付此度拙僧江御預ケ被成、忝奉存候、本尊太子像幷弥陀像・弁天・十五童子・弘法大師像、其外諸尊・仏具以下幷諸道具、帳面之通慥ニ請取申候、有来通寺役等無相違相勤、堂宇修理万端如在ニ不仕、尤御公儀様御法度之儀者不申及、所之御作法等諸事堅相守可申候、老後ニ至り後住之儀茂御指図次第ニ可仕候、為其証人加判仕候所（処）、仍如件

新町通一条殿町
木屋

元禄十五年
証人　七郎兵衛判

午三月
経書堂来迎院
源盛判

清水寺成就院
御納所

本尊・仏具以下諸道具之帳面之写、外ニ有之候、以上

午三月十四日

一弐町目大黒屋惣兵衛家、祇園町小間平次借屋ニ居申候井筒屋平兵衛と申者ニ借シ入置申候旨、則手形有之候、以上

午三月廿八日

一方内ゟ明晦日御目付桑山三郎左衛門殿・駒ギ子（木根）長九郎殿御巡見御通り被遊候間、例之通、御役者中御案内可被成旨廻状、霊山ゟ当山へ参り、写置、鳥部野（辺）輪番玉泉寺へ遣し、請取有之候、以上

午三月廿九日子刻

一方内ゟ明晦日御目付御巡見被遊候旨町触ニ壱通廻ル、則写有之候、以上

午三月廿九日

一執行・目代・六坊中へも今日御目付御巡見ニ御通り被遊候旨、夕部（方）夜ニ入、方内ゟ申来候間、為御心得申進候旨、四町目行司ニ申付、口上ニ而申渡シ候事

午三月晦日

一優婆堂法成寺慈円儀、隠居仕候而後住如元と申僧仕度旨御断被申ニ付、願之通相済、則如元江優婆堂御預ケ被成候ニ付、一札御取被成候、則写如此ニ御座候、以上

午三月廿（ママ）九日

一札之事

一当御門前御支配末寺優婆堂法成寺壱宇、本尊地蔵像・優婆像・不動・弁才天、其外仏具以下有来通御改メ被成、此度拙僧江御預ケ忝奉存候、第一御公儀様御法度之儀ハ不及申、所之御作法等急度相守、有来寺役并常々相応之御用等承之、諸事堅固ニ相勤可申候、寺地子御定之通ニ毎年無滞納所可仕候、若拙僧老年之後、隠居なと仕度儀御座候ハヽ、尤後住之儀ハ御指図次第ニ可仕候、為後証之証人加判仕候処、仍如件

元禄十五午三月廿九日　　優婆堂

法成寺

如元判

木屋町松原上ル二町目

吉野屋

証人　　九兵衛判

本寺清水寺成就院

御納所中

一札之事

一拙僧儀、年罷寄候ニ付御暇申上、生国近江へ罷帰候、然上ハ優婆堂有来本尊其外仏具以下ニ至迄、毛頭申分無御座候、尤弟子・親類抔与申、妨申者一切無御座候、為其一札如件

元禄拾五壬午年三月　　優婆堂法成寺

隠居

慈円印

本寺

清水寺成就院様
御納所中
右之本紙共成就院ニ在之候事

一御公儀ゟ今度本庄安芸守(資俊)殿上京逗留中、寺社之面々見廻幷使僧等被差出之儀、可為無用候、乍然前々ケ様之節罷出候寺社方ハ各別ニ候条、此方江相窺(伺)可被得差図(指)之旨御触状、霊山ゟ当山江参り、則写置、清閑寺へ遣し、請取在之候、以上
午
四月三日

一執行・目代・六坊中へも本庄安芸守殿上京逗留中、寺社之面々見廻幷ニ使僧被差出候儀、可為無用之旨御触写致し、弐町目行司ニ申付申渡し候事
午
四月三日

一御公儀ゟ本庄安芸守殿上京逗留中、寺社之面々見廻幷使僧等被差出候儀可為無用之旨、幷火之用心此節弥以念ヲ入、裏長屋等迄無油断可申付旨町触ニ廻ル、則写在之候、以上
午
四月三日

一法成寺如元今日御礼相済、小枚拾束・扇子三本入持参在之候、以上
午
四月四日

一三町目蛭子屋後家妙心・同町菱屋清兵衛屋祢(根)葺替之願申候、則書付有之候、以上
午
四月五日

一方内ゟ明八日本庄安芸守殿東山筋所々御巡見、瀧川山城守(具章)殿御案内之旨廻状、霊山ゟ当山候参、則写置候而法国寺へ遣し、請取有之候、右ハ今度桂昌院(徳川綱吉生母)様従一位成之御上使也、附人大沢越中守(基躬)殿ニ而有之候、以上
午
四月七日子刻

一方内ゟ明八日本庄安芸守(資俊)殿御巡見之旨町触ニ壱通廻ル、写有之候、以上

午四月七日

一執行・目代・六坊中へも今日本庄安芸守殿此筋御巡見被遊候旨、夜前夜ニ入、方内ゟ申来候間、為御心得申進候旨、弐町目行司木屋久右衛門ニ申付、口上ニ而申渡し候事

午四月八日

一今八日、本庄安芸守殿・大沢越中守(基躬)殿・瀧川山城守(具章)殿御案内ニ而御出、成就院も塔之西迄御出向、例之通田村堂御入、本堂・地主・奥院・瀧ゟ延命院之牡丹御覧、夫ゟ成就院御寄被成、御機嫌能御立、大仏へ御通候、翌九日早天御礼ニ御越被成候事

午四月八日

一今九日地主神事ニ付、与力目付神沢与兵衛殿・飯室助左(右)衛門殿幷下目付平尾四郎左衛門・岩城(木)平内被参候、町廻衆与力草間五右衛門殿・松井善右衛門殿・今一人、其外同心目付草川源蔵何茂被参、朝倉堂ニ而休、無別条罷帰り被申候、以上

午四月九日

一山科瀧之鼻村善五郎家来六兵衛、当月八日本庄安芸守殿御巡見之節、六坊江道筋ニコヱタコ(肥担桶)置、門前へ出、近所ニ居不申候ニ付、手前除掃人取のけ申節、タコ(担桶)損シ申ニ付、何角と不届、其上寺へ参りねたり事を申候故、小堀仁右衛門(克敬)殿手代佐藤安太夫方江藤林孫九郎(兼定)方ゟ内証ニ而断申遣し候へハ、早速庄屋呼寄被申付候故、年寄忠右衛門・主人善五郎早々参り、色々詫言申ニ付、相済遣し候事

午四月十三日

一四町目粉屋六郎兵衛所持仕候家屋敷、今度同町津国屋利兵衛と申者ニ売申度旨相断候、則願之口上書在之候、

以上

午四月十九日

一今日本庄安芸守（資俊）殿御参詣、成就院江御立寄、出来合料理上ケ申候、護摩堂江御参詣御機嫌能御立被成候、外ニ御同道者無之、御一人也

午四月廿日

一御公儀ゟ門前境内造酒屋在之候ハ、酒造米員数書付、来ル廿八日廿九日迄ニ持参可仕之旨御触状、霊山ゟ当山江参り、則写置候而清閑寺へ遣し請取有之、以上

午四月廿日申ノ刻

一執行・目代・六坊中へも酒造米之員数御改旨写致し、弐町目行司ニ申ニ（ママ）付申渡し候事

午四月廿日

一御公儀ゟ町人百性（姓）等刀帯候儀御停止之旨、幷頃日所々出火有之間、火之本念（元）を入候様ニ御触状、霊山より当山江参ル、則写置、清閑寺江遣し、請取有之候、以上

午四月廿九日申ノ刻

一執行・目代・六坊中江茂刀帯候儀御停止之旨、幷火之本（元）之御触状写致し、弐町目行司ニ申付申渡し候事

午四月廿九日

一御公儀ゟ町人百性（姓）等刀帯候儀御停止之御触、幷頃日所々出火有之ニ付火之本念（元）を入候様ニ御触状、寺社方と同文言ニ而町触ニ壱通ツ、廻ル、以上

午四月廿九日

一町人・百性（姓）等刀帯候儀御停止之御触状、幷頃日所々出火有之候間、火之本念（元）を入候様ニ御触状ニ右弐通共ニ奥書致し、門前町之年寄・組頭判形取置申候、以上

午四月廿九日

一御公儀ゟ火之用心之儀弥念ヲ入可申候、頃日於所々投火いたし候間、随分心かけ、夜番者不及申、町内之ものも度々相廻り可申旨町触廻ル、則写有之候、以上

午五月九日

一四町目津国屋利兵衛、同町之粉屋六郎兵衛家買請申ニ付、今日世忰源七御礼ニ罷出候、式法之通、三升樽・三種之肴差上ケ申候、御寺ゟ鳥目三拾疋被下候、以上

午五月十日

一今十七日暮六ツ時、本堂舞(台)ゟ年来十八九歳之男飛落申ニ付、出合様子見届候処ニ、正気ニ而居申故、所相尋候、堺町通四条下ル丁(町)近江屋又兵衛後家永春世忰岩之助と申十八歳ニ罷成候由申候、則参詣人之内見知候者有之、様子聞合候へハ、弥相違無之候故、永春家主九郎右衛門呼寄一札致させ、飛人岩之助相渡し申候事

午五月十七日

一御公儀ゟ惣而馬ニ荷附候儀、其馬之様子ニゟ荷物之分量を考、馬不致難儀候様ニかろく(軽)附可申候、幷道中荷附馬、定之通貫目弥無相違様ニ念を入、重荷附中間敷旨御触状、霊山ゟ当山江参、則写置、清閑寺へ遣し、請取有之候、以上

午五月十八日未下刻

一執行・目代・六坊中江も馬に荷附候儀幷病馬之儀御触写致し、壱町目行事ニ申付申渡シ候事

午五月十八日

一御公儀ゟ荷附馬儀幷病馬之儀、寺触と同文言ニ而町触ニ廻ル、写有之候、以上

午五月十八日

一御公儀ゟ当表寺方へ関東触頭ゟ鉄鉋(炮)改之儀申来候所々有之由訴来ニ付、吟味之上、寺社奉行所江令通達候処ニ、触頭心得違之由、則銘々差(指)図申渡シ候、自然右之

品有之ハ早々可申出旨御触状、霊山ゟ当山へ参、写置、
清閑寺へ遣し、請取有之候、以上
午五月廿日子ノ下刻

一執行・目代・六坊中へも当表寺社方へ関東触頭ゟ鉄鉋（炮）
改之儀写致し、壱町目行司ニ申付申渡シ候事
午五月廿一日

一今廿一日昼五ツ時分、三町目笹屋権右衛門所ニ而抱之
茶立女ちやう（長）と申廿七歳ニ罷成候者を、東寺内相之町
通五条下ル大津町ゑひす屋平兵衛と申者、ちやうを突
殺シ、其身も自害仕相果候ニ付、右之趣口上書致し、
年寄平兵衛御公儀江御訴申上候、為御検使寺田利左衛
門殿・脇山治左衛門殿御出、雑色沢与右衛門立会、死
骸御改之上、権右衛門家内幷町人死人平兵衛親幷妻
子・町人共、死人ちやう請人石見屋小兵衛、右何も御
呼出し色々御吟味之上ニ而、各々一札御取御帰り候、
跡（後）ゟ両町共ニ御屋敷参候処、平兵衛死骸者親宗林ニ被
下候、ちやう死骸小兵衛ニ被下候、則相渡し、権右衛
門儀無別条候、ちやう衣類・小道具ハ、死人兄長九郎
罷登候迄年寄・五人組・請人小兵衛ニ御預ケ被成候由
被仰渡候事、右段々御公儀江差上ケ候一札共留有之候、
以上
午五月廿一日

一御公儀ゟ町内ニ罷有候御所方地下之小役人、又ハ諸職
人等江従先々被下置候諸役御免除・寄宿御免許札所持
致来候もの令吟味、書付可差出候旨町触廻ル、写有之
候、以上
午五月廿一日

一三町目笹屋権右衛門抱茶立女長と申者、当月廿一日ニ
突被殺相果申候、右ちやう兄者勢州中川原村長九郎と
申者ニ而有之候、此度罷登り申ニ付、ちやう衣類・小道
具共相渡し、今日御公儀江済状差上ケ相済申候事
午五月廿四日

一諸役御免除札幷寄宿御免許札頂戴致し候もの町内ニ無之訳之手形相認、方内江壱町目年寄又右衛門今日持参仕候、以上

午五月廿四日

一三町目ゟひす屋四郎兵衛・井筒屋藤七・丹波屋太郎左衛門、取葺屋祢（根）葺替申度儀願申候、則願之書付有之候、以上

午五月廿六日

一方内ゟかさりや（飾屋）商売人幷かさりや（飾屋）手間取町々ニ有之候ハ、致吟味、明五日九ツ時ゟ七ツ時分迄之内ニ有無之訳書付相認、本人に年寄相添可参由町触廻ル、則写有之候、以上

午六月四日

一かさり（飾）屋商売人幷かさりや（飾屋）手間取町内ニ無之旨手形相認、四人年寄運（連）判ニ而、今日方内へ持参致し候旨相届候、以上

午六月五日

一松尾左兵衛方へ去ル五日ニ三町目年寄平兵衛用事ニ付参候処ニ、藤林孫九郎（兼定）方江言伝ニ而申越候趣、清水寺地主祭之訳・祭礼次第幷七月十日千日参之訳、委細ニ書付差越候様ニ申来候故、相認今日持参申候、留書如斯ニ候、以上

午六月八日

清水寺地主祭式法之覚

一例年四月九日、往古ゟ相勤来候、神事始り候年号ハ聢と相知レ不申候

一御榊いミ（斎）竹　鳥居　経書堂前之門

右両所ニ三月晦日ゟ建之申候

一御榊・注連縄、同日ニ社ノ門ニ張之申候

一四月七日、神供物拵、神主方にて成就院方之僧中立会調之申候

但シ精進供七五三

一同日、神輿掃除幷御湯之竈等塗之申候
一同八日朝卯ノ刻、神輿鎊り拝殿江出之申候、御湯竈之
廻り注連張、榊竹建之、神供奉備、神宝等出之、神主
方ゟ守護人附罷在候
一同日七ツ時分氏子中ねりそめ（練初）ニ罷出、成就院方江参候
一同夜九ツト八ツト之間ニ神輿江外遷宮、但シ神主若輩
又ハ病気差合等之節ハ、成就院方之老分之僧罷出、遷
宮仕候
一同九日、巳ノ刻午ノ刻之間ニ神楽、同御湯
一同日、未ノ刻申ノ刻之間ニ神輿御出祭礼

行列之覚

一氏子中ねり物　門前壱町目　警固
一同断　同弐町目　警固
一同断　同三町目　警固
一同断　同四町目　警固
一太鼓　壱
一坂年寄六人　退紅、きりこの棒持 弐行ニ弐人ツヽ
一同行事弐人　退紅
此弐人ハ困窮之間断ニ而、四年以前卯ノ年ゟ不参
右坂之者罷出候儀ハ、西之宿所清水坂と申候而、往古
ゟ祭礼之節罷出候、神事前清水塔之辺ニ待請、経書堂
上迄神輿御先ヲ払、夫ゟ還御之時、又塔之辺迄御先江
供奉仕候
一当町之行事弐人竹枝弐行ニ上下着仕候
一先払之警固刀帯弐人竹枝弐行ニ上下着仕候
一獅子頭
一鉾　四本　白張布装束ゑほし（烏帽子）　四人
一朱傘弐本　但シ白布袋ニ入　装束同断　弐人
一白木挟箱一　神輿ノ雨具入　羽織　壱人
一長刀　壱振　羽織刀帯　壱人
一山伏貝吹弐行　弐人
一御幣　装束素襖 烏帽子小サ刀　壱人
一御太刀　同断　壱人
一神主田神隠岐之助黄衣　刀帯弐人　笠持 床几持 草履取 三人
幼少ニ付為名代下役八木与平次上下着仕候
一氏子中　御供入込

一神輿
一年寄四人弐行ニ上下着仕候　　棒持四人
一役人藤林孫九郎（兼定）押へ　　刀帯弐人
　　挟箱持　笠持　草履取三人　棒持三人

　　祭礼御道筋之覚

一拝殿御下り鳥居ゟ御出、経堂と田村堂之間神輿ヲ居江、鵜鳥ヲ指（差）、横棒等からミ、夫ゟ二（仁）王門を御下り、弐町目ゟ四町目ヲ西江御下り、領境遊行之下小天狗と中山伏之前ニ御居り、山伏方ニ御供神酒錺り置、御迎ニ出、則御供神酒奉備、早速御立、夫ゟ跡（後）へ御帰り、六条通へ御下り、霊山道ゟ三町目江御出、八坂領境迄御下り、又夫ゟ跡（後）江御帰り、三年坂ヲ上り、経書堂前ニ神輿居へ、神酒奉備、神主奉供候神主若輩、又ハ病気差合之時ハ、成就院方老分之僧罷出相勤候、神楽終テ直ニ還御、如前経堂と田村堂と之間ニ神輿ヲ居へ、鵜鳥ヲ抜、棒ノからミを解キ、鳥居ゟ社へ御上り、早速本社江正遷宮御座候、是茂神主若輩・病気差合等之時ハ、成就院方老分之僧ニ申付、罷出相勤申候、此間ニ神楽も御座候

右段々相済、即御榊いミ（斎）竹等諸方ともニ皆々取之申候
一先年町人刀帯申儀御停止之前ハ、神主罷出候前後ニ長柄四本・弓一挺為持申候、并門前四町中之押へニも長柄弐本ツ、町々ニ為持申候
一祭礼之時分、神宝・鉾なとの類、若氏子中信心之者寄進仕候節ハ、新ニ持せ申候儀も御座候
一神主宿所門前壱町目ニ罷在候
一右神楽御湯上ケ申候御子ハ、例年油小路通五条橋筋下ル三町目若松町ゟやとひ（雇）申候

　　以上

一清水寺七月千日参之儀ハ、何比ゟ始り申候哉相知レ不申候、往古ゟ七月十日ヲ千日参と申、参詣人多ク御座候、五六十年以来ハ九日ゟ次第ニ参詣多ク罷成候
右千日参両日ともニ常ニ替り候法事・法会と申儀無御座候、去延宝七年ニ京之町講中ゟ六坊延命院江祠堂銀入置申候而、例年七月九日ニ大般若転読仕候、其外ハ別儀無御座候、本堂・奥千手・子安之外、諸堂不残開帳仕迄ニ御座候、以上

清水寺役人
藤林孫九郎(兼定)印

午六月

右之通、当(宛)名なしニ認遣候、此外ニ行列立之書付壱通認遣し候、外ニ扣在之候、以上

一地主神事之訳、行列之次第幷ニ七月千日参之儀、書付差越候旨、松尾左兵衛方ゟ申来候故相認、今日持せ遣し候、尤扣有之候、以上

元禄十五年午六月八日

一町々質屋在之候ハヽ、致吟味、来ル十六日四ツ時ゟ八ツ前迄之内、本人・年寄相添、松尾左兵衛方へ可参旨町触廻ル、則写有之候、以上

午六月十日

一東福門院(徳川和子)様廿五回忌御法事ニ付、六月十一日之晩ゟ十五日之晩迄、町々自身番幷十四日十五日諸殺生御停止、十五日鳴物停止之旨町触廻ル、則写有之候、以上

午六月十日

一今廿三日、例年之通、伽藍廻り道作・掃除有之候、以上

午六月廿三日

一今廿三日暮六ツ過ニ明勧と申天台宗之出家、本堂舞台ゟ飛落申候を参詣人聞付、所へ知らせ申ニ付、出合様子見届候へハ、正気ニ而居申ニ付所相尋候へハ、寺町通二条上ル町屋祢(根)や六郎右衛門方宿之由申候故、則宿町人呼寄、手形致させ相渡し申候、以上

午六月廿三日

一三町目ゑひすや(夷屋)後家妙心家、同町ニ居申候木爪(瓜)屋正翁借屋分ニ致し入置申度旨、年寄平兵衛相届候、勝手次第ニ仕候様ニ申付候、以上

午六月廿五日

一今廿五日、五条通六波羅筋境内廻り道作・掃除等、例年之通ニ有之候、以上

午
六月廿五日

一弐町目ゑひ（海老）屋喜平次屋祢（根）葺替之儀願申候、則書付有之
候、以上

午
六月廿六日

一御公儀ゟ今度鋳師藤田源四郎儀、京都町惣鋳り屋共之
触頭就申付申渡条々、御用之節、鋳細工人之儀、源四
郎方ゟ申遣候者、早速参可相務之、手間代之儀ハ、混
乱不仕候様ニ細工之恰好次第ニ源四郎可被相対之旨町
触廻ル、則写有之候、以上

午
七月朔日

一就千日参ニ今九日、御公儀之与力目付二人、同心目付
弐人幷町廻り与力三人、同心十人計被参、例年之通、
朝倉堂ニ休、暮ニ而何茂帰り被申候、夜ニ入、雑色松尾
左兵衛・沢与右衛門廻り申候事

午
七月九日

一弐町目越川屋三右衛門後家養子娘之出入ニ付、実父市
兵衛御公儀江御訴訟申上候故、今日相方御呼出シ御吟
味之上、越川屋後家養子手形之通利運ニ被仰付候旨、
罷帰相届候、以上

午
七月十日

一御公儀ゟ火用心之御触状、霊山ゟ当山江参、則写置、
清閑寺へ遣し、請取有之候、以上

午
七月十三日亥下刻

一執行・目代・六坊中へも火用心之御触写致し、四町目
行事申付申渡し候事

午
七月十四日

一火用心之儀、寺触と同文言ニ而町触壱通廻ル、則写在
之候、以上

午
七月十三日

一今廿二日朝五ツ時分、寺町通竹屋町上ル町橋屋信濃悴喜平次廿三歳ニ罷成候者、本堂舞台ゟ飛落相果申ニ付、為御検使岩城（木）平内殿・脇山治左衛門殿御出、雑色松尾左兵衛立会、死骸御改之上、所之者幷飛人町中御呼出し、御吟味之上、双方手形御取御帰り被成候、跡（後）ゟ両方ゟ御屋敷江参候処ニ、死骸者親信濃ニ被下、清水ゟハ相渡し可申旨被仰付之由、年寄忠右衛門罷帰り相届候、尤御公儀江差上ケ候手形、其外書付共留有之候、以上

午七月廿二日

一三町目坂本屋治左衛門居宅之方借屋ニ仕、其身ハ借屋之方紀伊国屋吉右衛門下屋へ引籠申度旨断申候、勝手次第ニ仕候様ニ申付遣し候、以上

午七月晦日

一松尾左兵衛方ゟ向後御目付衆御在京御巡見之節、御役所へ御届ケ被成可然候、此等之趣、御噂も御座候故、為御心得申入置候由廻状壱通、霊山ゟ当山へ参、写置、清閑寺へ遣、請取有之候、以上

午八月三日辰ノ刻

一執行・目代・六坊中へ茂御目付衆御巡見之節、御役所へ御届ケ可被成旨写致し、弐町目行事ニ申付申渡シ候、以上

午八月三日

一御公儀ゟ町人共近来風俗不宜、殊ニ長脇指を帯、衣類等之儀、先触も有之候処、又候猥かわしき躰不届候、幷茶屋・旅籠屋町方之内ニ茂遊女かましき者を召抱、為致徘徊候由粗相聞候、是又前々ゟ停止之処不届ニ候、風呂屋垢掻女・茶立女等、頃日者宜敷衣服着、遊女躰ニまきれ候由相聞不届候、布木綿ゟ外者着用停止ニ候、勿論酒相手等ニ出し猥かハしき躰有之ハ、本人ハ不申及、年寄・五人組迄急度可申付条、常々可相改事、辻女之儀、弥御停止之旨、幷頃日奉行所目付之者之由偽

之、不知者町中あるき（歩）候由相聞候、疑敷者来り候ハ、町中申合宿可見届旨、幷ニ近年米穀不足ニ付下々及困窮候、就夫為御救当年酒造米之員数相定候、向後米幷諸色共ニ近年之相場を直し、相応之直段ニ商売可仕候、幷尼を抱置候寺院・坊舎有之由依相聞、急度可擯出旨前方相触候、弥此旨を存、養育之母たりといふ共、坊中ニ一切不可差置、尤一夜之逗留も為致間敷候、僧侶等常法務ニことよせ俗家江交、或所労と称し在家止宿之族相聞候、不堅固之基、甚不律之至ニ候、堅禁止すへく候、右四通之御触状共、霊山ゟ当山へ参、則写置、清閑寺へ遣し、請取有之候、以上

午八月三日午刻

一執行・目代・六坊中へ茂町人共風俗之儀、寺院・坊舎尼を抱候儀、右四通之御触状写致し、弐町目行事ニ申付申渡し候、以上

午八月三日

一御公儀ゟ町人共風俗、茶立女・町方之女、米穀之儀、幷寺院・坊舎尼を抱置候儀、寺触と同文言ニ而町触ニ壱通廻ル、以上

午八月三日

一尼を抱置候儀御停止之御触状ニ奥書致し、町並寺方幷門前中判形取置申候、以上

午八月五日

一御公儀ゟ宗門御改之御触状、当山執行ゟ此方へ廻り、則写置、清閑寺へ遣し、請取有之候、執行へハ請取ニ及不申候、以上

午八月八日亥刻

一御公儀ゟ宗門御改之儀、町触ニも壱通廻ル、写在之候、以上

午八月八日

一町人近来風俗不宜候、殊ニ長脇指帯(を)、衣類等猥かわしき躰、幷茶屋・旅籠屋・町内ニ茂遊女かましき者召抱徘徊為致之儀、御停止之御触状ニ奥書致シ、町々判形取申候、以上

午八月八日

一壱町目大文字屋久左衛門・大工又五郎・面屋吉兵衛・笹屋甚右衛門・柊屋源右衛門、右屋祢(根)葺替之儀願申候、則書付有之候、以上

午八月十日

一三町目海老屋文左衛門北側ニ壁を付、幷裏床(座)敷梁出し、屋祢(根)葺替願申候、則絵図有之候、以上

午八月十九日

一三町目坂本屋治左衛門・亀甲屋十兵衛・大黒屋六左衛門・寿慶・若松屋長右衛門、右五人屋祢(根)葺替之儀願申候、則書付有之候、以上

午八月十九日

一弐町目井筒屋十右衛門・吉野屋宇左衛門屋祢(根)葺替之儀願申候、則書付有之候、以上

午八月十二(ママ)日

一御公儀ゟ級宮(常子内親王)薨去ニ付、今日ゟ廿八日迄三日之中、鳴物可令停止候、但シ普請ハ構無之旨御触状、霊山ゟ当山へ参、則写置、清閑寺へ遣し、請取在之候、以上

午八月廿六日亥刻

一級宮薨去ニ付鳴物御停止之御触状、町触ニ壱通廻ル、写有之候、以上

午八月廿六日

一執行・目代・六坊中へも級宮薨去ニ付鳴物御停止之儀、弐町目行事ニ申付、申渡シ候、以上

午八月廿七日

一三町目池田屋新兵衛家、茶碗屋源八家借シ申度旨断申
来候、以上
午八月廿八日

一四町目津国屋九郎右衛門家、同門前三町目木爪(瓜)屋平右
衛門家ニ居申候茂右衛門と申者ニ借シ入置申度旨、断
申来候、則請負手形有之候、以上
午八月廿九日

一壱町目茶碗屋与平次居宅之屋祢(根)葺替幷西側柱切継・引
物取替抔仕度旨、幷西隣之亀甲屋杢兵衛家ヲ借り十年
切ニ借宅ニ仕度旨願申候由、年寄又右衛門相届候、勝
手次第ニ仕候様ニ申付候、以上
午八月廿九日

一四町目松屋権右衛門・河内屋与平次屋祢(根)葺替之儀願申
候、則書付一札在之候、以上
午閏八月朔日

一三町目丹波屋勘右衛門後家借屋、西石垣四条下ル町戎
屋長伝家ニ居申候仁兵衛と申者ニ借シ入置申度由
一同町井筒屋半兵衛家、知恩院新門前西町又四郎借屋ニ
居申候小兵衛と申者ニ借シ入置申候由
一同町鼠屋十郎(右)衛門家、大宮通椹木町上ル町菱屋町鱗形
屋四郎兵衛家ニ居申候伊勢屋八郎右衛門と申者ニ借シ
入置申度由
一同町茶碗屋源八家、宮川町四町目銭屋治兵衛家ニ居申
候小松屋平四郎と申者ニ借シ入置申度由
一同町池田屋新兵衛家ニ坂弓矢町河内屋源右衛門家ニ居
申候下野屋権兵衛と申者ニ借シ入置申候由
一同町戎屋平兵衛家、知恩院門前三好町塩屋五郎右衛門
家ニ居申候喜八郎と申者ニ借シ入置申度由
一同町坂本屋治左衛門家ニ土手町三町目大津屋長兵衛忰
藤兵衛と申者ニ借シ入置申度由、右七人委細吟味仕候
旨、年寄平兵衛相断候、則請合手形共、何茂有之候、
以上
午閏八月十四日

一例年宗門改帳、寺方幷門前中、今日方内へ相渡し申候事

午閏八月十六日

一四町目丹波屋利貞家、東福寺中之門下ル町百性(姓)市兵衛と申者ニ借シ入置申度旨、則請負手形有之候、以上

午閏八月十七日

一御公儀ゟ火之用心御触状、霊山ゟ当山江参、則写置、清閑寺へ遣し、請取有之候、以上

午閏八月廿四日申刻

一執行・目代・六坊中江茂火用心之御触状写致し、壱町目行事ニ申付申渡シ候、以上

午閏八月廿四日

一御公儀ゟ火用心之儀、町触ニ壱通廻ル、写有之候、以上

午閏八月廿四日

一三町目鼠屋十郎右衛門借屋江八百屋五郎兵衛と申者借シ入置申度由、年寄平兵衛相届候、以上

午九月四日

一三町目坂本屋講中、三年坂石橋之らんかん(欄干)仕替申度と願申候由、年寄平兵衛相断申候、勝手次第ニ致させ可申候、乍去表向ニ講中施主書抔ハ無用之由申遣し候、以上

午九月四日

一方内ゟ門前年寄共、明五日朝四ツ前申渡シ候御用之儀在之候間、私宅へ可参由口上書廻ル、写有之候、以上

午九月四日

一四人年寄共今日松尾左兵衛方江参候処ニ、被申渡候趣ハ、預り金銀、買掛・売物之前金、諸職人作料・手間

賃等、去ル巳年迄之出入者取上無之候条、相対を以可埒明候、当午正月以来之分者御裁許可被仰付候、神社仏閣修造金、又ハ出家之出世金・床(座)頭官金等之類ハ、年月無構御裁許可被仰付旨申渡し有之候、則申渡シ之趣、覚書有之候、以上

午九月五日

一四町目桔梗屋与兵衛家、宮川筋八町目熊谷玄斎借屋ニ只今迄居申候餅屋市左衛門と申者ニ借シ入置申候由、則請合手形有之候、以上

午九月五日

一三町目大坂屋吉兵衛継目御礼今日相済、式法之通、三升樽・三種之肴差上ケ申候、御寺ゟ鳥目三拾疋御祝儀被下候、以上

午九月七日

一今十三日朝六ツ過ニ、瀧之北奥千手之舞台下石垣弐通ぬけ落申候、下之通ニ而長四間余、上之通も同断、即刻御公儀江執行ゟ御断被申上候、道筋敷石之上へ落、石橋抔も損シ申候故、成就院方ゟも御公儀へ御断申上候事

右ハ当九日ゟ十三日迄昼夜大雨逢申候故如此ニ候、其後執行方ゟ十月初比ゟ普請ニ取掛申候事

午九月十三日

一地主神主正印跡目田神(平瀬)隠岐之助儀、近年病者ニ御座候而、役儀等勤り不申候ニ付、祖母法寿・和州郡山ニ居申候親八尾村屋平七願ニ而、則隠岐之助弟瀬兵衛十二歳ニ罷成候者跡目ニ仕度由願申候故、瀬兵衛儀、隠岐之助と名ヲ改、今日成就院方ニ而申渡し有之候、尤祖母法寿・親平七右願之趣口上書御寺ニ有之候、并執行・目代・六坊中江茂下役宗古・八郎兵衛召運(連)跡目之由断申置候処、何も逢被申、別儀無之候事

午九月十五日

一四町目藤右衛門家ニ居申候美濃屋仁兵衛儀、河内屋与平次家へ入替申候由、年寄忠右衛門相届候、以上
午九月廿二日

一壱町目亀甲屋清左衛門居宅裏ニ東西弐間半、南北弐間之小座敷建申度旨願申候、則絵図・書付有之候、以上
午九月廿七日

一壱町目大黒屋長左衛門・年寄又右衛門屋祢(根)葺替願申候、何も書付有之候、以上
午九月廿七日

一御公儀ゟ火之用心之儀御触状、霊山ゟ当山へ廻ル、則写置、清閑寺へ遣し、請取有之候、以上
午九月廿八日

一火之用心之儀、町触ニ壱通廻ル、則写有之候、以上
午九月廿八日

一執行・目代・六坊中へも火之用心之儀写致し、三町目行事ニ申付申渡シ候事
午九月廿九日

一三町目寿慶借屋へ三条縄手弁才天町丹波屋五郎右衛門家ニ居申候仁兵衛と申者ニ借シ入置申度由相届候、則請合手形有之候、以上
午十月二日

一三町目扇屋角兵衛方ニ居申候茶立女之儀、弟七之助名代ニ而同町寿慶借屋ヲ借シ入置申度旨、平兵衛相届候、請合手形有之候、以上
午十月三日

一四町目鎰屋彦兵衛家、三町目之中(仲)光屋十郎兵衛後家妹聟四郎左衛門と申者ニ借シ入置申度旨、則請合手形有之候、以上
午十月八日

一三町目海老屋文左衛門居宅普請之願ニ付、御月番山城（瀧川具章）守殿御屋敷へ今日御呼出し、願之通被仰付候、則絵図・書付有之候、以上

午
十月九日

一壱町目亀甲屋清左衛門小床（座）敷建出し願ニ付、御月番山城守殿御屋敷へ御呼出し、願之通ニ為仰付候、以上

午
十月九日

一今日御目付長崎半左衛門殿・三好勘之丞殿御巡見ニ付方内ゟ廻状、霊山ゟ当山へ参、則写置、大谷輪番慶証寺江遣し、請取有之候、以上

午
十月十二日午之刻

一御目付御巡見之儀、執行・目代・六坊中へも口上ニ而申遣し候事

午
十月十二日

一御目付三好勘之丞殿・長崎半左衛門殿御巡見今日相済、成就院方へも御寄被成候事

午
十月十二日

一瀧川山城守殿江戸へ御発足ニ付御見送りニ罷出候儀、可為無用之旨方内ゟ廻状、霊山ゟ当山へ参、写置、清閑寺へ遣、請取有之候、以上

午
十月十二日子ノ下刻

一山城守殿御見送り可為無用之旨町触ニ壱通廻ル、写有之候、以上

午
十月十二日

一執行・目代・六坊中へ茂山城守殿御見送り無用之旨写致シ、四町目行事ニ申付申渡し候事

午
十月十三日

一壱町目末広屋次郎兵衛家、弐町目松庵長屋ニ居申候八

百屋六兵衛と申者ニ借シ入置申候由、則請負之手形有
之候、以上
午
十月廿一日
一三町目寿慶長屋へ弐町目与平次家ニ居申候鼠屋吉兵衛
と申者ニ借シ入置申候由相断候、則請負手形有之候、
以上
午
十月廿一日
一御公儀ゟ円照寺宮(文喜女王、藤宮)薨御ニ付、今日ゟ来ル廿五日迄三日、
鳴物御停止之御触状、霊山ゟ当山へ参、則写置、清閑
寺へ遣し、請取有之候、以上
午
十月廿三日戌下刻
一執行・目代・六坊中へ茂鳴物御停止之御触写致し、四
町目行事ニ申付申渡し候事
午
十月廿三日

一御公儀ゟ鳴物御停止之儀、寺触と同文言ニ而町触ニ壱
通廻り申候、以上
午
十月廿三日
一弐町目松庵裏長屋ニ只今迄居申候大工権右衛門、此度
同人松庵表借屋を借シ入置申候旨、年寄惣兵衛相届候
事
午
十月廿八日
一弐町目池田屋彦十郎、同町鱗形屋かつ借銀之出入ニ付、
銀主五条橋通金又(仏)東町松屋忠兵衛と申者御公儀江御訴
訟申上候ニ付、今廿七日ニ右両人方へ裏判附申候事
午
十月廿七(ママ)日
一御公儀ゟ生類あハれ(憐)ミの儀、前方度々申聞候処、頃日
於江戸ニ橋本権之助犬を殺候付死罪被仰付候、弥諸人
仁愛之心ニ罷成、生類あハれ(憐)ミの儀、末々迄可申含之
旨御触状、霊山ゟ当山へ参、則写置、清閑寺へ遣し、

請取有之候、以上
　午十一月朔日亥ノ刻
一執行・目代・六坊中へも生類あハれミ（憐）の御触写致し、
弐町目行事ニ申付申渡候、以上
　午十一月二日（ママ）
一生類あハれミ（憐）の儀、寺触と同文言ニ而町触ニ壱通廻ル、
以上
　午十一月朔日
一生類あハれミ（憐）の御触状ニ奥書致し、町並寺方幷門前中
判形取置申候、以上
　午十一月二日
一御公儀ゟ為慰かい（飼）鳥・かい（飼）魚致置候事、可為無用之旨、
寺触廻ル、霊山ゟ当山へ参、写置、清閑寺へ遣、請取
有之候、以上

　午十一月五日
一執行・目代・六坊中へも為慰かい（飼）鳥・かい（飼）魚いたし置
候事、可為無用之旨写致し、弐町目行事ニ申付申渡候、
以上
　午十一月五日
一御公儀ゟかい（飼）鳥・かい（飼）魚いたし置候事、可為無用之旨、
町触ニ壱通廻ル、写有之候、以上
　午十一月五日
一御公儀ゟ明正院（興子）様七回御忌ニ付、明後十日鳴物停止之
御触状、霊山ゟ当山へ廻ル、写置、清閑寺へ遣、請取
有之候、以上
　午十一月八日亥ノ下刻
一執行・目代・六坊中へも鳴物御停止之儀写致し、弐町
目行事ニ申付申渡し候、以上

午十一月九日

一鳴物御停止之儀、町触ニ壱通廻ル、写有之候、以上

午十一月八日(ママ)

一弐町目梅田屋与平次借屋、同町通心借屋ニ居申候中嶋
屋伝右衛門と申者ニ借シ入置申旨、則請負之手形有之
候、以上

午十一月十六日

一弐町目通心借屋、同町雁金屋甚右衛門と申者ニ借シ申
度旨、則請負手形有之候、以上

午十一月十六日

一三町目丹波屋勘右衛門家、祇園町竹之坊借屋ニ居申候
宗徳悴金三郎と申者ニ借シ入置申度由、則請負之手形
有之候、以上

午十一月十九日

一今廿日夜五ツ時分、門前弐町目井筒屋重右衛門裏ニ壱
間ニ弐間之柴小屋出火有之候処、早速欠(駆)付并町中出合
消申候処江、御火消谷大学殿先手土田小左衛門と申仁
被参候、則藤林孫九郎(兼定)出合申候事、尤年寄物兵衛方ゟ
本人名年寄書付致し遣候、御公儀へも物兵衛口上書致
シ御訴申上候、尤孫九郎同道致し参候事、駿河守(安藤次行)殿ニ
而被仰付候趣ハ、度々火用心之儀申触候、不届ニ被思
召候、十右衛門儀遠慮致シ候様ニ年寄物兵衛へ被仰渡
候事、尤口上書留有之候、以上

午十一月廿日

一壱町目大工又五郎未進銀有之ニ付、藤林孫九郎家と屋
敷替致し候様ニ町中ゟ願申ニ付、銀子弐百目相添、屋
敷替致し候事、尤手形取替シ有之候事

午十一月廿二日

一御公儀ゟ捨子之儀、最前申渡シ候通、養育難成者ハ、
奉公人ハ其主人、御料ハ御代官手代、私領ハ其村之名

主・五人組、町方ハ其所之名主・五人組江可申出之旨
町触廻ル、則写有之候、以上
午十一月廿三日

一六波羅道札場ニ年来十二三歳計女子非人相果居申ニ付、
非(悲)田院之年寄吉右衛門呼寄見せ申候処、非人ニ紛無之
由申ニ付、其趣口上書致し、当町弐町目年寄惣兵衛御
訴申上候、無別儀相済申候事
午十一月廿五日

一弐町目池田屋彦十郎借銀之出入、銀主忠兵衛方へ色々
曖を入、銀子百六拾目ニ而相済、今日御公儀様へ済状
差上ケ埒明申候事
午十一月廿五日

一弐町目鱗形屋かつ借銀之出入、元銀七百目之内、当暮
三百五拾目、来七月三百五拾匁相立候様ニ被仰付候事
午十一月廿五日

一御公儀ゟ捨子之儀幷病牛馬又ハ老牛馬ニ而つかハれさる
牛馬有之候節、随分可致養育之旨御触状、霊山ゟ当山
へ廻ル、則写置、清閑寺へ遣し、請取有之候、以上
午十一月廿五日酉ノ刻

一執行・目代・六坊中へも捨子之儀、病牛馬御触状写致
し、弐町目行事ニ申付申渡し候、以上
午十一月廿六日

一三町目ゑひす(戎)屋平兵衛家、同町池田屋新兵衛家ニ居申
候権兵衛と申者ニ借シ入置申候由相届候、則請合手形
有之候、以上
午十一月

一弐町目井筒屋十右衛門、先月廿日夜五ツ時分、裏之柴
小屋焼申ニ付遠慮被仰付候故、御赦免之儀、町中ゟ御
願申上候処ニ、願之通御免被遊候事
午十二月四日

一御公儀ゟ博奕打候儀、従前々御法度之処、此度於江戸博奕打申もの有之、段々御仕置被仰付候、向後相慎一切博奕不仕候様ニ急度可申付旨御書付至(到)来候条、此旨相守候様ニ御触状、霊山ゟ当山江参、写置、清閑寺へ遣し、請取有之候、以上

午十二月七日戌下刻

一御公儀ゟ博奕打候儀御法度之旨、寺触と同文言ニ而町触ニ壱通廻ル、奥書写有之候、以上

午十二月七日

一執行・目代・六坊中へも博奕御法度之御触写致し、壱丁目行事ニ申付申渡し候、以上

午十二月八日

一博奕御法度之御触状ニ奥書致し、門前中判形取置申候、以上

午十二月九日

一三町目梅鉢屋庄兵衛家、則只今迄借宅仕居申候喜兵衛悴長十郎と申者ニ売申度旨、則願之書付有之候、以上

午十二月十日

一三町目梅鉢屋庄兵衛借銀出入、壱貫百廿匁之方へ銀六百五拾目ニ而曖、今日済状差上ケ相済申候由、年寄平兵衛相届候、以上

午十二月十一日

一壱町目藤林孫(兼定)九郎居宅普請之願、絵図・口上書致し、今日方内松尾左兵衛方へ遣し、判形相済申候、名代ハ三町目亀屋伊兵衛願主ニ頼申候事、絵図・口上書写有之候、以上

午十二月十一日

一藤林孫九郎普請願之儀、名代亀屋伊兵衛、今十八日御呼出し被成、安藤駿河守(次行)殿御屋敷ニ而神沢与兵衛殿被申渡候趣、願之通、勝手次第ニ仕候様ニ被申付候、相

済中候、以上

午十二月十八日

一御公儀ゟ本田畑ニたはこ（煙草）作り候御触、幷火之用心御触状、方内ゟ之口上書、寺社方門ゟ駿河守（安藤次行）殿門迄道法何町有之候哉、書付出し候様ニ廻状、霊山ゟ当山江参、右三通写置、弐通ハ清閑寺へ、壱通ハ若宮八幡宮遣し、何茂請取有之候、以上

午十二月廿一日戌刻

一執行・目代・六坊中へもたはこ（煙草）之御触、火用心之御触写致し、壱町目行事ニ申付申渡し候、以上

午十二月廿二日

一道法書付今日方内江持せ遣候留如斯ニ候

午十二月廿五日

覚

一清水寺本堂ゟ
同所二（仁）王門迄之間　壱町半

一清水寺二（仁）王門ゟ
三条橋東側迄之間　拾六町半

一三条之橋東側ゟ
駿河守様御屋敷迄之間　拾九町半

右惣合道法三拾七町半御座候、以上

午十二月　清水寺役人
藤林孫九郎（兼定）判

一御公儀ゟ長谷川安清製法和人参、高辻通麩屋町西へ入町駒井半兵衛所ニ而売出し候旨御触状、霊山ゟ当山江参、写置、法国寺へ遣し、請取有之候、以上

午十二月廿九日

一執行・目代・六坊中江茂和人参之御触写致し、壱町目行事ニ申付申渡し候、以上

午十二月晦日

右当午ノ年中諸事留如斯ニ候以上

午十二月

藤林孫九郎

兼定（花押）

「（原裏表紙）

藤林孫九郎

」

「（後補裏表紙）文政五壬午九月

表紙付仕立直

清水寺

成就院

」

元禄十六年

（後補表紙）
「元禄十六癸未年
御日記
従正月至十二月」

（原表紙）
「癸　元禄十六年
諸事留覚帳
未　極月吉祥日」

一三町目梅鉢屋喜兵衛儀、今日年寄平兵衛召連、御礼相済、式法之通、三升樽・三種之肴差上ケ申候、御寺ゟ鳥目三拾疋被下候、以上
未ノ正月十日

一三町目若松屋長右衛門儀、当地仕舞、大坂新地中町天王寺屋甚右衛門借屋江引越申候ニ付、今日御公儀江御断申上候旨、則口上書之留有之候、以上
未正月十八日

一御公儀ゟ京都牢屋敷修覆之入札有之候、中井源八（郎）宅江参、根帳付可申旨町触廻ル、写有之候、以上
未ノ正月十九日

一四町目坂本屋弥三右衛門家、上八坂之桔梗屋平左衛門借屋ニ居申候市郎兵衛と申者ニ借シ入置申候旨、則請負之手形有之候、以上
未ノ正月廿二日

一弐町目吉野屋五兵衛家、同町八百屋五兵衛と申者ニ借シ入置申候旨、則請合手形有之候、以上
未ノ正月廿二日

一今暁初夜過ニ清閑寺ゟ使ニ而申越候趣、今昼七ツ時分ニ中山道筋ニ出生二三ケ月ニも成可申と相見へ候男子捨子有之候、様子承候へハ、元来清水寺領ニ捨置候を、山科之百性（姓）九兵衛と申者取上ケ、清閑寺領江持来置候由申候間、其元へ相渡し可申旨申来候故、則門前年寄

共遣し、様子聞届候様ニ申付遣し候処、此方ニも今昼
七ツ時分捨子有之由承候故、早々町人遣し見せ申候、
清閑寺領ニ而有之故、則其元庄屋方へ知らせ罷帰り申
候、只今左様之儀合点不参候、清水ニハ元来之儀、曾
而不存候由申罷帰り候、翌廿三日、清閑寺西坊ゟ御公
儀江御訴被申上候処ニ、何方へ成共さづけ候様ニ被仰付
候由承候、以上
未ノ正月廿二日

一弐町目箒屋弥兵衛家、同町百足屋源兵衛と申者ニ借シ
入置申由、則請合手形有之候、以上
未正月廿六日

一弐町目海老屋平左衛門居宅之裏方ニ南北弐間半、東西
弐間之土蔵を建申度儀願申候処ニ、今日信濃守(水谷勝阜)殿御屋
敷ニ而願之通被仰付候、則絵図・書付之留有之候、以
上
未正月廿七日

一今二日朝、三町目俵屋半右衛門方へ同心目付寺田利左
衛門殿被参、僉(詮)議之趣ハ、木屋町松原上ル町弐町目吉
野屋九兵衛借屋快雲と申出家ヲ引込置、博奕を打、其
上遊女ヲ多ク抱置候由、同町坂本屋治左衛門博奕宿を
致候由、同町井筒屋藤七借屋佐平次・四町目大和屋吉
兵衛借屋ニ六右衛門・弐町目藤屋利兵衛悴平兵衛、右
何茂御吟味之上、博奕之相手ニ而有之候ニ付預ケ置、帰
り被申候、同四日ニ右之者共被召出、御僉(詮)議之上ニて
被仰付候趣

一半右衛門儀、快雲と申出家ヲ引込置、博奕を打、其上
遊女多抱置不届ニ付、窂(牢)舎被仰付、家屋敷・諸道具・
衣類御闕所、妻とよ四拾才、娘はつ八才、同むめ三才、
悴卯之介五才、右四人町中へ御預ケ

一治左衛門儀、快雲と申出家博奕打候宿仕、不届ニ付、
今日窂(牢)舎被為仰付候、家屋敷・諸道具・衣類等迄御闕
所、妻長三十四才、娘むめ六才、右弐人町中へ御預ケ

一同町井筒屋藤七借屋佐平次儀、快雲と申出家博奕打候
相手ニ罷成候ニ付、今日窂(牢)舎被仰付、諸道具・衣類御

闕所、妻つね三拾八才、娘とよ十一才、右弐人家主・
町中へ御預ケ、家屋敷ハ御構無之候
一四町目大和屋吉兵衛借屋六右衛門儀、快雲と申出家、
三町目坂本屋治左衛門方ニ而博奕打候節さい（賽）かし候、
不届ニ付、今日窂（牢）舎被仰付、諸道具・衣類御闕所、則
娘すて拾才、同つぢ六才、右弐人町中へ御預ケ、家屋
敷ニハ御構無之候
一弐町目藤屋利兵衛悴平兵衛儀も、快雲と申出家博奕打
候相手ニ罷成、不届ニ付、今日窂（牢）舎被為仰付候、平兵
衛儀、去ル二日、寺田利左衛門殿僉（詮）議之節、私儀ハ悪
性ニ御座候故、親幷ニ町中共不通ニ而、四五年茂出入不
仕候故、何方ヲ宿と申所も無御座候由申候故、宿なし
ニ罷成、親・町中へも御尋無之候、窂（牢）扶持ハ三町目へ
被仰付候、其外之窂（牢）扶持者、其町中幷家主・請人ゟ致
し候
一三町目年寄平兵衛儀、俵屋半右衛門、快雲と申出家ヲ
引込置、博奕を打、其上遊女ヲ多ク抱置候処、不吟味
之段不届ニ付閉門被仰付候、以上

　　未ノ二月四日
一右之御闕所諸道具改ニ松尾左兵衛・沢与右衛門被参、
今四日ゟ六日迄ニ相済申候事
　　未二月四日
　　　　　　　　　　　　　清水寺
一旧冬被仰出候たはこ（煙草）之儀、当寺領之内たはこ（煙草）作り候者
一切無之旨、今五日水野谷（水谷勝阜）信濃守殿屋敷江書付差上ケ
被申候、右役人中井孫介殿・才木喜六殿両人書付留如
斯ニ候
たはこ（煙草）作り申者無御座候ニ付御断書
　　　　　　　　　　　　　成就院
一御朱印清水寺領高百三拾三石之内
弐拾石慈心院分
一清水境内
一西院村之内
一朱雀村之内

一中堂寺村之内
一壬生村之内
一聚楽村之内
一不動堂之内
一東塩小路之内
右之百性（姓）共一々相改申候処、当寺領之地ニ者たはこ（煙草）作り来候者一切無御座候ニ付、弥向後此度御触之趣、急度相守可申旨一札取置申候、為其如斯御座候、以上

元禄十六未年二月五日　　成就院判

清水寺

御奉行様

一たはこ（煙草）作り申間敷旨、門前境内出作幷在々百性（姓）一々手形取置申候、本紙・一札共御寺ニ有之候、以上

未二月五日

一慈心院方へ茂右之書付差上ケ候付、以使申遣し候趣、此度御触ニたはこ（煙草）御吟味之儀書付、別紙ニ御公儀江被差上ケ候哉承度旨申遣し候、返事ニ此方百性（姓）共吟味仕候、たはこ（煙草）作り候者一人も無之候、然上ハ同前之儀ニ候間、書付之儀、其元ゟ一所ニ御申上頼入候由、清閑と申者申来候事、則右之通ニ相認差上ケ申候、以上

未二月五日

一三町目俵屋半右衛門・坂本屋治左衛門御闕所家屋敷・諸道具、今日御改候、平塚十郎左衛門殿・石崎喜右衛門殿御出御改之上、妻子之道具・衣類御構無之被下候、家屋敷御払之張札、来ル廿六日入札持参仕候様ニ御書付出申候、以上

未二月十九日

一例年之通、門前中幷小間物商人共判形致させ取置申候、以上

未二月

一御公儀ゟ稲垣対馬守（重富）殿御上着ニ付、道・橋損候所修覆

可仕之旨御触状、霊山ゟ当山江参、写置、清閑寺へ遣
し、請取有之候、以上
　未二月廿一日未ノ刻
一執行・目代・六坊中へ茂稲垣対馬守(重富)殿御上京之御触写
致シ、四町目行事ニ申付申渡し候、以上
　未二月廿一日
一寺触と同文言ニ而町触ニ壱通廻ル、以上
　未二月廿一日
一去ル四日、三町目窂(牢)舎之妻子共御預ケ之町々江、今日
方内ニ而妻子御構無之旨被仰出候間、何方へ成共遣し
候様ニ被申渡候由、文左衛門罷帰り相届候、以上
　未二月廿一日
一弐町目松庵裏借屋江大仏上馬町良学家ニ居申候一学と
中者ニ借シ入置申候由、則請負手形有之候、以上

　未二月廿二日
一三町目窂(牢)舎・闕所之諸道具・家屋敷入札、今日御公儀
ニ而札開有之候、落札之覚
　坂本屋治左衛門分
家屋敷弐貫七百五拾五匁五分五厘ニ松原通寺町西へ入
町藤田屋四郎兵衛落、諸道具代三拾七匁七分五厘
　俵屋半右衛門分
家屋敷壱貫七百八拾六匁七分、八坂上町海老屋太兵衛
落、諸道具・衣類代銀八百弐拾三匁七分五厘、道具屋
中(仲)間へ落
　佐平次分
諸道具代銀百五拾七匁八分、道具屋中(仲)間江落
　六右衛門分
諸道具代銀三拾弐匁、道具屋中(仲)間落
銀高合五貫五百九拾三匁五分五厘
　未二月廿六日

一御公儀ゟ飼鳥・飼魚致し候儀、御停止之御触状、霊山ゟ当山へ参、則写、清閑寺へ遣し、請取有之候、以上

未
二月廿八日戌刻

一飼鳥・飼魚之御触壱通、寺触と同文言にて町触ニ廻ル、以上

未
二月廿八日

一執行・目代・六坊中へ茂飼鳥・飼魚御停止之御触写致し申渡し候、以上

未
二月廿九日

一三町目闕所家屋敷之銀納、今日差上ケ候ニ付、御公儀ゟ御証文御出し被遊候写如斯ニ候

清水寺門前三町目坂本屋治左衛門闕所家屋敷
表口九間壱尺五分
但地尻ニテ四間四尺壱寸
裏行拾三間壱尺三寸
地子地壱ケ所之事、代銀弐貫七百五拾五匁五分五厘、藤田屋四郎兵衛買得無紛者也

元禄十六未
二月廿九日　(水谷勝阜)信濃印
(安藤次行)駿河印

松原通寺町西へ入町
買主
四郎兵衛

清水門前三町目俵屋半右衛門闕所家屋敷
表口打廻シ拾間四尺
但南隣・西隣之屋敷地入組
裏行八間過、幅三尺七寸、長三間弐尺、藪地通道
地尻北ニテ幅三間三尺八寸、南ニテ弐間弐寸、長サ七間五尺六寸、藪地有、地子地壱ケ所之事、代銀壱貫七百八拾六匁七分、海老屋太兵衛買得無紛者也

元禄十六未
二月廿九日　信濃印

駿河(安藤次行)印

八坂上町

買主

太兵衛

右之通御証文、今廿九日ニ出申候、以上

未二月廿九日

一昨朔日七ツ時分、下山深谷ニ四拾歳計之男首縊相果居申候、山廻市兵衛見付、門前へ知らせ申ニ付、当町弐町目年寄惣兵衛口上書致し御公儀江御訴申上候処ニ、夜ニ入候故、明早天ニ御検使可被遣候由ニテ、今二日検使永(長)屋助右衛門殿・寺田利左衛門殿御出、雑色西村直右衛門立会、死骸御改之上、所之者幷山廻市兵衛御呼出し御吟味被成候得共、何も見知候者無之候ニ付、其趣運(連)判之一札御取御帰り被成候、尤所付之様成書付有之故、大坂へ様子尋ニ八百屋市郎左衛門・松本屋半右衛門差下し候事、年寄惣兵衛判形人跡(後)ゟ御屋敷江参候処ニ、今日ゟ三日之内さらし(晒)置候而、大坂ゟ之様子相知候ハヽ、可申来□(旨)被仰付候由相届候、以上

未三月二日

一御公儀ゟ多賀大社胡宮明神(大)鰐口幷香取社・祖母神社・瀧大明神、右四ヶ所之鰐口銘有之、先月廿五日以来質物ニ取候歟、買取又者預り置候もの有之ハ、可訴出之旨御触状、霊山ゟ当山へ参、写置、清閑寺へ遣し、請取有之候、以上

未三月二日申ノ刻

一執行・目代・六坊中江茂鰐口之□(御)触写致し、弐町目行事ニ申付(衍カ)申付相触候事

未三月二日

一御公儀ゟ多賀大社胡宮大明神鰐口之儀、寺触と同文言ニ而町触ニ壱通廻ル、写有之候、以上

未三月二日

一多賀大社胡宮大明神鰐口御尋御触状、奥書致し門前中
手形取置候、以上
未三月二日

一当月朔日下山深谷ニ而首縊相果居申候者、人主建仁寺
西門前上町大工喜平次借屋やうし屋平兵衛弟大坂あし
わけ橋弐町目京屋喜右衛門と申者ニて有之候、則兄平
兵衛御公儀へ死骸取置申度旨御願申上候、願之通被為
仰付候由、年寄惣兵衛罷帰相届候故、則手形致させ、
死骸・衣類等相渡シ、埒明申候事
未三月四日

一御公儀ゟ火之用心之御触状、霊山ゟ当山へ廻ル、写置、
清閑寺へ遣し、請取有之候、以上
未三月五日午ノ刻

一執行・目代・六坊中へ茂火之用心之御触状写致し、弐
町目行事ニ申付相触候事
未三月五日

一火之用心之儀、寺触と同文言ニ而町触ニ壱通廻ル、以
上
未三月五日

一方内ゟ明八日、稲垣対馬守(重富)殿御巡見被遊候旨廻状、大
仏・智積院ゟ当山江参、写置、松尾左兵衛方へ戻し申
候、以上
未三月七日戌ノ刻

一執行・目代・六坊中へも対馬守殿御巡見之儀写致し、
弐町目行事ニ申付申渡し候、以上
未三月七日

一方内ゟ明八日、対馬守殿東山筋御巡見之儀、町触ニ壱
通廻ル、写有之候、以上
未三月七日

一今八日、若年寄稲垣対馬守(重富)殿・大目付安藤筑後守(重玄)殿・下目付石尾織部殿・御勘定萩(荻)原近江守(重秀)殿御巡見、町御奉行安藤駿河守(次行)殿御案内、幷中井源八郎殿右御巡見、寿清上人塔之西迄御出迎御案内、田村堂・本堂・奥千手・地主社何茂御覧、御機嫌能、御通被遊候、相替様子も無之候、尤執行・目代・六坊中も罷出候事、即刻右四人御礼ニ御出、所司松平紀伊守(信庸)殿幷両町奉行へ茂、右之御届ニ御出被成候事

未三月八日未ノ上刻

一三町目寿慶長屋ニ居申候七之助、同町池田屋新兵衛家ヲ借シ入置申候由、則請負手形有之候、以上

未三月

一三町目木爪(瓜)屋平右衛門家、同町大坂屋吉兵衛弟徳兵衛と申者ニ借申候由、則請負手形有之候、以上

未三月十六日

一弐町目塗師屋市兵衛家、壱町目大工又五郎家ニ居申候喜兵衛と申者ニ借申由、年寄惣兵衛相届候、以上

未三月十九日

一三町目寿慶家、祇園木間平之丞家ニ居申候伝兵衛と申者ニ借シ入置申候、則請合手形有之候、以上

未三月廿三日

一三町目三文字屋太兵衛家、坂弓矢町ニ居申候平右衛門と申者ニ借シ入置申候、則請合手形有之候、以上

未三月廿三日

一三町目俵屋太兵衛家、名相改申度旨願申候、則三文字屋と改メ申候、以上

未三月廿三日

一弐町目藤屋利兵衛入道隔心、只今迄仕来候茶屋・旅籠屋商売を相止、同門前四町目八文字屋源七方ニ而致さ

せ申度旨願申候、則願書写有之候、幷ニ源七方願書も
有之候、以上
未三月廿五日
一弐町目丹後屋七兵衛家、同町大黒屋惣兵衛家ニ居申候
平兵衛と申者ニ借シ入置申候由相届候、以上
未四月三日
一御公儀ゟ入江宮(知恩寺尊勝)薨御ニ付、今日ゟ五日迄三日之間、鳴
物御停止之儀、町触廻ル、則写有之候、以上
未四月三日
一壱町目亀甲屋長右衛門屋祢(根)葺替願申候、則書付有之候、
以上
未四月三日
一御公儀ゟ入江宮薨御ニ付、来ル五日迄三日之内、鳴物
御停止之御触状、霊山ゟ当山へ廻ル、写置、法国寺へ
遣し、請取有之候、以上
未卯月四日午下刻
一執行・目代・六坊中へも入江宮薨御ニ付鳴物御停止之
御触写致シ、壱町目行事久左衛門ニ申付申渡シ候、以
上
未卯月四日
一御目付酒井式部(重英)殿・松田善右衛門殿御巡見ニ付方内ゟ
廻状、霊山ゟ当山へ廻ル、写置、清閑寺へ遣し、請取
有之候、以上
未卯月五日戌刻
一執行・目代・六坊中へ茂御目付御巡見之儀写致し、壱
町目行事久左衛門ニ申付申渡し候、以上
未卯月五日
一御目付御巡見之儀、町触ニ壱通廻ル、写有之候、以上

未卯月五日

一御目付酒井式部(重英)殿・松田善右衛門殿今日御巡見相済、醍醐ゟ御帰りニ御出候事、即刻御礼ニ御出被成候、以上

未卯月六日

一三町目年寄平兵衛閉門之儀、今日信濃守(水谷勝阜)殿御屋敷江被召出、御赦免被遊候事

未卯月六日

一今九日神事ニ付、町奉行ゟ之目付飯室助左(右)衛門殿・西尾甚右衛門殿、同心目付寺田利左衛門殿、町廻り与力入江十左衛門殿・草間五太夫殿・塩津又左衛門殿、其外同心十人計被参候、何茂首尾能帰り被申候、当年ハ一切ねり(練)物無之候、以上

未卯月九日

一五条通非人小屋之西南側ニ燈籠建申度と願申者有之候由、四町目年寄忠右衛門相届候故、宿坊書致し建候様ニ申付候、以上

未卯月十二日

一三町目御牧屋五兵衛・若松屋十兵衛・三文字屋太兵衛・坂本屋四郎兵衛、右四人年寄平兵衛召運(連)今日御礼相済、式法之通、三種之肴・三升樽差上ケ申候、御寺ゟ鳥目三拾疋ツヽ被下置候、以上

未卯月十八日

一弐町目大黒屋惣兵衛弟善兵衛と申者、今日御礼相済、式法之通、三升樽・三種肴差上ケ申候、御寺ゟ鳥目三拾疋被下候、以上

未五月八日

一堯慎上人十三年忌ニ付、門前中江壱軒江白米壱升ツヽ之斎米被下置候、壱町目弐拾九軒、弐町目四拾八軒、内

少之小路庵拾軒入ル、三町目四拾軒、四町目五拾壱軒、
合米高壱石六斗八升也、右町々年寄共へ藤林孫(兼定)九郎方
ニ而相渡ス也

未
五月八日

一三町目三文字屋多(太)兵衛借屋ニ居申平左衛門儀、伏見ニ
罷有候節、大坂ニ居申藤十郎と申者ニ、去ル午ノ年銀
五貫目借用致シ不埒ニ付、藤十郎江戸江罷下り、御十
判取、昨九日ニ平左衛門方へ附、并年寄平兵衛へ茂断
申候故、其趣今日御公儀江御断申上候処、上方ニ而相
済候歟、又ハ江戸へ罷下り候歟、其訳重而可申来旨被
仰付候由、年寄平兵衛ゟ相届候事

未
五月十日

一今十一日、六波羅道筋南之方土取場ニ、年来四拾歳計
之非人女相果居申ニ付、非(悲)田院年寄吉右衛門呼寄、見
せ申候処ニ、新非人ニ紛無之由、則其趣口上書致し、
当町年寄平兵衛并非(悲)田院吉右衛門召運(連)、御公儀江御訴
申上候処ニ、毎最之通取置候様ニ被仰付候、則無縁塚
へ取置申候事

未
五月十一日

一四町目花屋文右衛門所持仕候家屋敷、同町津国屋九郎
右衛門後家妙泉借屋ニ居申候清右衛門と申者ニ売申度
旨相届候、則願之口上書有之候、以上

未
五月十一日

一四町目大和屋吉兵衛家、三条縄手弁才天町和泉屋利兵
衛借屋ニ居申候市郎兵衛と申者ニ借シ申由、則請合手
形有之候、以上

未
五月十七日

一三町目三文字屋多(太)兵衛借屋平左衛門御十判之出入銀五
貫目之処、金四拾両ニ而詫言致シ、今日御公儀江済状
差上ケ相済申候、則十判并御公儀へ差上ケ候口上書写
共有之候、以上

未五月十八日

一御公儀ゟ開基・草創因縁・来由之略記、附、年暦等、霊仏・霊像幷霊宝・什物等之事、旧地・古跡・堂塔・神殿・社祠軒数、称号等、年中法会・神事等之事、右之通今月中相認、駿河守（安藤次行）殿屋敷へ役者持参可申旨御触状、霊山ゟ当山へ参、写置、稲荷神人尾崎帯刀方江遣し、請取有之候、以上

未五月廿三日未下刻

一執行・目代・六坊中へも開基・因縁・来由之略記之御触写致し、申渡し候、以上

未五月廿三日

一三町目茶碗屋清兵衛家、多兵衛と申者ニ借シ入置申候由、則清兵衛後家親類之由、同町小笹屋四郎兵衛家、上八坂吉兵衛と申者ニ借シ入置申由相届候、以上

未五月廿八日

一開基・草創因縁・来由之略記、附、年暦等、霊仏・霊像幷霊宝・什物等、旧地・古跡・堂塔・神殿・社祠軒数、称号等、年中法会・神事等之事、右之書付帳面ニ相認、安藤駿河守殿御屋敷江今晦日泰産寺持参致シ、役人田中文右衛門殿へ相渡し罷帰り被申候、右之帳面留書御寺ニ有之候、以上

未五月晦日

一三町目ゑひす（戎）屋平兵衛家ニ居申候権兵衛と申者、鼠屋十郎右衛門借屋へ借シ入置申候由相届候、以上

未六月十一日

一三町目玉屋彦右衛門養子七郎兵衛と申者、此度隙を取、同町菱屋清兵衛家ニ居申候七兵衛と申者聟ニ仕候由、年寄平兵衛相届候、以上

未六月十一日

一四町目桔梗屋与兵衛所持仕候家屋敷、則此度借宅仕居

申候六左衛門と申者ニ売申度旨断申候、則願之口上書
有之候、以上
未六月十二日

一今十八日朝五ツ時分、新町通上之清蔵口丁子屋九郎兵
衛悴九兵衛と申者、奥千手舞台ゟ飛、下之道筋迄落居
申候、欠(駆)付様子相尋候得ハ、立願之儀ニ而飛申由、則
親九郎兵衛幷主人ちきり屋又左衛門呼寄、手形致させ
相渡し申候、執行方へハ手形之儀何共不申候故、遣し
不申候事
未六月十八日

一三町目近江屋伝兵衛儀、四条車屋次郎兵衛と申者ニ銀
六百五拾匁借用致候へ共、不埒ニ付、去ル比次郎兵衛
御訴訟申上、御裏判附申候故、色々曖、四百九拾匁ニ
而埒明、今日御公儀江済状差上ケ相済申候、以上
未六月廿一日

一四町目花屋文右衛門家屋敷売払、大坂へ引越申ニ付、
其趣口上書致し、信濃守(水谷勝阜)殿御屋敷へ御断申上候事
未六月廿一日

一今廿四日暮六ツ時分、瀧詣仕候者、石檀(壇)之下ニ行倒絶
死仕居申候、参詣人知らせ申ニ付、門前ゟ欠(駆)付見届、
所相尋候得共、一切言舌聞へ不申、次第ニ草臥申ニ付、
御公儀江御訴申上候処ニ、為御検使岡村長兵衛殿・稲
山治左衛門殿御出、雑色松尾左兵衛立会、色々御尋被
成候へ共、正気付不申候、則所之者共御吟味之上ニて
手形御取御帰り之節、当町年寄忠右衛門御屋敷参候処
ニ、随分薬抔用いたわり可申、重而様子相知れ候ハヽ、可
申来と被仰付候由、罷帰り相届候事
未六月廿四日

一昨廿四日、瀧之石檀(壇)ニ倒居申者、今日母親尋ニ参候故、
其趣御公儀江御断申上候、倒人五兵衛母方へ相渡し可
申旨被仰付候事、則手形致させ渡し申候、所ハ油小路

通三条上ル町竹田屋新兵衛借屋升屋五兵衛後家よし悴
五兵衛と申、十八才ニ罷成候、右御公儀へ差上ケ候手
形共留有之候、以上
未六月廿五日
一四町目播磨屋五兵衛・和泉屋次郎兵衛・八文字屋太(多)兵
衛後家・花屋清右衛門、右四人屋祢(根)葺替之儀願申候、
則願之書付有之候、以上
未六月廿五日
一今昼四ツ時分、本堂舞台ゟ年来三十歳計男飛落居申ニ
付、所相尋候へハ、西陣下釈迦堂町絹屋八郎兵衛悴八
兵衛と申者ニ而有之由、則親并町人呼寄、手形致させ
相渡し申候、以上
未六月晦日
一三町目博奕之出入ニ付、去ル二月ニ籠舎被仰付候俵屋
半右衛門・坂本屋治左衛門・井筒屋佐平次、弐町目藤
屋平兵衛、四町目大和屋六右衛門、本人快雲、右六人
今日出籠被仰付候、山城国中・大津御追殺(放)被遊候事
未七月十一日
一四町目藤屋源七家、同町桔梗屋仁左衛門ニ借シ申度旨、
則請合手形有之候、以上
未七月十二日
一四町目津国屋九郎右衛門後家妙泉家江同門前弐町目梅
田屋与平次借屋ニ居申候清兵衛と申者ニ借シ入置申候、
則請合手形有之候、以上
未七月十二日
一三町目若松屋十兵衛家、宇兵衛と申者ニ借シ入置申候
由断申候、以上
未七月十三日
一今十五日朝、中山道端松ノ木ニ而、烏丸通姉小路上ル

町伊勢屋嘉兵衛下人市兵衛と申者、首縊相果居申ニ付、
御公儀江御訴申上候処ニ、御検使長谷(屋)助右衛門殿・草
川源蔵殿御出、雑色松尾左兵衛立会、死骸御改之上、
所之者共御呼出し御吟味、幷主人嘉兵衛・親清兵衛幷
町人共御呼寄、色々御吟味之上、何茂手形御取御帰り
候、即刻両町ゟ御屋敷江無別儀死骸親清兵衛ニ被下候、
清水へハ早々相渡し可申旨駿河守(安藤次行)殿ニ而被仰付候、何
も手形写共有之候、以上

未七月十五日

一方内ゟ両御奉行所東御屋敷江道法何程、西御屋敷へ道
法何程と申儀書付、一両日中松尾左兵衛迄差越候様ニ
と廻状、霊山ゟ当山へ参ル、写置、鳥部(辺)野大谷道場へ
遣し、請取有之候、以上

未七月十九日

一両町御奉行所御屋敷迄之道法吟味致し書付申候、先年
両度書付遣し候へ共、相違有之候、此度ハ霊山と申合
相改書付、方内迄今廿一日ニ遣し申候、留如斯ニ候

覚

一清水奥千手堂ゟ　駿河守様御屋敷迄卅九町半
同所ゟ　信濃守(水谷勝阜)様御屋敷迄四十三町

内
清水奥千手堂ゟ同所本堂迄之間　壱町
同本堂ゟ二王(仁)門迄之間　壱町半
同二王(仁)門ゟ東御屋敷迄之間　三拾七町
同二王(仁)門ゟ西御屋敷迄之間　四拾町半

右之通ニ而御座候、以上

未七月廿一日
清水寺役人
藤林孫九郎(兼定)判

右之通あてところなしニ相認、松尾方迄遣し候事
又霊山ゟ之道法書付ハ如此ニ候
霊山口ノ惣門ゟ
駿河守様御屋敷迄　三拾五町余
同所ゟ

信濃守（水谷勝阜）様御屋敷迄　三拾九町余
右ハ霊山ゟ書付遣し候ハ是程之積ニ候事
此度道法之儀ニ付吟味致し相改候積り之覚、以来之為
書付置也
一清水寺二（仁）王門ゟ高台寺南ノ門迄　六町半
一高台寺南ノ門ゟ祇園西ノ大門下迄　四町
一祇園西ノ大門ゟ四条建仁寺町辻迄　三町
一建仁寺町ノ辻ゟ四条寺町辻迄　四町
一四条寺町辻ゟ三条堀川迄　拾四町
一三条堀川ゟ御池大宮迄　四町
一大宮ゟ東ノ町奉行屋敷迄　壱町半
一東ノ町奉行屋敷ゟ西ノ町奉行屋敷迄　三町半
清水寺二（仁）王門ゟ東ノ屋敷迄　三拾七町
同所ゟ西ノ屋敷迄　四拾町半
奥千手ゟ本堂迄壱町、本堂ゟ二（仁）王門迄　壱町半

（挟込紙）「覚
道法之儀ニ付松尾氏之物語ニ、去仁、東ノ町御奉行屋敷ゟ祇園西ノ門迄縄ヲ引候ヘハ、廿八町有之由、其内辻々三十三辻有之故、此辻之間ヲ壱町半引、残廿六町半ニ相極候由承候、清水二（仁）王門ゟ祇園西之門迄拾町半ノ積りニ而、東町御奉行所迄三十七町ニ成、東町奉行所ゟ西ノ町奉行所迄間三町半積り也
未七月」
一御公儀ゟ例年之通、宗門御改之儀御触状、執行ゟ当寺ヘ廻ル、則写、清閑寺ヘ遣し、請取有之候、執行方ヘハ請取ニ及不申候、以上
未八月九日辰ノ下刻
一宗門御改之儀、町触ニ壱通廻ル、写在之候、以上
未八月九日
一松尾左兵衛方ゟ廻状ニ、江戸江例年年始之御礼被仰上

候哉、冬ゟ御下向候哉、年明候而下向候哉、但シ名代にても御下シ来候哉、御礼被仰上候日限相究在之候哉、但シ御支配方茂在之、御差図等被請候哉、又者御札献上候哉、御札之外献上物之品究候哉、臨時之被窺御機嫌等も事茂在之候哉、右之趣承合置度儀在之申進候間、有無委細之様子書付、来ル十五日十六日迄之内、私宅へ被遣可被下旨廻状、霊山ゟ当山へ参り、則写置、法国寺へ遣し、請取有之候、以上

未八月十日亥ノ下刻

一執行・目代・六坊中へも江戸江例年年始御礼・御札等差上ケ候哉廻状写致し、壱町目行事和泉屋又左衛門申付申渡し候、以上

未八月十一日

一三町目海老屋文左衛門願申候者、当山引地惣墓之中ニ石ニ而輿台を仕居申度儀断申候、幷六躰地蔵之前ゟ墓迄之道筋茂作り申度旨相届候、則御寺江も窺、土木等遣し、勝手次第ニ仕候様ニ申付候、以上

未八月十三日

一江戸江例年年始之御礼等、又者使僧ニ而茂差下シ候哉之訳書付、今十六日松尾左兵衛方迄持せ遣し候留如斯ニ御座候

覚

清水寺
成就院

一江戸江例年年始御礼ニ罷下候儀、又者名代差下候儀、近年者中絶仕候、此節者御老中様・若御老中様・寺社御奉行様方迄、年始早々以飛札申上候迄ニ御座候、厳有院様御代迄者、年始ニ不限常々御祝儀事、御祈禱万事ニ付節々以名代御巻数等差上来り候ニ付、毎度之御奉書幷御老中様方ゟ御返書共数通御座候事

一成就院代々継目之御礼申上候、常ニ茂七八年ニ参府之御礼申上来候、毎度於御白書院独礼相勤、御暇黄金壱枚・時服弐ツ拝領之仕候、前方以名代申上候節茂、使僧御目見仕、時服弐拝領仕候事

一御礼申上候日限究り申事無御座候、罷下候時分者京都
御奉行所江奉窺（伺）、御指図次第ニ罷下候、其外何方ゟ茂
指図を請申事者無御座候事
一献上物者、毎度御巻数・杦原十帖・純（緞）子壱巻ニ而御座
候、御暇茂毎度黄金壱枚・時服弐ツ拝領仕候事
　但シ此節者臨時ニ奉窺（伺）御機嫌候儀茂無御座候
一執行茂継目御礼等近代被罷下候、其外当寺中江戸江御
礼ニ被罷下候寺院無御座候事
　　右之通相違無御座候、以上
　　元禄十六年
　　　未八月　　清水寺役人
　　　　　　　藤林孫九郎（兼定）判
右之通相認遣し候、尤当（宛）名なしニ遣申候事
一御公儀ゟ今度瓦師寺嶋吉左衛門儀、京都瓦師共触頭被
仰付候ニ付町触廻ル、則写有之候、以上
　未八月十九日
一壱町目堺屋吉兵衛所持仕候家屋敷表口弐間半、裏行拾
五間之所、此度同町鎰屋又右衛門ニ売申度旨相断候、
則願之口上書有之候、以上
　未八月廿三日
一御公儀ゟ当未歳酒造候儀、寒造之外新酒一切可為停止
之旨町触廻ル、写有之候、以上
　未八月廿五日
一三町目梅鉢屋喜兵衛家来半兵衛と申者、数年召使心立
茂能存知、出生慥成者ニ而御座候間、此度喜兵衛養子
ニ相究、町江も出し申度旨、年寄平兵衛相届候、以上
　未九月十日
一四町目平野屋仁左衛門家、六波羅坂弓矢町高嶋借屋ニ
只今迄居申候藤兵衛と申者ニ借シ入置申候由、則請負
手形有之候、以上
　未九月十日

一御公儀ゟ今度畳屋伊阿弥筑後・同新次郎・大針源之丞儀、京都畳屋共触頭被仰付候旨、并火之用心、捨子、鳥類・畜類あハれ（憐）ミの儀、町触ニ廻ル、右何茂写有之候、以上
未九月十九日

一四町目丹波屋利貞家江壱貫町木屋小左衛門借屋ニ只今迄居申候権兵衛と申者ニ借シ入置申候由、則請合手形等有之候、以上
未九月十九日

一三町目木爪（瓜）屋平右衛門家ニ居申候徳兵衛と申者、同町鼠屋十郎右衛門長屋へ借シ入置申候由相届候、以上
未九月廿六日

一四町目藤屋与兵衛悴利兵衛と申者、同町橘屋重左衛門娘しけと申者召連、昨廿七日夜欠落仕候ニ付、今日御公儀江御訴申上候処ニ、相替様子も有之候ハヽ、重而可申来旨被仰付候由、年寄忠右衛門相届候、以上
未九月廿八日

一御公儀ゟ今度翠簾屋谷口和泉・望月徳助儀、京都翠簾屋共触頭被仰付候旨町触廻ル、則写有之候、以上
未九月廿八日

一四町目木地屋長右衛門方ニ居申候茶立女せきと申者、去ル朔日之夜欠落仕候、芳方（方々）相尋候得共、行衛知レ不申ニ付、今日御公儀御断申上候処、重而様子相知レ候ハヽ、可申来由被仰候事
未十月四日

一今日百日御目付赤井平右衛門殿・松平藤十郎殿御巡見、首尾能相済申候、成就院方へ御立寄被成候事
未十月四日

一壱町目宝徳寺門之東ニ番所建申度旨御願申上候ニ付、

今日新家役人棚橋八郎右衛門殿・神沢与兵衛殿、下役
森田仲右衛門・中川伴右衛門、雑色松尾左兵衛立会御
検分、藤林孫九郎（兼定）出合申候事
未
十月十日
一壱町目番所御願、今日御公儀へ年寄又右衛門罷出候処
ニ、願之通被仰付相済申候、絵図・口上書之留有之候、
以上
未
十月十一日
一弐町目海老屋喜平次、継目御礼今日相済、式法之通、
三升樽・三種肴差上ケ申候、御寺ゟ鳥目三拾疋被下置
候、并少小路海老屋文左衛門所持仕候庵、此度念性と
申道心者ニゆつり（譲）遣し候ニ付、是も菓子持参御礼ニ罷出
候事
未
十月十一日
一四町目藤屋与兵衛悴利兵衛・同町橋屋重左衛門娘、先
月廿七日夜家出致候処ニ、昨十二日伏見ニ而見付留置
候而、今日御公儀へ御訴申上候、無別条相済申候事
未
十月十三日
一今昼九ツ過、清水辺ニ煙相見へ候由ニ而、火消北条左
京殿御出候得共、煙立候処茂無之候故、早速御帰り候、
藤林孫九郎も出合、舟越五兵衛と申仁ニ逢申候、遠方
御苦労之段申入候、即刻御奉行所へ当町之年寄右之趣
口上書致し御断申上候処ニ、念を入申来候、火之用心
随分念入候様ニ被仰付候、口上書之留有之候、以上
未
十月廿一日
一今廿三日四ツ時分、本堂舞台ゟ歳来十五六才男飛落居
申ニ付、御公儀へ御訴申上候、為御検使と（ママ）寺田利左衛
門殿・平尾四郎左衛門殿御出、雑色沢与右衛門立会、
御改之上、手形御取御帰り被成候、則当町年寄忠右衛
門御屋敷へ参候処ニ、今日ゟ廿五日迄三日さらし（晒）置、
重而様子申来候様ニと被仰付候由、年寄罷帰り相届申

候事

未十月廿三日

一当月廿三日舞台飛、今日迄さらし（晒）置候得共、尋参候者無之候故、其趣口上書致し、御公儀江御訴申上候処ニ、いつもの通取置候様ニ被仰付候、則南無地蔵へ取置申候事

未十月廿五日

一御公儀ゟ左官・鍛冶・屋祢（根）屋共京都触頭被仰付候旨町触廻、写有之候、以上

未十一月九日

一御公儀ゟ失物御尋之触状、霊山ゟ当山へ参、写置、清閑寺へ遣し、請取有之候、以上

未十一月十一日戌下刻

一御公儀ゟ失物之儀、寺触と同文言にて町触ニ壱通廻候事

未十一月十一日

一執行・目代・六坊中へ茂失物御触写致し、弐町目行事ニ申付候而申渡シ候、以上

未十一月十二日

一御公儀ゟ失物之御触状ニ奥書致し、町並寺方幷門前中判形取置申候事

未十一月十二日

一御公儀ゟ火之用心御触状、霊山ゟ当山へ参、写置、清閑寺へ遣、請取有之候、以上

未十一月十七日戌下刻

一執行・目代・六坊中へも火用心之儀写致し、弐町目行事ニ申付申渡し候、以上

未十一月十八日

一壱町目鎰屋善七家、三条白川橋古川町ニ居申候庄六と
申者ニ借入置申候由、則請負之手形共有之候、以上
未十一月十八日

一四町目山形屋妙意所持仕候家屋敷、大仏鞘屋町丸屋栄
源と申者ニ売申度旨、則願之口上書在之候、以上
未十一月廿四日

一四町目山形屋妙意家屋敷求申候丸屋栄源、今日御礼相
済申候、式法之通、三升樽・三種肴差上ケ申候、御寺
ゟ鳥目三拾疋被下置候、以上
未十二月朔日

一御公儀ゟ先月十一日失物之御触、品々壱色ニ而も買取、
又ハ預り置不申候旨一札致し、差上ケ候様ニ町触廻ル、
則写在之候、以上
未十二月朔日

一御公儀ゟ江戸江為御礼と（ママ）毎年罷下り候寺社・山伏、依
人ニ可令難儀候間、毎年罷下り候者ハ隔年ニ罷出、隔
年ニ罷出候ハ二三年ニ壱度ツヽ罷出候様ニ御触状、霊
山ゟ当山へ廻ル、則写置、清閑寺へ遣し、請取有之候、
以上
未十二月四日申刻

一執行・目代・六坊中へ茂為御礼江戸罷下り候寺社・山
伏、隔年ニ罷出候様ニ御触写致し、壱町目行事袋屋七
郎兵衛ニ申付申渡し候、以上
未十二月四日

一御公儀ゟ失物御吟味之御触状、先月十一日之御触と同
文言ニ、外ニ一札之案文相添、霊山ゟ当山へ廻ル、則
写置、清閑寺へ遣し、請取在之候、以上
未十二月十日戌刻

一執行・目代・六坊中へも失物色書幷一札之案文写致し、

壱町目之行事柏屋権兵へ申付申渡シ候、以上

未十二月十一日

一水野谷(水谷勝皇)信濃守殿御屋敷ゟ今日成就院寿清上人呼ニ参候ニ付、早々御越被成候処ニ、先例御祈禱仕候例在之候哉と御尋被成候、則前々相勤来候先例書差上ケ被申候ニ付、翌日十二日御所司松平紀伊守(信庸)殿ニ而被仰渡候、今度於江戸ニ大地震度々ニ候間、早速閑ニ成候様ニ御祈禱可仕旨被仰付候事、執行ニ茂一所ニ罷出承帰り候、尤此方跡(後)ニ付出申候事

未十二月十一日

一今度於江戸ニ霜月十八日大火事、同廿二日夜大地震、同廿九日大火事、地震ハ毎日度々ニ而止不申候ニ付、早速閑ニ罷成、天下太平之御祈禱被為仰付候、今十三日初夜ゟ始り申候、朝倉堂ニ而護摩朝昼晩三床(座)ツヽ、本堂ニ而千燈明七日ニ一万燈明幷千度会在之候、十九日之朝結願在之、即刻松平紀伊守殿江御断被成候、同廿二日ニ御巻数紀伊守殿迄差上ケ被申候、則江戸へ御下シ被成候由、執行・目代・六坊ゟ延命院、右一所ニ御札差上ケ申候、何茂此方跡(後)ニ付申候事、執行・目代・六坊中も本堂ニ而三度ツヽ法事致シ候事

未十二月十三日

一御祈禱之内、本堂西東ニ水桶置、番所ヲ建、番人門前ゟ出し候、尤年寄・組頭相詰申候、朝倉堂之前ニ上下着致し、弐人ツヽ番人置申候事

未十二月十三日

一御公儀ゟ火之用心之御触、霊山ゟ当山へ廻り、写置、清閑寺へ遣し、請取有之候、以上

未十二月十四日亥刻

一執行・目代・六坊中へも火用心之儀御触状写致し、壱町目行事ニ申付申渡し候、以上

未十二月十五日

一失物之一札弐通相認、成就院名判ニ而今日方内迄持せ
遣候、以上
　　未
　　十二月十五日

一御公儀ゟ所々投火在之候条、火之用心可念入旨御触状、
霊山ゟ当山江廻ル、写置、清閑寺へ遣し、請取在之候、
以上
　　未
　　十二月十九日戌刻

一執行・目代・六坊中へ茂火用心之儀写致し、壱町目行
事ニ（ママ）亀屋伊兵衛申付申渡し候、以上
　　未
　　十二月廿日

一例年大算用、藤林孫九郎（兼定）方ニ而今日相勤申候、尤金子
弐百疋御寺ゟ被下置候、油代也
　　未
　　十二月廿二日

一御祈禱用脚之書付弐通相認、広橋殿迄遣し候、則武家
之伝奏柳原殿・高野殿江被遣候事、扣（控）如斯ニ候、以上
　　未
　　十二月廿二日

此度之御祈禱
千手供養法　一百廿一ケ座
千手護摩供　廿一ケ度
千手大陀羅尼会　衆僧十二人
諸神供
一万燈明会　一七ケ日之間
右供物一七ケ日警固万事用脚合八木三拾石余ニ而御座
候、尤先例者別紙ニ書付指（差）上候、外ニ者米被下置候先
例之扣無御座候、以上
　　　　　　　　　　清水寺
元禄十六年未十二月廿二日　成就院

右之通相認、当（宛）名なしニ広橋殿迄遣し申候、先例之書
付扣御寺ニ有之候、以上
　　未
　　十二月廿二日

一御公儀ゟ来申之年たはこ（煙草）作り候儀、当未ノ年被仰出候
通、去午年迄作り候半分可作之旨御触、霊山ゟ当山江
参、写置、清閑寺へ遣し、則請取在之候、以上
未十二月廿四日亥刻

一執行・目代・六坊中へ茂たはこ（煙草）作り候御触写致し、壱
町目行事ニ申付申渡シ候、以上
未十二月廿五日

一御公儀ゟ来正月内侍所江参詣人之儀、元日昼八ツ時ゟ
七ツ時迄之内参詣致し候様ニ、其外可為無用之旨御触
状、霊山ゟ当山へ参ル、写置、清閑寺へ遣し、請取在
之候、以上
未十二月廿七日

一執行・目代・六坊中江茂来正月内侍所へ参詣之儀写致
し候而、壱町目行事ニ申付申渡シ候、以上
未十二月廿七日

当未年中留書如斯ニ候、以上
元禄拾六年
未十二月日　藤林孫九郎
兼定（花押）

「（後補裏表紙）文政五壬午九月
表紙付仕立直
清水寺
成就院」

宝永元年

「(後補表紙)宝永元甲申年
御日記
従正月至十二月」

「(原表紙)宝永元甲申年
諸事留覚帳
十二月」

一御公儀ゟ家作之儀幷歳暮年頭・衣類等之御触状、霊山ゟ当山江廻ル、写置、清閑寺へ遣し、請取在之候、以上

申正月八日亥ノ刻

一執行・目代・六坊中へも家作之儀・歳暮年頭・衣類之御触状写致、三町目行事ニ申付申渡し候、以上

申正月九日

一弐町目山形屋まん借屋、只今迄八坂ニ居申候七兵衛と申者ニ借シ入置申候旨、則請合手形有之候、以上

申正月廿六日

一四町目丹後屋久兵衛所持仕候家屋敷、同町桔梗屋仁左衛門悴庄左衛門と申者ニ売申度旨、則願之口上書在之候、以上

申ノ正月廿八日

一四町目丹後屋庄左衛門儀、今日年寄忠右衛門召連、御礼相済、式法之通、三升樽・三種之肴差上ケ申候、御寺ゟ鳥目三拾疋被下置候、以上

申二月三日

一御公儀ゟ火之用心之御触、霊山ゟ当山江廻ル、写置、清閑寺へ遣し候而、請取在之候、以上

申二月三日酉ノ刻

一執行・目代・六坊中へも火之用心之御触写致し、四町
目行事ニ申付申渡し候、以上
申ノ二月三日
一四町目年寄忠右衛門儀、近年病者ニ罷成候ニ付、役儀
段々断申候故、代り之儀、御地頭ゟ御指図被下候様ニ
町中願申候、則運(連)判之一札在之候、以上
申二月三日
一四町目年寄、山形屋治兵衛江今日申付候事
申二月七日
一四町目年寄代り山形屋治兵衛、忠右衛門今日召連、御
礼ニ罷出候事
申二月九日
一四町目万屋八右衛門抱之茶立女しまと申者、去ル十日
夜家出仕候ニ付、今日御公儀へ御断申上候処ニ、重而様
子在之候ハ、可申来旨被仰付候旨、年寄治兵衛相届候、
則口上書写有之候、以上
申二月十四日
一例年之通、門前中并小間物商人中運(連)判之手形取置申候、
以上
申二月十四日
一三町目ゑひす(戎)屋平兵衛家、三条縄手山田屋吉郎次家来
吉兵衛と申者借シ入置申候由、則請負一札有之候、以
上
申二月十七日
一三町目山口屋道三後家清心儀、五条橋通西洞院西へ入
町忠兵衛と申者ニ家屋敷質物ニ入、銀子八百拾六匁借
用致し候得共、不埒ニ候故、去ル十一月忠兵衛御公儀
へ御訴訟申上候処ニ、去暮・当五月・同九月三切ニ相
済候様ニ被仰付候、然処町中曖、金子八両ニ而埒明、

今日御公儀済状差上ケ申候、則済状写有之候、以上

申二月十八日

一三町目池田屋伊兵衛抱之茶立女きよと申十九才ニ罷成
候者、十六日朝家出仕候ニ付、請人其外芳方（方々）相尋候得
共、行ゑ知レ不申候付、今日御公儀江御断申上候旨、
年寄相届候、則口上書写有之候、以上

申二月廿二日

一御公儀ゟ祭礼・法事軽相勤可申旨御触状、霊山ゟ当山
江参り、則写置、清閑寺へ遣し、請取有之候、以上

申二月廿七日申ノ刻

一執行・目代・六坊中江茂祭礼・法事之御触写致し、四
町目行事ニ申付相触候事

申二月廿七日

一右寺触と同文言ニ而町触ニ壱通廻ル、以上

申二月廿七日

一壱町目万屋甚左衛門悴九兵衛と申者不届故、親子之間
不通之町勘当致し候ニ付、則町江一札手形取置申候由、
年寄又右衛門相届候、以上

申二月廿七日

一今六日昼八ツ時分ニ成就院家来長兵衛と申下男、寺之
東之山江たをれ（倒）木取出しニ参、切損シ、木共ニ谷へ落
合、木ニ打れ相果申ニ付、御公儀江成就院御断ニ罷出被
申候処ニ、御検使ニ茂不及、親・請人共呼、相渡し可
申旨被仰付候、長兵衛生国但馬ニ而有之候、則舅仁兵
衛と申者大津四之宮町ニ居申候、呼寄、右之様子見せ
申候、尤口請合之者門前壱町目ニ伏見屋甚兵衛、此者
共ニ一札致させ、死骸相渡し申候、尤御公儀へも仁兵
衛願之口上書差上ケ申候、右一札之写共有之候、本紙
ハ井上清左衛門方へ遣し置申候、御奉行水野谷（水谷勝阜）信濃守
殿ニ而相済申候、以上

申三月七日

一昨九日、水野谷（水谷勝阜）信濃守殿役人深谷平左衛門殿・渡辺甚五左衛門殿両人ゟ手紙ニ而、今十日四ツ時分信濃守殿屋敷江参候様ニ呼ニ参候故、今日被参候処ニ、信濃守殿被仰渡候趣、旧冬就地震ニ御祈禱被仰付候、為御祝儀御下行百石被下置候旨被仰渡候、則京近辺江之寺社方へ被下候目録面々写被申候様ニ有之、則写帰り被申候事

申三月十日

右御下行米被下置候所々目録之写如斯ニ御座候

覚

石清水　御下行米百石
下加茂　右同断
上賀茂　御下行米百五拾石
内貴布祢　五拾石
松尾　御下行米百石
平野　右同断
稲荷　御下行米百石
日吉　右同断
祇園　右同断
北野　右同断
延暦寺　右同断
園城寺　右同断
東寺　右同断
広隆寺　右同断
鞍馬　右同断
愛宕　右同断
清水寺　右同断

以上

一今廿六日御下行米請取手形之儀ニ付、水谷信濃守殿御屋敷江御呼出し、御蔵奉行衆へ之手形之下書御渡し被成候事、写、成就院方ニ有之候、以上

三月廿六日

一御下行米請取手形之儀、執行・目代・六坊中、成就院と運（連）判ニ而差上ケ可申旨申越候、成就院儀ハ寺中と運（連）判仕候例無御座候、其上成就院方ニハ万松院殿（足利義晴）ゟ信長公・秀吉公・御当家御代々御朱印頂戴仕候間、此段御聞召被分、如何様共配分被為仰付候様ニと御願被申上候得共、御祈禱之御祝儀ニ被下置候間、寺中和合致し候而、清水寺之年預一判ニ而請取可申旨被仰渡候故、寺中と運（連）判無之上ハ不苦候と了簡被致、其通ニ而相済被申候事、則御公儀江も此方一判ニ而請取申度旨申上候得共、年預之判形ニ而御渡し被下候様ニと御断被申上候事

申三月廿九日

一今晦日朝五ツ時分、奥千手之舞台ゟ年来廿才計男飛落居申候故、門前之者共欠（駆）付見申候へハ実正ニ而居申、所ハ西堀川下立売下ル町指物屋治右衛門弟子仁兵衛と申者ニ而有之由申ニ付、加籠（駕）ニて饋（送）り遣し、則門前之年寄共方へ請取手形取置申候、則当町弐町目年寄惣兵衛方ニ手形有之候事

申三月晦日

一六波羅筋四町目・弐町目之内、当寺持屋敷壱ケ所建物有之、東西南北間尺委細絵図ニ記、此度和州内山舜盛房名代建仁寺町中門前上ル町大和屋半兵衛と申者ニ五貫五百目ニ売渡し被申候、右絵図・証文共御寺ニ有之候、尤右之写此方ニも有之候事

申四月五日

一右之家屋敷此度改メ、弐町目江役儀附申ニ付、四町目・弐町目立会如何様之儀も埒明可申旨、両町運（連）判之一札取置申候事

申四月五日

一弐町目吉野屋五兵衛家、只今迄祇園町万屋仁右衛門家ニ居申候たはこ（煙草）屋吉左衛門と申者ニ借シ入置申候由、則請負手形有之候、以上

申四月五日

一御公儀ゟ年号宝永と改元之旨御触状、霊山ゟ当山へ参ル、則写置、清閑寺へ遣し、請取有之候、以上

申四月八日未ノ刻

一執行・目代・六坊中へも年号改元之儀、壱町目行事ニ申付申渡し候、以上

申四月八日

一今九日地主祭礼ニ付、御公儀ゟ与力目付棚橋八郎右衛門殿・西尾甚右衛門殿、同心目付寺田利左衛門・平尾四郎左衛門、町廻与力本多平蔵殿・塩津新助殿・四方田十之丞殿、其外同心十人計被参候、首尾相済申候事

申四月九日

一御公儀ゟ鶴姫君(徳川綱吉女)様去十二日御逝去ニ付鳴物幷普請御停止之御触、霊山ゟ当山へ参、写置ニ而、清閑寺へ遣し、請取有之候、以上

申四月十七日寅ノ刻

一執行・目代・六坊中へも鳴物・普請御停止之御触写致し、壱町目之行事ニ申付申渡し候、以上

申四月十八日

一鳴物御停止之儀、寺触と同文言ニ而町触ニ壱通廻ル、以上

申四月十七(ママ)日

一弐町目鱗形屋かつ家、同町雁金屋甚右衛門母栄心ニ借シ申ニ付相届候、則請負手形有之候、以上

申四月廿一日

一御公儀ゟ去ル十七日鳴物・普請御停止之御触有之候得共、普請ハ不苦候旨御触状、霊山ゟ当山へ参、写置、清閑寺へ遣し、請取有之候、以上

申四月廿一日亥刻
一執行・目代・六坊中へ普請不苦候旨御触写致し、壱町目行事ニ申付申渡し候、以上
申四月廿二日
一御公儀ゟ鳴物停止之儀申触候処、明廿四日ゟ御赦免之旨御触状、霊山ゟ当山へ参、写置、法国寺へ遣し、請取有之候、以上
申四月廿三日酉ノ刻
一執行・目代・六坊中へも鳴物御赦免之儀写致し、壱町目行事笹屋甚右衛門ニ申付申渡し候、以上
申四月廿三日
一御公儀ゟ火之用心御触、霊山ゟ当山へ参り、写置、清閑寺へ遣し、請取有之候、以上
申四月廿五日午ノ下刻

一執行・目代・六坊中へ茂火之用心之御触状写致し、壱町目行事井筒屋六兵衛ニ申付申渡し候、以上
申四月廿五日
一今六日朝六ツ半時分、本堂舞台より上長者町新町西へ入ル町米屋市兵衛手代弥兵衛と申者飛落居申ニ付、門前之者共出合様子見届候、達者ニ而居申、早速罷帰可申由申ニ付、則加(駕)籠ニ乗せ饋(送)り遣し候而、年寄共方へ請取手形取置申候、当町三町目平兵衛方ニ手形有之候事
申五月六日
一三町目三文字屋多(太)兵衛家、同町ニ居申近江屋伝兵衛ニ借シ入置申旨、年寄平兵衛相届候事
申ノ五月九日
一御祈禱御下行米之儀、成就院・執行・目代・六坊中其論在之ニ付、此節迄御おさ(押)へ置被遊候処ニ、近日御渡し可被下旨、何茂御呼出し今日被仰渡候事

申五月十三日

一弐町目大和屋半兵衛建家幷土蔵・物置等西北江引直シ申度儀、去ル四日ニ絵図記、御公儀江御願申上候処ニ、今十三日信濃守（水谷勝皐）殿御屋敷ニ而、棚橋八郎右衛門殿願之通御赦免被成之旨被仰渡在之候、則絵図・口上書扣（控）有之候、以上

申五月十三日

一三町目鼠屋十郎右衛門長屋ニ居申候梅鉢屋庄兵衛儀、同町近江屋伝兵衛家ヲ借シ入置申候旨、年寄平兵衛相届候事

申五月十八日

一三町目寿慶長屋へ六波羅片はら町ニ居申候武兵衛と申者ニ借シ入置申候旨相届候事

申五月十八日

一御下行米之手形裏判之儀、所司代松平紀伊守（信庸）殿御裏判、今日出申候由、六坊年預円養院ゟ申越候事、写有之候、以上

申五月十九日

一御祈禱御下行米二条之御蔵奉行衆ゟ今日渡り申候、則配分、駄賃・人足入用、年預ゟ書付越候事、写如斯ニ候、以上

申五月廿三日

一右御下行米六坊惣門之内外ニ拾弐石五斗ツ、八ツニ配分致し置、くじ（鬮）取ニ致シ相渡し申候事

申五月廿三日

一経書堂来迎院堯仙相果申ニ付後住之儀、此度宥円被仰付候故、則先住堯仙手形之文言と同前ニ有円ニ茂被仰付候、一札之証人五条通新町西へ入ル町足立四郎兵衛と申者加判仕手形、御寺ニ有之候、以上

申五月晦日

一三町目若松屋十兵衛、同町中(仲)光屋十郎兵衛家へ参り、町役等諸事相勤させ申度旨相断候事

申六月八日

一三町目中(仲)光屋十郎兵衛使立左兵衛と申者、同町若松屋十兵衛家ヲ借シ入置申度旨相断候事

申六月八日

一今度成就院寿清上人後住弟子和州郡山本多能登守(忠常)殿家来ニ河辺三郎左衛門殿子息八歳ニ御成候、則護持院大僧正之甥約束被致置候ニ付、今日町奉行水谷信濃守(勝皐)殿・安藤駿河守(次行)殿江後住弟子ニ仕、近日入寺得度致させ申度旨御断被申上候処ニ、勝手次第ニ可仕由被仰渡候事

申六月十一日

一今昼七ツ半時分、奥千手舞台ゟ東寺内若宮町柊屋山庵悴甚兵衛と申者飛落申候得共、正気ニ而居申、所茂相知れ申ニ付、早速人遣し、親山庵家主幷姉聟呼寄、一札致させ、飛人甚兵衛相渡し申候事

申六月十七日

一御公儀ゟ盗人徘徊仕、追剝等茂いたすの由、町中申合、早速出合とら(捕)へ候而、奉行所へ召連可参候旨御触状、霊山ゟ当山へ参ル、写置、清閑寺へ遣し、請取有之候、以上

申六月十七日丑ノ刻

一執行・目代・六坊中へ茂盗人徘徊之御触状写致し、四町目行事ニ申付申渡し候事

申六月十八日

一御公儀ゟ盗人徘徊いたす之由御触状、寺触と同文言ニ而町触壱通廻り候事

申
六月十七日（ママ）
一方内ゟ御目付山岡遠江（景軌）守殿・野々山源八郎（兼貞）殿、明廿日東山筋御巡見ニ御出被成候旨廻状、霊山ゟ当山へ参、則写置、鳥部野（辺）へ相渡シ申候事

申
六月十九日亥ノ刻
一執行・目代・六坊中へも右之趣写致、此方角兵衛ニ申付申渡し候、以上

申
六月廿日
一今廿日、山岡遠江守殿・野々山源八郎殿御巡見首尾能相済、上人様御病気代僧泰産寺出向、幷藤林孫九郎（兼定）例之通罷出、御案内申上候事

申
六月廿日
一御目付衆へ泰産寺即刻御礼、幷両町奉行所へ御巡見相済候旨御届ニ被参候事

申
六月廿日
一六月廿八日成就院寿清上人後住弟子御入寺ニ付、藤林孫九郎四条木屋町之御宿へ御迎ニ参候、幷門前年寄四人・被官出入之者六波羅札場迄御迎ニ罷出候、則寺ニ而御振舞被下候事、同晦日御得度相済、尤上人御剃刀ニ而有之候、同日御祝儀之振舞、智積院僧正、長谷小池坊僧正、中井源八郎殿、河辺三郎左衛門殿、御一家中取持衆、中井主水正（正知）殿名代佃市左衛門、順教房、和州薬師寺之円成院、松之坊、其外門前年寄・被官出入之分御振舞被下候事

申
六月晦日
一御公儀ゟ古銀之御触状霊山ゟ当山へ参、写置、清閑寺へ遣し、請取有之候、以上

申
七月二日申下刻
一執行・目代・六坊中へも古銀御触状写致し、弐町目行

事山形屋利右衛門・八文字屋多兵衛ニ申付申渡し候事

申七月二日

一今九日千日参ニ付、町奉行所ゟ与力目付西尾甚右衛門殿・棚橋八郎右衛門殿、同心目付弐人、町廻り与力山神藤右衛門殿・手嶋織右衛門殿・熊倉市太夫殿、同心十人計被参、暮相ニ首尾能帰り被申候、夜ニ入、松尾左兵衛・西村直右衛門被参候事

申七月九日

一御公儀ゟ茶立女之儀、茶屋壱軒ニ壱人宛木綿衣類を着せ可差置之旨、前々申付候処、比日猥ニ大勢抱置、絹類之衣装着用不届ニ候、前々通急度可相守旨町触廻ル、則写有之候、以上

申七月十一日

一町御奉行安藤(次行)駿河守殿・水谷(勝阜)信濃守殿江成就院弟子中(隆性)将殿上人御同道ニて、今十八日御礼相済、尤中将殿後見善良坊ニ茂罷出被申候、扇子三本入持参候、中将殿枚原十帖・末広一本両奉行所へ御持参、并組与力衆へ公事役弐人、目付役弐人、証文方弐人、両組ニ而拾弐人江鳥目五拾疋ツヽ、同両組之同心目付六人鳥目三拾疋ツヽ、遣之候、外之与力中へ礼計ニ而相済候事

申七月十八日

一下(ママ)坊中成就院家来幷門前中江中将殿ゟ御祝儀被遣候覚

一金弐百疋仲光院、同断泰産寺、同断藤林(兼定)孫九郎

一金百疋金蔵院、同断南蔵院、同断法成寺、同断来迎院

一銀弐両隠岐之助、同断宝徳寺

一鳥目百疋井上清兵衛

一鳥目五拾疋久保田権右衛門、同断桑原市兵衛、同断前田彦十郎、同断浜忠兵衛、同断大工甚兵衛、同断大工久作、同断海老屋文左衛門世悴伊兵衛

一金子百疋　海老屋文左衛門

一銀子三匁ツヽ、　長円、欣心、道林

一鳥目百疋　下男九人江

一鳥目拾五貫文　門前中江
一金百疋　壱町目年寄　又右衛門
一金百疋　弐町目年寄　惣兵衛
一金百疋　三町目年寄　平兵衛
一金百疋　四町目年寄　治兵衛
一金弐朱　壱町目組頭　六兵衛
一金弐朱　弐町目　同　半左衛門
一金弐朱　三町目　同　平右衛門
一金弐朱　四町目　同　八右衛門
一金弐朱　壱町目年寄先役　勘左衛門
一金弐朱　四町目年寄先役　忠右衛門
右、今度中将（隆性）殿御入寺之御祝儀ニ被下候趣、如斯ニ候、
以上

申七月十八日

金子四両弐歩
銭弐拾貫五百文
銀弐拾六匁弐分

一御所司松平紀伊守（信庸）殿へ中将殿御礼之儀、町御奉行所役人田中文右衛門・石嶋助太夫ゟ口上書ニ而来ル、八朔ニ罷出候様ニ申来候事

申七月廿四日

一御公儀ゟ年始・節朔・月次之出礼、只今迄面々夜をこめ出勤候故、夜深ニ出宅、第一火元等之ためニ茂不宜候間、向後所司代江ハ六ツ半ゟ五ツ時迄之内罷出、両奉行所江ハ六ツ時ゟ五ツ時前迄相勤候様に御触状、霊山ゟ当山へ参、写置、清閑寺遣し、請取有之候、以上

申七月廿八日未ノ刻

一執行・目代・六坊中へ茂年始・節朔・月次之出礼之儀写致、弐町目之行事ニ申付申渡し候事

申七月廿八日

一出礼之儀、寺触と同文言ニ而町触ニ壱通廻候事

申七月廿八日

一当寺御弟子中将（隆性）殿、御所司代松平紀伊守（信庸）殿江始而御礼
之儀、今朔日ニ寿清上人召運（連）御出御礼相済申候、尤持
参物ハ無之候事
申八月朔日

一中将殿入寺ニ付門前中始而御礼、今日相済、幷弐町目
松本屋三郎兵衛・四町目藤屋与兵衛・桑名屋茂兵衛・
桔梗屋市左衛門・小松屋大吉、右五人ヘ町入継目之御
礼、三升樽・三種之肴差上ケ、御礼相済、御寺ゟ鳥目
三拾疋ツ、被下置候事
申八月朔日

一御公儀ゟ他所ニ而板行暦、当地ニ而売買致間敷旨、先
年触知之候、弥先触之通急度相守、大経師・院経師板
行暦之外、一切売買仕間敷之旨御触状、霊山ゟ当山江
参、写置、清閑寺遣し、請取有之候、以上
申八月二日亥ノ刻

一執行・目代・六坊中ヘ茂暦之御触写致し、壱町目行事
甲亀（亀甲）屋長右衛門申付申渡し候、以上
申八月三日

一暦之儀、寺触と同文言ニ而町触ニ壱通廻り候事
申八月三日

一南都一乗院御門跡様江成就院後住弟子中将去ル比入寺
得度致させ申候間、重而御出京被遊候節ハ、御目見江（得）
致させ可申旨、泰産寺使僧ニ而被申上置候事、献上物
者丸山餅一箱差上ケ被申候事、坊官中幷湯浅三河守ヘ
染手拭弐ツ、被遣候事
申八月三日

一今昼四ツ過、清水寺領之内、執行・目代持地霊山之南
鐘撞田と申処にて、年来廿四五才之男脇指ニ而自害仕
候得共相果不申候ヲ、霊山之内居申畑作人次郎兵衛女
房くり見付為知候故、清水・霊山出合見届候処ニ、松（島

平（津綱貴）薩摩守殿家来村田平右衛門若党篠原市兵衛と申もの
之由ニ而書置有之候故、執行・目代・霊山之役者并門
前当町之年寄相添、御公儀江御訴申上候処ニ、御検使
岡村長兵衛殿・平尾四郎左衛門殿御出、雑色沢与右衛
門立会、死骸御改之上、執行・目代・霊山連判之一札
御取被成候事、衣類書・疵書手形之写有之候、外ニ薩
摩守殿屋敷之役人渋谷嘉右衛門ゟ茂一札御取候、此一
札之写ハ無之候、尤藤林孫九郎（兼定）并門前年寄共筆者召連、
用事も可有之候哉と罷出居申候、諸事雑用此方ゟ構不
申候、自害人番茂執行・目代ゟ出し申候、死骸之儀ハ
薩摩守殿屋敷ゟ文阿弥ヲ頼、霊山之墓所へ埋申候事

申八月六日

一弐町目井筒屋喜三郎家、同町ニ居申候大黒屋善兵衛ニ
借シ入置申候、則請負手形有之候、以上

申八月六日

一南都一乗院御門跡様此間御上京被遊候ニ付、上人御見
舞被申上候而、弟子中将（隆性）儀御目見（得）江致させ申度旨御窺（伺）
被申上候処ニ、当十五日ニ召連可参之由ニ候故、今十
五日御里坊江中将殿御同道ニ而御越被成、御目見へ相
済申候、杦原拾帖・末広壱本御持参被成候事

申八月十五日

一御公儀ゟ宗門御改之触状、当山執行ゟ此方へ参、写置、
清閑寺江遣し請取在之候、尤執行方へ者請取ニも及不
申候事

申八月十六日戌ノ刻

一三町目木爪（瓜）屋平右衛門家、四条西石垣壺屋取立之女ニ
借シ入置申候由相届候事、并同町ゑひす屋家同町江居
申候庄三郎と申者ニ借シ入置申候由、年寄平兵衛相届
候事

申八月十六日

一宗門御改之儀、寺触と同文言ニて町触ニ壱通廻ル也

申八月十六日

一御公儀ゟ当申年寒造酒分量之儀御触状、霊山ゟ当山へ参、写置、清閑寺へ遣し、請取有之候、以上

申八月晦日亥ノ下刻

一酒造米高之儀、寺触と同文言ニ而町触ニ壱通廻り候事

申八月晦日

一執行・目代・六坊中へ茂酒造米分量之儀写致シ、壱町目行事ニ申付申渡し候事

申九月朔日

一弐町目伊藤松庵跡辻昌賢継目之御礼扇子三本入持参ニ而相済申候、式法之祝儀ハ家守・町役等相勤申故、右之通ニ而御座候、町江茂樽代金子弐百疋出し候事、尤藤林孫九郎（兼定）方へ小杦原五束持参候事

申九月九日

一御公儀ゟ粉辰砂之儀、朱と紛敷候条、向後薬種屋ニ而辰砂商売仕間敷候、生之辰砂朱ニ不紛候間、自今以後朱座より買取小売商売可仕候、只今薬種屋ニ有之候粉ニ致し拵、辰砂之分ハ員数書付、朱座江可差出候旨町触廻ル、則写有之候事

申九月九日

一三町目鼠屋十郎右衛門長屋ニ居申候大坂屋吉兵衛弟徳兵衛と申者、同町寿慶長屋へ借シ入置申候由、年寄平兵衛相断候事

申九月十五日

一壱町目末広屋次郎兵衛・袋屋七郎兵衛屋祢（根）葺替之儀願申候、則書付共有之候、以上

申九月十六日

一御公儀ゟ大炊御門前左府（経光）薨去ニ付、今日ゟ来ル廿日迄三日之内、鳴物御停止之旨御触状、霊山ゟ当山へ廻ル、

写置、清閑寺へ遣し、請取有之候、以上
申九月十八日子ノ刻

一鳴物御停止之儀、寺触と同文言ニ而町触ニ壱通廻り候事
申九月十八日

一執行・目代・六坊中へ茂鳴物御停止之旨御触状写致し、三町目之行事山口屋作兵衛・鼠屋十郎右衛門申付申渡し候事
申九月十九日

一御公儀ゟ阿部豊後守(正武)殿去ル十七日死去ニ付、廿四日ゟ廿六日迄三日之内、鳴物御停止、普請ハ不苦候旨御触状、霊山ゟ当山へ参、写置、清閑寺へ遣候、請取有之候、以上
申九月廿三日子ノ下刻

一鳴物御停止之儀、寺触と同文言ニ而町触ニ壱通廻り候、以上
申九月廿三日

一執行・目代・六坊中へも鳴物御停止之旨写致し、三町目行事木爪(瓜)屋弥右衛門ニ申付相触候事
申九月廿四日

一御公儀ゟ火用心之御触状、霊山ゟ当山へ参ル、写置、清閑寺へ遣し、請取有之候、以上
申九月廿九日未ノ下刻

一執行・目代・六坊中へも火用心之儀写致シ、三町目行事ニ申付申渡シ候事
申九月廿九日

一火之用心之儀、寺触と同文言にて町触ニ壱通廻り候事
申九月廿九日

一例年宗門御改帳弐冊相認、今日前田彦十郎ニ持せ松尾左兵衛方へ遣し候事、尤下坊中判形此方へ取置候事

申 十月二日

一宗門御改之帳、門前中ゟも今日方内松尾左兵衛江持参いたし候旨相届候事、尤此方へも取置申候、以上

申 十月三日

一弐町目大黒屋善兵衛家、宮川町六町目ニ居申候清兵衛と申者ニ借シ入置申度旨相届候事

申 十月三日

一中山海道筋ゟ三町計東之山ニ而、年来四拾才計男檜ニ而首縊相果居申候、昨十一日暮六ツ時分ニ山廻り市兵衛見付知らせ申ニ付、昨夜御公儀江御訴申上候得ハ、今朝為御検使岡村長兵衛殿・稲山治左衛門殿御出、雑色松尾左兵衛立会、死骸御改之上、所之者共御呼出し御吟味被成候而手形御取候、則当町年寄治兵衛・五人組・山廻り市兵衛御屋敷（へ）参候処ニ、今日ゟ来ル十四日迄三日之間さらし（晒）置、様子有之候ハ、重而可申来旨被仰付　候事

申 十月十二日

一三町目大黒屋庄六儀、同町鼠屋十郎右衛門長屋借シ入置申候由、年寄平兵衛相断候事

申 十月十三日

一中山ニ而首縊相果候者今日迄さらし（晒）置候得共、尋申者無之候ニ付、其趣御公儀江御訴申上候処ニ、例之通、死骸取置候様ニ被仰付候故、無縁塚へ埋申候事

申 十月十四日

一御公儀ゟ酒商売之儀、町々ニ而請酒之株無之もの共猥ニ酒下直ニ売出、株持酒屋共令難儀候間、町々遂吟味、株無之輩酒商売仕候者曲事可申付旨町触廻ル、写有之候、以上

申十月十五日

一壱町目亀甲屋清左衛門世悴清兵衛儀、京都ニ罷有絹商売仕候諸方ニ引負致し候故、商人中間(仲)ゟ御公儀へ御訴訟申上候ニ付、当地之家屋敷も利符(付)ニ出し相済申候、清左衛門後家いぬ儀ハ銀弐枚幷家財遣し、何方へニ而も相応ニ有付筈ニ埒明申候事

申十月廿三日

一御公儀ゟ唐箔商売之儀御停止之旨町触廻ル、写有之候、以上

申十月廿三日

一壱町目柊屋清右衛門後家慶法、同町万屋彦作二男半兵衛と申者養子ニ仕度旨願申候、則口上書有之候、勝手次第ニ可致由、年寄又右衛門ニ申付遣し候、以上

申十一月四日

一三町目寿慶長屋江壱町目隠岐之助家ニ居申候平右衛門と申者借シ入置申候由、年寄平兵衛相届申候事

申十一月十五日

一三町目ゑひす屋家、同町かま屋半兵衛ニ借シ入置申候由、年寄平兵衛相届候事

申十一月十六日

一今十八日六波羅野南無地蔵ゟ南之畑ニ年比七拾歳計非人女相果居申候ニ付、非田(悲)院年寄源右衛門ニ見せ申候へハ、非人ニ紛無御座旨申ニ付、其趣口上書致し、弐町目年寄惣兵衛御公儀江御訴申上候処ニ、死骸取置候様ニ被仰付候、則南無地蔵へ埋申候事

申十一月十八日

一弐町目大和屋半兵衛儀、六波羅筋之屋敷ニ今度新家長屋建申度旨御願申上候ニ付、松尾左兵衛方ゟ先年成就院ゟ御願申上候訳承度由、藤林孫九郎(兼定)方へ尋申候故、

去ル卯ノ正月廿一日ニ御願被申上候様子覚書致し遣し
候、則留如斯ニ候事
　申十一月十九日

覚

清水寺門前弐町目六波羅筋大和屋半兵衛屋敷ニ今度新
家御願申上候ニ付、先年成就院御願申上候儀御尋被成
候、去ル卯正月廿一日御願地四ケ所ニ而御座候
一成就院門内弁才天宮壱ケ所
一門前三町目鼠屋十郎右衛門屋敷壱ケ所
一同弐町目六波羅筋屋敷壱ケ所
一松原通宮川町行当屋敷壱ケ所
右、卯正月廿九日、神沢与兵衛殿・木村与三兵衛殿御
検分ニ御出、同二月六日ニ駿河守様(安藤次行)御屋敷ニ而右之内
三ケ所願之通御赦免被遊候、弐町目六波羅筋屋敷之儀、
表側東西三拾七間五尺五寸、西ノ方南北弐拾三間壱尺
之所、表ゟ西へ押廻シ長屋造ニ三拾軒御願申上候得共、
此度ハ延引可仕候、重而可被為仰付旨ニ御座候、其後
此方ゟハ続而御願ハ不申上候御事
　申十一月十九日　藤林孫九郎(兼定)印
　　松尾左兵衛殿
右之通ニ相認、今十九日持せ遣候事

一弐町目大和屋半兵衛屋敷六波羅筋門ゟ東拾五間之所并
四町目之方門内、右両所ニ長屋建新家願申候、則絵
図・口上書今日松尾左兵衛方迄遣し候由、此方ニ茂絵
図・口上書差越候事
　申十一月廿一日

一四町目松尾弥七郎所持仕候家屋敷、此度同町米屋平左
衛門家ニ居申候七郎兵衛と申者ニ売申度旨相届候、則
願之口上書有之候、以上
　申十一月廿三日

一三町目丹波屋家、祇園八軒町藤兵衛親類源太郎と申者
ニ借シ入置申度旨、年寄平兵衛相届候、以上
　申十一月廿三日

一弐町目大和屋半兵衛儀、（安藤次行）駿河守殿御屋敷江今日御呼出し、新家願之儀、四町目之方門内并六波羅筋門之内番所、願之通、御赦免被遊候事、六波羅筋門ゟ東拾五間之所、長屋建年内ハ延引可仕候、来春御願申上候様ニ被為仰付候旨、半兵衛被帰相届候事

　　申
　　十一月廿七日

一三町目小笹屋四郎兵衛家、四条西石かけ（垣）ニ居申候松坂屋又左衛門と申者ニ借シ入置申候旨、年寄平兵衛相届候事

　　申
　　十一月晦日

一四町目米屋平左衛門家ニ居申候七郎兵衛と申者抱之女こりんと申者、去ル未六月ゟ来酉ノ六月迄弐年切茶立女ニ抱候処ニ、兄宇兵衛と申者、此度隙取可申と色々横道を申掛、其上ニ御公儀江御訴訟申上候故、今日七郎兵衛并請人桔梗屋市左衛門御呼出し御僉（詮）議之上、兄宇兵衛申分立不申、主人七郎兵衛究之通ニ召使候様ニ被仰付候事、駿河守殿御屋敷ニ而相済申候、以上

　　申
　　十一月晦日

一御公儀ゟ辰砂不残朱座江買取候儀、先達而相触候、其外ニ有之辰砂不残朱座へ買取筈候条、面々買取候元直段を以朱座江売渡し可申旨町触廻ル、写有之候、以上

　　申
　　十二月朔日

一御公儀ゟ当月五日、（徳川家宣）甲府中納言様可為御養君之旨被仰出、西丸江中納言様被為入候間、此旨を可存之旨御触状、霊山ゟ当山へ参、写置、清閑寺へ遣候、請取有之候、以上

　　申
　　十二月十一日亥ノ下刻

一執行・目代・六坊中へ茂甲府中納言様可為御養君之旨御触状写致し、即刻ニ壱町目行事枚本屋助左衛門・亀甲屋長右衛門両人ニ持せ遣し申渡し候事

　　申
　　十二月十一日子ノ刻

一御公儀ゟ甲府中納言様（徳川家宣）可為御養君之旨、寺触と同文言ニて町触ニ壱通廻り候事

申十二月十一日

一甲府中納言様御養君之御祝儀ニ、御所司代松平紀伊守（信庸）殿幷ニ両町奉行衆へ中将様（隆性）ニ仲光院相添、今日罷出被申候事

申十二月十二日

一甲府中納言様御養君之御祝儀ニ、近衛様江泰産寺使僧ニ被参候事、其後ニ中将様へ善良房相添御祝儀ニ御越候、箱入蜜柑御持参候事

申十二月十二日

一例年之通、年寄共大算用相勤申候、夕飯ハ孫九郎（藤林兼定）新宅之祝儀ニ乍次而振舞申候事、幷当月之自身番之儀、十七日ゟ相勤候様ニ申付候事

申十二月十四日

一御公儀ゟ火之用心之儀、幷向後手負候もの之儀、外科・本道共ニ様子承届候上、先療治致し置、其趣奉行所へ可相断之旨御触状、霊山ゟ当山へ参、写置、清閑寺へ遣し候、請取有之候、以上

申十二月十六日酉ノ刻

一執行・目代・六坊中江茂火之用心幷手負之療治御触写致シ、壱町目行事大黒屋長左衛門・十文字屋権兵衛申付相触候事

申十二月十六日

一火之用心幷手負之儀、寺触と同文言ニ而町触ニ壱通廻り候事

申十二月十六日

一御公儀ゟ来酉年たはこ（煙草）作り候儀、当申年之通、去年手作り候高之半分作之、残る半分之所ニハ土地相応之穀類可作之旨御触状、霊山ゟ当山へ参、写置、清閑寺へ

遺候、請取有之候、以上
申十二月十七日酉ノ下刻

一執行・目代・六坊中へもたはこ（煙草）之御触状写致し、壱町目行事十文字屋権兵衛申付相触候、以上
申十二月十七日

一たはこ（煙草）御触、寺社方と同文言ニ而町触ニ壱通廻り候事
申十二月十七日

一甲府中納言（徳川家宣）様為御養君西丸江被為入候ニ付、御祝儀ニ江戸へ罷下り申度旨、信濃守（水谷勝阜）殿・駿河守（安藤次行）殿江今廿日ニ中将（隆性）殿ニ善良房相添候而御願ニ差出し被申候、口上之趣ハ、此節者拙僧病気ニ罷有候、此通ニ不快ニ御座候ハ、弟子中将差下シ申度旨御願被申上候処ニ、外ニ茂並有之候間、寺社奉行中江窺（伺）、来正月有無之儀、此方ゟ可被仰渡之旨ニ御座候御事
申十二月廿日

右当申ノ年中用事留覚
宝永元年
申十二月
藤林孫九郎
兼定（花押）

「（後補裏表紙）文政五壬午九月
表紙付仕立直
清水寺
成就院」

宝永二年

（後補表紙）「宝永二乙酉年
御日記
従正月至十二月　」

（原表紙）「乙宝永二年
諸事留覚帳
酉十二月日　」

一弐町目近江屋六兵衛初而御礼ニ罷出相済、式法之通、
三升樽・三種肴指（差）上ケ申候、御寺ゟ鳥目三拾疋為御祝
儀被下置候、以上
酉正月七日

一壱町目柊屋半兵衛初而御礼相済、式法之通、三升樽・
三種肴指（差）上ケ申候、御寺ゟ為御祝儀鳥目三拾疋被下置
候、以上
酉正月十日

一方内ゟ明十九日天気次第、御目付衆東山筋御巡見被成
候条、例之通、御出向御案内可申旨廻状、霊山ゟ当山
へ参、写置、鳥部（辺）野大谷輪番所へ遣し、請取有之候、
以上
酉正月十八日戌下刻

一執行・目代・六坊中へも御目付衆明十九日御巡見被成
候廻状写致シ、三町目行事近江屋伝兵衛申付、即刻申
渡し候事
酉正月十八日

一御目付衆今日者雨天故、御巡見無之候事
酉正月十九日

一御目付馬場宮内殿・渥美九郎兵衛殿今日御巡見首尾能
相済、当寺ゟ中将（隆性）殿ニ善良坊相添罷出被申候、例之通
藤林孫九郎（兼定）御案（内）ニ罷出候事
酉正月廿一日

一御目付衆、町御奉行所江即刻善良坊被参候事
酉正月廿一日
一方内ゟ御目付御巡見今日御出被成候旨廻状、霊山ゟ当山へ参、写置、鳥部(辺)野へ遣し候事
酉正月廿一日
一執行・目代・六坊中へも今日御目付御巡見之儀、角兵衛ニ口上ニ而申遣候事
酉正月廿一日
一御公儀ゟ頃日風烈候条、火本(元)念入候様ニ町触廻ル、写有之候、以上
酉正月廿三日戌刻
一去ル朔日、御公儀之証文役小野寺十兵衛殿・石嶋助太夫殿ゟ手紙ニ而申談候儀御座候間、明二日四ツ半過、駿河守(安藤次行)殿屋敷江役者壱人差越候様ニ申来候付、仲光院遣し被申候処ニ、公方様(徳川綱吉)御祝儀事ニ江戸江罷下り候先例、書付差出し候様ニ被申渡候ニ付、罷帰り何茂御改、厳有院(徳川家綱)様御誕生幷西丸御移り・日光御社参之御祝儀ニ罷下り候儀、使僧差上ケ候儀、縄(綱)吉公様御代替り之訳委細覚書ニ致し、今二日仲光院持参致し、右証文役人へ相渡シ罷帰り候事、尤右之留書御寺ニ有之候、以上
酉二月二日
一経書堂来迎院、堂之西三年坂方へ口明ケ申度旨願申候故、口上書・絵図ニ判形入申ニ付、今日松尾左兵衛方へ藤林孫九郎(兼定)・願主来迎院・年寄物兵衛・組頭半左衛門・西隣喜平次・東隣半兵衛、右何茂参候而判形致し候事
酉二月二日
一経書堂西ノ方へ口明ケ申度願、去ル四日ニ松尾左兵衛方ゟ差上ケ申ニ付、神沢与兵衛殿・熊倉市太夫殿御検分ニ御出被成候、尤松尾左兵衛も立会被申候、則九日

ニ駿河守(安藤次行)殿御屋敷江来迎院罷出候様ニ被申置候事

酉二月七日

一経書堂之西三年坂方へ口明ケ申度旨御願申上候処ニ、今日願之通御赦免被遊候旨、駿河守殿屋敷にて神沢与兵衛殿・熊倉市太夫殿被申渡相済候、絵図・口上書之留、此方ニ有之候事

酉二月九日

一弐町目藤屋涌心所持仕候家屋敷、娘よしニ譲り、外へ参度旨断申候、則年寄・組中願之口上書取置申候事

酉二月十二日

一六波羅筋新家建申度旨願申候、御公儀向相叶候上ハ、別条有間敷旨申付候、則願人下長者町通浄福寺西江入ル町太兵衛と申者ゟ請負之手形取置申候事

酉二月十四日

一六波羅筋北側建仁寺領茶之木畑ニ而、松原通宮川筋五町目北西角餅屋喜兵衛下男九兵衛と申者、自害致し候得共、未死不申候、則建仁寺ゟ御公儀江御訴申上候処ニ、為御検使平尾四郎左衛門殿・服部牧右衛門殿御出、雑色西村直右衛門立会御改被成、建仁寺へ御越候也、藤林孫九郎(兼定)幷ニ年寄共領際ニ候故、出会申候事

酉二月廿二日

一御公儀証文役石嶋助太夫殿・小野寺十兵衛殿ゟ手紙ニ而申来候趣、申談儀有之候間、明四日四ツ過、駿河守屋敷へ御出可被成候、以上、如斯申来候事

酉三月三日

一中将殿(隆性)後見善良房、今日安藤駿河守殿屋敷江被参候処ニ、右之役人中被申渡候趣、甲府中納言(徳川家宣)様御養君之御祝儀、江戸罷下り度願之儀、江戸へ相窺(伺)候処ニ、此度之儀ハ無用ニ可仕旨被為仰出候間、左様ニ相意得候様ニと被申渡候事

酉三月四日

一弐町目近江屋妙順家、四条石垣町熊野屋六兵衛家ニ居申候嘉兵衛と申者ニ借シ入置申候由、則請合手形有之候、以上

酉三月八日

一弐町目近江屋妙順家屋祢(根)葺替仕度旨相届候、則願之書付有之候、以上

酉三月八日

一三町目かま屋七兵衛家、弐町目丹後屋清兵衛女房弟権四郎と申者ニ借シ入置申候由、年寄平兵衛相届候、以上

酉三月廿三日

一今度酒井雅楽頭(忠挙)殿・松平隠岐守(定直)殿上京逗留中、寺社方之見舞并使僧被差出候儀、可為無用之旨御触状、霊山ゟ当山へ廻ル、則写置、清閑寺へ遣し、請取有之候、以上

酉三月廿九日寅下刻

一執行・目代・六坊中へも、酒井雅楽頭殿・松平隠岐守殿上京逗留中見舞并使僧被差出候儀、可為無用之御触状写致し、壱町目行事茶碗屋与平次申付申渡し候、以上

酉四月朔日

一今度為上使酒井雅楽頭殿・松平隠岐守殿御上京候、御逗留中火之用心之儀、并町々御通之節、見世先へ出居、又者道通違之町人不作法成躰無之様ニ、惣而所司代町々御通之節、草臥成躰仕候族有之様ニ相聞候、向後不礼無之様ニ可仕旨町触廻ル、写有之候、以上

酉四月朔日

一明二日天気次第、御目付衆御巡見之儀、方内ゟ廻状、

霊山ゟ当山へ参り、写置、若宮八幡佐々左近方へ遣し、
請取有之候、以上
酉四月朔日戌刻

一執行・目代・六坊中へも明二日御目付衆御巡見之儀写
致し、壱町目行事茶碗屋与平次申付申渡し候事
酉四月朔日

一御目附戸川蔵之助殿・村瀬伊左衛門殿今日御巡見、例
之通御出向首尾能相済申候事、即刻御奉行所幷御目付
衆へ善良坊被参候事
酉四月二日

一今二日昼九ツ時分、越前国丹生郡之宿浦村寺屋五郎兵
衛と申者当山江参詣致し、与風乱気仕、門前弐町目松
賢長屋近江屋吉右衛門忰忠四郎幷用人孫兵衛・往来之
者下野国日光山今市町孫四郎、右三人之者共ニ手疵負
候ニ付、町中出合脇指ヲ打落、彼者留置、御公儀江弐
町目年寄惣兵衛幷当町壱町目年寄又右衛門口上書致
し、御訴申上候処ニ、為御検使永(長)屋助右衛門殿・寺田
利左衛門殿御出、雑色西村直右衛門立会、手疵御改之
上、五郎兵衛宿四条御旅町袋屋六兵衛裏床(座)敷借り居申
候若狭国敦賀金が辻子町青木八右衛門と申者、五郎兵
衛近付故、昨夜此所ニ一宿致シ候ニ付、此者共孫四郎
兄喜四郎幷ニ従弟彦次郎・作右衛門・善八其外つれ(連)、
以上拾弐人、各々御呼出し御吟味之上ニて、願之一札
共差上ケ申候、所ゟ茂一札何茂御取候而、乱気者五郎
兵衛手鎰ヲ打、加籠(駕)ニ乗せ、直ニ御屋敷へ参り候得共、
夜更候間、本人五郎兵衛御旅町宿へ御預ケ被成、明日
四ツ時分召連、何茂罷出候様ニ被仰付候事
酉四月二日

一今朝何茂御屋敷江罷出候処ニ、五郎兵衛乱気致し手疵
負候儀、無是非儀ニ候、手疵養生仕、其内相替様子有
之候ハヽ、可申来、本人五郎兵衛籠舎被為仰付候間、五
郎兵衛兄罷登り候ハヽ、其段申来候様ニ、八右衛門方へ

被仰渡候事
酉四月三日

一四町目八文字屋忠兵衛身代不如意ニ付、本宅之隣ニ小屋有之候間、是へ引込、居宅借シ申度旨相断候、勝手次第ニ仕候様ニと年寄治兵衛申渡し候事
酉四月

一今九日地主御神事ニ付、御公儀ゟ与力目付石崎喜右衛門殿・飯室助左(右)衛門殿、下目付岡村長兵衛、町廻り石黒小藤太殿・木村与三兵衛殿・本多平蔵殿、同心目付寺田利左衛門、其外同心十人計被参候、首尾能被帰、神事茂相済申候事
酉四月九日

一弐町目越後屋十右衛門所持之家屋敷、破損ニ及候得共、身代不如意ニ付、裏之床(座)敷取崩た(畳)ゝミ申度之旨、年寄惣兵衛相断候、則絵図・口上書有之候事

酉四月十四日

一酒井雅楽頭(忠挙)殿明後十七日東山筋御巡見之儀、方内ゟ廻状、霊山ゟ当山へ参、写置、大谷輪番所へ遣、請取有之候
酉四月十五日戌刻

一執行・目代・六坊中へ茂雅楽頭殿御巡見之儀写致し、壱町目行事柊屋半兵衛ニ申付、即刻ニ申渡し候事
酉四月十五日

一酒井雅楽頭殿明後十七日天気次第東山筋御巡見被成候間、掃除等念入無作法無之様ニ急度相慎可申旨町触廻ル、写有之候、以上
酉四月十五日

一当月二日越前宿浦村五郎兵衛と申者乱心致し、弐町目吉右衛門悴忠四郎・番人孫兵衛ニ手疵負候ニ付、五郎

兵衛親類共罷登、右手負人江町中ヲ頼、各々詫言致し候故、年寄物兵衛・又右衛門口上書致し、今日御公儀江手疵平癒仕候旨御断申上候処ニ、御聞届被遊候由ニ而罷帰り候、口上書留有之候、以上

酉
四月十六日

一今十七日酒井雅楽頭（忠挙）殿御巡見、御案内安藤駿河守（次行）殿御出、当山ゟ中将（隆性）殿ニ善良坊相添御出向候、田村堂・本堂・奥千手御覧、瀧・地主社江ハ御出不被成候、執行江御立寄、早速御立被遊候、藤林孫九郎（兼定）遊行之下領境迄御案内致し候、近習衆清水ゟ御案内之者と披露被致候事、伽藍廻掃除等念入、門前中ニ立砂致させ申候事、
右ハ公方様（徳川綱吉）右大臣成上使也

酉
四月十七日

一四町目山形屋治兵衛借屋丸屋四郎兵衛と申者乱心致し、居宅ニ而今十九日四ツ時分、小刀ニ而自害仕候得共、未相果不申候付、御公儀江御訴申上候処、為御検使中村新蔵殿・草川源蔵殿御出、雑色沢与右衛門立会、手疵御改之上、四郎兵衛家内御呼出し、吟味ニ而一札御取御帰り之節、親兄弟共御屋敷へ参候処ニ、願之通手疵養生致し候ニ被仰付候、一札之留有之候、以上

酉
四月十九日

一御池通順妙寺東へ入町金屋宗意下人七助、廿三才ニ成候者、今廿日昼四ツ時分、本堂舞台ゟ飛落居申候、参詣人見付、所へ知らせ申候故、早速出合様子見届、主人并町人呼寄、手形致させ相渡し申候、以上

酉
四月廿日

一松平隠岐守（定直）殿、今日御参詣被成候、成就院方へ御立寄、御振舞有之候、首尾能相済、鳥部（辺）野道ゟ御出、御帰ニ門前・三年坂御下り、霊山道ゟ六波羅道へ御通被成候、藤林孫九郎も札場迄御案内致し候、右ハ今度若君様（徳川家宣）大納言成之御上使也

酉
四月廿日

一四町目吉田屋清右衛門女房弟小次郎と申者、奉公ニ遣し候ニ付、兄弟共御公儀江御訴訟申上候付、御呼出し被遊候故、口上書致し、今日罷出候得共、重而可被仰付由ニて罷帰り申候由、年寄治兵衛ゟ相届候、以上

酉四月廿七日

一御公儀ゟ福宮様（尊勝法院）薨去ニ付、今日ゟ三日之内鳴物御停止之旨御触状、霊山ゟ当山へ参、写置、清閑寺へ遣し、請取有之候、以上

酉四月廿七日寅刻

一執行・目代・六坊中江茂福宮様薨去之儀写致し、壱町目行事ニ十文字屋権兵衛申付申渡し候事

酉四月廿八日

一四町目八文字屋忠兵衛居宅、建仁寺門前轆轤町茶碗屋五郎兵衛家ニ居申候武兵衛と申者ニ借シ入置申付、則請負手形有之候、以上

酉壬（閏）四月朔日

一今昼四ツ時分、宮川筋六町目雁金や平兵衛妹しなと申女、十八才ニ成候者、本堂舞台ゟ飛落居申候、参詣人見付知らせ申ニ付、出合様子見届、正気ニ而居申、所を申ニ付、兄平兵衛幷町人呼寄、手形致させ相渡シ申候事

酉壬（閏）四月五日

一越前宿浦村五郎兵衛と申者、先月二日参詣致し、乱気仕、門前之者共ニ手疵負候故、籠舎被仰付候ニ付、親類共罷登、御公儀江御訴訟申上候故、同月廿一日ニ出籠被為仰付候由、承及候事

酉壬（閏）四月五日

一四町目升屋忠右衛門・丹後屋庄左衛門、屋祢（根）葺替之儀願申候、則書付有之候、以上

酉壬（閏）四月五日

一御公儀ゟ高瀬川筋東木屋町松原上ル町・東寺内唐物町・三条大橋東へ弐町目、右家屋敷・諸道具御闕所御払ニ成候間、望之者当月廿一日廿二日両日之内、油小路中立売下ル御代官古川武兵衛宅へ参、様子承、入札可仕之旨町触廻ル、則写有之候、以上

酉閏四月十五日

一今昼八ツ過、本堂舞台ゟ奥州信夫郡福嶋宇和町嶋田長右衛門と申者飛落居申候、参詣人知らせ申ニ付、欠(駆)付様子見届候へハ未相果不申候、宿所相尋候得共宿も無之、京都ニ近付無御座候由申ニ付、御公儀へ御訴申上候処ニ、為御検使永(長)屋助右衛門殿・岡村長兵衛殿御出、雑色沢与右衛門立会、御吟味之上、飛人長右衛門口上書并所之者ゟ一札御取候而御帰り被成候、翌日十九日早天ニ、当町年寄平兵衛御屋敷江参候処、腰之痛養生致させ、何方へも可参と申候ハヽ、其節召連罷出候様ニ被仰付候故、飛人長右衛門儀、用人孫兵衛裏小屋ニ入置、養生致させ候事

酉壬(閏)四月十八日

一今度在々町々ゟ先月廿一日ゟ当月廿一日迄、伊勢参宮仕候もの、男女共ニ不残書付、方内迄差越候様ニ町触廻ル、写有之候、以上

酉閏四月十九日

一先月廿一日ゟ当月廿一日迄、伊勢参宮町々人数相改、帳面ニ認候而、今日年寄共、方内迄持参仕候、則此方へ茂認差越候、門前中男女合百四拾六人有之候事

酉閏四月廿四日

四月廿一日ゟ閏四月廿一日迄

洛中ゟ伊勢参宮人覚

当歳ゟ五歳迄

男女合千百拾五人

内

男六百拾六人

女四百九拾九人

六歳ゟ拾六歳迄
　男女合壱万八千五百三拾六人
　　内
　　男壱万千九百九拾七人
　　女六千五百三拾九人
拾七歳以上
　男女合三万千九百拾弐人
　　内
　　男壱万七千七百三拾弐人
　　女壱万四千百八拾人
惣合五万千五百六拾三人
　　内
　　男三万三百四拾五人
　　女弐万千弐百拾八人
右、洛中之分如斯、其外洛外幷在々、大坂・堺・五畿内ゟ参宮人数不知候、町々ゟ印ニ出しのぼりを立、三条・五条昼夜共ニ往来有之候、三条通ニ而ぬけ参之子共ニ金銀銭ヲとらせ、其外すけ（菅）笠・手拭・鼻紙・わらんぢ（草鞋）等とらせ候、誠ニ前代未聞之事故、書付置也
　　酉閏四月

四月初ゟ五月六月迄ニ田舎ゟ之参宮人有之候事

一当月十八日、奥州信夫郡宇和町長右衛門と申者、本堂舞台ゟ飛落、腰痛養生致させ候処ニ勧進（ママ）致し、そろ〳〵国元へ罷帰り度旨申ニ付、当町年寄平兵衛今日御公儀江長右衛門召連御訴申上候処ニ、何方へ成共追殺（放）候様ニと被仰付候故、御屋敷ゟ直ニ追殺（放）申候事
　　酉閏四月廿七日

一三町目寿慶長屋へ只今迄弐町目大黒屋善兵衛家ニ居申候清兵衛と申者ニ借シ入置申候由、年寄平兵衛相届候事
　　酉五月五日

一今六日、六波羅筋溝端ニ壱歳計之女之捨子有之候ニ付、当町四町目へ取入置、大仏桜町ニ居申藤兵衛と申者、養申度と申ニ付手形致させ、鳥目四貫文門前中ゟ附遣し申候事

酉五月六日
一御公儀ゟ金銀箔上澄粉・梨地金具等諸色之下かね、只今迄所々ニ而致商売猥りに候間、向後箔座方ゟ売出し候筈ニ相極候、右之品々入用之節ハ、箔座方ゟ買取可申旨町触廻ル、写有之候、以上
酉五月十日
一御公儀ゟ金銀箔上澄粉・梨地金具等諸色之下かね等之事、町触同文言ニ而寺触ニ壱通廻ル、霊山ゟ当山へ参り、写置、清閑寺へ遣し候而、請取有之候、以上
酉五月十五日子ノ下刻
一執行・目代・六坊中へも金銀箔之御触写致し、四町目行事ニ申付申渡し候、以上
酉五月十六日
一御公儀ゟ紀伊中納言殿(徳川綱教)去ル十四日御逝去之申(由)来候間、来ル廿二日迄鳴物御停止之旨御触状、霊山ゟ当山へ参、写置、清閑寺へ遣し、請取有之候、以上
酉五月十六日寅下刻
一執行・目代・六坊中へも紀伊中納言殿御逝去之御触写致し、四町目之行事ニ申付申渡し候事
酉五月十七日早朝ニ
一弐町目丹後屋七兵衛儀、相町五条上ル町三郎右衛門と申者ニ銀子四百目借用致候得共、不埒故、銀主三郎右衛門御公儀江御訴訟申上、御裏判附申ニ付、弐百目ニて噯、今日済状差上ケ相済候、以上
酉五月廿五日
一弐町目少之小路ニ居申候宗古と申者、六波羅海道筋水茶屋持来候、此度同側西ノ方茶之木畑之前、其儘引申度旨願申候、則絵図・手形有之候、以上
酉六月二日

一弐町目八文字屋多兵衛甥千之助、所持仕候家屋敷売申度旨、年寄惣兵衛相断候、則願之書付有之候、以上

酉六月二日

一御公儀ゟ此度紙漉年寄共江買元申付候、以後売出し候地紙等、前方地引屋共江買置候地紙訳紛敷候間、買元申付候以前之下紙・漉屋手前ゟ買置候地紙之員数書記、紙漉年寄共方へ相断、印形取之売買可仕候、若印形無之紙於致商売者可為曲事之旨町触廻□（ル）、則写有之候、以上

酉六月十一日

一方内ゟ在京御目付、明廿日天気次第御巡見被成候間、例之通出向案内可申旨廻状、霊山ゟ当山へ参候、写置、大谷へ遣し、請取有之候、以上

酉六月十九日子ノ下刻

一執行・目代・六坊中へも御目付御巡見之儀写致し、弐町目行事松本屋三郎兵衛申付申渡し候、以上

酉六月廿日早朝ニ

一御目付衆、雨天故、今日ハ御巡見無之候事

酉六月廿日

一壱町目鎰屋又右衛門・毘沙門屋勘左衛門・十文字屋庄兵衛・末広屋三右衛門・亀甲屋杢兵衛、右五人、屋祢（根）葺替之儀相断、願書付有之候、以上

酉六月

一三町目中光屋十郎兵衛後家つや方ニ、申ノ十二月ゟ戌ノ十二月迄三年根銀五百目借シ、茶立女抱置候得共、勝手ニ入不申候故、戻し候而銀弐百五拾匁立銀有之候得共、不埒ニ候故、大坂へ罷下り御訴訟仕度儀、御公儀へ御断申上候処、勝手次第罷下り可申旨被為仰付候由、年寄平兵衛相届候事

酉六月廿七日

一去ル廿二日一位様(徳川綱吉生母)薨去被遊候ニ付、鳴物幷普請御停止之御触状、霊山ゟ当山へ参、写置、清閑寺へ遣し、請取有之候、以上

酉六月廿七日寅刻

一御公儀ゟ一位様去ル廿二日薨去被遊候ニ付鳴物幷普請・諸殺生御停止、今廿七日ゟ来月十三日迄、自身番昼夜可相勤之旨町触廻ル、則写有之候、以上

酉六月廿七日

一執行・目代・六坊中へ茂一位様薨去被遊候ニ付鳴物幷普請御停止之旨写致し、弐町目之行事海老屋伊兵衛ニ申付申渡し候事

酉六月廿八日早朝ニ

一弐町目八文字屋伊兵衛初而之御礼、年寄物兵衛召連罷出今日相済、式法之通、三種肴・三升樽差上ケ申候、御寺ゟ鳥目三拾疋被下置候事

酉六月廿八日

一弐町目井筒屋十(重)右衛門儀、同町ニ越後屋家持来候、此度六波羅門内橋屋多兵衛と申者ニ借シ申度旨願申候、則請負之手形有之候、以上

酉七月二日

一今度桂昌院一位様薨去被遊候ニ付、弟子中将(隆性)江戸江差下シ御焼香為相勤申し度旨、今日町御奉行安藤駿河守(次行)殿御屋敷迄、善良房代僧ニ而、以口上書御願被申上候事、口上書如此ニ候、以上

酉七月四日

以口上書御願被申上候事

今度就一位様御薨去被遊候、弟子中将差下御焼香為相勤申度奉願候、尤只今迄御祈禱被仰付候間、為冥加ニ奉存候、拙僧参上仕御願可申上処、病気ニ而罷有候間、以代僧申上候、以上

清水寺

宝永二年酉七月四日　　　成就院印

御奉行様

一去ル廿二日桂昌院（徳川綱吉生母）一位様薨去ニ鳴物・普請御停止之内ニ、来ル九日十日千日参りニ付伽藍廻り商人、門前境内諸事延慮（遠）可仕旨申付候事

一諸堂表側桃燈無用、伽藍廻り商人共平床ニ日蓋渋紙ニ而可仕候事

一門前槙売・日蓋無用之事

一六波羅筋五条通水茶屋幷商売人小屋掛一切之分、右何茂九日十日両日停止、尤声高ニ無之様ニと年寄共へ申付候事

酉七月五日

一御公儀ゟ先月廿七日ゟ鳴物・普請停止之儀相触候得共、普請ハ不苦ス旨御触状、霊山ゟ当山へ参り、写置、清閑寺へ遣し、請取有之候、以上

酉七月七日酉刻

一執行・目代・六坊中へも普請御赦免之写致し、壱町目行事ニ井筒屋権兵へ・松葉屋八兵衛申付申渡し候事

酉七月七日

一御公儀ゟ普請幷自身番御赦免之儀、町触ニ壱通廻ル、奥書写有之候、以上

酉七月七日

一今日千日参ニ付、御公儀ゟ御目付石崎喜右衛門殿・熊倉市太夫殿、同心目付脇山治右（左）衛門・寺田利左衛門、町廻衆田中七右衛門殿・本多甚右衛門殿・木村与兵衛殿幷同心目付平尾四郎左衛門・岡村長兵衛、其外同心衆十人計被参候、首尾能相済候、夜ニ入、松尾左兵衛・沢与右衛門廻り被申候事

酉七月九日

一御公儀ゟ火用心之御触状、霊山ゟ当山へ参、則写置、清閑寺江遣し、請取有之候、以上

酉七月九日子ノ刻

一火用心之儀、寺触と同文言ニ而町触ニ壱通廻り候事
酉七月九日

一執行・目代・六坊中へ茂火用心之儀写致し、壱町目之行事ニ松葉屋八兵衛申付申渡し候、以上
酉七月十日早朝ニ

一御公儀ゟ先月廿七日ゟ鳴物・普請停止申付候処、今日ゟ差免候旨御触状、霊山ゟ当山へ参、則写置、清閑寺へ遣し、請取有之候、以上
酉七月十六日申刻

一執行・目代・六坊中へも鳴物御赦免御触状写致し、壱町目行事茶碗屋与平次申付申渡し候、以上
酉七月十六日

一鳴物御停止之儀、今日ゟ御赦免之儀、寺触と同文言ニ而町触壱通廻り候事
酉七月十六日

一桂昌院（徳川綱吉生母）一位様御焼香ニ江戸江弟子中将（隆性）差下申度旨、去ル四日ニ御願申上候処ニ、今日駿河守（安藤次行）殿御屋敷江御呼出し、先比御焼香ニ罷下り度旨、江戸へ寺社奉行衆へ相窺（伺）候処ニ、罷下り之儀無用之由申来候間、何茂左様ニ相心得可申旨被申渡候事
酉七月廿三日

一三町目井筒屋藤七家、只今迄弐町目丹後屋七兵衛家ニ居申候伊兵衛と申者ニ借シ入置申候由、年寄平兵衛相届候事
酉七月廿九日

一御公儀ゟ箔座会所、此度衣棚御池上ル町相極候条、箔粉・梨子地類之運上銀、向後会所江可差出旨町触廻ル、

写有之候、以上
酉七月晦日

一外ニ白銀屋・彫物屋・象眼屋・金銀針屋・鍔屋、右職人町内ニ有之候ハヽ、去申年中銘々細工ニ潰シ候金銀員数、人別ニ書付、年寄・五人組加判致し、来月三日私宅へ持参可致候、無之町ハ其趣手形ニ相認、右日限ニ持参可申旨町触ニ廻り候事
酉七月晦日

一御公儀ゟ例年之通宗門御改之儀御触状、霊山執行ゟ当寺へ参、則写置、清閑寺へ遣し、請取有之候、尤執行方へハ請取手形ニ及不申候事
酉八月六日申刻

一御公儀ゟ宗門御改之儀、町触ニ壱通廻ル、写有之候、以上
酉八月六日

一弐町目大和屋半兵衛借屋、只今迄下八坂ニ居申候平四郎と申者ニ借シ入置申候旨、相断候事
酉八月六日

一弐町目梅田屋与平次裏借屋江壱町目万屋彦作世忰半兵衛ニ借シ申候由、相断候事
酉八月六日

一徳川対山(光貞)殿去ル八日御逝去ニ付、今日ゟ来ル十七日迄日数七日之間、鳴物御停止之御触状、霊山ゟ当山へ参、写置、清閑寺へ遣し、請取有之候、以上
酉八月十一日戌刻

一執行・目代・六坊中へも徳川対山殿御逝去之御触写致し、三町目之行事かま屋七大夫申付、相触申候事
酉八月十一日

一鳴物御停止之儀、寺触と同文言ニ町触ニ壱通廻り候事

酉八月十一日

一御公儀ゟ錺方・瓦方・畳方・屋根方・左官方・鍛冶方、右銘々触下之職人共、日限之通、触頭方ヘ相越、印札請取之可申旨町触廻ル、写有之候、以上

酉八月十五日

一三町目丹波屋後家借屋、十郎兵衛と申者ニ借シ申度旨、年寄平兵衛相届候、吟味致借シ候様ニ申付候事

酉八月十六日

一弟子中将(隆性)幼少之内人中茂為見可申、江戸江差下シ候様ニ護持院ゟ申来候間、当月中ニ差下し申度旨、安藤駿(次行)河守殿御屋敷ヘ、今日善良房代僧ニ而御断ニ罷出被申候処ニ、御所司ヘ相窺(伺)、此方ゟ可被仰渡旨、小野寺十兵衛被申渡候事

酉八月十九日

一弐町目梅田屋与平次借屋、壱町目鎰屋善七家ニ居申候庄六と申者ニ借シ申候旨、相届候事

酉八月廿日

一今廿一日駿河守殿御屋敷より役僧一人差越候様ニと証文役人ゟ申来候ニ付、善良房罷出被申候処ニ、弟子中将江戸護持院迄差下シ申度旨、則紀伊守(松平信庸)殿江相窺(伺)候、勝手次第差下し可申旨ニ候間、左様ニ相意得可申旨、小野寺十兵衛被申渡候事

酉八月廿一日

一松平紀伊守殿幷安藤駿河守殿、今日右之御礼・御暇乞旁々、中将殿被参候事

酉八月廿二日

一今廿四日、中将殿江戸ヘ御発足幷和州西京薬師寺円成院同道、当寺ゟ最覚御供仕候、護持院ニ御逗留之筈也

酉八月廿四日

一遊行之前小天狗と申山伏教覚院家、此度売申ニ付、地主御神事之節、例年御酒備来候得共、右之買主左様之勤成り申間敷旨申候間、重而神事之節、御酒上ケ申候事仕間敷候、左様ニ相心得可申旨相断候故、前々小天狗ハ神事節御輿之御供仕候得共、其後年寄御供も太（大）儀ニ奉存候間、向後ハ町はづれ迄御迎ニ罷出、例年神輿御居り之所にて、御酒差上ケ可申と断有之候ニ付、了簡致し申候間、此度外江家売申候とて、御酒上ケ之儀止申事者成り申間敷由申遣し候事

酉八月廿六日

一三町目坂本屋四郎兵衛家、建仁寺町松原上ル町菱屋作兵衛家ニ居申候久右衛門と申者ニ借シ入置申度旨、年寄平兵衛相届候事

酉八月廿九日

一今昼八ツ時分、本堂舞台ゟ年来七拾歳計女飛落、相果居申ニ付、御公儀へ御訴申上候処、為御検使平尾四郎左衛門殿・岡村長兵衛殿御出、雑色沢与右衛門立会、死骸御改之上、所之者共御呼出し御吟味被成、一札御取御帰り候、当町年寄治兵衛御屋敷へ参候処ニ、明四日ゟ六日迄三日之内さらし（晒）置、替事も候ハヽ、申来候様ニ被仰付候事

酉九月三日

一去ル三日、本堂舞台ゟ飛落相果候女、今日迄六波羅野ニさらし（晒）置候得共、相しれ（知）不申候故、死骸取置申度旨、御公儀へ年寄治兵衛罷出候処ニ、願之通被仰付、則最毎之通、無縁塚へ埋申候事

酉九月六日

一三町目茶碗屋源八家、壱町目ニ居申候瀬田屋権兵衛と申者ニ借シ入置申候由、年寄平兵衛相届候事

酉九月六日

一御公儀ゟ当酉年寒造酒分量之儀、元禄十丑年酒造米五

分一之積可限之旨御触状、霊山ゟ当山へ参、写置、清
閑寺へ請取有之候、以上
酉九月六日子ノ下刻
一執行・目代・六坊中へも酒造高分量之御触写致し、四
町目行事ニ申付申渡し候事
酉九月七日
一四町目橘屋六郎兵衛家屋敷、只今迄借宅ニ罷有候重左
衛門と申者居成ニ買承申度由申候間、此者ニ売申度旨
相断候、則願之口上書有之候、以上
酉九月十四日
一弐町目大黒屋善兵衛家、同町ニ居申候太郎兵衛忰ニ借
シ入置申候由、相断申候事
酉九月十四日
一四町目山形屋治兵衛・丸屋権十郎後家、屋祢(根)葺替願申
候、則書付有之候、以上
酉九月廿日
一御公儀ゟ一条前殿下(兼輝)、去ル十日薨去ニ候得共、御神事
ニ相障御沙汰無之候、昨廿一日ゟ明廿三日迄廃朝《ハイリ》(ママ)ニ付、
其間鳴物停止之旨、幷徳川内蔵頭(頼職)殿、去ル八日御逝去
ニ候得共、御神事ニ相障御沙汰無之候、依之今日ゟ来
ル廿六日迄日数五日鳴物停止之旨御触状、霊山ゟ当山
へ参、写置、清閑寺へ遣し、請取有之候、以上
酉九月廿二日戌刻
一執行・目代・六坊中へ茂鳴物停止之御触状写致し、四
町目嶋屋源右衛門・藤屋久左衛門申付相触候事
酉九月廿二日
一鳴物御停止之儀、寺触と同文言ニ町触ニ壱通廻り候事
酉九月廿二日

一四町目花屋九兵衛所持致し候水茶屋、五条通遊行藪垣之下ニ有之候処、四町目町端北側之畑へ引申度旨、近年願申候ニ付、御公儀向相調候ハヽ、此方御構も御座有間敷候、勝手次第ニ仕候様ニ申付候事、絵図・口上書有之候、以上

酉九月廿三日

一弐町目丹後屋七兵衛家、猪野熊《（ママ）》通七条ゟ三町下上ゑひす町二文字屋久右衛門弟源右衛門と申者ニ借シ入置申旨、則請合手形有之候、以上

酉九月廿四日

一三町目亀甲屋十兵衛家、祇園八軒ニ居申ゑひす屋藤兵衛と申者ニ売申度旨相届候、則願口上書有之候、以上

酉九月廿五日

一四町目橘屋重左衛門町入之御礼、今日年寄治兵衛召連罷出候、式法之通、三升樽・三種肴差上ケ申候、御寺ゟ鳥目三拾疋被下置候事

酉九月廿六日

一松原通宮川筋五町目法成寺屋敷、此度中村孫市方ゟ、証文改メ取置申候、尤門前池田屋彦十郎方ゟ茂譲状致し町へ出し置候、右中村孫市証文之本紙、御寺ニ有之候、留扣如斯ニ御座候、以上

酉九月廿七日

一札之事

一宮川町五町目松原南側表弐拾七間、裏行三間半余之所、其元御持地ニ御座候、然ニ先年拙者預りニ仕、私方ゟ借屋建申ニ付、其元御家来池田屋彦十郎名前ニ而御公儀向相済来候所、此度彦十郎方ゟ我等方へ譲り申様ニ被仰付、忝存候、尤先年私方ゟ一札進置候通、此地御入用之節ハ何時成共返進可仕候、尤地子米少茂滞候ハヽ、家屋敷共ニ御取上ケ可有之候、若外へ此家屋敷遣候ハヽ、御断申、手形改メ可申候

一右屋尻東西拾六間余、南北六間之地ハ、坂弓矢町観音

領之内ヲ買添候、此証文之儀、其元ゟ之名前にて買求
候、此地子毎年六斗ツヽ、彼方へ相計り申候、自然此年
貢等之滞り、又者不衣(依)何事ニ如何様之出入御座候共、
其元へ少も掛御役介(厄)不申、拙者方ゟ急度埒明可申候、
惣而此屋敷ニ付如何様之事茂御指図ニ漏申間敷候、為後
証如件

宝永二年酉九月　　中村孫市判

清水寺成就院
　納所中

譲状之事

一宮川町筋五町目南側ニ而表口弐拾七間之家屋敷、町
役・公儀共ニ私支配仕来候得共、今日ゟ中村孫市殿江
相渡シ申所実正也、然上ハ外ゟ違乱申者無御座候、仍
而譲状如件

宝永二年酉九月廿七日　　池田屋
　　　　　　　　　　　　彦十郎判

宮川町五町目
　御年寄
　　伝兵衛殿

御町中
　参

一照高院宮(道尊)薨去ニ付、今日ゟ明後日迄三日鳴物停止之旨
御触状、霊山ゟ当山へ参、写置、清閑寺へ遣し、請取
有之候、以上

酉十月朔日丑下刻

一執行・目代・六坊中へ茂鳴物御停止之御触状写致し、
弐町目行事池田屋彦十郎ニ申付相触候事

酉十月二日早朝ニ

一鳴物御停止之儀、寺触と同文言ニ而町触ニ壱通廻候事

酉十月

一弐町目辻昌賢屋守亀屋次郎兵衛儀、松本屋権右衛門娘
出見世之借屋、此方へ断も無之、当三月ゟ借シ入置申
ニ付、此間吟味致し、今日次郎兵衛幷組中・年寄呼寄

候而、地頭役人軽しめ我儘成仕形不届ニ付、商売見世（店）
留申候旨申付候、尤権右衛門出見世（店）ハ早々家ヲ明させ
可申旨申付候事

酉十月三日

一今度中将殿（隆性）江戸御下向、護持院ヲ宿ニ致し居被申候内、
去ル九月廿五日ニ護持院大僧正（隆光）江公方様（徳川綱吉）御成御座候
而、中将殿ニ茂御目見被致、御前ニ而心経読誦有之、其
上ニ而羽二重三疋拝領被致候、御仕舞茂拝見被申候事、
段々首尾能候間申来候事

酉十月七日

一御公儀ゟ飼鳥獣類之御触状、霊山ゟ当山へ参、写置、
清閑寺へ遣し、請取有之候、以上

酉十月七日酉刻

一執行・目代・六坊中へ茂飼鳥獣類御触状写致シ、弐町
目行事ニ申付申渡し候、越川屋三右衛門・喜三郎也

酉十月七日

一飼鳥獣類之儀、寺触と同文言ニ而町触ニ壱通廻り候事

酉十月七日

一弐町目辻昌賢屋守亀屋次郎兵衛幷松本屋権右衛門不届
有之候故、去ル四日ゟ商売見世留置候得共、年寄・組
中ゟ詫申ニ付、手形致させ免シ申候事

酉十月九日

一三町目亀甲屋十兵衛家、祇園町八軒町ゑひす屋藤兵衛
と申者ニ売申度旨、年寄平兵衛相届候、則願之口上書
有之候、以上

酉十月九日

一御公儀ゟ火之用心御触状、霊山ゟ当山へ参、写置、清
閑寺へ遣し候而、請取有之候、以上

酉十月十日亥刻

一執行・目代・六坊中へ茂火之用心御触状写致シ、弐町目行事ニ申付申渡し候、以上

酉十月十一日

一火之用心之儀、寺触と同文言ニ而町触ニ壱通廻り候事

酉十月十日

一三町目大黒屋六左衛門後家家屋敷、宮川筋ニ居申候道具屋清兵衛と申者ニ売申度旨、年寄平兵衛相断申候、則願之口上書有之候、以上

酉十月十三日

一弐町目大和屋半兵衛裏借屋江道心者ニ借シ入置申度由、年寄治兵衛相届申候事

酉十月十五日

一方内ゟ御在京御目付衆、明十九日東山筋御巡見被成候条、例之通ニ出向御案内可申旨廻状、霊山ゟ当山へ参、写置、鳥部（辺）野へ遣、請取有之候、以上

酉十月十八日亥刻

一執行・目代・六坊中へも御目付御巡見之儀写致し、弐町目行事海老屋平左衛門申付申渡し候、以上

酉十月十九日早朝

一御目附三嶋清左衛門殿・仁木甚五兵衛殿今日御巡見、例之通出向御案内申上候、尤善良房成就院名代に御出候、首尾能相済、即刻御礼幷町奉行所へも御届有之候事

酉十月十九日

一三町目大黒屋清兵衛町入之御礼、今日年寄平兵衛召連罷出候、式法之通、三升樽・三種之肴差上ケ御礼相済、御寺ゟ鳥目三拾疋被下置候事

酉十月廿三日

一御公儀ゟ中根摂津守(正包)殿江出礼仕来候面々、来ル廿七日五ツゟ四ツ時迄出礼候様ニ御触状、霊山ゟ当山へ参、写置、清閑寺へ遣し、請取有之候、以上

酉十月廿三日申下刻

一執行・目代・六坊中へも中根摂津守殿出礼之儀写致し、弐町行事申付申渡し候事

酉十月廿三日

一中根摂津守殿出礼之日限、来ル廿六日町礼、廿七日諸寺社方、廿八日町礼、但地役共右之日限ニ罷出可申旨、町触ニ廻り候事

酉十月廿三日

一中根摂津守殿江出礼、今日成就院名代ニ善良房相勤被申候、扇子三本入・鳥目百疋持参候事

酉十月廿七日

一三町目大黒屋清兵衛、屋祢(根)葺替願申候、則書付有之候、以上

酉十月廿八日

一三町目井筒屋半兵衛所ニ、三条橋東裏町八間町大和屋伝兵衛借屋ニ居申候ゆりと申女、五拾一歳罷成候者、当廿五日ゟやとい(雇)置候処ニ、廿八日夜五ツ過、俄胸痛候付、右ゆり妹まき同借屋ニ居申候呼寄、かん(看)病致させ候所ニ、其明方相果申候故、まき男幷ニ口次いたし候光春と申坊主連判致させ、半兵衛方へ取置申候而、則死人相渡し申候旨、年寄平兵衛相届候事

酉十月廿九日

一三町目茶碗屋源八家、宮川筋五町目ニ居申候勘七と申者借シ入置申度旨相断候、請負手形有之候、以上

酉十月廿九日

一今昼九ツ時分、河原町新三本木松平豊後(資俊)守殿家来井川

宗休下人半介と申者、本堂大銭箱之脇ニ而刺刀にて自害仕候を、堂主西心見付知らせ申ニ付、御公儀江御訴申上候処ニ、為御検使平尾四郎左衛門殿・服部牧右衛門殿御出、雑色西村直右衛門立会、手疵御改之上、自害人伯父北野柳町ニ居申候藤右衛門・同請人次郎兵衛并所之者御呼出し、御吟味之上ニ而手形御取、明五日六ツ時分自害人召連、駿河守《（安藤次行）》殿御屋敷へ罷出候様ニと申付被帰候、五日早天、自害人召連両方罷出候、伯父藤右衛門・請人次郎兵へ願之通、自害人半介相渡し候様ニと被仰付候故、渡し罷帰候由、年寄又右衛門相届候、右之手形留有之候事

酉十一月四日

一御公儀ゟ御蔵金并世間通用之金共切レ有之小判、唯今迄而替屋方ニ而歩銀取候由、向後者切レ有之候小判ニ而も障不申、小判・歩銀取申間敷候、但おれニ而遣方滞可申分ハ後藤方へ差越、歩銀を出、疵無之金と引替可申旨御触状、霊山ゟ当山へ参、写置、清閑寺へ遣し、請取有之候、以上

酉十一月六日丑刻

一執行・目代・六坊中へも切レ小判通用之御触写致シ、壱町目行事ニ亀屋伊兵衛申付申渡し候事

酉十一月七日

一今十四日中将《（隆性）》殿江戸ゟ御上着ニ付、門前年寄やつこ茶屋迄御迎ニ罷出申候事

酉十一月十四日

一十五日御所司并両町奉行衆江も江戸ゟ罷登候旨御届ニ中将殿御出候、尤善良房同道也、一両日過ニ而求肥飴五箱ツヽ、使僧ニ而、両町奉行衆へ被遣候事

酉十一月十五日

一禁裏・仙洞女中方并広橋殿、江戸ゟ上京之届ニ御出候事

酉十一月十七日

一御公儀ゟ銀相場之儀、最前相触候処、猥ニ有之、高直之由相聞、不届候、向後金壱両ニ銀五拾八匁ゟ高直仕間敷候旨御触状、霊山ゟ当山へ参、写置、清閑寺へ遣し、請取有之候、以上

酉十一月廿日戌刻

一執行・目代・六坊中へも銀相場之儀写致し、壱町目行事丹波屋三郎兵衛申付申渡し候事

酉十一月廿一日

一三町目山口屋道三後家清心所持之家屋敷表口拾間壱尺、裏行五間弐尺一寸之所、只今迄借宅仕居申候岡村玄凉悴伊右衛門幷作兵衛悴伝右衛門、右両人ニ売申度旨、則願之口上書有之候事

酉十一月廿九日

一今廿九日昼時分ニ、弐町目吉野屋宇左衛門悴久松と申者、春日社之後ニ而脇指拾申候故、其趣口上書致シ、年寄惣兵衛、宇左衛門召連、御屋敷江御断ニ罷出候処ニ、春日社之前ニ札ヲ書立置候而、来ル二日七ツ過ニ様子申来候様ニ被仰付候旨、惣兵衛罷帰候而相届申候事

酉十一月廿九日

一三町目小笹屋四郎兵衛家、宮川筋松原下ル町糸屋治兵衛弟六郎兵衛と申者ニ借シ申度旨、相届候事

酉十一月廿九日

一去月廿九日、春日社之後ニ而拾申脇指、札ヲ立三日之内置候得共、尋来申者無之候故、今日御公儀へ御訴申上候処ニ、三日之中さらし（晒）置候へ共、主出不申由、脇指御屋敷ニ御留被成候由ニ而、則差上ケ帰り申候事

酉十二月二日

一中将（隆性）殿当暮ゟ成就院と改メ候而、歳暮・年頭相勤候様

ニ仕度之旨、善良房為代僧、両町奉行衆迄、以口上書
を御願被申上候処ニ、何時ニ而茂勝手次第ニ致し可申旨、
今日立会ニ而早速相済申候事
酉十二月十三日

口上之覚
一弟子中将(隆性)去比江戸へ罷下候節、不存寄御目見仕、難有
仕合奉存候、拙僧儀病気聢無御座候、殊此節者差発罷
有候ニ付、当歳暮之御礼ゟ御所司江、中将を成就院ニ仕、
差出申度奉存候ニ付、乍軽(憚)病中故、以代僧奉願候、以
上

酉十二月十三日　　清水寺成就院
寿清印

御奉行様

右之通、御願相済候上ニ而如斯之証文有之候事

証文
一老僧就御病気、此度隠居所宝珠院江御引籠、本坊諸色
不残譲り受(授)申所紛無之候、御朱印・旧記箱之儀、如先
例、老僧御一生之内者鎰ヲ分ケ所持仕、為一分披用申
間敷候、尤師弟之儀者不及申候得共、賄等之儀、先達
而三郎左衛門方ゟ進置申証文之趣、弥無相違、其外万
端如在仕間敷候、且又下坊七ヶ所幷老僧剃立之同宿・
寺付之家来共、各別之不届有之候ハヽ、其節遂御内談
可及沙汰候、別条於無之者有来通相続致させ可申候、
惣而此以後諸事ニ付相改申儀有之候ハヽ、一往御相談
之上取誘(曖)可仕候、為後証仍如件

清水寺
成就院印
宝永二年酉十二月　　同後見
善良坊印
河辺三郎左衛門印

宝珠院
寿清上人

一例年之通年寄共大算用、今日孫九郎方(藤林兼定)ニ而相勤申候事
酉十二月十四日

一三町目岡村玄凉悴万屋伊右衛門と申者幷山口屋伝右衛門、町入之御礼ニ年寄平兵衛召連今日罷出候、式法之通、三升樽・三種之肴何も差上ケ相済申候、御寺ゟ鳥目三拾疋ツヽ被下置候事

酉十二月十五日

一御公儀ゟ火之用心御触状、霊山ゟ当山へ参、写置、清閑寺へ遣し、請取有之候、以上

酉十二月十六日酉ノ刻

一執行・目代・六坊中江茂火之用心之御触写致し、三町目行事ニ山口屋伝右衛門・鼠屋ニ申付申渡シ候事

酉十二月十六日

一上人様御隠居之御願ニ付、町奉行安藤駿河守(次行)殿・中根摂津守(正包)殿を以、御所司代松平紀伊守(信庸)殿江御窺(伺)被申上候処ニ、願之通相済申候故、南都一乗院御門跡様江坊官衆迄、飛札にて御断被申進候、則書状之文言、如斯ニ御座候事

酉十二月廿三日

本寺へ之状扣

一筆致啓上候、厳寒之節、御門主様御機嫌能被為成、恐悦奉存候、然者弟子中将(隆性)、去比護持院僧正(隆光)為見舞江戸へ罷下り候処、不存寄御目見江(得)仕、難有仕合奉存候、夫ニ付拙僧も久々之病気、殊ニ此節者つよく差発罷有候、歳暮・年頭ニ茂罷出候様ニ無御座候ニ付、当暮之御礼ゟ中将を成就院ニ仕、御所司其外公儀向差出シ申候、御次而之刻、御門主様御前宜様ニ御取成奉頼候、猶重而可得御意候、恐惶謹言

清水寺
成就院
十二月廿三日　寿清判

内侍原刑部法印様
二条寺主法印様
湯浅三河守様

右之通、飛札ニ而遣し候処ニ、二条寺主返事ニ御門主様

御在京ニ被為成候、御状之趣得其意申候、内侍原刑
部・湯浅三河守へも其通可申聞候旨、申越候事
酉十二月

一壱町目和泉屋又左衛門娘いぬと申者所持仕候家屋敷、
此度大仏鐘鋳町桜町角茶碗屋左助と申者ニ売申度旨、
年寄又右衛門申来候、則願之書付有之候、以上
酉十二月廿六日

一松平紀伊守(信庸)殿江町方ゟ正月出礼之日根(限)之御触状、町触
ニ廻り申候、則写有之候、以上
酉十二月廿九日

右ハ酉ノ年中留覚書、如斯ニ候
宝永弐年
酉ノ十二月
藤林孫九郎
兼定（花押）

「(原裏表紙)
藤林孫九郎
」

「(後補裏表紙)文政五壬午九月
表紙付仕立直
清水寺
成就院
」

解題

清水寺史編纂委員　下坂　守

『成就院日記』は、清水寺の僧房の一つである成就院において「門前境内」の町々を管轄するための記録として書き継がれた日記である。現在、途中欠ける部分があるものの元禄七年（一六九四）から文久四年（一八六四）までの約一七〇年分が冊子の形状で二一〇冊残されている。

本巻には、そのうちから元禄七年から同十年、同十二年から宝永二年（一七〇五）の十一年分、十冊を収録した（元禄十一年分は欠本。また元禄十四、十五年分は合冊）。

『成就院日記』が「門前境内」の管轄のために作成されたものであることは、次のような元禄七年の日記の表題（原表紙）が何よりもよくこれを物語っている。

「元禄七甲戌年

門前用事留帳

正月吉祥日　　　」

「門前用事」とはいうまでもなく「門前境内」の町々に関わる「用事」をいう。

日記の形状は袋綴《ふくろとじ》（和綴《わとじ》）で、一年分を一冊に収めるが、なかには二年分を合わせ綴じて一冊としたものや、半年をもって一冊としたものもある。法量（冊子のタテ・ヨコ）は二一〇冊がほぼ同じで、元禄七年の日記でいえば、タテ二三・四センチメートル、ヨコ一六・八センチメートルとなっている。二一〇冊の『成就院日記』には、すべて後補（文政五年〈一八二二〉）の厚紙の表紙が付けられており、そこには「御日記」という表題と年紀等が記される。法量がすべて同じなのは、この厚紙の表紙を付ける時に裁断し統一したためと推定される。

江戸幕府は京都の町を統治するにあたり、新しく市街化したいわゆる「洛中洛外町続」の寺社の「門前境内」については、当該の寺社を介してこれを管轄するという体制を敷く。この施策は清水寺にもおよび、当寺には「門前四町（のち五町）」の管轄が委ねられるが、その実務を寺にあって担当したのが成就院である。『成就院日記』は、その役務遂行のために同院が「門前用事」を記した記録であり、その意味では清水寺門前町の公的記録ともいえる。ただ、厳密にいえば、その内容は門前町に限定されず、清水寺の事務方として成就院が京都町奉行（雑色）との折衝にあたったさまざまなできごとから、「寺触」（京都町奉行が寺院に限り伝達した触）の回覧等にまでおよんでおり、本日記が清水寺・成就院の公用記録としての性格をも兼備していたことがうかがえる。

成就院がいかなる経緯のもとにいつから幕府（京都町奉行、寛文八年〈一六六八〉以降）のもとで門前の町々を行政的に管轄するようになったかは、史料を欠くため正確にはわからない。ただ、成就院の歴代院主は清水寺の本寺である一乗院より同寺の本願職とともに「清水寺山林進止」を付与されており、戦国時代以降、寺の実務はほとんどすべて成就院がこれを処理していた。そのため幕府から門前町の統轄を命じられた時も、その職務を遂行できる僧房（寺僧）は成就院をおいてなく、おのずから同院がその役を引き受けることになったものと推察される。

なお、成就院が応仁の乱後の清水寺再興時に勧進職を務めた願阿弥によって創建された僧房であることや、勧進房としての同院が寺僧の僧房（執行、目代、六坊）と対立しつつも次第に清水寺に定着していったことについては、清水寺編『清水寺史』第一～二巻（法藏館、一九九五～二〇〇〇年）を参照されたい。

成就院が管轄下においていた門前町の家数は、時代によって増減はあるものの、四町の時代には概ね一六五軒内外で推移しており、史料の残る元禄七年（一六九四）と正徳四年（一七一四）の四町の内訳を提示すれば次表のようになる。

表　清水寺門前四町の家数

町　名	家数（元禄七年）	家数（正徳四年）
門前一町目	三〇軒	二九軒
門前二町目	四四軒	三九軒
門前三町目	三七軒	四一軒
門前四町目	五五軒	五五軒
（総計）	一六六軒	一六四軒

この四町に寛政九年（一七九七）以降は四町目から分かれた五町目が加わるが、同町の家数は天保十四年（一八四三）で二七軒を数え、それを加えれば、最終的に成就院がその管轄下においていた門前町の家数は約二〇〇軒を数える。

成就院はこれらの町々を各町の「年寄」を通じて管轄しており、『成就院日記』にはその詳細が記録される。ちなみに「年寄」は成就院のもとにあって、日常的には町への触（町触）の伝達、町民の家屋の修造や転出・転入の届け出を主な業務としたほか、さまざまな民事・刑事事件に関してもすべて町の代表としてその措置にあたっている。

日記の執筆者は成就院の役人で、元禄・宝永期は藤林孫九郎兼定なる人物がその役を務めている。彼は元禄七年の日記の正月十四日条でみずからのことを「私儀ハ成就院家来ニ藤林孫九郎（兼定）と申者ニ而」と記しているが、次にあげたのはその藤林兼定が記す同年の『成就院日記』の奥書である。

右ハ当年中境内諸事用之儀、書留置者也

藤林孫九郎

元禄七年甲戌極月廿九日　兼定（花押）

藤林兼定は享保三年（一七一八）まで『成就院日記』を執筆しており、その後、享保四年（一七一九）からは兼定の嗣子かと思われる藤林孫九郎好房なる人物がこれを引き継いでいる。

なお、成就院の院主職は、元禄四年（一六九一）五月に第十四世の堯慎が死去したのち、旗本雀部六太夫重羽の子笹丸がその後任に決まっていた。しかし、元禄七年の時点で幼年の笹丸はまだ江戸の親元を離れることができず同職は実質的に空位となっていた。そのため成就院の経営は、長く宥伝坊寿清・金蔵院自全という二人の僧（資格は「看坊」）の手に委ねられていたが、元禄十年八月、笹丸が病弱を理由に院主への就任を辞退するにいたり、その内の一人宥伝坊寿清が第十五世の院主となる。次に引用したのは、その寿清の院主職就任決定を伝える『成就院日記』同月十七日条の記事である。

一当寺後住笹丸殿当年十四歳候得共、病者ニ候故入寺成不申、親父雀部六太夫殿（重羽）ゟ中井主水殿（正知）委細頼参候故、瀧川丹後守殿（具章）・水野備前守殿（勝直）御両人江御相談之上、宥伝坊ヲ成就院後住ニ相究候付、今日当寺之下寺幷家来御呼出し、右之趣中村孫市申渡し有之候、又泰産寺之後住ニ自全房、金蔵院後住に普済房相究候、普済房儀

八五六年以前ゟ宝珠院之留守居勤居被申候事

成就院の院主職が東西京都町奉行や京都大工頭（中井正知）の了解のもとに決定されていたことが知られる。寿清はこののち宝永二年（一七〇五）十二月まで同職にあり、その後は阿部三郎左衛門（護持院隆光の弟）の子が「隆性」を名乗り同職を継いでいる。

本巻に収録した十冊の『成就院日記』によって知られる清水寺とその門前町の生活は実に多岐にわたり、そのすべてを紹介することはむろんできない。ここでは本巻に収録した十冊には清水観音への庶民の信仰のありようを伝えて貴重な本堂の舞台から飛び降りるいわゆる「飛落」に関する記事が多数みられることと（『成就院日記』に記録される「飛落」に関しては、横山正幸編著『実録「清水の舞台より飛び落ちる」——江戸時代の『清水寺成就院日記』を読む——』〈荒川印刷、二〇〇〇年〉参照）、宝永二年（一七〇五）の一冊には同年に大流行した民衆の伊勢神宮への群参（おかげ参り）について、その熱気をよく伝える次のような記載があることだけを紹介しておきたい。群参への参加者が門前町で一四六八人、洛中では五万一五六三人にもおよんだことを記録したあとに続く一文である（閏四月二十七日条）。

洛中之分如斯、其外洛外并在々、大坂・堺・五畿内ゟ参宮人数不知候、町々ゟ印ニ出しのぼりを立、三条・五条昼夜共ニ往来有之候、三条通ニ而ぬけ参之子共ニ金銀銭ヲとらせ、其外すけ（菅）笠・手拭・鼻紙・わらんぢ（草鞋）等とらせ候、誠ニ前代未聞之事故、書付置也

おかげ参りに沸く京都の喧噪ぶりを髣髴とさせる記述であり、本日記が清水寺とその門前町の歴史にとどまらず、わが国の歴史を考察する上においても、きわめて貴重な史料であることを示す一例といえよう。

清水寺史編纂委員会

委員長	森　清範		
委　員	川嶋將生	源城政好	下坂　守
	河内将芳	吉住恭子	安田　歩
	澁谷一成	酒匂由紀子	田中香織
	大西真興	森　孝忍	坂井輝久

清水寺　成就院日記　第一巻

二〇一五年四月一七日　初版第一刷発行

編　者　清水寺史編纂委員会
委員長　森　清範

発行者　西村明高

発行所　株式会社　法藏館
京都市下京区正面通烏丸東入
郵便番号　六〇〇―八一五三
電話　〇七五―三四三―〇〇三〇（編集）
〇七五―三四三―五六五六（営業）

印刷・製本　亜細亜印刷株式会社

ISBN978-4-8318-5151-2 C3321